LE DUEL CONSTITUTIONNEL
QUÉBEC-CANADA

DU MÊME AUTEUR

Opinions publiques et systèmes idéologiques, Écrits du Canada français, tome XII, 1962, 162 pages.

Les Groupes et le pouvoir politique aux États-Unis, Québec et Paris, Les Presse de l'Université Laval et Armand Colin, 1965, 158 pages. Prix de l'Académie française (1965).

Le Bill 60 et le public, Les Cahiers de l'I.C.E.A., no 1, janvier 1966, 128 pages.

Le Bill 60 et la société québécoise, Montréal, H.M.H., 1967, 196 pages.

Société et politique. La Vie des groupes, tome premier: *Fondements de la société libérale,* 1971, 444 pages; tome second: *Dynamique de la société libérale,* 1972, 616 pages, Québec, Les Presses de l'Université Laval.

La Prochaine Révolution, Montréal, Leméac, 1973, 358 pages.

Nationalismes et politique au Québec, Montréal, H.M.H., 1975, 177 pages.

Quebec The Unfinished Revolution, McGill-Queen's University Press, 1976, 218 pages.

Pour une véritable politique linguistique, Direction générale des publications gouvernementales, Gouvernement du Québec, 1981, 52 pages.

Québec 1945-2000, tome premier: *À la recherche du Québec,* Québec, Les Presses de l'Université Laval, 1987, 182 pages; tome II: *Les Intellectuels et le temps de Duplessis,* Québec, Les Presses de l'Université Laval, 1993, 450 pages; tome III: *La Révolution déroutée (1960-1976),* en préparation.

Léon Dion

LE DUEL CONSTITUTIONNEL QUÉBEC-CANADA

Boréal

Les Éditions du Boréal sont inscrites au Programme de subvention globale du Conseil des Arts du Canada.

Conception graphique : Gianni Caccia

© Les Éditions du Boréal
Dépôt légal : 2ᵉ trimestre 1995
Bibliothèque nationale du Québec

Diffusion au Canada : Dimedia
Diffusion et distribution en Europe : Les Éditions du Seuil

Données de catalogage avant publication (Canada)

Dion, Léon, 1923-

    Le Duel constitutionnel Québec-Canada

    ISBN 2-89052-691-7

    1. Québec (Province) - Histoire constitutionnelle. 2. Canada - Histoire constitutionnelle. 3. Relations fédérales-provinciales (Canada) - Québec (Province). 4. Partis politiques - Québec (Province). 5. Québec (Province) - Histoire - Autonomie et mouvements indépendantistes. I. Titre.

FC2952.2.D53   1995   971.4'04   C95-940461-9
F1053.2.D53   1995

AVANT-PROPOS

Le titre du présent livre peut paraître incongru, erroné. Un duel, en effet, c'est un combat singulier, une lutte entre deux adversaires disposant de moyens offensifs et défensifs. Ici, de prime abord tout au moins, le débat constitutionnel oppose onze protagonistes — le gouvernement fédéral et les dix provinces —, parfois davantage.

Il s'agit bien d'un duel. D'un côté, c'est toujours un seul et même héros qui s'escrime: le Québec. De l'autre côté, le gouvernement fédéral est son principal opposant. Les autres — les provinces — lui souhaitent la victoire, lui prêtent main-forte à l'occasion, font des crocs-en-jambe à l'adversaire commun. Parfois, elles prennent la relève et, à plusieurs, le mettent en échec. Les protagonistes s'essoufflent, observent une trêve, reprennent les hostilités, se livrent à des mises en forme solitaires, s'élancent, reculent, feintent, gagnent ou perdent des batailles, mais la victoire, que de part et d'autre ils espèrent, leur a jusqu'ici échappé.

Ce livre rassemble quelques textes choisis parmi ceux qui, depuis le référendum de 1980, saisissent sur le vif les péripéties dont le second référendum, prévu en 1995, marquera un autre épisode[1].

Pourquoi m'être résolu à publier ce livre à ce moment-ci? Les circonstances ont permis que je sois un observateur privilégié et parfois un acteur dans la trame des événements qui, après quinze ans, aboutit au référendum qui approche. Bien d'autres ont écrit sur la plupart des sujets traités ici et ont souvent fait preuve d'un talent et d'une lucidité remarquables. Nous tirerons tous un immense profit à retracer leurs exposés et à les relire à la lumière des circonstances actuelles. Pour ma part, j'ai procédé suivant ma méthode habituelle dans ce genre particulier de travail que représente un article pour un journal ou un mémoire pour une commission. D'abord, s'informer auprès des sources autorisées, lire les documents pertinents et constituer des dossiers, observer les événements, procéder à l'analyse des situations, porter des jugements critiques, faire des suggestions, proposer des amendements et, enfin, prendre position.

Depuis les années 1950, ma génération a préconisé, avec plus ou moins de succès, des solutions aux problèmes dans plusieurs domaines. Dans celui de la Constitution canadienne, où elle s'est divisée en deux camps opposés, elle a lamentablement échoué.

Je ne fais pas œuvre d'historien. Je suis un intellectuel engagé et mes interventions sur la question constitutionnelle ne visent pas la neutralité. Je n'ai jamais masqué les paramètres qui orientent ma démarche. L'on sait à quelle enseigne je loge. Mes critiques de la Constitution canadienne sont parmi les plus dures qui lui ont été adressées. Mais je n'ai jamais dit «non» au Canada. Je l'ai répété souvent: Le Québec est ma patrie; le Canada, mon pays. Pareille conjonction de sentiments constitue une équation difficile à résoudre. J'ai conscience de me retrouver parfois, du moins en apparence, en contradiction avec moi-même. On ne se prive pas, de part et d'autre, de me le faire savoir. Mon objectif est de découvrir la formule qui permettrait d'accommoder pour longtemps le Québec au sein du Canada.

Je ne dois rien à personne. L'indépendance d'esprit que j'ai su préserver est le meilleur garant de mon intégrité intellectuelle. On mettra l'agressivité intempestive que parfois je nourris à l'endroit de personnes qui souvent me sont chères sur le compte de mon ardeur à poursuivre un combat que j'estime juste. Les réactions, non moins agressives, de certaines d'entre elles me soulagent d'une bonne partie de mes remords!

Je ne me réclame d'aucune orthodoxie. Même si mes interventions dans le domaine constitutionnel sont le fruit de sérieuses réflexions, je ne suis pas un constitutionnaliste de profession. Ce sont les circonstances et les sollicitations du public qui m'ont conduit graduellement à me concentrer sur ce domaine au détriment, sans aucun doute, d'autres sujets qui relèvent davantage de ma formation et pour lesquels je ressens un attrait plus marqué.

J'ai toujours eu pour but d'être le plus objectif possible afin d'aider mes concitoyens à mieux comprendre les idées et les événements qui les concernent. Certains de mes exposés, sinon plusieurs, ont pu dépasser les bornes d'une salutaire modération. Les intellectuels ne peuvent pas ne pas ressentir de temps à autre le besoin de s'adresser au public qui les nourrit afin qu'ils puissent se consacrer en toute liberté à leur métier. Les idées s'affadissent si elles ne s'inspirent pas en certaines occasions d'un souci d'action. Mais si leur conscience leur dicte d'intervenir, il faut leur concéder le droit de courir le risque de trébucher. Je crois au principe du débat. L'intellectuel ne saurait se dérober sans déchoir à un débat susceptible d'éclairer la population. Mais il ne siérait pas de provoquer le débat pour le simple plaisir de se mettre en valeur. Mon intention ultime est d'exercer une influence auprès du public et, dans certaines circonstances, sur les décideurs eux-mêmes.

La déception et l'indignation éprouvées à l'occasion des conflits constitutionnels qui éclatent depuis quinze ans transparaissent dans plusieurs de mes propos. Malgré les vexations subies, les incertitudes envahissantes, j'ai toujours cherché à conserver pour moi-même et pour tous ceux à qui je m'adressais le sens des valeurs. J'ai toujours voulu synchroniser la raison et les passions.

Des tentations de «séparatisme», oui, j'en ai éprouvé, j'en éprouve encore et j'ai le sentiment que j'en éprouverai dans l'avenir. À plusieurs reprises, j'ai déclaré que tel ou tel projet de réforme constitutionnelle représentait «la dernière chance» du Canada. Le premier ministre Trudeau, et bien d'autres, ont également tenu de pareils propos. J'ai dit, il y a trente ans, que «l'indépendance politique du Québec ne me faisait pas peur» et je suis toujours dans le même état d'esprit. À certaines reprises, notamment à l'occasion de la commission parlementaire élargie Bélanger-Campeau et de la commission parlementaire conjointe du Sénat et de la Chambre des communes Beaudoin-Edwards, j'ai même affirmé qu'entre le statu quo constitutionnel et l'indépendance du Québec, je choisirais l'indépendance. Je ne tiens plus le même propos. Les circonstances et mon état d'esprit ont bien changé en trois ans.

D'où la technique du «choc» à laquelle j'ai eu souvent recours depuis que j'ai proposé aux membres de la Commission d'enquête sur le bilinguisme et le biculturalisme d'intituler leur rapport préliminaire de 1965: La Crise canadienne. *C'est dans cet esprit que j'ai voté Oui au référendum de 1980, que j'ai forgé la formule du «couteau sous la gorge», etc. Je ne suis même pas certain que pareille tactique de dernier recours puisse un jour émouvoir le Canada anglais. Mais je me refuserais à lancer un ultimatum dont j'estimerais que les conséquences entraîneraient l'éclatement du pays.*

Pierre Trudeau et René Lévesque ont été les deux personnalités politiques les plus marquantes depuis 1965. Au Canada et au Québec, l'empreinte de leurs idées et de leurs actions fut et reste profonde. Au cours des délibérations suivant mon témoignage à la commission Beaudoin-Edwards, le 30 avril 1991, le député néo-démocrate Lorne Nystrom déclara: «C'est le Québec qui a élu Trudeau. Et probablement qu'encore aujourd'hui on voterait pour

Trudeau, cela pour toutes sortes de raisons. Si Lévesque revenait, on voterait encore pour lui massivement. Ces deux hommes représentent pour les Québécois une bonne partie de ce qu'ils voudraient être, de ce qu'ils ne sont pas mais qu'ils voudraient être.» Je partage cette vision.

Jean Chrétien, Daniel Johnson, Jacques Parizeau et Lucien Bouchard sont des épigones de ces deux géants qui vont les télécommander durant les prochains mois, qui seront critiques pour le Canada et le Québec. Cette réalité cause une bonne partie des problèmes que les enjeux du référendum vont poser aux Québécois. Brian Mulroney et Robert Bourassa ont paru, pour un temps, se distancer des sentiers que leurs grands prédécesseurs avaient creusés. Pour le malheur des Canadiens et des Québécois, ils ont lamentablement échoué.

À cinq reprises, les Canadiens ont eu l'occasion de débloquer l'impasse constitutionnelle. En 1965, le premier ministre Pearson se raidit finalement face à un Jean Lesage devenu craintif. En 1979, le premier ministre Trudeau ignore les recommandations du rapport Pepin-Robarts. En 1980, les Québécois refusent d'autoriser leur gouvernement à entreprendre des négociations sur une nouvelle entente avec le Canada qui auraient abouti, en fin de compte, à un fédéralisme renouvelé en profondeur. En 1990, un fâcheux concours de circonstances entraîne le rejet de l'accord du lac Meech de 1987 qui aurait inauguré une trêve bienfaisante. En 1991, les conclusions du rapport Bélanger-Campeau et la loi 150 promettent le lancement d'une fusée éclatante sur le statu quo *constitutionnel qui, en 1992, s'anéantit dans le pétard mouillé qu'est le référendum de Charlottetown.*

Au printemps, au plus tard à l'automne de 1995, les Québécois devraient être appelés à se prononcer de nouveau par référendum sur la pertinence de la souveraineté du Québec. Nous en sommes donc encore là! Les dés ne sont pas jetés au moment où je rédige un chapitre sur ce sujet. Je voterai Non. Plusieurs seront déçus et surpris de ce choix. Les critiques, parfois acerbes, que j'ai adressées à la Constitution canadienne, je les maintiens et, le moment venu, je les reformulerai en prenant appui sur les dynamiques sociales du Canada anglais et du Québec de l'horizon 2000, bien différentes de celles de 1960 et de 1980, ainsi que sur le caractère actuel de leurs interactions.

Je sais bien qu'au long des quinze dernières années, mes ardentes tentatives de faire évoluer la Constitution canadienne de façon à accommoder le Québec ont, les unes après les autres, échoué dans une très large mesure. Je ne retire rien des propos que j'ai tenus et que ce livre consigne. Ils sont susceptibles d'inciter nombre d'indécis à finalement favoriser le projet de souveraineté du gouvernement. Je ne m'attristerais pas d'un résultat semblable, même s'il devait aboutir à un résultat opposé à ma propre vision de la conjoncture. Ce que je souhaite, c'est informer d'une façon correcte, non pas convaincre. Je veux informer sur les conditions du duel qui s'amorce dans les balises étroites du même carcan qui entrave les débats constitutionnels Canada-Québec depuis trente ans. Une fois de plus amputé de la dynamique des sociétés concernées, ce débat va tomber dans les ornières juridiques. Que ce soit le Oui ou le Non qui l'emporte au référendum, ce ne sera qu'une autre bataille gagnée ou perdue, ou qu'un match nul, et non la victoire définitive de l'un ou l'autre duelliste. Seule une autre façon de traiter de la question constitutionnelle est susceptible de la dénouer. Les thèmes traités dans ce livre, je les estime, bien sûr, susceptibles de guider les réflexions au cours de la présente campagne référendaire. Plus encore: je suis convaincu qu'ils conserveront toute leur pertinence bien après la tenue du référendum, quelle qu'en soit l'issue.

PREMIÈRE PARTIE

La reprise du débat constitutionnel 1980-1982

INTRODUCTION

La première phase de la saga constitutionnelle que vivent le Canada et le Québec depuis le référendum du 20 mai 1980 débute dès les premiers jours de juin. Le premier ministre Trudeau dépêche son ministre, Jean Chrétien, auprès de ses homologues provinciaux dans le but de les convoquer à une conférence à huis clos qui a lieu le 9 juin. Le but de cette rencontre est de préparer l'ordre du jour d'une conférence constitutionnelle fédérale-provinciale, dite de la «dernière chance». Elle aboutit à un échec le 13 septembre. Cette issue convainc le premier ministre Trudeau que la seule méthode susceptible de lui permettre de réaliser la révision constitutionnelle qu'il souhaite est une action unilatérale de sa part. Le 5 novembre 1981, à la suite d'incidents rocambolesques, le premier ministre du Canada et les premiers ministres des provinces, à l'exception de celui du Québec, parviennent à un accord et signent un document qui est adopté par tous les Parlements concernés et reçoit la sanction royale. Ce texte devient la loi constitutionnelle de 1982.

Mon appel à la conciliation des 8 et 9 novembre 1981 semble devoir rester sans suite. Pourtant, dans les mois qui suivent, les échanges entre les premiers ministres des provinces anglaises, le premier ministre du Canada et le premier ministre René Lévesque — échanges dont je suis à peu près mis au courant — sont nombreux et pressants. Le 25 novembre, les 1er et 2 décembre *1981*, le premier ministre Trudeau et le premier ministre Lévesque s'écrivent des lettres dans lesquelles l'un et l'autre réitèrent le caractère irréconciliable de leurs positions. Par contre, un nouvel échange de lettres, les 17 et 30 décembre *1982*, semble prometteur. À ma connaissance, ces efforts de conciliation n'eurent pas de suite. Trudeau et Lévesque avaient trop souvent rompu les lances l'un contre l'autre pour conclure une paix bien tardive. L'arrogance de l'un et la rancœur de l'autre proscrivaient la possibilité d'une entente entre les deux protagonistes qui aurait servi à la fois la cause du Canada et celle du Québec.

L'ULTIME RENDEZ-VOUS CONSTITUTIONNEL DU PREMIER MINISTRE TRUDEAU[1]

L'énoncé de principes qui, selon le premier ministre Trudeau, doit inspirer la révision constitutionnelle et qu'il a communiqué à ses homologues des provinces à l'occasion de la rencontre du 9 juin a un double mérite : celui de replacer le débat constitutionnel à son juste point de départ, soit sur le plan des concepts de base plutôt que sur le plan des formules juridiques et des structures institutionnelles qui ne peuvent logiquement que venir en second, et celui de dissiper les illusions entretenues au cours de la campagne référendaire quant à la miraculeuse souplesse d'esprit dont il était censé faire preuve à l'égard des revendications du Québec après la victoire du Non au référendum.

L'énoncé de principes ne prend tout son sens que si on le situe dans le contexte des orientations constitutionnelles traditionnelles du Québec qu'il paraît contredire de même que dans celui des deux grandes commissions d'enquête fédérales (Commission d'enquête sur le bilinguisme et le multiculturalisme [1963-1971] et Commission fédérale sur l'unité canadienne [1977-1979]) qui se sont montrées compréhensives à l'égard de ces orientations et auxquelles il semble vouloir faire contrepoids. De façon encore plus directe et provocante, il paraît prendre à rebours non seulement le Livre blanc du gouvernement du Parti québécois, mais également du Livre beige du Parti libéral du Québec.

Dans l'immédiat, la déclaration solennelle du premier ministre Trudeau pourrait bien avoir une conséquence heureuse au Québec : celle d'obliger les groupes sociaux et les partis politiques à mettre en sourdine leurs divergences légitimes, à entreprendre de la façon la plus concertée possible un examen des implications pour le Québec de cette déclaration et à s'entendre sur le texte d'une réponse qui résume les revendications et les aspirations du Québec d'aujourd'hui.

De la sorte, le rendez-vous constitutionnel de septembre pourrait revêtir un caractère encore plus dramatique que le référendum québécois du 20 mai. Si, devant l'opposition unanime et catégorique du Québec, le premier ministre Trudeau refusait de modifier ses positions constitutionnelles telles qu'il les a souvent exprimées dans le passé et qu'elles transparaissent dans la déclaration de principes et si, avec l'accord des autres provinces ou de façon unilatérale, il décidait de passer quand même aux actes, il faudrait bien que, devant affronter de la sorte un aussi redoutable adversaire, les forces politiques du Québec trouvent le moyen de faire front commun. Il n'est pas assuré que pareille éventualité se réalise, mais elle apparaît aujourd'hui assez plausible pour persuader, du moins faut-il l'espérer, les Québécois de mettre pour quelque temps entre parenthèses l'enjeu encore mal résolu du référendum et de travailler dès maintenant à élargir au maximum le champ des consensus.

Mais avant de s'engager dans un combat d'une si grande portée, il convient de s'interroger sur le sens exact de l'énoncé de principes, de comprendre pourquoi le premier ministre Trudeau tient si fermement à ses convictions et de bien préciser comment le Québec doit se préparer en vue de l'échéance constitutionnelle de septembre.

Le sens de la déclaration de principes du premier ministre Trudeau

Les termes de l'énoncé de principes qui font particulièrement problème sont les suivants:

«Nous, le peuple du Canada [...] issus de la rencontre du fait anglais et du fait français en terre d'Amérique [...] nous avons choisi de vivre ensemble dans un même pays souverain, au sein d'une véritable confédération [...] nous sommes convenus de nous doter d'une nouvelle Constitution qui sera conçue et adoptée au Canada, qui réaffirmera le caractère officiel de la langue française et de la langue anglaise au Canada et le pluralisme culturel de la société canadienne, qui enchâssera nos libertés fondamentales, nos droits civils, humains et linguistiques, y compris le droit d'être éduqué dans sa propre langue française ou anglaise, là où le nombre le justifie [...]»

Le chef du Parti libéral du Québec, Claude Ryan, a qualifié l'énoncé de principes de «brouillon à refaire au complet» et un grand nombre de commentateurs ont exprimé leur déception, voire leur indignation, devant ce texte. Certains vont même jusqu'à voir dans les propos récents du premier ministre Trudeau une sorte de trahison, une escroquerie même, à l'égard des Québécois. Certes, la majorité de ceux qui ont voté Non au référendum l'ont sans doute fait parce qu'ils s'opposaient à la souveraineté-association, mais également parce qu'ils croyaient en la possibilité d'un fédéralisme renouvelé qui aille dans le sens des revendications du Québec. Ils se sont eux-mêmes induits en erreur parce qu'il n'y eut jamais au cours de la campagne référendaire d'engagements fermes de la part des membres du camp du Non et encore moins de celle du premier ministre Trudeau quant au contenu concret du fédéralisme renouvelé. Celui-ci, du début à la fin, est demeuré absolument non spécifié.

Le premier ministre Trudeau affirme aujourd'hui qu'en votant Non au référendum, les Québécois ont déclaré être d'accord avec sa conception du fédéralisme. C'est bien ainsi que je l'entendais et c'est pourquoi, après avoir jugé l'autre option, celle du Livre beige, que je jugeais insuffisante, j'ai déclaré que je voterais Oui. Il faut savoir gré à Pierre Trudeau de n'avoir jamais maquillé ses convictions à propos du Canada et du fédéralisme. Il a remporté son premier triomphe électoral en juin 1968 en prenant parti contre la thèse des «deux nations», défendue sans grande conviction ni grande compétence, il faut bien le dire, par le Parti progressiste-conservateur et le Nouveau Parti démocratique.

Durant la campagne référendaire, à l'instar des autres protagonistes du Non, il ne s'est engagé à rien de plus qu'à «renouveler» le fédéralisme. Une majorité de Québécois lui a fait confiance et lui a donné un chèque en blanc. Il s'est borné à tenir des propos extrêmement vagues à l'effet que le renouvellement du fédéralisme allait s'inspirer de son propre document intitulé: *Le temps d'agir*, du Rapport de la Commission de l'unité canadienne, du Livre beige et d'autres textes. Or, quiconque connaît le moindrement ces documents pouvait facilement se rendre compte que c'étaient là propos peu sérieux tant ils divergent et même s'opposent entre eux dans leur démarche essentielle.

Durant la campagne référendaire, le premier ministre a exprimé admirablement la conception quasi mystique qu'il se fait du Canada.

Ses propos ont émerveillé les Québécois. Il a évoqué les sentiments les plus sublimes et les plus nobles idéaux. Il a traduit sa ferveur envers le Canada par de nouveaux symbolismes susceptibles de faire émerger, face au nationalisme québécois, un nationalisme pan-canadien. Il a persuadé, par la magie du verbe, un grand nombre de Québécois qu'il exprimait le fond de leur pensée en ce qui concerne le régime politique qui convient au Canada. Et pourtant, il existe un large fossé entre les conceptions bien connues du fédéralisme du premier ministre et celles de la majorité des Québécois, si l'on en croit leurs porte-parole et les sondages.

Une fois acquise la victoire du Non au référendum, le premier ministre allait-il s'amender, allait-il assouplir ses convictions sur la nature du fédéralisme? Ceux qui pensaient de la sorte prenaient leurs rêves pour la réalité. Comment pouvait-il être raisonnable de croire qu'après douze ans de pouvoir et après un référendum dont il estimait que le résultat, si le Non l'emportait, lui donnerait raison, il allait soudainement se mettre à substituer à sa vision d'«un pays, un peuple», du Québec «province comme les autres» et d'un fédéralisme uniforme, une conception de nature provincialiste, régionaliste et québécoise qu'il abhorre et dont il a toujours dit qu'elle menait fatalement à la balkanisation et même à l'éclatement du pays?

C'est à la lumière des nombreux documents déjà publiés par le premier ministre Trudeau qu'il convient de faire l'exégèse de l'énoncé de principes. Ce dernier n'est en définitive qu'un bon résumé de ces documents et notamment des neuf principes de renouvellement de la Constitution que proposait *Le temps d'agir* (1978). L'énoncé de principes est donc parfaitement conforme à la pensée constitutionnelle de Pierre Trudeau et, par conséquent, il convient de lui accorder une grande importance.

Comme bien d'autres, le premier ministre Trudeau parle souvent du «peuple» canadien. Il peut ne vouloir signifier par ce terme rien d'autre que l'ensemble des personnes constituant la communauté politique canadienne ou encore l'ensemble de la population qui vit dans le cadre du régime fédéral canadien. Mais, dans le présent contexte, le recours à l'expression: «Nous, le peuple du Canada [...]» apparaît comme une provocation à l'égard du Québec. Si le premier ministre Trudeau a délibérément eu recours à cette expression choc pour signifier son opposition à la notion des «deux peuples» ou des «deux sociétés», pareille astuce est indigne de lui. On peut être catégorique sur le point suivant: dans les conditions qui prévalent au Canada, ni le groupe ethnique ni la nation ne peuvent être dans l'esprit de Pierre Trudeau des principes valables d'intégration politique, et il ne changera jamais d'idée à ce sujet.

Par ailleurs, le premier ministre Trudeau a toujours proclamé le «fait français» et le «fait anglais». Pour autant, il admet la dualité canadienne. Mais, du moins dans ses analyses politiques et constitutionnelles, à ses yeux, la dualité est strictement unidimensionnelle: elle ne s'étend qu'au domaine linguistique. En outre, même sur ce plan, sa conception de la dualité est horizontale, c'est-à-dire pan-canadienne, et reste allergique à la dimension verticale, c'est-à-dire provinciale et notamment québécoise. C'est pourquoi il soutient qu'une prochaine Constitution devra stipuler que le français et l'anglais sont langues officielles, et cela non seulement sur le plan fédéral, mais encore, bien que la déclaration ne l'exprime pas expressément, dans les provinces. En outre, il a affirmé à plusieurs reprises — et la déclaration retient cette idée — qu'une prochaine Constitution affirmera le droit à l'enseignement en français ou en anglais, au libre choix, si le nombre le justifie. Et là-dessus non plus il n'entend pas revenir.

La conception que le premier ministre Trudeau se fait de la dualité relève donc d'une bien maigre sociologie. Sans doute, d'une façon générale, reconnaît-il les différences culturelles, de même que les régionalismes. Mais il n'admet la diversité que pour autant qu'elle se fonde dans une même politique. Il se refuse obstinément à considérer les différences culturelles et régionales autrement que comme des particularismes qui doivent s'intégrer de la façon la plus homogène possible dans l'ensemble politique canadien. Tout schéma constitutionnel qui subordonne d'une manière quelconque l'ordre juridique à des objectifs d'ordre ethnique, culturel, économique ou régional lui répugne absolument.

Selon la déclaration, certes, la nouvelle Constitution reconnaîtra «le pluralisme culturel de la société canadienne». Mais il ne faut pas se méprendre sur la portée de cette assertion. Avec le premier ministre Trudeau, on est bien loin de la sollicitude de la Commission d'enquête sur le bilinguisme et le biculturalisme à l'égard de la culture anglaise et surtout de la culture française. Il est certes disposé à ce que les organismes publics aident de façon spéciale la culture française partout où elle est menacée, mais il tient à ce que cette aide s'insère dans des mesures politiques intégrant toutes les cultures qui existent en sol canadien.

D'où le concept de «multiculturalisme» que le gouvernement fédéral a adopté officiellement en 1973 et qui est depuis utilisé de préférence à la notion de «biculturalisme» que le gouvernement de Lester B. Pearson avait accréditée. Or, parler de multiculturalisme plutôt que de biculturalisme pour traduire la réalité canadienne revêt une très grande importance puisque, de la sorte, le français et l'anglais se trouvent à perdre leur statut de cultures principales, sur lequel la Commission d'enquête sur le bilinguisme et le biculturalisme a tellement insisté. Et le français est le grand perdant de cette substitution de termes. En effet, dans la plupart des provinces anglaises, la culture française, tout comme la langue, est anémique, alors que d'autres cultures et d'autres langues sont plus vigoureuses. La survie de la langue et de la culture françaises dépend de mesures exceptionnelles qui, en raison de leur importance, doivent être refusées aux autres cultures et ne peuvent se justifier que par le fait qu'il s'agit de la culture d'un des deux peuples fondateurs.

Même au Québec, où les assises institutionnelles du français sont pourtant bien ancrées, la culture française ne peut rayonner adéquatement que si les agents culturels reçoivent l'assistance de corps publics sensibles à ses besoins particuliers et soucieux de faciliter sa meilleure articulation possible à toutes les autres dimensions de la société. Parce qu'il ne comprend pas cette nécessité pour la culture d'être insérée dans la totalité organique d'une société, le premier ministre Trudeau se refuse à examiner la possibilité que le Québec puisse légitimement réclamer l'entière responsabilité de l'ensemble des politiques culturelles sur son territoire. Tant qu'il sera le premier maître d'œuvre du renouvellement de la Constitution à l'échelle fédérale, ceux qui n'acceptent pas les idées de la «spécificité» québécoise, d'un fédéralisme asymétrique et d'un dualisme au sein des institutions politiques centrales n'ont rien à craindre.

Pourquoi le premier ministre Trudeau préconise un fédéralisme centralisé et uniforme

Plusieurs déplorent la précipitation dont le premier ministre Trudeau fait preuve dans son initiative d'après-référendum de renouvellement de la Constitution. Sans doute est-il stimulé par l'approche de la fin de sa propre carrière politique. Sans doute, surtout, veut-il tirer profit de la disposition favorable à une révision constitutionnelle qu'il estime avoir été créée par le résultat du référendum dans les provinces anglaises aussi bien qu'au Québec. Mais sa hâte s'explique également par un autre élément: après avoir longtemps estimé que les rajustements requis au fonctionnement du fédéralisme canadien pouvaient s'effectuer dans le cadre de l'actuelle Constitution, il a été convaincu de la nécessité de procéder à une réforme constitutionnelle dans les plus brefs délais. Quels sont ces développements? D'abord, la crise énergétique et, ensuite, la possibilité d'une recrudescence de l'indépendantisme au Québec si aucun processus de changement ne démarrait dans les prochains mois. La difficulté croissante de gouverner un pays aussi complexe, aussi diversifié sinon divisé sur les plans régional et social que le Canada, est un thème qu'on retrouve souvent dans ses déclarations récentes.

Tout comme John A. Macdonald, Pierre Trudeau rêve secrètement d'une Constitution qui instituerait un régime unitaire. Et, comme pour le premier, ce sont les sévères contraintes de la situation qui le persuadent d'accepter un cadre fédéral. Mais il est convaincu que toute recherche d'un renouvellement du fédéralisme qui se fonderait sur le dualisme et le régionalisme aboutirait fatalement à l'éclatement du pays. On se méprend sur sa pensée politique lorsque l'on dit qu'il ne comprend pas les différences régionales ni les particularismes du Québec. Au contraire, autant sinon plus que bien d'autres, il est conscient de leur existence, mais il estime que s'ils devenaient les principes de base d'une révision constitutionnelle, maintenir un régime fédératif fonctionnel deviendrait impossible. Au cours d'éventuelles négociations, il pourrait être disposé à accepter des formules qui laisseraient aux provinces qui le désireraient la gestion de nombreux programmes dans plusieurs domaines d'activité. Mais il se montrera probablement inflexible en ce qui concerne l'initiative législative qui, dans les secteurs d'activité qu'il estime critiques, devra être jalousement réservée au gouvernement fédéral. Et l'on connaît les raisons qu'il va invoquer pour justifier son exigence d'un fédéralisme non seulement fortement centralisé mais surtout uniforme: besoin de coordination générale des politiques, nécessité de diminuer les disparités régionales et — thème qui revient de plus en plus dans ses déclarations et qu'il importerait pourtant d'invoquer avec beaucoup de prudence parce qu'il se différencie peu de l'ancienne et redoutable «raison d'État» — motif d'unité ou encore d'intérêt national.

Pour bien comprendre la pensée politique du premier ministre Trudeau, il faut se souvenir que les théoriciens qu'il connaît le mieux ont écrit en référence à des systèmes politiques unitaires et qu'il a étudié au London School of Economics à une époque où la théorie économique très centralisatrice de Lord Keynes y prévalait. Tout comme Jacques Parizeau (mais l'un et l'autre tirent logiquement de cette identité de vues des conclusions opposées quant à la nature du régime politique qui devrait exister au Canada et au Québec), il estime que, pour être fonctionnel, eu égard aux tâches écrasantes qu'on lui demande de remplir dans les conditions très complexes d'aujourd'hui, un État doit être très centralisé. En d'autres termes, selon cette conception, plus les centres de décision sont unifiés, plus un système politique est stable et capable de fonctionner.

Mais qu'en est-il de la validité de cette conception? Plus de la moitié des quelque quarante fédérations qui ont été formées dans les temps modernes ont éclaté. Presque toutes ont été à un moment ou un autre, et souvent de façon permanente, aux prises avec des mouvements sécessionnistes. Le Canada représente la règle plutôt que l'exception. Dans une étude inédite[2], deux professeurs de l'Université de Rochester concluent qu'il existe une certaine relation de cause à effet entre la stabilité d'un régime fédéral et le degré de centralisation. Leur conclusion, toutefois, est loin d'être catégorique puisque, de leur propre aveu, il est difficile d'établir avec précision les critères de la centralisation de même que ceux de la stabilité. Néanmoins, les auteurs vantent les orientations centralisatrices du premier ministre Trudeau puisque, selon eux, c'est par une «centralisation accrue et non par plus de décentralisation qu'il sera possible de sauver le Canada». Ils s'en prennent vertement au Livre beige, lequel, en préconisant plus de provincialisation et plus de contrôles sur le gouvernement fédéral, «va dans la mauvaise direction pour atteindre l'objectif visé par ses auteurs», soit la promotion du fédéralisme.

L'examen de l'abondante documentation sur les relations entre la stabilité d'un système politique et le degré de centralisation de son régime ne permet malheureusement pas de tirer des conclusions probantes. Les régimes unitaires sont généralement fortement centralisés. Néanmoins, plusieurs d'entre eux n'ont pas échappé à de fortes secousses imputables aux multiples sources de clivages politiques (linguistiques, religieux, raciaux, sociaux ou régionaux) ou encore à des pressions venant de l'extérieur. Quant aux confédérations d'États, elles se sont révélées très instables, la faiblesse des structures de liaison échouant à contenir les poussées centrifuges. Par contre, la Confédération suisse, pourtant très décentralisée, s'accommode depuis 1948 de forts clivages linguistiques et religieux, alors qu'une fédération centralisée comme l'Allemagne n'est pas parvenue jusqu'en 1945 à se doter d'un territoire stable et en est à son quatrième régime politique en cent treize ans. Il est difficile de définir des critères de comparaison valables, tant les fédérations sont différentes les unes des autres. En outre, vingt-trois d'entre elles n'ont été créées qu'après 1945; la période écoulée depuis cette date n'est pas assez longue pour qu'on puisse juger convenablement de leur stabilité (quinze n'existent déjà plus). Par ailleurs, le degré de centralisation peut évoluer dans le temps; c'est le cas en Suisse où, depuis 1945, le gouvernement confédéral a considérablement accru ses initiatives législatives et ses contrôles administratifs. Enfin, outre le degré de centralisation, d'autres facteurs influent sur la stabilité d'un système politique, comme l'existence de clivages sociaux, le nombre d'États membres ou la présence de grandes différences de taille entre eux. Il est toutefois difficile d'isoler les effets de ces derniers. Un examen approfondi de toutes les situations serait susceptible de montrer que, plus encore que tous ces facteurs, c'est l'existence d'une asymétrie entre les unités constitutives de la fédération — du moins s'il existe entre elles des différences culturelles ou sociales jugées fondamentales — qui garantit le plus de stabilité à la fédération.

La probabilité qu'un pays persiste dans le cadre d'un régime fédératif dépend essentiellement de son aptitude à élaborer de justes compromis entre les contraintes institutionnelles de fonctionnement et les revendications autonomistes dues à la volonté des États membres de conserver et de promouvoir des traits caractéristiques jugés fondamentaux par leurs citoyens. Or, l'expérience semble montrer que c'est de la possibilité de plier les contraintes institutionnelles aux exigences culturelles et non l'inverse que dépend en première instance la survie d'un régime fédéral.

En ce qui concerne le Canada, les nombreuses « théories » formulées en vue de rendre compte de la nature du régime institué en 1867 montrent qu'il n'y a jamais eu de convergence de vues entre ceux qui ont épousé avant tout la cause du gouvernement fédéral et ceux qui ont surtout cherché à protéger les droits des provinces, notamment ceux du Québec. Les divergences entre les uns et les autres sont devenues si profondes qu'il faut convenir que l'équilibre entre les contraintes institutionnelles et les exigences culturelles risque d'être définitivement rompu. Il semble de plus en plus évident que le régime fédéral actuel est inapte à intégrer des pans entiers de la culture politique canadienne, plus particulièrement ceux qui sont associés à la dualité, découlant du fait que les Québécois se perçoivent de plus en plus comme constituant une société originale, et ceux qui résultent des forts mouvements régionalistes qui se développent depuis dix ans, dans l'Ouest surtout, mais également, ces derniers temps, dans les provinces atlantiques.

Ce n'est pas la Commission d'enquête sur le bilinguisme et le biculturalisme qui a créé la dualité canadienne ni la Commission de l'unité canadienne qui a inventé le régionalisme. C'est bien plutôt le mouvement propre des sociétés et des régions de même que la prise de conscience de ces réalités par les populations concernées qui en sont les causes. Quand la Commission d'enquête sur le bilinguisme et le biculturalisme définit le Canada comme constitué de deux sociétés distinctes, elle n'apprend rien aux Québécois qui éprouvaient individuellement et collectivement cette réalité depuis longtemps. Même chose pour les populations de toutes les provinces quand la Commission de l'unité canadienne mit en lumière l'ampleur des régionalismes.

Mais il ne suffit pas de voir dans la dualité et le régionalisme des réalités sociologiques. Encore faut-il parvenir à formuler ces réalités en termes politiques et constitutionnels. Or, la Commission d'enquête sur le bilinguisme et le biculturalisme n'a pas sérieusement tenté d'effectuer cette formulation. Même si elle l'avait voulu, elle aurait indubitablement échoué. Dans ses conclusions et ses recommandations, elle n'a retenu à vrai dire que la dimension linguistique de la dualité canadienne. Et ce sont précisément ces conclusions et ces recommandations auxquelles le premier ministre Trudeau s'est efforcé de donner suite depuis douze ans. C'est par contre le mérite principal de la Commission de l'unité canadienne de s'être studieusement mise à la tâche afin d'en arriver à la meilleure approximation politique et constitutionnelle possible de la double réalité du dualisme et du régionalisme. Les énergies qu'elle a dépensées pour effectuer cette opération furent énormes tant le problème est complexe, surtout en ce qui concerne la dualité. Les anglophones ont bien du mal à se percevoir comme une société spécifique de la même manière que les Québécois francophones; les francophones hors Québec se considèrent membres de la société francophone au même titre que les Québécois; les autochtones s'insurgent contre le principe des «deux peuples fondateurs», etc. Compte tenu de ces difficultés, les orientations que la Commission propose apparaissent comme des débuts fort prometteurs. Le peu d'intérêt que les hommes politiques ont manifesté à l'endroit de son Rapport doit être considéré comme l'un des grands scandales de l'histoire politique canadienne.

Le premier ministre Trudeau soutient que le mouvement de décentralisation amorcé sous le gouvernement de Lester B. Pearson est allé trop loin et il s'oppose catégoriquement à tous ceux qui estiment que l'avenir du fédéralisme canadien va dans le sens d'une plus grande provincialisation. C'est précisément pour aider à sauver l'unité du pays, à ses yeux mise en péril par le double mouvement de l'autonomie et de l'indépendantisme québécois et par l'érosion du pouvoir fédéral en faveur des provinces, qu'il a fait son entrée sur la scène politique en 1965. Les événements qui se sont produits depuis n'ont fait que le confirmer dans cette façon de voir. Pour lui, les provinces ont déjà trop de pouvoirs et une plus grande décentralisation, de même que la reconnaissance d'un statut particulier pour le Québec, aboutirait fatalement à la déstabilisation du système politique canadien. À la lumière de l'expérience d'autres fédérations, il se peut qu'il ait raison. Mais il est également possible de se fonder sur cette même expérience pour soutenir que son refus de reconnaître la dimension politique du dualisme et des régionalismes canadiens pourrait bien aboutir au même résultat.

Il est vrai que tout en proclamant qu'il s'impose, non de favoriser, mais de freiner le mouvement vers la reconnaissance politique et constitutionnelle de la dualité et du régionalisme, le premier ministre Trudeau a gagné quatre élections et fut sans doute l'artisan principal de la victoire du Non au référendum du 20 mai. Et il est plausible que même en tenant le même langage il triomphe d'une coalition adverse réunissant la plupart des gouvernements et partis politiques provinciaux à l'occasion d'un éventuel référendum pancanadien. Mais il serait téméraire de conclure que c'est seulement en raison de ses orientations constitutionnelles qu'il connaît de la sorte des triomphes électoraux. Dans une perspective plus vaste, le refus catégorique et sans appel qu'il oppose à ceux qui estiment que l'état actuel de la culture politique canadienne impose de concevoir un régime fédéral plus dualiste et plus décentralisé que ne le permet la présente Constitution risque d'aboutir à un résultat contraire à celui qu'il poursuit fort assidûment depuis douze ans. Lui, dont le profond attachement envers son pays fait l'admiration de tous les fédéralistes, il pourrait bien être, au regard de l'histoire, plutôt le fossoyeur que le sauveur du Canada.

Le Québec et la prochaine conférence constitutionnelle

Pour des raisons stratégiques, les forces politiques regroupées dans le camp du Non aussi bien que dans celui du Oui ont surtout insisté durant la campagne référendaire sur des aspects d'ordre psychologique. Il fut question beaucoup plus des motifs d'attachement affectif au Canada et au Québec que des grands sujets concernant la nature de la société canadienne, de la société québécoise et des problèmes que pose la recherche des principes juridiques et des cadres institutionnels susceptibles de faire émerger de façon adéquate la dimension politique de la réalité sociologique. Mais au cours des prochaines négociations constitutionnelles, si du moins celles-ci sont menées de façon logique et compétente, il ne sera plus possible d'esquiver cette dimension politique du Québec en tant que société originale.

Si donc le résultat du référendum a révélé que les Québécois sont plus profondément attachés au Canada que plusieurs ne l'estimaient, il n'a pas fait apparaître de nouveaux consensus parmi eux sur la nature précise du régime politique qu'ils souhaitent pour eux-mêmes et pour les autres Canadiens. Dans ces conditions et compte tenu du fait que l'état des connaissances ne permet pas d'établir de façon catégorique si le premier ministre Trudeau a tort ou raison, quelle est donc la portée politique de sa vision d'un fédéralisme centralisé et uniforme ? Pareille interrogation nous ramène à des considérations relatives aux rapports des forces en présence ou de *Realpolitik*. Pour les bien évaluer, il faut tenir compte de plusieurs faits. En premier lieu, les orientations du premier ministre Trudeau sont toujours celles que le gouvernement fédéral a suivies depuis 1968. En outre, dans le cas des autres partis fédéraux, en l'absence d'une position précise de leur part, au moins jusqu'à récemment, il est probable qu'une grande majorité de leurs députés et sénateurs partagent à des degrés divers ces mêmes orientations.

À l'échelle des provinces, les opinions semblent devenues très diversifiées. En Ontario et au Nouveau-Brunswick, tout au moins, les hommes politiques sont foncièrement d'accord avec le premier ministre Trudeau bien que, pour des raisons partisanes et autres, ils se montrent souvent réticents à le proclamer ouvertement. Quant aux populations des autres provinces anglaises, on ignore si elles ont une orientation constitutionnelle précise. De leur côté, les députés libéraux fédéraux du Québec se trouvent placés devant un sérieux dilemme. La ligne de parti aussi bien que leur admiration pour Pierre Trudeau leur commandent d'être solidaires de leur chef, mais plusieurs ont montré dans le passé que la fibre nationaliste était très sensible chez eux. Ils pourraient bien avoir du mal à le suivre s'il les acculait à proclamer leur adhésion au leitmotiv «un pays, un peuple» et à renier ainsi désormais la dimension politique de la spécificité québécoise.

En ce qui concerne le Québec, quoi qu'on puisse dire des tactiques et des arguments utilisés par l'un ou l'autre camp, le résultat du référendum a montré que dans les circonstances qui ont prévalu, c'est-à-dire en l'absence d'une crise aiguë et en dépit d'un schéma étapiste très sécurisant dans l'immédiat, une majorité des électeurs se sont refusés à envisager même l'éventualité conditionnelle d'une rupture des liens qui rattachent le Québec au Canada. Il a également indiqué qu'une formule comme la souveraineté-association, du moins dans la mesure où le reste du pays manifeste beaucoup de réticence à son endroit, n'avait pas de vertu particulière en dépit des indications contraires suggérées dans de récents sondages. Par contre, le référendum n'a établi en aucune manière que les Québécois aient rejeté toute forme de régime politique autre que le fédéralisme canadien et, notamment, ils ne se sont pas engagés à renoncer pour toujours à l'indépendance politique. Encore moins ont-ils rejeté le message essentiel du Livre blanc et également du Livre beige quant à la nature du Québec comme société originale et comme foyer principal de la langue et de la culture françaises en Amérique du Nord et, conséquemment, quant à la nécessité, au minimum, de modifier le régime politique actuel dans le sens d'une meilleure reconnaissance de la dualité politique et de l'égalité juridique.

La déclaration de principes du premier ministre Trudeau a le mérite d'obliger les Canadiens à se poser enfin les questions essentielles au sujet du renouvellement de la Constitution. Elle apparaît tout au moins comme la meilleure sauvegarde contre le risque de tomber dans le piège de se lancer à corps perdu dans des discussions techniques et des tentatives de révision à la pièce comme tant d'autres conférences constitutionnelles dans le passé l'ont tenté bien à tort. La déclaration de principes montre bien, en effet, qu'avant de s'engager dans des discussions détaillées relatives aux institutions centrales ou à la séparation des pouvoirs, il va falloir procéder à de nombreuses clarifications quant aux objectifs fondamentaux de la refonte constitutionnelle et aux concepts de base. Ces clarifications préalables concernent de nombreuses questions d'ordre général aussi bien que d'ordre plus particulier au Québec. Même si la position constitutionnelle du premier ministre Trudeau pouvait se réclamer du jugement de l'histoire ou encore des préceptes de la science politique, ce qui est problématique, le Québec serait quand même autorisé à se percevoir comme une société originale et comme une nation libre de s'autodéterminer. Ces deux positions étant contraires et mutuellement exclusives et chaque antagoniste estimant sa position intellectuellement et moralement la seule valable, il s'ensuit que le litige, ne pouvant être tranché sur le plan des principes, ne pourrait être réglé que par une épreuve de force. Autrement dit, la position du premier ministre Trudeau ne peut l'emporter par voie de négociation que si le Québec accepte de changer radicalement de cap en ce qui concerne l'orientation de son avenir politique. Or, parmi le peuple de même que dans les propos récents des hommes politiques québécois de tous les partis, il n'y a aucune indication d'un réalignement de cette nature. On y trouve plutôt l'expression d'un besoin de réaffirmer solennellement l'existence de la dualité politique canadienne, et cela, en des termes susceptibles de convaincre les premiers ministres des autres provinces sinon le premier ministre Trudeau.

Il serait naïf dans les circonstances d'escompter de la conférence de septembre de bien grands progrès. En outre, l'ordre du jour que le premier ministre a imposé n'est guère prometteur. Claude Ryan a dénoncé avec raison le caractère partiel de cet ordre du jour et il a proposé un autre plan de travail qui aurait été bien plus convenable. Bien que des suggestions concernant la problématique constitutionnelle paraissent à ce moment-ci hors d'ordre, il est utile de les présenter quand même pour bien montrer l'ampleur de la tâche à entreprendre. Un plan de travail adéquat de renouvellement constitutionnel devrait comporter au minimum les points suivants :

1. Le fédéralisme comme fin et moyen ; les raisons de choisir un régime fédéral plutôt qu'un régime unitaire ; les principes directeurs du partage des pouvoirs ; l'équilibre à trouver entre centralisation et décentralisation, entre l'initiative législative et la gestion administrative, entre l'uniformité et l'asymétrie ; les liaisons entre les institutions politiques centrales et celles des provinces, etc.

2. L'intégration de l'ordre politique dans l'ensemble de la société ou l'articulation de la culture, de l'économie et du politique dans un projet de société déterminé. Cette investigation conduira à l'examen de la question des deux sociétés en tant que faits sociologiques et du problème des cadres juridiques et constitutionnels susceptibles de concrétiser la dimension politique de ces réalités sociologiques. Elle aboutira également à l'approfondissement des problèmes reliés à l'octroi d'un statut particulier au Québec et de ceux posés par la formule des « États associés », ainsi qu'à examiner les conditions susceptibles d'amener le Québec à choisir l'indépendance plutôt qu'une forme de fédéralisme.

3. L'examen des conditions d'un fédéralisme fonctionnel susceptible de concilier la dualité et le régionalisme, notamment par l'approfondissement des recommandations de la Commission de l'unité canadienne à ce sujet.

4. Le droit à l'autodétermination pour les provinces ou encore pour le Québec seulement. Pourquoi la reconnaissance de ce droit dans une prochaine Constitution pourrait s'imposer si le préambule affirmait que les Canadiens ont choisi un régime fédératif, suivant l'énoncé de principes du premier ministre ou, encore, si la Constitution contenait une clause accordant au Parlement fédéral, dans les termes du Livre beige, « un pouvoir exceptionnel d'urgence lui permettant d'agir lorsque, à cause de circonstances exceptionnelles, l'intégrité ou la sécurité de l'État canadien ou d'une province sera menacée ». Il faudrait étudier les analyses du Rapport du comité mixte du Sénat et des Communes sur la Constitution (1971) et examiner la possibilité d'incorporer dans le préambule d'une future Constitution le texte des recommandations 6 et 7 de ce Rapport suivant lequel « l'existence de

la société canadienne tient au libre consentement des citoyens[3]... Si, à un moment donné, les citoyens d'une partie du Canada se déclaraient démocratiquement en faveur d'une politique historique qui serait opposée au maintien du régime actuel, c'est par la négociation politique et non par le recours à la force militaire ou à d'autres mesures coercitives qu'il faudrait régler le désaccord».

5. Une charte fédérale des droits fondamentaux, y compris les droits particuliers des autochtones. La meilleure façon d'assurer le respect des droits linguistiques des minorités représente une question capitale. Un débat sur le droit fondamental du Québec de rester, sur son territoire, le seul maître de la défense et de la promotion de la langue française s'impose de toute urgence par suite de la position catégorique du premier ministre Trudeau à cet égard et en raison des orientations du Parti libéral du Québec telles qu'énoncées dans le Livre beige.

6. La signification de la notion de dualité culturelle et sa relation avec le pluralisme culturel (ou multiculturalisme) dont parle l'énoncé de principes.

7. Le principe du partage des richesses et de l'égalité des chances au niveau des individus et des collectivités, incluant un examen des conditions d'une politique économique équitable pour les provinces, plus particulièrement le Québec.

8. Le rapatriement de la Constitution et la formule d'amendement. Le Québec devra continuer à insister sur le fait que ces questions sont liées à des ententes, au moins sur les principes du partage des pouvoirs.

La majorité des observateurs se déclarent pessimistes quant aux chances de réussite de la ronde constitutionnelle amorcée le 9 juin lors de la rencontre des premiers ministres. Et, certes, il y a de bien lourds nuages noirs à l'horizon. Les obstacles à surmonter sont nombreux et divers.

Le Québec n'est plus seul à réclamer un renouvellement de la Constitution. Durant les années 1970, un second foyer de crise, nourri par le problème de l'énergie et par un sentiment de plus en plus vif d'aliénation politique, a pris naissance dans les provinces occidentales. Ce second foyer de crise devient de plus en plus préoccupant et le sentiment d'urgence qui se manifeste à son endroit parmi la population canadienne et chez de nombreux hommes politiques est beaucoup plus marqué qu'il ne l'a jamais été quand il s'agissait uniquement du Québec, et qu'il ne l'est depuis qu'est connu le résultat très stabilisateur du référendum. La raison en est que cette seconde crise est de caractère essentiellement économique et qu'elle affecte l'ensemble du pays de façon plus immédiate et tangible que les revendications québécoises qui, elles, ont été dans le passé d'une nature beaucoup plus symbolique.

Le problème est le suivant: les Canadiens ne sont manifestement pas prêts à s'entendre sur la nature des changements constitutionnels qu'il faudrait apporter pour que la crise énergétique puisse se résorber dans l'intérêt de tous et pour qu'un équilibre économique optimal s'établisse dans toutes les régions du pays. Ces questions énergétiques et économiques sont très complexes, se posent aujourd'hui en termes très différents de ceux d'hier et sont susceptibles d'évoluer encore beaucoup dans les années à venir. Par contre, les questions que pose le Québec en ce qui touche la langue et la culture sont aujourd'hui bien mieux comprises dans l'ensemble du pays et les Canadiens semblent mieux disposés à accorder au Québec, en raison de ses caractéristiques linguistiques et culturelles, une sorte de statut particulier suivant une formule qui pourrait ressembler à celle du fédéralisme asymétrique que la Commission de l'unité canadienne a proposée.

Le professeur Edward McWhinney suggère que la révision constitutionnelle s'effectue en deux temps et que l'on procède d'abord à la solution du cas québécois. Cette position se défend en théorie et je l'ai moi-même préconisée dans le passé à plusieurs reprises. Mais l'on doit s'interroger sur sa pertinence dans le contexte d'aujourd'hui. Les revendications actuelles du Québec débordent maintenant la langue et le champ de la culture, même entendue dans un sens large. Elles englobent l'économie et s'étendent à toute la société. Il est douteux que le Québec se satisfasse d'une révision parcellaire, même si celle-ci touchait à des aspects essentiels de ses revendications traditionnelles. Il est également douteux que le reste du pays, notamment les provinces occidentales, consente à ces révisions pour le seul Québec. Les autres provinces pourraient craindre en effet qu'une fois le Québec apaisé, leurs propres revendications ne soient plus entendues.

Un obstacle majeur à une prochaine révision constitutionnelle vient du refus obstiné du premier ministre Trudeau de reconnaître le bien-fondé des revendications québécoises. Il est probable que le Parti progressiste-conservateur et le Nouveau Parti démocratique se montreraient plus compréhensifs envers le Québec que le Parti libéral tant qu'il sera sous la direction de son chef actuel. Par ailleurs, un premier ministre anglophone qui aborderait le dossier constitutionnel d'un œil neuf aurait plus de chances d'en arriver à une entente avec le Québec qu'un Trudeau dont les idées n'ont pas bougé depuis plusieurs années et qui, néanmoins, est toujours malheureusement considéré par les provinces anglaises comme l'un des porte-parole les plus compétents du Québec. C'est pourquoi la conférence constitutionnelle de septembre n'est pas nécessairement celle de la dernière chance comme plusieurs se plaisent à le dire. Il peut toujours y avoir une chance après la dernière, mais il est dangereux de jouer à l'apprenti sorcier. À trop tirer sur la corde, on ne sait jamais quand elle se cassera. Le travail très consciencieux qu'effectue le groupe présidé par le sénateur Arthur Tremblay pourrait bien constituer une bouée de sauvetage à laquelle le Québec et les provinces anglaises viendraient s'agripper. Par ailleurs le Rapport de la Commission de l'unité canadienne, remis à jour, pourrait bien devenir l'ultime planche de salut.

Les méthodes de travail que le premier ministre Trudeau a imposées constituent un obstacle supplémentaire à la bonne marche des travaux de renouvellement de la Constitution. Le chef du Parti libéral du Québec a bien raison de dénoncer la précipitation dont Ottawa fait preuve. L'on veut, dit-on, tirer profit des circonstances favorables à une révision constitutionnelle créées par le référendum québécois. Mais quelles circonstances favorables? Certes, ce n'est que sous l'aiguillon de la nécessité que l'on consent à ce genre d'entreprise qui, même dans le meilleur des cas, comporte une grande part de risque. Or, sauf chez le premier ministre Trudeau et chez quelques hommes politiques fédéraux, je ne vois nulle part au Canada que la victoire du Non au référendum ait servi d'aiguillon: bien au contraire, elle a sécurisé les protagonistes du fédéralisme inconditionnel et dissipé les craintes que le Québec pouvait susciter. Et comment ne pas voir que, sauf au Québec et dans certains cercles fédéraux, le Canada dans son ensemble en est encore aux balbutiements en ce qui concerne les questions constitutionnelles? Un délai d'un peu plus de deux mois est bien insuffisant pour permettre aux provinces de mettre leurs propositions au point. Le risque est grand qu'elles sortent leurs anciens dossiers du placard. Or, la plupart du temps, ces derniers avaient été préparés selon une méthode à la pièce et dans une perspective étroitement provincialiste. Tout ce que l'on peut attendre de la conférence fédérale-provinciale de septembre, c'est un début prometteur, par exemple un certain accord sur les termes d'un préambule à une éventuelle Constitution. Ce serait là un progrès majeur parce que, de la sorte, les principes directeurs du renouvellement constitutionnel seraient dégagés. Dans les circonstances, il faut craindre qu'une fois de plus on passera à côté des problèmes essentiels et qu'on écoulera plutôt le temps de la conférence à échanger des points de vue sur mille et un sujets différents sans même se préoccuper d'une unité d'ensemble à trouver et à préserver.

La formule suivie dans le passé — et qui sera encore en vigueur en septembre — de la conférence fédérale-provinciale pour discuter des problèmes constitutionnels est mauvaise et devrait être abandonnée. Le Québec ne pourra exposer son point de vue d'une manière satisfaisante que dans un cadre de négociation dualiste et d'égal à égal, au moins en ce qui touche les questions jugées par lui essentielles et à propos desquelles il ne saurait renoncer à son droit de veto. J'ai déjà proposé à plusieurs reprises la convocation d'une véritable assemblée constituante qui, dans ses travaux, regarderait beaucoup plus du côté du «pays réel» que de celui des hommes politiques et des fonctionnaires devenus schizophréniques en ce qui concerne le renouvellement de la Constitution. Il est possible que l'échec éventuel de la conférence constitutionnelle de septembre rende enfin cette formule attrayante ou, tout au moins, que l'on doive se résoudre à y recourir. Mais, pour porter fruit, une assemblée constituante devrait être précédée au Québec d'une commission d'enquête indépendante ou encore mieux d'une convocation d'états généraux de la nation qui s'efforceraient de préciser les options constitutionnelles, d'élargir au maximum le champ des consensus et même de réaliser cette union sacrée dont bien des penseurs et des hommes politiques ont rêvé à un moment de leur vie.

Malgré leur importance certaine, les obstacles au renouvellement de la Constitution que je viens d'évoquer pèsent d'un poids plutôt léger par comparaison à cet obstacle premier et apparemment insurmontable que représente l'absence d'un consensus élémentaire entre Québécois quant à la nature du régime politique qui convient au Québec. Et pourtant, la voix du Québec ne sera vraiment entendue du reste du pays que lorsqu'elle s'exprimera avec force.

À voir agir le premier ministre Trudeau depuis le référendum, on pourrait croire qu'au lieu de poursuivre le renouvellement de la Constitution il cherche à discréditer le gouvernement du Québec dans le reste du pays et le Parti québécois auprès de l'électorat du Québec. Son attitude provocante est une source d'embarras pour le chef du Parti libéral du Québec, Claude Ryan, qui pourrait être contraint bien malgré lui, s'il veut rester fidèle à sa propre option et garder quelque crédibilité auprès de l'électorat, d'adopter envers Ottawa la traditionnelle orientation autonomiste des hommes politiques œuvrant au Québec. Cela porterait un coup dur à l'approche «canadienne» dont pourtant le Livre beige vante les mérites.

La façon malavisée, du point de vue du Québec, que le premier ministre Trudeau semble employer pour consolider l'unité du pays pourrait donc constituer cette aide miraculeuse qui est souvent requise pour galvaniser une nation. Dans la mesure où il continuera, dans les prochains mois, à refuser de reconnaître la spécificité politique du Québec, il sera cet autre qui s'oppose au «nous» québécois et qui, de la sorte, pourrait agir comme un catalyseur permettant à ce «nous», profondément divisé par l'enjeu du référendum, de récupérer son unité essentielle.

Sans doute est-il prématuré de penser à un moratoire à brève échéance entre les partis politiques. À l'approche d'une élection provinciale générale que ces derniers voudront transformer en une suprême ronde constitutionnelle, ou tout au moins qu'ils chercheront à utiliser de façon stratégique pour la promotion de leurs causes constitutionnelles respectives, il est évident que toute concertation ou coalition à laquelle ils pourraient être amenés à consentir sera jugée par eux à la lumière de ses conséquences possibles sur le résultat des élections. Par ailleurs, entre le Parti québécois et le Parti libéral du Québec, même à supposer que le premier accepte loyalement de défendre les revendications du Québec dans le cadre d'une négociation en vue de renouveler la Constitution, les divergences seraient profondes et il faudrait que la menace que fait planer le premier ministre Trudeau se précise bien davantage pour les inciter à faire véritablement front commun.

Dans les conditions actuelles, un certain consensus n'est possible que si les partis politiques jouent franc jeu en ce qui concerne la conférence constitutionnelle de septembre et s'ils acceptent certains compromis. Mais tous les compromis possibles dépendent d'une concession essentielle que chaque parti devra faire à l'autre dans l'intérêt supérieur du Québec. Le chef du Parti libéral du Québec, Claude Ryan, a raison de faire dépendre sa collaboration aux travaux du gouvernement, en commission parlementaire ou autrement, d'un engagement ferme du premier ministre, René Lévesque, de tout mettre en œuvre pour permettre un renouvellement du fédéralisme canadien qui soit conforme aux revendications essentielles du Québec. Mais, en même temps, il faut demander à Claude Ryan d'accepter de remettre en cause l'orientation constitutionnelle du Livre beige en ce qui concerne la question linguistique au niveau provincial ainsi que les méthodes qu'il préconise pour traduire en termes politiques et juridiques la dualité canadienne. Plus fondamentalement encore, si l'on est en droit de demander au premier ministre Lévesque de faire un ultime acte de foi au fédéralisme, l'on doit également exiger de Claude Ryan qu'il affirme que le cadre social du Québec importe plus que le régime politique qui l'encadre et que, s'il devait devenir évident que ni le gouvernement fédéral ni les autres provinces ne sont disposés à reconnaître la spécificité du Québec au plan politique, il serait prêt à reconnaître que le droit du Québec à l'autodétermination pourrait aller jusqu'à la déclaration d'indépendance.

L'attitude du premier ministre Trudeau dans les prochaines semaines pourrait être cruciale à cet égard. Il convient de ne jamais le sous-estimer et il importe de l'écouter attentivement même lorsqu'on n'est pas d'accord avec lui. Il a longtemps pensé que le Canada pouvait s'épargner les frais d'une nouvelle Constitution. Depuis quelque temps, il est devenu très conscient de la fragilité du pays. Ses interventions à propos de la Constitution depuis deux ans pourraient très bien s'expliquer par la crainte, très vive chez lui, de voir le processus de réforme constitutionnelle, s'il n'est pas au départ étroitement balisé, devenir vite incontrôlable et menaçant pour la persistance du Canada. Peut-être, sans le vouloir délibérément et tout en dépensant beaucoup d'énergie pour le renouvellement de la Constitution canadienne conformément à l'engagement solennel qu'il a pris envers les Québécois lors du référendum, s'y prend-il à l'endroit du Québec de façon à rendre le démarrage constitutionnel impossible. Et qui peut affirmer que, de son point de vue tout au moins, il aurait tort d'agir de la sorte ? Il y a bien plus d'aspects de la situation qui favorisent l'approche rigide du premier ministre Trudeau qu'on ne l'imagine généralement au

Québec. Et cette approche pourrait bien prévaloir en fin de compte si les partis politiques québécois ne parviennent pas à un certain consensus, au moins sur l'essentiel.

IL EST ENCORE TEMPS DE
REVENIR À L'ESSENTIEL[1]

On voudrait comprendre pourquoi le premier ministre Trudeau, les premiers ministres des neuf provinces anglaises et la plupart des députés à la Chambre des communes pavoisent à l'issue de la conférence constitutionnelle du 2 novembre. Si le but était de rapatrier la Constitution à tout prix, même en écrasant une province si nécessaire — serait-ce celle à laquelle soixante-quatorze des députés du parti au pouvoir doivent leur élection — alors, oui, ils peuvent triompher. Mais si le but était par hasard de poser les jalons d'un pays légal plus accordé au pays réel — dans le sens défini par les deux grandes commissions d'enquête fédérales (Commission royale d'enquête sur le bilinguisme et le multiculturalisme et Commission fédérale sur l'unité canadienne) — alors où est le triomphe ?

Pour ceux, en effet, qui depuis dix-huit ans déjà ont mis tant d'espoir et de travail dans la réforme constitutionnelle, la conclusion de la récente ronde de négociations devrait sembler absurde. Que peuvent-ils penser face à l'immense soulagement et à l'extrême satisfaction qu'exprimèrent les neuf premiers ministres des provinces anglaises et le premier ministre fédéral juste avant de signer cet accord que le Québec refusait d'endosser ? Le principal motif qui poussait les artisans de la réforme constitutionnelle à consentir un si intense effort de recherche d'une solution au problème canadien n'était-il pas le besoin d'accommoder le Québec et, ainsi, d'éviter au Canada la crise la plus profonde de son histoire telle que la décrivait déjà le Rapport préliminaire de la Commission d'enquête sur le bilinguisme et le biculturalisme en 1965 ?

Comment se fait-il que nous en soyons là aujourd'hui ? Comment est-il possible que le pays soit peut-être au bord du gouffre et que les responsables, au lieu de s'attrister et de tenter un ultime effort pour redresser la situation, bombent le torse, convaincus qu'ils paraissent être que c'est la cause du Canada qu'ils viennent de faire triompher une fois pour toutes?

Il nous faut nous garder d'une réaction émotive afin de ne pas obscurcir encore davantage la recherche des choix d'action qui s'offrent au Québec à la suite de l'accord signé sans lui à l'issue de la conférence. Mais, en même temps, il convient de dire avec toute l'énergie possible et en y mettant tout le poids requis qu'il ne saurait y avoir de compromis valable sans le Québec, et qu'en conséquence, il faut réviser encore le projet de résolution afin de le rendre acceptable à ce dernier.

Deux ordres de considérations motivent cette façon de voir: en premier lieu, il paraît clair qu'aucun premier ministre du Québec n'aurait pu signer le texte de l'entente sous sa forme actuelle et que, par conséquent, le refus du premier ministre Lévesque ne peut être directement attribué à l'orientation souverainiste du Parti québécois; en second lieu, le texte de l'accord reste imprécis et les nombreuses interprétations verbales qui furent apportées, notamment par le premier ministre Trudeau et par le ministre Jean Chrétien, font planer l'incertitude sur la portée de certaines clauses d'importance majeure pour le Québec. Si les révisions requises étaient effectuées dans le sens le plus favorable, l'ampleur de la crise qui risque de secouer le Québec et le Canada au cours des prochains mois serait diminuée considérablement. Par contre, si c'était la formulation la plus rigide qui allait être retenue, les responsables de cette orientation porteraient devant le pays et l'histoire une terrible responsabilité.

Le dénouement de la récente conférence constitutionnelle manifeste une fois de plus l'incompréhension incurable, et pour ainsi dire congénitale, par le Canada anglais des véritables besoins et aspirations du Québec. Non! La délégation québécoise n'a pas été victime d'un maléfice d'une quelconque divinité malveillante, mais bien plutôt d'une réaction normale de Canadiens anglophones à l'égard des francophones. Ceux qui œuvrent dans des organismes pancanadiens ont maintes fois fait l'expérience: lorsque les anglophones, après avoir longtemps cherché à résoudre un problème, en viennent finalement à une solution qui leur convient, ils adoptent cette solution sans hésitation même si elle ne reçoit pas l'agrément des francophones parce que ceux-ci la jugent préjudiciable à leurs intérêts. Ils manifestent plus ou moins de compréhension à l'endroit de la position des francophones, mais la décision qui convient à la majorité est en fin de compte irrévocable.

Les conditions dans lesquelles le processus de réforme constitutionnelle se déroulait depuis plus d'un an rendaient inéluctable le dénouement auquel nous sommes confrontés aujourd'hui. Cela est arrivé lors de la récente conférence fédérale-provinciale, mais cela aurait tout aussi bien pu se produire six mois plus tôt ou six mois plus tard. L'issue de la conférence ne signifie à vrai dire que le retour des choses à la normale. Le Québec est isolé en novembre 1981 comme il était isolé dans les années 1950, et comme il le fut de nouveau à compter de 1967, après quelques années où, grâce à la vigueur exceptionnelle de son leadership conjugué à faiblesse de celui d'Ottawa, il avait réussi à s'imposer devant le gouvernement fédéral et le reste du pays. C'est justement cette force du Québec qui, en suscitant chez Pierre Trudeau les pires appréhensions, avait persuadé celui-ci d'aller œuvrer sur la scène fédérale pour rectifier le mouvement du pendule.

Ceux qui estimaient que les provinces anglaises avaient finalement subi un choc salutaire qui les amènerait à mieux comprendre la position traditionnelle du Québec en matière constitutionnelle doivent déchanter devant la conclusion de la récente conférence. Mais de quel choc pouvait-il bien s'agir? Le premier ministre Trudeau et les députés libéraux du Québec n'ont-ils pas tout tenté pour rassurer le Canada anglais en minimisant l'ampleur des revendications du Québec? Ils ne peuvent donc s'en prendre qu'à eux-mêmes, ceux qui ont contribué au résultat du référendum québécois de 1980, qui ont jusqu'à récemment paru endosser la position intransigeante envers le Québec du premier ministre Trudeau et qui, peut-être, se préparent aujourd'hui à se soumettre à son autorité.

Par ailleurs, la délégation du Québec doit, à mon avis, porter une part de blâme pour l'issue de cette longue négociation constitutionnelle. Il me semble qu'en voulant jouer au plus fin avec le Canada anglais et le gouvernement fédéral, en croyant pouvoir créer des circonstances nouvelles telles que la structure traditionnelle des rapports entre ces derniers et le Québec s'en trouverait radicalement transformée, la délégation du Québec a en quelque sorte mis au point le piège dans lequel elle s'est finalement trouvée prise.

La plupart des stratégies suivies par la délégation du Québec ont abouti à miner les positions mêmes que cette dernière défendait. C'est ainsi que les porte-parle québécois se sont dits très heureux du jugement de la Cour suprême stipulant que le consensus des provinces, requis pour permettre au Parlement fédéral de demander au Parlement britannique de rapatrier la Constitution, n'exigeait pas légalement l'unanimité. Or, ce jugement a apparemment pour résultat d'empêcher désormais le Québec de recourir à l'argument judiciaire pour bloquer la résolution constitutionnelle fédérale.

C'est ainsi également qu'en choisissant de lier sa cause à celle de sept autres provinces et, notamment, en acceptant en avril dernier de renoncer au veto que le Québec avait exercé dans le passé en matière d'amendement constitutionnel au profit d'une clause de retrait facultatif avec compensation fiscale, la délégation du Québec se mettait elle-même au cou la corde qui allait se resserrer à l'issue de la dernière conférence.

De même, dans leur effort pour convaincre les parlementaires britanniques de s'opposer au projet de résolution constitutionnelle, en misant presque seulement sur le caractère unilatéral du geste du Parlement fédéral, les porte-parole québécois se retrouvent désormais privés de défenseurs au Parlement anglais puisque ces derniers concluront certainement qu'avec l'approbation de neuf provinces sur dix, ce projet n'est plus unilatéral.

Il apparaît que le premier ministre Lévesque a commis une faute coûteuse en défiant le premier ministre Trudeau de porter le litige constitutionnel devant la population canadienne par voie de référendum. En acceptant ce défi, en parlant même d'«une nouvelle alliance Québec-Canada» — expression qui, à un mot près, reproduisait le titre du Livre blanc du Parti québécois sur la souveraineté-association — le premier ministre Trudeau, probablement en toute connaissance de cause, a provoqué chez les premiers ministres des provinces anglaises le réflexe d'autoprotection qui devait les persuader de conclure à tout prix et sans plus tarder un accord avec lui.

Il ne s'agit pas d'accuser la délégation québécoise d'avoir sciemment mêlé les cartes dans le but d'affaiblir la position du Québec à la table des négociations constitutionnelles. Au contraire, dans les circonstances, elle a sans l'ombre d'un doute cherché à défendre les droits traditionnels du Québec en adoptant les stratégies qui lui paraissaient les plus appropriées.

La grande erreur de la délégation québécoise fut de lier, en quelque sorte, le sort du Québec à celui des sept provinces anglaises auxquelles elle s'est alliée, comme s'il était acquis que les clauses constitutionnelles qui, à la fin, satisferaient ces dernières allaient également convenir au Québec. Et pourtant, toute l'histoire constitutionnelle et politique du pays démontre amplement que le Québec ne saurait conquérir de nouveaux droits constitutionnels, ni même conserver ceux qu'il a, en vertu de la Constitution actuelle. Pour améliorer son statut, il lui faut refuser de se considérer comme une province comme les autres et de négocier en tant qu'unité simple dans un ensemble constitué de onze partenaires. Il doit requérir au préalable de traiter d'égal à égal avec le reste du pays, au moins sur toutes les questions jugées vitales pour sa survie et son épanouissement comme société particulière au Canada et en Amérique du Nord.

Afin d'éviter dans les jours cruciaux qui viennent que l'attention ne soit détournée de l'essentiel, il importe donc que la problématique constitutionnelle fondamentale soit de nouveau formulée de façon rigoureuse. Cela va exiger, nous le savons depuis plusieurs années, le choix d'une optique mettant en pleine lumière la dimension fondamentale du Québec comme l'une des deux sociétés qui composent le Canada.

Ce n'est pas en effet seulement une province que l'Assemblée nationale et le gouvernement du Québec ont pour mission imprescriptible de défendre et d'illustrer. C'est également et surtout une communauté linguistique originale qui a son assise vitale dans cette province et qui, seulement dans cette province, possède des cadres institutionnels suffisants pour la justifier d'exister comme société particulière, malgré un environnement anglophone qui menace constamment de la corroder en profondeur et irrémédiablement. Quant aux tests qui permettent de jauger la valeur d'un changement constitutionnel du point de vue du Québec, ils se formulent ainsi: Est-ce que la réforme proposée représente une barrière institutionnelle contre la tendance naturelle de la majorité anglophone de penser et d'agir en fonction de sa propre perception du monde, de la vie et de ses intérêts particuliers? Est-ce que la réforme proposée serait susceptible d'empêcher que le Canada anglais, grâce au simple poids de son énorme majorité et sans malveillance aucune, puisse écraser le Québec quand des questions vitales pour ce dernier sont en jeu? Est-ce que la réforme proposée procure au Québec une protection institutionnelle susceptible de diminuer l'état permanent de profonde insécurité personnelle et collective qu'engendre inévitablement le cadre socio-politique qu'institue le fédéralisme canadien actuel?

Il est évident que, pris au pied de la lettre, le texte d'entente signé par le gouvernement fédéral et les neuf autres provinces anglaises ne passe pas ces tests. Il convient de répéter que le refus du premier ministre Lévesque d'approuver ce texte sous sa forme actuelle n'est pas dû au fait que le Parti québécois poursuit l'objectif de la souveraineté-association. Je conviens que cette dernière condition suscite des interrogations bien légitimes chez ceux qui veulent que le Québec et le reste du pays puissent en arriver à un accord sur la réforme constitutionnelle. Mais aucun premier ministre du Québec n'aurait pu signer ce texte dans sa formulation actuelle.

Avant que la résolution du Parlement canadien soit adressée à Londres, il faudra rédiger une version épurée du brouillon d'entente signé par dix premiers ministres. La question qu'il faut poser avant que démarre la rédaction finale est la suivante: est-il au moins possible d'éviter que le texte définitif n'enlève au Québec les droits que la Constitution actuelle lui reconnaît? Il est clair qu'il ne saurait s'agir d'un simple engagement, aussi solennel qu'il puisse être, de la part du premier ministre Trudeau, d'apporter un jour des adoucissements au texte constitutionnel par des mesures législatives ou administratives. Pareil engagement verbal ou même écrit n'atténuerait pas l'insécurité des francophones, fondement de la crise constitutionnelle canadienne. Toutefois, il semble que si les députés et sénateurs fédéraux manifestaient une certaine compréhension à l'endroit des inquiétudes qui s'expriment aujourd'hui dans tous les secteurs de la société québécoise, il serait encore possible d'accommoder suffisamment le Québec pour au moins persuader la majorité de ses citoyens d'attendre la suite des événements avant de se lancer dans des actes dramatiques.

Le texte de l'entente comprend trois sujets d'insatisfaction majeure pour le Québec. L'un de ces sujets porte sur la liberté de circulation et d'établissement. À ce propos, il me semble que la stipulation suivant laquelle «il y aura inclusion du droit d'une province de mettre en œuvre des programmes d'action en faveur des personnes socialement et économiquement désavantagées tant que le taux d'emploi de cette province demeurera inférieur à la moyenne nationale» devrait satisfaire le Québec. En effet, si le taux de chômage au Québec était supérieur à la moyenne canadienne, il serait possible, jusqu'à un certain point, au gouvernement du Québec de protéger ses travailleurs. Par contre, si le taux de chômage était inférieur à la moyenne canadienne, il me semble que le Québec pourrait alors accepter sans dommage irréparable le jeu normal de la libre circulation.

Le second sujet en litige traite de la formule d'amendement. La formule retenue est celle dite de Vancouver à laquelle la délégation québécoise souscrivait en avril dernier, mais sans qu'apparaisse maintenant l'article 3 qui prévoyait «une compensation fiscale à une province qui se retire d'un amendement constitutionnel». Sous sa forme actuelle, la formule d'amendement est inacceptable pour le Québec. Je suggère que le texte soit modifié et que, concernant le Québec, une compensation fiscale soit prévue dans tous les cas où le retrait facultatif de cette province porterait sur des questions relevant de la langue, des communications, de la culture, de l'éducation et des affaires sociales.

Quant au troisième sujet de mésentente, il porte sur le droit à l'instruction dans la langue de la minorité. Ce sujet est fondamental, certes, mais ce qui le rend critique dans le contexte actuel, c'est le haut niveau d'émotivité que la version actuelle du texte est susceptible d'engendrer au Québec. Pour qu'il lui soit acceptable, il importe que l'article 23 du projet de résolution touchant la langue d'enseignement soit révisé et que son éventuelle mise en vigueur soit définie de façon à ne pas enlever des prérogatives législatives à l'Assemblée nationale du Québec sans son accord préalable.

Il faudrait d'abord amender l'article 23 de façon que la formule dite «clause Canada» soit substituée au texte actuel. Cet amendement, auquel le premier ministre Trudeau a maintes fois dit ces derniers temps pouvoir souscrire, aurait pour effet d'apaiser le Québec et serait même acceptable par son gouvernement. En effet, lors de la conférence interprovinciale de St.Andrews, en 1978, le premier ministre Lévesque s'était dit prêt à endosser la «clause Canada». Ensuite, il conviendrait que les provinces anglaises acceptent d'être liées immédiatement par l'article 23. On éviterait alors le pénible chantage auquel le Québec serait autrement exposé de la part des provinces anglaises et, plus particulièrement, des minorités francophones dans ces provinces. De toute manière, dans sa formulation actuelle, cet article ne créera pas pour les provinces anglaises de sérieuses obligations nouvelles envers leurs minorités françaises. Si l'on devait leur demander d'offrir à la minorité française les mêmes services scolaires dont bénéficient et bénéficieront les anglophones du Québec, avec ou sans la protection de cet article, elles récrimineraient sans aucun doute et refuseraient de signer la nouvelle Constitution.

Par contre, par respect pour les droits du Québec, le texte final de la résolution, même en incorporant la «clause Canada», ne devrait pas obliger automatiquement le Québec. Il faudrait plutôt faire confiance à l'Assemblée nationale de cette province et attendre qu'elle accepte de se lier librement à cette clause de la Charte des droits, de la même façon que le projet de résolution ne contraint pas l'Ontario à se lier à l'égard de l'article 133 de la Constitution en vigueur.

En outre, tous ces amendements peuvent être faits immédiatement et sans même requérir l'accord de l'Assemblée nationale du Québec. Ils doivent viser à atténuer autant que possible le mécontentement profond que la formule d'amendement et la Charte des droits dans leur formulation actuelle vont certainement susciter au Québec. Les amendements prévus sont de nature à créer une certaine asymétrie dans le fédéralisme canadien. Mais, après vingt ans de réflexion à ce sujet dans une perspective qui entend sauvegarder le caractère spécifique du Québec dans un ensemble canadien cohérent, je ne vois pas comment il pourrait être possible autrement d'accommoder le Québec et d'empêcher la crise canadienne d'atteindre au paroxysme final. D'ailleurs, ce ne sont pas là des privilèges exorbitants que je réclame pour le Québec; il s'agit plutôt d'une bien modeste compensation pour le coût élevé que les francophones du Québec, comme ceux des autres provinces, acceptent de payer pour vivre en français dans ce pays et sur ce continent.

Quant au Québec, il se doit plus que jamais d'être vigilant et de veiller jalousement à ce que ne soit jamais perdue de vue la dimension proprement québécoise de la question canadienne. Au-delà de la résolution constitutionnelle qui sera adressée à Londres, le plus important peut-être reste à faire: statuer sur les institutions fédérales et sur le partage des compétences entre le gouvernement fédéral et les provinces dans l'ensemble des secteurs de l'activité collective.

Le gouvernement du Québec doit continuer à déployer tous les moyens à sa disposition pour faire valoir son juste droit. Il lui est certes loisible, même s'il paraît bien improbable qu'il puisse gagner quoi que ce soit en le faisant, de retourner devant les tribunaux pour faire préciser certains points du récent jugement de la Cour suprême ; il peut continuer son action auprès du Parlement britannique, et ainsi de suite. Mais, dans tous les cas, il faut souhaiter que, plus qu'au cours des récents mois, il fonde son argumentation sur le caractère dualiste du Canada plutôt que sur les droits du Québec en tant que simple province. Lui aussi, dans toutes ses démarches à venir, se doit de revenir à l'essentiel et de s'y tenir.

Il importe surtout à ce moment-ci d'éviter, de part et d'autre, de commettre des actes irréfléchis et précipités. Il est toutefois essentiel de ne pas faire l'autruche et de ne pas se refuser à voir l'extrême gravité de la situation dans laquelle la récente entente constitutionnelle entre les provinces anglaises et le gouvernement libéral a plongé le Québec et le Canada.

La voie d'une Constitution acceptable qui s'ouvre encore pour le Québec paraît désormais bien étroite. Une fois encore — une dernière fois peut-être — il convient de s'adresser à tous ceux qui se disent les défenseurs d'un fédéralisme décentralisé qui, seul, est susceptible de convenir au Québec. Je m'adresse à eux dans le même état d'esprit qui, en 1963, animait un André Laurendeau et un Davidson Dunton. La réponse de ceux qui auront quelque responsabilité dans l'évolution de la problématique constitutionnelle au cours des prochaines semaines pèsera lourd dans le destin du Québec et du Canada. S'ils répondent avec toute l'énergie dont ils sont capables à cet appel peut-être ultime que je leur adresse, quoi qu'il arrive, le Québec leur en saura gré. Mais s'ils se révèlent abouliques et sans plan d'action susceptible d'inspirer un renouvellement du fédéralisme canadien dans le sens des besoins et des aspirations du Québec, bref, s'ils demeurent ou deviennent plutôt les valets de chenil d'un premier ministre fédéral inflexible, alors leurs noms iront rejoindre tous les Quislings dans les pages noires de notre histoire.

C'est d'abord au premier ministre Trudeau qu'il convient de s'adresser une fois de plus, lui qui, plus que tout autre, mais peut-être pour une dernière fois, détient entre ses mains le terrible pouvoir de faire ou de défaire le Canada. On a vu qu'il s'est finalement incliné devant certaines exigences formulées par la coalition de treizième heure des premiers ministres des provinces anglaises — par exemple, en endossant en bonne partie la formule d'amendement de Terre-Neuve sur la liberté de circulation et en approuvant le fameux «nonobstant» apposé à la Charte des droits fondamentaux. Maintenant qu'il l'a emporté pour l'ensemble de son projet, acceptera-t-il de faire un autre effort de compréhension envers ceux de ses compatriotes du Québec qui, tout en n'épousant pas sa conception du Canada, estiment toujours que le fédéralisme pourrait encore être un régime politique valable pour le Québec et seraient prêts à continuer de travailler pour cette cause, si seulement il consentait à leur faciliter un peu la tâche ?

LA CONSTITUTION CANADIENNE DE 1982: UNE ŒUVRE PERFECTIBLE ET INACHEVÉE[1]

Les Canadiens, et sans doute aussi les Québécois, devront donc s'accommoder de la nouvelle Constitution. Il convient certes de se réjouir du fait qu'avec le rapatriement, c'est le dernier vestige colonial du Canada qui disparaît. Pour le reste, aussi bien pour le Canada que pour le Québec, ce sont plutôt les lacunes que les aspects positifs du document qui retiennent l'attention. Si ce texte constitutionnel avait été l'œuvre d'une commission d'experts, il aurait sans l'ombre d'un doute été universellement jugé inacceptable tant sur le plan juridique que sur le plan politique. Mais voilà: il est le fruit du labeur de politiciens ayant comme principal objectif de décider. Il sera donc la loi fondamentale du Canada parce que ces politiciens, dans leur propre intérêt sans doute autant que dans celui du pays, l'ont voulu ainsi.

Certes, il ne faut pas s'incliner devant le fait accompli: le document Constitutionnel est perfectible et, à l'usage, ses carences deviendront évidentes. Mais s'il ne mérite guère de compliments, il n'est pas non plus si mauvais que l'on soit justifié de s'insurger d'emblée contre lui. Aussi étrange qu'il puisse paraître, ce sont les nombreux et difficiles compromis de dernière heure entre les provinces et le gouvernement fédéral qui l'empêchent d'être franchement mauvais.

Le premier ministre Trudeau rêvait pour le Canada d'un fédéralisme fortement centralisé. Ce sont les pressions des provinces qui ont permis que le nouvel ordre constitutionnel respecte davantage les caractéristiques linguistiques, culturelles et sociales du Canada: grâce aux provinces, certaines différences fondamentales parmi les populations ou entre les régions sont mieux respectées et des garanties constitutionnelles contre la tyrannie de la majorité sont mieux assurées pour les diverses minorités qu'une société pluraliste fait émerger.

Plusieurs des crans d'arrêt qui vont freiner l'autorité du gouvernement fédéral, qui aurait été autrement abusive, ou encore empêcher le pouvoir des tribunaux d'être exorbitant, ont été mis en place grâce à l'intervention des provinces ou encore de citoyens, comme dans le cas du Québec où le gouvernement avait plutôt choisi d'interrompre les négociations : ainsi, la clause dérogatoire (article 1) qui prévoit que les droits et libertés garantis par la charte peuvent être restreints « par une règle de droit, dans des limites qui soient raisonnables et dont la justification puisse se démontrer dans le cadre d'une société libre et démocratique »; les clauses restreignant la liberté de circulation et permettant les programmes de promotion sociale en faveur des personnes socialement et économiquement défavorisées « si le taux d'emploi dans la province est inférieur à la moyenne nationale » (article 6 [4]) et pour améliorer la situation « de personnes ou de groupes défavorisés, notamment du fait de leur race, de leur origine nationale ou ethnique, de leur couleur, de leur religion, de leur sexe, de leur âge ou de leurs déficiences mentales ou physiques » (article 15 [2]); la clause dite « nonobstant » qui permet à une province « d'adopter une loi où il est expressément déclaré que celle-ci ou une de ses dispositions a effet indépendamment d'une disposition donnée de la Charte des droits » portant sur les libertés fondamentales ou sur les garanties juridiques (article 33 [1]) et, enfin, la clause garantissant une juste compensation financière à une province qui se retirerait d'un programme fédéral « en matière d'éducation ou dans d'autres domaines culturels » (article 40).

C'est incontestablement à propos de la question linguistique que la nouvelle Constitution canadienne reflète le plus les conditions bien différentes des régions et des deux principales communautés linguistiques. En effet, elle maintient en vigueur l'article 133 et la loi manitobaine qui ont fait du Québec et du Manitoba des provinces officiellement bilingues (articles 21 et 22); elle rend le français et l'anglais langues officielles du Nouveau-Brunswick (articles 16 [2], 17 (2), 18 [2], 19 [2] et 20 [2]); en ce qui concerne le droit à l'instruction dans la langue de la minorité, l'article 23 contient de nombreuses clauses qui vont dans une large mesure permettre à la Constitution de se plier à la très grande diversité des conditions régionales.

Toutefois, si les nombreuses restrictions et dérogations assouplissent des règles juridiques qui autrement auraient été trop rigides dans un pays aussi diversifié que le Canada, elles ne protégeront pas suffisamment les personnes et les collectivités les plus vulnérables ou marginales et elles créeront ou laisseront subsister entre les provinces et les deux principaux groupes linguistiques d'injustifiables inégalités. Ainsi, la nouvelle Constitution rive le Québec au bilinguisme officiel, alors qu'une province comme l'Ontario en est dispensée. En outre, elle accorde au Parlement fédéral un pouvoir prépondérant de législation en matière de ressources non renouvelables naturelles et de ressources forestières (article 92A [2]). Tous ces textes, qui résultent de compromis à la pièce, forment le talon d'Achille de la nouvelle Constitution et risquent même d'en entraver sérieusement l'application. On prévoit également qu'elle sera très fertile en contestations judiciaires et aboutira à un «gouvernement des juges», résultat qui serait néfaste pour la démocratie politique.

La nouvelle Constitution prévoit un certain statut particulier pour le Québec: la clause dérogatoire (article 1) devrait garantir le maintien du code civil et pourrait même établir la constitutionnalité de la Charte de la langue française (loi 101); la clause relative à la compensation financière en cas de retrait facultatif des programmes fédéraux portant sur l'éducation et autres matières culturelles offre au Québec, d'une façon trop limitée il est vrai, la possibilité d'accorder ces programmes à ses particularismes culturels et sociaux; enfin, la clause de l'article 23 instituant le critère de la langue maternelle pour le choix de la langue d'instruction à l'école ne s'appliquera au Québec qu'avec l'autorisation de l'Assemblée nationale et du gouvernement (article 59).

Tout cela est certes bien insuffisant pour doter le Québec des garanties institutionnelles susceptibles de réduire la grande insécurité individuelle et collective qu'engendre son statut de minorité linguistique et culturelle au Canada. L'absence d'un droit de veto le met à la merci des provinces anglaises et les étroites limites des garanties de compensation financière en cas de retrait de programmes fédéraux vont lui rendre très difficile la poursuite d'un projet original de société.

Il convient enfin de noter que pour changer la composition de la Cour suprême du Canada il faudra l'accord du gouvernement fédéral et de toutes les provinces (article 41h). Cette clause de la règle de l'unanimité risque d'empêcher indéfiniment une réforme de la Cour suprême qui, compte tenu du rôle accru qu'elle est appelée à exercer dans l'avenir, s'imposera pourtant en toute nécessité du point de vue du Québec.

Dans l'immédiat, les principales sources de conflit seront les dispositions relatives aux ressources naturelles et aux questions linguistiques. En ce qui concerne la langue, non seulement l'article 133 va continuer à s'appliquer au Québec en faisant de lui une province bilingue, alors que l'Ontario n'est pas astreinte à ce même statut, mais encore des chapitres importants de la loi 101 pourraient être sérieusement amputés. D'abord, l'adoption de la «clause Canada» permettra aux enfants de citoyens canadiens qui ont reçu leur instruction primaire en français ou en anglais au Canada de s'inscrire au choix à l'école anglaise ou française en venant au Québec. Ensuite, la clause de la «continuité d'emploi de la langue d'instruction» selon laquelle «les citoyens canadiens dont un enfant a reçu ou reçoit son instruction, au niveau primaire ou secondaire, en français ou en anglais au Canada ont le droit de faire instruire tous leurs enfants, aux niveaux primaire ou secondaire, dans la langue de cette instruction» contredit la loi 101: celle-ci limitait ce droit aux enfants des seuls parents domiciliés au Québec et aux seuls cas antérieurs au 26 août 1977 (article 73c et 73d).

Mais s'il est légitime de s'inquiéter des effets pour le Québec des nombreuses dispositions majeures du nouveau document constitutionnel, il est bien plus requis encore de se préoccuper de la suite de la révision constitutionnelle. En effet, l'essentiel reste à venir. De prochaines rondes de négociations devront être tenues en vue de réorganiser les institutions fédérales (Chambre des communes, Sénat, fonction publique, Cour suprême) pour que les équilibres entre les régions et entre le français et l'anglais soient mieux garantis. En outre, il faudra s'attaquer à la question du partage des compétences entre le gouvernement fédéral et les provinces afin de mieux refléter la plus grande maturité des provinces et de mieux respecter le caractère particulier du Québec ; enfin, il faudra réviser le système électoral canadien de façon à assurer la meilleure représentation des régions et des provinces, quel que soit le parti qui triomphe aux élections générales.

Bien plus que ce ne fut le cas au cours des deux dernières années, la révision constitutionnelle qui reste à entreprendre devra s'inspirer des grands principes politiques concernant les structures et les conditions d'exercice de l'autorité, la représentation des régions et de certaines collectivités, la participation des citoyens, la justice pour les personnes et les minorités ainsi que l'efficacité politique et administrative.

Loin d'être complété, compte tenu surtout des amendements qu'il faudra sans doute apporter à la Charte des droits, le processus de révision constitutionnelle ne fait que démarrer. Considérant les tergiversations et les affrontements qui ont marqué la première phase de révision, on est en droit de se demander si l'on parviendra jamais à mener à bien ce travail. Le succès de l'opération dépendra beaucoup de l'attitude de ceux qui poursuivront les négociations. Il faut désespérer de tout progrès réel tant que le premier ministre Trudeau sera le principal concepteur du projet constitutionnel et le coordinateur des négociations. En effet, c'est surtout le premier ministre Trudeau qui, par son approche constitutionnelle uniformisante et centralisatrice, a transformé les négociations en une cruelle confrontation entre le gouvernement fédéral et les provinces, et surtout le Québec, et a empêché les protagonistes de tirer profit des conclusions de travaux constitutionnels existants.

Ces travaux, comme le Rapport de la Commission fédérale sur l'unité canadienne, le Livre beige du Parti libéral du Québec, le Livre blanc du gouvernement du Québec et plusieurs études d'organismes non officiels et de spécialistes, sont, sous plusieurs aspects, d'une grande qualité. Tout en divergeant sur plusieurs questions majeures, ils ouvrent, chacun à leur façon et sous différents plans, des avenues prometteuses en ce qui concerne les institutions fédérales, le partage des pouvoirs aussi bien que le régime électoral canadien.

Une seule façon de procéder serait susceptible de faire sortir le pays de l'impasse constitutionnelle où il risque de s'enliser: il faudrait créer un comité d'experts. Formé par entente entre les provinces et le gouvernement fédéral, ce comité aurait pour mandat, à partir des travaux existants et des connaissances de ses propres membres, de proposer un ou plusieurs modes d'organisation politique et de faire rapport à une conférence constitutionnelle fédérale-provinciale modifiée.

Quant au Québec, il se doit plus que jamais de faire valoir sa spécificité linguistique, culturelle et sociale pour revendiquer un statut constitutionnel particulier. Tous les Canadiens devraient considérer comme anormal et intolérable que la réforme constitutionnelle ait été amorcée sans le Québec et inacceptable qu'elle puisse se continuer sans lui. Après tout, c'est en raison des particularismes québécois que le Canada doit être un pays fédératif plutôt qu'unitaire et c'est surtout les meilleurs accommodements pour le Québec que recherchaient ceux qui ont mis en train le processus de révision constitutionnelle au cours des années 1960.

Dans les circonstances, le gouvernement du Québec est justifié de ne pas participer aux célébrations qui marquent le rapatriement de la Constitution. Toutefois, il convient de lui rappeler que les absents ont souvent tort et que, quelque fondées que puissent être ses objections à la procédure constitutionnelle suivie et aux amendements déjà effectués, son refus de participer aux négociations à venir, en plus de signifier un aveu de son impuissance, entraînerait des conséquences incalculables pour les générations actuelles et futures des Québécois. Rien ne l'empêche — tout doit au contraire le convaincre — de continuer de dénoncer les clauses de la nouvelle Constitution déjà en vigueur qui vont à l'encontre des besoins et des aspirations du Québec tout en manifestant une présence active et vigoureuse dans la poursuite du travail.

LA RÉPONSE DE TRUDEAU À LÉVESQUE: DES PROPOSITIONS RAISONNABLES[1]

La réponse du premier ministre Trudeau aux demandes que lui adressait le premier ministre Lévesque, le 17 décembre, crée une situation des plus prometteuses pour les possibilités de réorienter prochainement la loi constitutionnelle de 1982 dans un sens qu'agréeraient d'emblée tous ceux qui, dans le passé, cherchaient à doter le Canada d'une Constitution garantissant au Québec une meilleure sécurité pour sa langue, sa culture et ses institutions. Quelles que puissent être les intentions profondes des protagonistes et quelque lourdes qu'aient pu être les responsabilités des principaux acteurs politiques — Trudeau, Lévesque, Ryan — pour l'impasse, tragique dans ses conséquences prévisibles pour le Québec, à laquelle ont abouti leurs actions et leurs réactions de 1979 à 1982, il convient à ce moment-ci de tirer un maximum de profit de l'occasion qui se présente de susciter, au-delà des rancunes personnelles et des orientations partisanes, un solide front commun de tous les Québécois. Les difficiles démarches requises pour effectuer les redressements constitutionnels demandés par le premier ministre Lévesque ou même ceux qui sont agréés par le premier ministre Trudeau ne se feront qu'au prix d'une telle solidarité. Il convient particulièrement de se réjouir du fait que les propositions du premier, sans être identiques aux demandes du second, sont parfaitement compatibles avec celles-ci et qu'elles contiennent la promesse d'autres ajustements majeurs dans les échanges subséquents entre les deux chefs de gouvernement que le présent déblocage ne manquera pas de susciter.

Dans sa lettre au premier ministre Trudeau, le premier ministre

Lévesque déclare que, selon lui, la loi constitutionnelle de 1982 pourrait devenir «acceptable» pour le Québec aux conditions suivantes: 1. Reconnaissance dans la loi constitutionnelle du caractère distinctif de la société québécoise; 2. Octroi au Québec d'un droit de veto général ou du droit de retrait assorti de la pleine compensation financière dans tous les cas; 3. Respect des compétences législatives de l'Assemblée nationale en ce qui concerne la langue d'enseignement de même qu'en ce qui a trait à la liberté de circulation et d'établissement. En outre, la lettre demande que le gouvernement fédéral, par une résolution adoptée à la Chambre des communes et au Sénat, fasse formellement siennes ces revendications.

Dans une première réaction verbale à cette lettre, le premier ministre Trudeau s'était montré intraitable: le Québec, disait-il en substance, n'a pas besoin de garanties constitutionnelles particulières, tel qu'un droit de veto, parce que son poids politique suffit à lui procurer toute la sécurité dont il a besoin. Par de semblables propos, il contredisait la position constitutionnelle si souvent reprise dans le passé par la plupart des chefs de file québécois — y compris par lui-même — concernant le besoin pour le Québec, étant donné ses caractéristiques particulières, d'un droit de veto constitutionnel.

Par le ton et le contenu, la réponse écrite du premier ministre Trudeau diffère grandement de cette désinvolte première réaction. Il souscrit à la demande essentielle du premier ministre Lévesque puisqu'il réitère sa proposition d'unir ses efforts à ceux de ce dernier «pour obtenir un retour au droit de veto que le fédéral et toutes les provinces étaient prêts à reconnaître au Québec, à Victoria, dès 1971». En outre, sur la question de la langue d'enseignement, il offre de nouveau au premier ministre Lévesque de «reformuler l'article 23, si nécessaire, pour en arriver à une clause Canada qui serait acceptable au gouvernement du Québec». Dans ce nouveau contexte, le gouvernement du Québec ne devrait pas tarder à amender la loi 101 pour que soit substituée la clause Canada à la clause Québec, un changement qui s'impose et qui ne pourrait avoir que des conséquences salutaires au Québec même.

La lettre du premier ministre Trudeau n'aborde pas le principe de la liberté d'expression et d'établissement (article 6), mais on peut présumer que, s'il le lui était demandé, il accepterait un compromis à ce sujet. En effet, dans sa lettre, il se dit «prêt à explorer toutes les options susceptibles de mieux protéger les intérêts légitimes des Québécois en ce qui touche aux amendements futurs à la Constitution canadienne». Le compromis envisagé pourrait être dans le sens de celui proposé par Claude Ryan dans son texte au *Devoir* du 30 décembre 1982, dans lequel il définit «les conditions d'application qui le rendraient conciliable avec les légitimes exigences du Québec au titre de la sécurité culturelle».

Par contre, le premier ministre Trudeau oppose une fin de non-recevoir à la suggestion du premier ministre Lévesque suivant laquelle le Québec pourrait obtenir, au lieu d'un droit de veto général, le droit de retrait assorti d'une pleine compensation financière à l'occasion de tout transfert de compétences législatives provinciales au Parlement fédéral. Outre que le premier ministre Trudeau a raison de craindre que pareille formule puisse conduire à la «balkanisation» du Canada, puisque toutes les provinces pourraient y recourir aussi souvent qu'elles le voudraient, il est douteux qu'elle procurerait au Québec des garanties équivalentes ou même supérieures au droit de veto, comme paraît l'estimer le premier ministre Lévesque. Par ailleurs, il va de soi que, même après l'octroi d'un droit de veto général, le Québec pourrait continuer de se réclamer des dispositions de l'article 40 qui prévoit «une juste compensation aux provinces en cas de retrait en matière d'éducation ou dans d'autres domaines culturels».

Quant à la proposition de faire reconnaître dans la loi constitutionnelle la dualité canadienne et le caractère distinctif de la société québécoise, il semble bien que le premier ministre Lévesque devra en faire son deuil et, cela, en grande partie parce que lui-même, dans ses tractations avec les sept provinces anglaises et ses nombreuses communications avec les parlementaires britanniques durant la période critique du processus qui a abouti à la loi constitutionnelle de 1982, avait renoncé à ces principes ou, tout au moins, les passait sous silence pour des raisons stratégiques. D'ailleurs, des clauses de la Constitution qui se conformeraient à ces principes seraient toujours bien préférables à de solennelles déclarations de préambule qui resteraient lettre morte dans le corps du texte.

Je ne crois pas non plus que le premier ministre Lévesque devrait

maintenir son exigence d'une résolution préalable du Parlement
fédéral: l'engagement du premier ministre Trudeau d'appuyer les
démarches du Québec est public et doit être considéré comme
amplement suffisant. Plutôt qu'à des résolutions parlementaires
rigides, les circonstances se prêtent à de nouvelles consultations
entre les deux premiers ministres afin que soient précisées les
propositions susceptibles d'être mises à l'ordre du jour de la conférence constitutionnelle de mars prochain.

Le premier ministre Trudeau fait toutefois dépendre son appui
au premier ministre Lévesque de deux conditions: d'abord, le
Québec devra s'engager à participer «loyalement aux travaux constitutionnels en cours» afin d'en arriver «avec nos collègues des
autres provinces [...] à une nouvelle formule d'amendement selon
les modalités désormais inscrites dans la Constitution du pays»;
ensuite, le gouvernement du Québec devra accepter de «souscrire
formellement à la loi constitutionnelle de 1982».

La première condition va de soi. Pour que la formule
d'amendement puisse être modifiée afin que le Québec obtienne
un droit de veto, en effet, il faudra, outre l'accord du Parlement
fédéral, l'aval des législateurs des neuf autres provinces (article 41e).
Or, ces dernières pourraient bien se montrer très réticentes à
accepter que soit reposé l'épineux problème de la formule de révision constitutionnelle qui fut si longtemps insoluble et dont la
«solution» ne fut obtenue qu'à la suite d'un véritable «coup de
force». Pour les inciter à y consentir, il faudra que le premier
ministre du Québec et son ministre des Relations intergouvernementales, Jacques-Yvan Morin, réussissent des prodiges de persuasion. Quant à l'indispensable consensus de toutes les provinces, il
est impossible de prévoir comment il serait obtenu et sur la base
de quelle formule il serait acquis. Comme l'Ontario et d'autres provinces réclameraient sans doute pour elles-mêmes le droit de veto
qui serait consenti au Québec, il faudrait recommencer à jongler
avec des formules qui n'ont jamais été jugées satisfaisantes par
plusieurs provinces, comme celle de Victoria, ce qui montre bien
l'énormité de la tâche.

Quant à la seconde condition posée par le premier ministre
Trudeau — le consentement formel du gouvernement du Québec
à la loi constitutionnelle — elle ne devrait pas poser de difficultés

insurmontables : les orientations mentionnées dans sa lettre de même que les ajustements auxquels pourraient aboutir des échanges subséquents sont suffisamment conciliables avec les conditions posées par le premier ministre Lévesque pour que la loi constitutionnelle, dès lors qu'elle serait ainsi amendée, devienne «acceptable» au Québec. Bien entendu, pareille acceptation ne devrait pas être interprétée comme la renonciation du Parti québécois à son objectif de souveraineté-association, mais comme l'engagement de sa part d'accepter les cadres de la Constitution aussi longtemps que le Québec fera partie de la fédération canadienne.

Dans un texte écrit au lendemain de l'adoption par le Parlement fédéral de la loi constitutionnelle de 1982, je disais de cette loi qu'elle constituait une «œuvre perfectible et inachevée[2]». Je souhaitais que l'occasion de la rectifier dans toutes ses parties dans le sens des intérêts légitimes du Québec se présente dans les délais les plus brefs possibles. Jamais je n'aurais imaginé qu'elle surviendrait si rapidement. Il faut faire en sorte de ne pas la manquer, car elle pourrait bien ne pas se représenter de sitôt.

Les deux principaux acteurs de ce drame à plusieurs épisodes qu'a constitué l'adoption de la loi constitutionnelle de 1982 semblent avoir mauvaise conscience. Ils viennent l'un et l'autre de consentir à un premier geste réparateur. Le premier ministre Lévesque doit saisir la perche que lui tend le premier ministre Trudeau. Ils font naître l'espoir que les Québécois, qu'ils œuvrent au niveau provincial ou au niveau fédéral, se mettront enfin à travailler ensemble en vue de rendre le texte constitutionnel plus conforme aux intérêts légitimes du Québec. Ils donnent de la sorte un exemple que tous les Québécois, quelle que soit leur orientation politique, devront suivre. Étant donné les sévères contraintes imposées par la nouvelle Constitution, en effet, on doit prévoir que c'est seulement en faisant bloc que le premier ministre du Québec et celui du Canada pourront inciter les provinces anglaises à considérer leurs justes revendications. Il y a là un développement qui est de nature à changer fondamentalement les règles du jeu constitutionnel tel qu'il s'est déroulé depuis douze ans. C'est là pour nous tous une chance inouïe de défaire ce qui, malheureusement, a été mal fait et de rebâtir à neuf. Cette chance, nous devons la saisir.

LE QUÉBEC ET LA RÉVISION
CONSTITUTIONNELLE DE 1982[1]

Bien qu'ils soient las des débats constitutionnels qui durent presque sans relâche depuis vingt ans, les Canadiens doivent accepter de les voir resurgir à brève échéance. En effet, les dernières rondes de la révision de l'Acte de l'Amérique du Nord britannique de 1867 ont abouti à une impasse : le Québec, même s'il se trouve juridiquement lié par la Constitution canadienne de 1982, n'a pas donné son accord à ce document et refuse de signer.

Niant au Québec le droit de veto si souvent réclamé, la formule d'amendement de 1982 permet de modifier la Constitution à ces conditions : «a) par des résolutions du Sénat et de la Chambre des communes ; b) par des résolutions des assemblées législatives d'au moins deux tiers des provinces dont la population confondue représente, selon le recensement général le plus récent de l'époque, au moins 50 % de la population de toutes les provinces (article 38.1)». Par ailleurs, «le Canada fournit une juste compensation aux provinces auxquelles ne s'applique pas une modification faite conformément au paragraphe 38 (1) et relative, en matière d'éducation ou dans d'autres domaines culturels, à un transfert de compétences législatives provinciales au Parlement» (article 40).

L'absence de droit de veto pour le Québec fut particulièrement amère pour les fédéralistes autonomistes québécois. Selon des jugements de la Cour suprême rendus les 28 décembre 1981 et 6 décembre 1982, le Québec n'a jamais joui d'un droit de veto. Cependant, ses porte-parole — y compris le premier ministre Trudeau lui-même — avaient toujours préconisé l'inclusion de ce droit dans une éventuelle formule d'amendement. Cette absence est d'autant plus grave dans ses conséquences possibles que les institutions fédérales, y compris le Sénat (article 42) et la Chambre des communes, peuvent être modifiées malgré le refus du Québec. Par ailleurs, le droit de retrait avec compensation financière en matière d'éducation ou dans d'autres domaines culturels à la suite d'un transfert de compétences législatives au Parlement (article 40) est estimé bien trop partiel et plusieurs ont proposé de l'étendre à d'autres domaines, sinon à tous les champs de compétences.

Mais c'est le récent jugement de la Cour suprême concernant la préséance de la «clause Canada» en matière de langue d'éducation contenue dans l'article 23 de la nouvelle Constitution canadienne sur la «clause Québec» énoncée dans l'article 73 de la Charte de la langue française (loi 101) qui révèle le mieux ce que cette Constitution comporte de menaçant pour le Québec. Non pas, certes, que la clause permettant à tous les enfants dont les parents ont fréquenté l'école primaire en anglais ou en français au Canada d'opter pour la langue d'instruction de leur choix au Québec soit en elle-même nocive pour l'avenir du français au Québec. Au contraire, la grande majorité des Québécois préfère cette clause à celle de la loi 101 et le premier ministre René Lévesque lui-même, en différentes occasions, a offert de la substituer à cette dernière sous certaines conditions. Ce en quoi la nouvelle Constitution canadienne est essentiellement préjudiciable au Québec et ce que le récent jugement de la Cour suprême laisse planer comme une menace, c'est qu'elle va désormais permettre ce qu'aucune majorité anglophone ne pouvait faire auparavant: contraindre le Québec, même dans les domaines les plus vitaux pour lui, à adhérer à des lois dont l'inspiration est contraire à la position que son Assemblée nationale et son gouvernement préconisent.

On rejoint les raisons fondamentales pour lesquelles je m'oppose à Pierre Trudeau: contre sa conception verticale du fédéralisme suivant laquelle le palier fédéral domine les provinces, je préconise une conception horizontale selon laquelle les provinces jouissent d'une large autonomie; à sa conception juridique, j'oppose une conception sociologique.

Le grand tort de Trudeau, selon moi, c'est de souffrir de l'illusion qu'une société peut être changée par le seul droit et le recours aux tribunaux. Le regretté constitutionnaliste Jean-Charles Bonenfant, qui appréhendait «le gouvernement par les juges», écrivait dans un poème plein d'humour:

Du gouvernement par de bons juges,
Délivrez-nous, Seigneur!
Pour cela donnez le goût d'agir et l'esprit
De compromis aux législateurs.
Faites surtout qu'ils modernisent et utilisent
Les institutions!
Ce sera peut-être le moyen de garder
Le Québec dans la Confédération[2].

Le président de l'université Harvard, Derek Bok, dans une conférence prononcée en 1982, a exprimé avec beaucoup de force les dangers de cette perversion de l'esprit juridique pour lequel une appréciation d'une situation faite dans l'abstrait équivaut à un constat de réalité ou, tout au moins, à un étalon de mesure auquel la réalité doit se conformer. Il déclare (traduction de l'auteur):

L'environnement légal produit une justice spéciale. Il conduit les fonctionnaires à exagérer l'aptitude des lois à produire le changement social et il sous-estime le coût des règles que la société est apte à mettre en vigueur. Impuissantes et peu coûteuses en apparence, les lois se multiplient rapidement. Considérées une à une la plupart sont valables. Mais prises dans leur ensemble elles aboutissent à la confusion et sont onéreuses, du moins pour ceux qui les prennent au sérieux[3].

C'est ainsi que, même si pareille façon de voir paraît aberrante du point de vue sociologique, en raison de la nouvelle Constitution canadienne, la Cour suprême, va juger du statut du français et de l'anglais au Québec et au Manitoba comme si le poids démographique et social des francophones et des anglophones était identique dans les deux cas.

Il faut espérer, pour la révision du document constitutionnel de 1982 et pour la poursuite de la réforme constitutionnelle concernant les institutions fédérales et le partage des compétences, que ceux qui en assumeront la responsabilité se montreront moins friands de juridisme et plus respectueux des réalités sociales et des possibilités réelles de changement. En même temps, au lieu de cet esprit de confrontation qui a malheureusement marqué le processus constitutionnel depuis 1980, ils devront être animés par une volonté de conciliation et par une bien plus grande souplesse d'esprit que ce ne fut le cas dans le passé récent.

Sans aucun doute, de nombreux facteurs influent sur la stabilité d'un régime politique fédératif: clivages sociaux, nombre d'États membres, ampleur des différences de taille entre eux, etc. Mais le facteur décisif paraît être le degré de centralisation — ou de centralité — qu'il convient de fixer. Dans les cas où, comme au Canada, il existe entre les unités constituantes des différences linguistiques ou culturelles jugées fondamentales, il se pourrait bien que l'existence d'une asymétrie entre les États membres de la fédération soit le type d'arrangement institutionnel qui garantisse le mieux la stabilité de cette dernière.

La probabilité qu'un pays puisse persister dans le cadre d'un régime fédératif dépendrait donc essentiellement de son aptitude à élaborer de justes compromis entre les contraintes institutionnelles de fonctionnement et les revendications autonomistes dues à la volonté des États membres de conserver et de promouvoir des traits caractéristiques jugés fondamentaux par leurs citoyens. L'expérience semble montrer que c'est de la possibilité d'élaborer un cadre juridique ajusté aux conditions réelles de même que de plier les institutions aux exigences culturelles et linguistiques, et non l'inverse, que dépend en dernière instance la stabilité d'un régime fédéral. C'est même de ces convergences du droit, des institutions et de l'ensemble social que l'État fédéral tire sa véritable légitimité.

Dans une lettre publique adressée au premier ministre Trudeau, Maurice Duverger soulevait fort justement ce point:

... Il n'y a pas de constitution fédérale sans un accord entre tous les peuples fédérés sur ce pacte social qui fonde la nation ainsi constituée[4].

Ceux qui estiment que le nationalisme est mort au Québec pèchent, à mon avis, par myopie. Le nationalisme québécois est aujourd'hui simplement assoupi. Le nationalisme québécois est bien autre chose qu'une erreur, une illusion entretenue par des intellectuels déracinés. Il est un fait social dur, et tant qu'on n'agira pas systématiquement sur ses causes — la situation de minorité et la dépendance économique de même que le sentiment d'insécurité collective qui en découle — par des redressements d'ordre juridique appropriés, il sera une réalité permanente et potentiellement virulente au Québec. Ceux-là donc qui, par leur incompréhension du Québec ou par aboulie, contribuent au maintien des conditions juridiques, politiques et sociales qui nourrissent le nationalisme, sont à mon avis encore plus responsables des excès possibles auxquels il peut aboutir que ne le sont ceux qui systématisent en idéologies les exaspérations et le sentiment d'infériorité qui l'alimentent. Il faut éviter de tomber dans le défaitisme et le fatalisme. Le Québec n'a pas renoncé à se concevoir comme une société originale et comme le foyer principal de la langue et de la culture françaises au Canada et, conséquemment, il continue à reconnaître la nécessité, au minimum, de modifier le régime constitutionnel actuel dans le sens d'une meilleure reconnaissance de la dualité politique et de l'égalité juridique.

DEUXIÈME PARTIE

Les partis politiques au lendemain du référendum 1980-1985

INTRODUCTION

Les partis politiques constituent des appareils majeurs d'intégration et d'articulation des composantes d'une société. Ce sont les partis qui encadrent les élections d'où émane le choix des députés qui légifèrent en fonction des besoins et des aspirations des citoyens. Les gouvernants qui assument la responsabilité des décisions et des actions politiques pour la société sont responsables devant les citoyens, suivant des procédures propres à chaque régime politique. Or, la légitimité de cet ensemble d'organisations et de procédés relève de la Constitution propre à chaque pays. La Constitution est la loi fondamentale à laquelle chaque loi et chaque mesure particulière doivent se conformer. D'où l'intérêt vital de la Constitution pour les partis.

La révision de la Constitution du Canada dans les années qui suivent le référendum québécois de mai 1980 soumet les partis politiques à rude épreuve.

Le premier ministre du Canada, Pierre Trudeau, démissionne le 29 février 1984, abandonnant un Parti libéral, dont il s'est servi plus qu'il ne l'a servi, bien mal en point en ce qui concerne l'organisation et les finances. Aux élections suivantes, le Parti progressiste-conservateur, dont le chef est le fringant et habile Brian Mulroney, fait mordre la poussière au nouveau chef libéral, John Turner. La Constitution n'est pas un thème électoral majeur de ces élections du 4 septembre 1984. Au Québec, toutefois, bien des électeurs expriment leur rejet de la Constitution de 1982 en votant contre le successeur de Trudeau. Dans plusieurs circonscriptions, les organisateurs du Parti progressiste-conservateur sont des partisans ou des sympathisants du Parti québécois. Nombre des candidats de ce parti sont des nationalistes reconnus et certains ont voté Oui au référendum de 1980.

Certains d'entre eux deviennent ministres du gouvernement Mulroney.

Au Québec, la question constitutionnelle provoque des remous d'une grande ampleur au sein des partis politiques. Le Parti libéral du Québec est le premier à subir ses à-coups. La secousse est forte et terrasse son chef, Claude Ryan. Son élection à la direction du Parti libéral en avril 1978 n'était d'ailleurs pas le fruit d'une histoire d'amour, au contraire. Les délégués qui l'avaient choisi exigeaient qu'il subisse avec succès deux épreuves : remporter le référendum sur la souveraineté-association que le gouvernement péquiste s'était engagé à tenir avant la fin de son premier mandat qui prendrait fin au plus tard au printemps de 1981; redonner le pouvoir au Parti libéral du Québec à l'élection suivante. Il triomphe de la première épreuve, mais mord la poussière à la deuxième, le 13 avril 1981. Cette défaite scelle son destin : malgré de louables efforts pour conjurer le sort, Ryan doit remettre sa démission en septembre 1982.

Les péripéties de la courte carrière de chef de Claude Ryan sont nombreuses et attristantes pour le Parti libéral et surtout pour lui, homme fier et confiant à l'excès dans ses talents de politicien néophyte.

On me permettra de narrer un épisode qui ne concerne que lui et moi, mais dont les suites pour nous deux — et peut-être pour le parti —, sont incalculables. Un soir, vers la mi-mai 1978, un mois à peine après son élection comme chef, il vient de Montréal me visiter chez moi pour m'offrir d'assumer la présidence de la Commission politique du parti. Je refuse. À la fin de la rencontre, déçu, il me dit : « Le bateau va partir, il va partir sans toi. » J'eus souvent l'occasion de me féliciter de n'être pas monté à bord. Le Livre beige aurait-il été différent, plus acceptable au Québec ? La suite des événements aurait-elle été plus favorable au Parti libéral et à son chef ? N'aurais-je pas plutôt, moi qui ne fus jamais un partisan, remis avec fracas ma démission à la suite d'un désaccord en cours de rédaction du document ? Un effet certain de mon refus fut d'ouvrir une première brèche dans notre ancienne et belle amitié. Notre désaccord s'est amplifié durant la campagne référendaire et s'est accru encore au cours de l'année 1980. Notre réconciliation publique lors de ma conférence au cours d'une réunion du Conseil général du Parti libéral, le 13 juin 1981, est survenue au moment où son parti s'apprêtait à le terrasser.

Au cours de l'éclipse de Trudeau, à la suite de sa défaite électorale du 22 mai 1979, Ryan devient le leader incontesté de la cause fédéraliste. Mais avec le retour surprenant de Pierre Trudeau en décembre 1979, la position de Ryan est remise en question. L'alliance Trudeau-Ryan est de courte durée : le premier ministre fédéral retire au chef du PLQ le flambeau de la course à la révision de la Constitution dès les premiers jours de juin 1980. Je sais que Ryan trouvait immorale la démarche de rapatriement unilatéral de Trudeau ; pourtant, pour des raisons électoralistes et aussi parce qu'il redoute les dissensions qui couvent chez nombre de ses députés — que Trudeau subjugue d'autant plus qu'ils perdent confiance en lui — il refuse d'endosser la résolution pourtant non partisane du gouvernement du Parti québécois dénonçant le geste du premier ministre du Canada. Unanime, le vote de cette résolution aurait sans doute eu du poids ; adoptée sur division, elle perd son mordant.

Dans un texte publié dans *Le Devoir*, je stigmatise la conduite des libéraux en ces termes :

> Tous savaient pourtant que le geste attendu de l'Assemblée nationale ne pouvait avoir de sens que s'il était un cri spontané du cœur. Adoptée sur division à la suite de longs et insipide débats, la résolution n'est guère susceptible d'éveiller des échos profonds dans l'opinion et de peser d'un poids lourd sur le Parlement fédéral et celui de Londres.

Et je conclus ce texte par un cri du cœur :

> Il faut espérer que les générations à venir auront plus de courage que la nôtre. C'est pour elles, encore plus que pour nous — et aussi par fidélité aux ancêtres — qu'il nous faut relever la tête et lutter. Il ne faut pas accepter la mort lente du Québec malgré l'amertume et le découragement qui nous porteraient à penser que le Québec peut désormais mourir tranquille[1].

Par la suite, Claude Ryan tente de se réhabiliter. Mais les appuis dont il aurait besoin au sein de son parti se dérobent. Sa carrière politique se poursuit sous la direction de Robert Bourassa, redevenu chef de parti le 15 octobre 1983 après avoir purgé avec patience un long purgatoire. À la suite de sa brillante victoire électorale du 2 décembre 1985, Bourassa se montre plus magnanime avec Ryan qui avait lui-même relégué son prédécesseur aux oubliettes le lendemain du 15 novembre 1976.

Les suites du référendum de 1980 sont également funestes pour le Parti québécois. Pourtant, après un été de prostration, il connaît un réveil inespéré à l'automne. Les sondages indiquent une lente remontée du parti dans l'opinion. La piètre performance de Claude Ryan durant la campagne électorale explique en grande partie la spectaculaire victoire du Parti québécois le 13 avril 1981. Peut-être, également, bon nombre de Québécois cherchent-ils de cette façon à réparer l'erreur qu'ils prennent conscience d'avoir commise en votant Non au référendum de mai 1980.

L'élection du 13 avril 1981 se révèle être pour le Parti québécois et pour René Lévesque une victoire à la Pyrrhus.

Les sondages indiquent, au cours de l'automne, un léger regain de l'option souverainiste. De plus, nombre de partisans de l'indépendance en sont venus à estimer que la juxtaposition d'une association avec le Canada au principe de la souveraineté a été un facteur de l'échec référendaire. Le trop-plein de déception à la suite du «coup de force de Trudeau» et la sourde rancune à l'endroit de Claude Morin, le «père» de l'étapisme, et même envers René Lévesque explose au cours du Congrès biennal du parti, au début de décembre 1981. Les délégués adoptent une résolution qui a pour effet de biffer le terme «association» du programme et de lancer le parti sur la voie à sens unique de la «souveraineté». On boucle la boucle du désaveu par l'adoption d'une résolution proclamant qu'il suffirait d'une simple majorité parlementaire pour proclamer l'indépendance. En plus, Jacques Rose, ancien felquiste, surgit parmi les délégués et reçoit une ovation monstre.

René Lévesque et quelques collègues s'efforcent en vain de renverser la vapeur. C'est, je crois, à propos de ces manifestations surprenantes pour lui que René Lévesque confie, sans sa pudeur habituelle, ses sentiments intimes dans *Attendez que je me rappelle*:

> Dans une atmosphère d'autant plus déchirante qu'elle était devenue franchement hargneuse, l'association s'en alla droit au panier. Au milieu d'une confusion telle que, vers la fin, on avait pu voir Jacques Parizeau s'amener à la tribune où se relayaient les anti-associationnistes, puis, se ravisant, inventer un très pâle prétexte et retourner à sa place en disant qu'il s'était trompé de micro [...] Après treize ans, c'était le Dr Jekyll et Mr Hyde. Tandis que le Parti québécois achevait de s'estomper, c'était le visage implacable du vieux RIN qui réapparaissait. En compagnie de l'indépendance pure, dure et inaccessible[2].

Un référendum (baptisé «renérendum») tenu parmi les membres du parti plébiscite René Lévesque et le Congrès de février 1982 désavoue sans ferveur celui de décembre. Mais le reniement d'un jour laisse René Lévesque et le public avec des traces indélébiles. Il ne réussira jamais à reconquérir sa stature immense de leader charismatique. Je crois bien que c'est à ce moment qu'il réalise que «la porte de sortie» s'ouvre devant lui.

L'annulation — à l'occasion du sommet de Québec les 5-7 avril 1982 — des augmentations de salaire promises aux syndiqués des secteurs public et parapublic prive le gouvernement péquiste du soutien solide de ses alliés de toujours. Le gouvernement s'était lui-même placé dans une mauvaise situation en accordant des accroissements salariaux exorbitants juste avant la campagne électorale de 1981, au moment même où s'accumulaient les indices d'une sévère dépression économique. C'est la tempête qui souffle aussi fort jusqu'aux élections de décembre 1985. Il s'ensuit, écrit René Lévesque «deux années d'une absurde et inexplicable cruauté[3]...» Puis ce sera la ronde des départs de ses fidèles et compétents lieutenants : Claude Morin, Pierre Marois, Claude Charron, Jacques-Yvan Morin, Jacques Parizeau, Jean-Roch Boivin, Camille Laurin, Denis Lazure, Denis Vaugeois.

Je suis d'avis que René Lévesque ne perdit jamais l'espoir de pouvoir contribuer à créer les conditions qui permettraient au Québec de signer la Constitution de 1982. Cet espoir paraît se concrétiser avec le triomphe de Brian Mulroney aux élections du 4 septembre 1984. Ce dernier ne s'était-il pas engagé, dans son discours du 6 août à Sept-Îles, à permettre au Québec d'adhérer à cette Constitution «dans l'honneur et l'enthousiasme»? Usant de ses incontestables qualités de négociateur, il amorce, une fois élu, des relations des plus cordiales avec le gouvernement du Québec. Ses nombreux gestes de conciliation persuadent René Lévesque que, de nouveau, le moment est venu pour lui de présenter «un projet d'accord constitutionnel» (mai 1985) qu'il qualifie de «beau risque». Le projet respecte les cadres du fédéralisme. Il représente, selon le premier ministre du Québec «ce que le Québec peut obtenir de mieux actuellement, dans la mesure où la majorité des Québécois n'opte pas pour l'indépendance». Le 19 novembre 1984, il rédige un texte remis d'abord à ses collaborateurs avant d'être publié : «Pour la prochaine élection, la souveraineté n'a pas à être un enjeu; ni en totalité, ni en parties plus ou moins déguisées.» Le texte mentionne «l'idéal dans lequel nous croyions...». Ce verbe, au temps passé, fait bondir ceux qui sont toujours des fervents souverainistes. A-t-il renoncé d'une façon définitive à l'objectif de souveraineté-association, est-il redevenu fédéraliste ou, plutôt, se prête-t-il aux règles du jeu fédéraliste en attendant que les conditions deviennent mûres pour la promotion de la souveraineté-association? Bien des membres du Parti québécois, fort déçus, concluent que Lévesque prend «un virage fédéraliste».

Dans une entrevue au *Soleil*, le 18 mai 1985, j'estimai qu'il s'agissait là d'«à peu près le genre d'entente que le Québec aurait pu négocier si le Oui l'avait emporté au référendum de mai 1980». Le lendemain du départ de Lévesque, j'écrivis: «la cause première de son départ [...] ce sont les contradictions insurmontables dans lesquelles l'échec référendaire l'a placé: lui qui a tant voulu le statut politique de souveraineté-association pour le Québec, voici qu'il se place dans l'obligation de négocier dans le cadre du fédéralisme canadien[4]». Nous étions convenus de nous rencontrer plus souvent à son retour d'un long périple, cadeau de son parti. Il m'adressa ses Mémoires avec cette dédicace: «À Léon Dion. Ce modeste «conte» profane que j'ose à peine adresser à un vrai maître. Respectueusement, donc amicalement tout de même. René Lévesque (de l'escole buissonnière). 15 octobre 1986.» Je le remerciai de ce geste. Je ne devais plus le revoir. Il mourut le 10 novembre 1987.

À ma connaissance, le premier ministre Lévesque ne s'est jamais expliqué sur les raisons qui motivèrent sa volte-face de dernière heure. Il démissionne en juin 1985. Lui aussi laisse à son successeur, Pierre-Marc Johnson, un parti en déroute. De plus, le temps manque à ce dernier pour s'imposer comme premier ministre et comme chef de parti. Choisi comme leader le 29 septembre, il ne tient les rênes du gouvernement qu'un peu plus de trois mois. Sa formule politique, «L'affirmation nationale», poursuit sur la lancée récente du «beau risque» de René Lévesque. À son tour, il concocte un projet d'entente avec le gouvernement fédéral. Il m'invite — et en invite sans doute d'autres également — à commenter en privé l'ébauche de ce projet. Pendant près de deux heures, je m'efforce de le convaincre que, de quelque façon qu'on le considère, il est irrecevable sur les plans constitutionnel et politique. Sa défaite électorale de décembre lui épargne la peine de faire valoir le bien-fondé de ses propositions auprès des membres de son parti, fort sceptiques, comme auprès du Québec, du gouvernement fédéral et du Canada anglais.

Pierre-Marc Johnson échoue à relever son parti et à clarifier son option politique dans des circonstances difficiles. Il démissionne en mars 1987. Les membres du Parti québécois réclament Jacques Parizeau avec ferveur. Il se fait prier et fait en sorte que son retour ait de l'éclat. En mars 1988, sans aucune contestation, il assume la relève. À l'occasion du congrès extraordinaire du parti en novembre 1988, il s'attribue le mandat de remettre le parti sur les rails de l'indépendance politique du Québec.

LES CONDITIONS DE LA RÉHABILITATION DU PARTI LIBÉRAL À PROPOS DE LA QUESTION LINGUISTIQUE ET CONSTITUTIONNELLE[1]

Le Parti québécois est entravé d'un lourd handicap lorsqu'il s'agit du renouvellement du cadre constitutionnel canadien. Malgré une politique d'autonomie promise pour un deuxième mandat éventuel, son programme préconise, plutôt que le renouvellement de la Constitution, une nouvelle entente avec le reste du pays fondée sur le principe d'une souveraineté-association. Or, ce principe a été rejeté par une majorité de Québécois lors du référendum du 20 mai dernier. De son côté, le Parti libéral du Québec n'est guère en meilleure position puisque plusieurs jalons constitutionnels qu'il préconise seraient préjudiciables au Québec s'il devenait en mesure de les imposer en tant que propositions du Québec. Plus encore : dans la lutte contre le projet de résolution constitutionnelle fédéral, le gouvernement du Parti québécois a jusqu'ici très bien servi les intérêts du Québec tandis que l'opposition du Parti libéral fut hésitante et peu crédible.

La piètre performance du Parti libéral du Québec et de son chef, Claude Ryan, dans le présent débat constitutionnel oblige à pousser la critique plus loin et autorise à dire qu'ils sont en grande partie responsables de la situation du Québec. Et il ne s'agit pas seulement de la compromission du chef et des principaux dirigeants de ce parti dans la campagne référendaire aux côtés du premier ministre Trudeau qui, pourtant, depuis son entrée en politique en 1965, n'avait jamais fait mystère de ses intentions concernant la révision constitutionnelle.

La responsabilité du Parti libéral et de son chef est bien plus immédiate et précise : en effet, seuls ceux-ci étaient en mesure d'empêcher la poursuite du projet de résolution constitutionnelle fédéral en lui opposant dès le début un non catégorique. Or, bien loin d'agir de la sorte, ils ont été une caution morale sinon une source d'inspiration pour le premier ministre Trudeau et son ministre Jean Chrétien. C'est, en effet, le Livre beige qui en janvier 1980 a rouvert le débat sur la question linguistique. Faisant preuve d'une surprenante imprudence politique, Claude Ryan et son parti ont suscité des espoirs illimités chez les anglophones et les allophones tout en réveillant les craintes séculaires des francophones. Ils amorçaient de la sorte un autre débat passionnel sur la question linguistique au Québec même. Ils ont en outre pavé la voie de l'offensive en cours, déclenchée par le gouvernement fédéral contre la langue française, dans le seul endroit en Amérique où elle peut être l'assise d'une véritable culture et d'une société distincte. En effet, tant à propos des dispositions portant sur la langue officielle que de celles qui traitent de la langue d'enseignement, le projet de résolution constitutionnelle fédéral se conforme pour l'essentiel aux orientations proposées dans le Livre beige. La responsabilité du Parti libéral du Québec et de son chef est d'autant plus grande qu'au lieu de s'amender, ils ont tout récemment récidivé en réaffirmant pour l'essentiel ces mêmes orientations linguistiques dans un document de travail, communément appelé Livre rouge, qui sert de canevas pour l'élaboration du prochain programme électoral du parti.

Le Parti libéral du Québec et son chef se trouvent de la sorte à cautionner le plan fédéral, pourtant répudié par la plupart des Québécois qui se sont prononcés sur la question linguistique au cours des derniers mois. Ils justifient le ministre Jean Chrétien de dire que si une majorité de Canadiens et de Québécois s'opposent à la procédure de rapatriement unilatéral, elle en approuve par contre la substance et que c'est cela qui, en définitive, va compter au regard de l'histoire. Ils avalisent également l'incroyable position des députés fédéraux du Québec et les justifient de rétorquer à ceux qui les réprouvent que, s'agissant de la question linguistique, ils ne font que reprendre les orientations proposées de façon dogmatique par Claude Ryan et les libéraux provinciaux. Enfin, ils guident en quelque sorte le geste courageux mais mal inspiré du député Louis Duclos qui s'apprête à mettre sa tête sur le billot pour l'extension à d'autres provinces de l'article 133 de l'Acte de l'Amérique du Nord britannique qui a été, depuis plus d'un siècle, préjudiciable à l'épanouissement du français au Québec.

À l'approche des élections générales, il faut talonner le Parti libéral du Québec et son chef pour qu'ils profitent des hésitations croissantes qui s'élèvent parmi les militants libéraux eux-mêmes pour réviser complètement leurs positions en matière linguistique et constitutionnelle et pour exprimer cette révision en termes clairs et précis.

Pour que le Parti libéral du Québec — ou tout autre parti — soit digne que l'on songe à voter pour lui aux prochaines élections, il faut qu'il accepte solennellement de prendre l'engagement de défendre les points de vue suivants:

1. C'est au Québec — et au Québec seulement — qu'il revient de définir les nouvelles clauses constitutionnelles devant régir dans l'avenir le statut et l'usage des langues au niveau provincial sur le territoire du Québec. Toute disposition d'une nouvelle Constitution contrevenant à cette condition devrait être à l'avance jugée par tous les partis québécois comme illégitime, donc nulle et non avenue au Québec.

2. Le Québec entend maintenir en vigueur sur son territoire toutes les dispositions de la loi 101. Par conséquent, il exigera que soient abrogées les clauses de l'Acte de l'Amérique du Nord britannique de 1867 qui ont déjà, à la suite de la décision de la Cour suprême en 1979, permis d'amputer des pans importants de la loi 101 ou qui sont susceptibles dans l'avenir d'infirmer d'autres aspects de cette loi. L'abrogation de ces dispositions doit être considérée par tous les partis comme une condition préalable à laquelle toutes les provinces et le gouvernement fédéral devront consentir avant que le Québec ne donne son adhésion à une formule d'amendement à la Constitution.

3. Tous les partis politiques s'engagent à respecter un moratoire complet de cinq ans sur la loi 101. Certes, cette loi devra être appliquée avec un esprit de tolérance, mais seules pourraient être modifiées des réglementations qui, après examen, se seraient révélées inutiles ou tatillonnes. Après cinq ans, une étude sous l'égide d'une commission indépendante serait menée afin d'examiner, conformément aux données de la démolinguistique et aux concepts de sociolinguistique, les effets de la loi 101 sous tous ses aspects et dans tous les secteurs d'activité: droit, enseignement, culture et vie économique. Suivant les conclusions auxquelles cette étude parviendra, la loi 101 pourrait alors être modifiée dans l'une ou l'autre de ses parties et dans son ensemble, mais seulement après que tous les Québécois auraient été bien informés des raisons justifiant ces changements et qu'auraient été mis en place des contrôles sûrs et rapides afin d'empêcher les

conséquences indésirables susceptibles de se produire à la suite de ces changements.

4. S'agissant des conditions d'accès à l'école en français ou en anglais, les partis doivent se refuser péremptoirement à ce que la clause dite du Québec soit convertie en clause Canada tant que de véritables accords de réciprocité n'auront pas été conclus avec d'autres provinces. Ce sont les responsabilités morales des Québécois envers leurs frères francophones des provinces anglaises qui requièrent pareil refus. Et c'est précisément la mesquinerie du projet de résolution constitutionnelle fédéral à l'endroit des minorités françaises, ainsi que l'absence de garanties que des accords de réciprocité seraient effectivement respectés dans une Constitution amendée suivant les dispositions de ce projet, qui justifient et même exigent ce refus.

Par ailleurs, quand les conditions permettront d'effectuer cette conversion, la clause Canada ne devra être qu'une extension de la clause Québec, conformément aux stipulations de l'article 73a de la loi 101 qui restreignent l'accès à l'école anglaise aux seuls enfants «dont le père où la mère a reçu au Québec l'enseignement primaire en anglais». Dans une première phase, ces accords pourraient ne lier que le Québec et une seule autre province, par exemple le Nouveau-Brunswick, quitte à être graduellement étendus à d'autres provinces. Enfin, il faut se refuser à accepter que de tels accords soient sanctionnés dans la Constitution canadienne, du moins tant que leurs résultats concrets n'auront pas fait l'objet d'une sérieuse évaluation quelques années après leur mise en vigueur.

5. Il est dommage que de nombreux dirigeants du Parti libéral du Québec, y compris son chef, se laissent impressionner par les envolées faussement lyriques de pitoyables ténors francophones fédéraux. Ces derniers, comblés d'aise de se faire applaudir par une galerie de partisans composée en grande partie d'anglophones, chantent l'épopée d'un nouveau nationalisme pancanadien. Ils l'improvisent à grands renforts d'une mythologie sentimentalement attrayante, mais intellectuellement creuse et fallacieuse, dans le dessein de s'en servir comme antidote contre le nationalisme québécois dont ils craignent qu'il détruise le Canada et que pourtant ils ravivent par leur incompréhension butée et rageuse des aspirations et des besoins des francophones de cette province.

Les dirigeants du Parti libéral du Québec et le chef de ce parti ne devraient pas laisser passer sous silence les sophismes et les gros mensonges à l'égard du Québec que des libéraux fédéraux influents inventent impunément depuis plusieurs mois. Ils devraient dénoncer l'affirmation que le pays se ramène à la somme arithmétique de ses provinces. En ce qui concerne tout au moins la langue et la culture françaises, le Québec a une obligation première et sacrée qu'il ne saurait aliéner au profit d'une polyarchie pancanadienne qui le condamnerait à s'accepter comme une minorité permanente.

C'est ainsi, également, que les dirigeants du Parti libéral et leur chef devraient rectifier cet autre énoncé des porte-parole fédéraux: dans l'éventualité d'un échec de la présente tentative de révision constitutionnelle, il serait par la suite impossible de remettre en place un train de réformes; l'éclatement du Canada pourrait même s'ensuivre. Personne ne peut dire si cet énoncé est fondé ou non, mais les libéraux devraient rappeler à leurs collègues fédéraux que c'est le premier ministre Trudeau qui, par son dogmatisme et son intransigeance, est le grand responsable de l'impasse dans laquelle se trouve la réforme constitutionnelle. Même si l'on devait se trouver dans l'impossibilité de procéder à une révision constitutionnelle dans un proche avenir — éventualité qui apparaît plutôt comme du chantage que comme un risque réel —, il est hors de question que le Québec se sacrifie pour assurer le triomphe d'une conception du Canada qui lui serait irrémédiablement préjudiciable.

Enfin, le Parti libéral et son chef ne devraient pas tolérer sans la dénoncer vigoureusement l'imposture d'un Jean Chrétien qui poussait récemment l'aveuglement fanatique jusqu'à se réclamer du grand nom d'André Laurendeau pour justifier le «coup de force» du gouvernement fédéral contre le Québec. C'est dénaturer (sans la connaître ou sans l'avoir comprise?) la pensée d'André Laurendeau qui concevait le Québec comme l'assise principale et nécessaire d'une société originale qu'il voulait ardemment préserver dans toute son intégrité au sein d'une fédération canadienne souple et tolérante. Cette responsabilité première en matière linguistique et culturelle résultait, en ses propres termes, d'un héritage sacré confié collectivement aussi bien qu'individuellement à tous les francophones québécois comme un droit d'aînesse inaliénable.

Les dirigeants du Parti libéral du Québec et le chef de ce parti devraient exiger de tous les représentants du Québec au niveau fédéral qu'ils aient au moins la décence de respecter l'intelligence des citoyens. Si du moins ils s'opposent vraiment à la substance même, et non seulement aux modalités, de la mise en œuvre du projet de résolution concernant la Constitution canadienne, ils devraient en outre réaliser que le seul moyen sûr et digne d'un peuple fier de faire échec à ce plan, c'est d'opposer au gouvernement fédéral un front commun uni et impénétrable des Québécois que cimenteraient de solides convictions aussi bien que de nobles sentiments. Mais, pour y parvenir, ils devraient convenir qu'il est requis de susciter un large débat public sur les modalités d'une intégration constitutionnelle du Québec dans l'ensemble du pays qui respecte les caractéristiques de cette province qui en font une communauté politique unique en Amérique du Nord. Ils devraient également voir que, pour que ce débat ne dévie pas de son but, il devra transcender les bornes de l'esprit de faction et être animé et soutenu, dans une première phase tout au moins, par un groupe de travail indépendant et non par des intellectuels de service captifs des orientations constitutionnelles des livres partisans existants, qu'ils soient blancs, beiges, rouges ou bleus.

Pareils engagements de la part du Parti libéral du Québec et de son chef apparaîtraient comme une volte-face par rapport aux positions qu'ils ont tenues ces derniers temps. Rien de moins pourtant n'est requis de la part d'un parti et d'un homme qui portent une aussi lourde responsabilité dans le déraillement actuel du processus de révision constitutionnelle. C'est seulement en prenant résolument et sans équivoque la tête du peloton des opposants au projet de résolution constitutionnelle fédéral qu'ils peuvent espérer se réhabiliter auprès d'une population qu'ils ont si mal guidée depuis janvier 1980.

LE PROJET DU MANIFESTE DU PARTI LIBÉRAL DU QUÉBEC: UN BON POINT DE DÉPART[1]

Le *Projet de manifeste* du Parti libéral du Québec fait suite à d'autres ouvrages tels, bien entendu, le fameux Livre beige intitulé *La Nouvelle Fédération canadienne* (1978), le Livre rouge ou le Document de travail *La Société libérale de demain* (1981) et l'exposé du chef du Parti libéral du Québec, Claude Ryan: «Le Parti libéral du Québec et l'après-élection» devant le Conseil général du PLQ en septembre dernier. Ensemble, ces importants documents dotent le PLQ du plus considérable fonds d'idées dont il ait jamais disposé. Même si des ajustements devront être faits pour harmoniser ces documents, je suis convaincu qu'une synthèse est possible et que celle-ci constituera pour le parti la matière d'un programme conforme aux besoins d'aujourd'hui.

Je me bornerai ici à examiner le *Projet de manifeste* ainsi qu'on me l'a demandé.

Je n'éprouve aucune difficulté à m'inclure à l'intérieur des grands paramètres proposés dans le document. Je félicite les auteurs du *Projet de manifeste* de ne pas avoir laissé leur nostalgie bien compréhensible à l'endroit des belles années de la «révolution tranquille» influencer indûment leurs analyses et leurs orientations. Ils ont su mettre au rancart certaines formules qui ont été associées à la grandeur passée du Parti libéral du Québec mais que l'implacable évolution de la conjoncture a rendu anachroniques ou qui ont été accolées à des événements récents — mais maintenant révolus — comme le référendum qui a profondément polarisé les Québécois et avec eux les militants et les électeurs du PLQ. Ils sont, pour l'ensemble, parvenus à saisir le sens de la conjoncture présente.

Ils ont bien identifié les grands enjeux de l'heure et, pour l'ensemble, bien défini les objectifs. Ces derniers se prêtent mal à la formulation de propositions d'actions claires et concrètes qui auraient quelques chances d'être mises en œuvre par un éventuel gouvernement du Parti libéral du Québec. « Prendre les devants » : sur qui, on s'en doute bien un peu ; en quoi, le document nous en donne une bonne idée ; mais ce qui reste trop obscur, c'est le comment, c'est-à-dire la nature des engagements qu'il faudrait prendre pour que le parti dispose d'un programme concret que les militants puissent assimiler facilement, qui soit un guide fiable pour les candidats durant la prochaine campagne électorale, qui soit jugé attrayant par les électeurs et surtout qui traduise bien leurs intérêts et leurs besoins.

Le *Projet de manifeste* ne constitue qu'une première étape d'un processus devant comprendre des consultations au sein des instances du parti et devant conduire à l'adoption du programme lors du Congrès plénier de septembre prochain. Les réflexions critiques que je soumets ici s'inspirent du désir de contribuer à l'amorce de ces consultations. Si ces dernières sont menées avec suffisamment de diligence et d'application, elles permettront, j'en suis convaincu, au Parti libéral du Québec de se doter d'un bon programme politique.

Dans les propos qui vont suivre, je vais, dans une première partie, faire certains commentaires sur la façon dont le *Projet de manifeste* conçoit les grands enjeux de l'heure. Je discuterai ensuite des orientations qui y sont proposées en vue de meilleurs ajustements. Enfin, après avoir exprimé ma conviction que le Québec, à l'instar de toutes les sociétés occidentales, va vivre une crise profonde de société, je ferai des suggestions susceptibles, selon moi, sinon de résoudre la crise, du moins de nous permettre de la mieux comprendre et, peut-être, d'en atténuer les conséquences les plus néfastes pour les Québécois.

Les grands enjeux

Le *Projet de manifeste* cerne bien les grands enjeux : l'enjeu économique, l'enjeu national, l'enjeu gouvernemental, l'enjeu social et l'enjeu culturel et éducatif. En outre, il identifie correctement les catégories sociales les plus touchées par ces divers enjeux, sauf les jeunes, les femmes et les personnes handicapées que le document passe pratiquement sous silence. Une prochaine rédaction devra corriger ces lacunes. Par ailleurs, le document parle de « projet » à propos de chacun de ces enjeux. Mais la définition qui en est donnée est tellement générale qu'on ne sait trop à quels engagements concrets on veut conduire le Parti libéral du Québec.

Je vais soulever certains points pour chacun de ces grands enjeux.

La question économique

Je me contenterai de souligner qu'il importe de distinguer, ce que ne fait pas suffisamment le *Projet de manifeste,* entre la crise économique et l'impasse financière dans laquelle se débat le gouvernement du Québec. Si ce dernier est dans une certaine mesure responsable de la crise financière, il n'en est pas de même de la crise économique qui, elle, s'étend à tous les pays industrialisés de l'Occident et qui revêt l'ampleur d'une véritable catastrophe pour le système capitaliste. L'un des grands problèmes auxquels est actuellement confronté le secteur public, ailleurs comme au Québec, n'est-il pas précisément l'affaissement du secteur privé de même que les mesures adoptées aux États-Unis pour tenter de le relever?

Mais il y a plus grave encore que la crise économique elle-même. Il s'agit de l'échec, jusqu'à ce jour, des économistes, des gens d'affaires et des politiciens à trouver des solutions qui n'aggraveraient pas la crise elle-même. Qui peut blâmer le *Projet de manifeste* de ne pas prescrire de remèdes propres à résorber un mal qui n'a pas sa source au Québec et de proposer plutôt des palliatifs susceptibles d'en atténuer les pires effets sur les Québécois?

La question nationale

Le *Projet de manifeste* dit fort justement que les Québécois sont las de la question nationale et souhaitent que les gouvernements se soucient davantage de la grave crise économique qui, sans qu'on puisse dire qu'elle a atteint son paroxysme, ne leur laisse plus aucun répit. Mais de même qu'une personne qui subit une crise cardiaque n'est pas pour autant guérie du cancer qui la ronge, de même la crise économique qui éprouve aujourd'hui les Québécois et qui est le mal qui leur occasionne le plus de souffrances ne doit pas nous conduire à conclure que le problème politique et constitutionnel se trouve pour autant éliminé ou qu'il n'a plus d'importance.

Ce sont les chefs politiques tant fédéraux que provinciaux qui sont les grands responsables de la lassitude que les Québécois ressentent à l'endroit de la question nationale. Leur vision terre à terre et leur attitude mesquine et hargneuse ont, aux yeux de la population, dépouillé cette question de toute sa véritable signification. Ce sont eux également qui, tout en prétendant servir l'intérêt canadien ou le bien du Québec, ont depuis deux ans plongé le Canada et le Québec dans une indescriptible confusion dont l'accord, du 5 novembre 1981, signé sans le Québec, fut la plus récente manifestation.

Quant à moi, mes convictions politiques et constitutionnelles n'ont pas changé. Je suis toujours fédéraliste, mais un fédéraliste conditionnel. Je préconise un fédéralisme décentralisé dans le sens du rapport Pepin-Robarts. Je suis d'avis qu'eu égard au type de régime politique dont le Québec a besoin pour s'épanouir suivant le génie de sa culture propre, le seul accommodement constitutionnel valable est celui qui lui procurera un statut particulier, que celui-ci soit de droit ou de fait, peu importe. Entre le fédéralisme centralisé et uniforme dans lequel le premier ministre Trudeau voudrait engager le Canada et le Québec et l'indépendance, je choisis l'indépendance. J'estime que cette option, malgré tous les risques qu'elle comporte, est meilleure pour le Québec qu'un fédéralisme qui le laisserait sans protection face aux dangers inhérents à sa condition de minorité linguistique et culturelle permanente au Canada.

Je n'ai pas été invité à célébrer à Ottawa l'adoption de la nouvelle Constitution et si je l'avais été, j'aurais refusé de m'y rendre, non seulement parce que l'accord constitutionnel s'est fait sans le Québec, mais encore parce que certaines des dispositions du document, notamment la formule d'amendement et les dispositions en matière linguistique ainsi qu'en matière de mobilité et de contrôle des ressources naturelles, me paraissent dangereuses pour le Québec. Je ne rejette pas carrément le document constitutionnel, je le juge «inachevé et perfectible». Je crois que, si je saisis correctement la position du *Projet de manifeste*, c'est également le point de vue qui s'y exprime.

Le Parti libéral du Québec s'engagerait à reprendre les négociations avec le gouvernement fédéral et les provinces anglaises afin de défendre les pouvoirs et l'autonomie de l'Assemblée nationale et de parvenir à une formule d'amendement qui procurerait au Québec des garanties équivalentes au droit de veto qu'il n'a certes jamais formellement eu mais qu'il a déjà exercé de fait et que le projet fédéral original lui aurait garanti. Le Parti libéral entend faire en sorte que dans de futures négociations sur les institutions fédérales et le partage des pouvoirs, l'«identité québécoise, pierre d'assise de la dualité», soit respectée et que la «situation très spéciale du Québec dans le Canada» soit pleinement reconnue.

En matière de contrôle économique, le *Projet de manifeste* est ambigu. D'une part, on y lit que «les Québécois n'accepteront jamais de sacrifier leur âme sur l'autel de l'économie "from coast to coast". D'instinct, ils perçoivent que c'est au Québec même, et sur le terrain de l'économie, que leur avenir à long terme se décidera.» Mais quelques paragraphes plus bas, le *Projet* affirme qu'«on devra reconnaître au Parlement central des pouvoirs suffisants pour lui permettre de poursuivre les objectifs économiques et sociaux communs à tous les Canadiens, ainsi que pour s'acquitter de sa responsabilité en matière de redistribution des richesses et d'égalité des chances». Jusqu'où iront ces pouvoirs prépondérants et cette responsabilité suréminente? À partir de quel point limite des mesures économiques justifiées au nom de l'intérêt «from coast to coast» pourraient-elles être légitimement refusées au Québec au nom de la sauvegarde de «leur âme»? Par exemple, est-ce qu'une loi fédérale contraignant le Québec à exproprier un corridor sur son territoire au profit des intérêts hydroélectriques de Terre-Neuve, ou à céder le Labrador, ou encore à accueillir des milliers de travailleurs anglophones d'autres provinces, devrait être considérée comme allant au-delà de ce point limite? Cet aspect majeur de la question constitutionnelle devrait être éclairci avant que le parti entreprenne la rédaction définitive du programme.

À l'exception peut-être de la position sur la question économique qui me paraît embrouillée, je ne peux donc qu'exprimer mon accord avec les grandes orientations constitutionnelles du *Projet de manifeste*. J'estime toujours, à l'encontre de ce qu'il affirme, qu'entre le plan de réforme constitutionnelle décrit en 1980 dans *Une nouvelle fédération canadienne* et les grandes orientations suggérées dans le *Projet de manifeste*, il y a des incompatibilités qui ne sauraient être surmontées que par d'importants amendements à l'un ou l'autre document. J'ose espérer que ce seront des amendements au Livre beige plutôt qu'au *Projet de manifeste*.

Les affaires sociales, les relations de travail et la culture

Le *Projet de manifeste* aborde d'une façon appropriée trois secteurs d'activité importants: les affaires sociales, les relations de travail et la culture. Cependant, ce qu'il en dit est bien insuffisant, compte tenu de la gravité des problèmes que chacun d'eux soulève. Ici encore, j'aurais aimé que le *Projet de manifeste* cerne de plus près les grands enjeux de l'heure et qu'il définisse de façon plus précise la manière dont le Parti libéral du Québec pourrait les traduire dans son programme. C'est ainsi qu'on y affirme que le gouvernement du Parti québécois n'est pas parvenu à sortir le Québec de son état de «sous-développement culturel». Cette critique est juste. Cependant, la faute ne doit pas en être attribuée au programme très élaboré de ce parti dans le domaine culturel, mais plutôt au manque de volonté politique pour le mettre en œuvre. Malgré le leitmotiv de la «souveraineté culturelle», le gouvernement Bourassa, qui pourtant en aurait eu les moyens, n'avait pas fait davantage, ni le gouvernement Lesage avant lui. À la lumière des quelques principes généraux qu'énonce le *Projet de manifeste,* il n'y a pas lieu de penser qu'un prochain gouvernement libéral rectifierait un état de choses qui n'honore guère le Québec. Une révision complète de cette courte section s'impose donc si le programme du Parti libéral du Québec veut sérieusement mettre de l'avant des mesures propres à procurer à notre culture le «sol» dont elle a besoin pour «poursuivre sa croissance».

L'éducation

Le *Projet de manifeste* dénonce le gouvernement du Parti québécois qui se serait livré à un véritable «détournement de la révolution tranquille». Il préconise un retour aux grands objectifs de la démocratisation de l'enseignement et de l'égalité des chances tels que définis dans le rapport Parent. Je crois comprendre également qu'il suggère la poursuite dans ce domaine de l'entreprise de rattrapage avec l'Ontario amorcée aux débuts de la révolution tranquille. On sait que, malgré de coûteux efforts, le rattrapage a jusqu'ici raté en raison du fait qu'au cours des vingt dernières années, l'Ontario, en partant d'un niveau de scolarisation deux fois plus élevé que le Québec, a progressé à un rythme égal à celui de ce dernier. Le *Projet de manifeste* ne mentionne guère un autre objectif fondamental de la réforme de l'éducation au cours des années 1960: celui de l'excellence. Comme, malheureusement, les responsables gouvernementaux et autres semblent mettre en sourdine cet objectif essentiel, bien des gens seraient reconnaissants au Parti libéral du Québec d'oser s'engager à remettre à sa place, c'est-à-dire la première, cette priorité poursuivie au cours de la Révolution tranquille.

Le *Projet de manifeste* dénonce à juste titre l'hypercentralisation et l'hyperbureaucratisation qui freinent le progrès de l'éducation au Québec. Or, il faut bien admettre qu'il s'agit là de vices congénitaux au système mis en place et développé par des gouvernements libéraux et unionistes et non de simples dysfonctions créées depuis cinq ans par le gouvernement du Parti québécois. Pour être convaincant, le *Projet de manifeste* aurait dû proposer des mesures correctrices, ce qui n'est malheureusement pas le cas. Il faudra évaluer sous cet angle le projet de restructuration scolaire du ministre de l'Éducation, Camille Laurin. Le *Projet de manifeste,* à mon avis, indique très bien la voie la plus prometteuse pour une réforme en disant qu'il faut «retrouver la joie de l'école». Mais tant que ne sont pas définis les moyens d'y parvenir, le problème reste entier.

La question linguistique

Il serait vain de le taire: la question linguistique a été et pourrait être encore le talon d'Achille du Parti libéral du Québec. Je m'étais opposé à la loi 22 adoptée en 1974 sous le deuxième gouvernement Bourassa en raison des fameux tests d'aptitude linguistique qu'elle sanctionnait; je me suis également objecté aux propositions du Livre beige sur cette question, notamment à l'adoption du critère de la langue maternelle pour le choix de l'école tout comme aux tests d'aptitude linguistique qui seraient fréquemment requis pour vérifier ce critère. Le *Projet de manifeste* déclare à ce sujet que des adoucissements à la loi 101 sont nécessaires, mais qu'il faut préserver les acquis des vingt dernières années. Il approuve les mesures prises pour «franciser les milieux de travail» mais, du même souffle, il déplore que «ce projet s'est accompagné d'une diminution de la croissance économique». Veut-on dire qu'il y a une simple relation de cause à effet entre ces deux phénomènes?

Je souhaite ardemment qu'au moins sur les aspects essentiels de la question linguistique, le Parti libéral du Québec adopte le plus vite possible une position claire. La nouvelle Charte fédérale des droits constitutionnels lui impose cette obligation, notamment en ce qui concerne les clauses relatives à la langue d'enseignement.

La formation du mouvement Alliance Québec constitue un événement d'une très grande importance pour le Québec et pour le Parti libéral du Québec. Si ce mouvement est un succès, le PLQ cessera de devoir se considérer comme le tuteur et le protecteur de la minorité anglophone et les exigences de celle-ci à son endroit se feront moins pressantes. Il faut espérer qu'Alliance Québec pourra être considéré par tous les Québécois comme un porte-parole fiable de la communauté anglophone et que les positions que ce mouvement adoptera seront suffisamment souples pour conduire les deux groupes linguistiques sur la voie de compromis et de concertations durables. Mais il importe que ses dirigeants sachent que tout compromis ne peut passer que par la reconnaissance, par la communauté anglophone et les mouvements qui la représentent, de la primauté de la langue française au Québec. Et qui d'autre mieux que le Parti libéral du Québec, ses députés et ses militants, pourrait leur rappeler cette condition de base ?

Le secteur public

Une conviction imprègne le *Projet de manifeste*: le Québec est une société mal gouvernée parce qu'elle est surgouvernée. On ne peut qu'être d'accord avec ce constat: il est d'ailleurs devenu un lieu commun de la science politique que les politiciens eux-mêmes s'évertuent à répéter. Cependant, ni les théoriciens ni les gens d'action n'ont rien de bien précis à suggérer en vue de redresser la situation.

On lit dans le *Projet de manifeste* des développements fort justes concernant le déséquilibre survenu entre le secteur public et le secteur privé. Le secteur public est sans doute en bonne partie responsable de cet état de choses, lui qui s'est laissé aller à une boulimie qui l'a rendu obèse. Une partie de la faute n'en revient-elle pas également au secteur privé qui s'est empêtré dans une crise généralisée dont personne ne sait comment il pourra sortir ?

S'agissant du rôle du gouvernement dans la vie collective, il faut bien voir qu'il a toujours été plus considérable au Canada et au Québec qu'aux États-Unis. Pour des raisons jugées à l'époque d'une clarté aveuglante, son accroissement a été depuis plus de vingt ans sans précédent dans notre histoire.

Tout en disant qu'il est désormais devenu nécessaire de rétablir un certain équilibre entre le secteur privé et le secteur public, le *Projet de manifeste* se refuse à préconiser l'un ou l'autre des modèles extrêmes actuellement à la mode et propose plutôt la recherche d'une voie moyenne. Bien que les solutions moyennes risquent toujours de n'être pas populaires parce qu'elles sont ternes, il faut néanmoins se ranger à cet avis. Pour s'en convaincre, il suffit de se poser deux questions : où en serait le Québec aujourd'hui si ses gouvernements depuis Jean Lesage, dans des domaines comme l'éducation et les affaires sociales, ne s'étaient pas transformés en État-providence ? Qu'adviendrait-il si, étant donné les insuffisances chroniques et notoires de son secteur privé, le Québec s'en remettait désormais à des gouvernements obéissant aux préceptes du néo-conservatisme ?

Je dois dire que le plan de relance préconisé par la Chambre de commerce du Québec ne me sourit guère. Peut-on envisager sans sourciller l'abandon de programmes progressifs et engager le Québec sur la voie d'une contre-réforme sociale dont les catégories les plus démunies de la population feraient les frais ? Compte tenu de l'état déjà critique des relations de travail dans le secteur public, est-ce là une proposition sérieuse — pour ne pas dire responsable — que de réclamer l'élimination pure et simple de la sécurité d'emploi des fonctionnaires ? Et peut-on raisonnablement suggérer le renvoi par le gouvernement de milliers de fonctionnaires sans se demander ce qu'ils deviendront, quand on sait que depuis toujours la fonction publique québécoise a servi de réservoir au surplus de main-d'œuvre qu'un secteur privé chroniquement anémique ne pouvait absorber ?

Sans doute, tout en respectant les normes d'équité, faut-il tenter de réduire le nombre manifestement trop élevé de fonctionnaires. Mais le vrai problème est d'ordre structurel. C'est le type d'organisation bureaucratique, hiérarchique et autoritaire, créateur d'une quantité infinie de contrôles, donc d'emplois inutiles, qu'il faudrait supprimer. Il faut bien admettre que pour toutes sortes de raisons, il y aura toujours proportionnellement plus de fonctionnaires, au Québec qu'ailleurs. Tous les chefs de parti depuis Honoré Mercier en 1887 ont promis de réduire le nombre de fonctionnaires, mais les uns après les autres, une fois devenus premier ministre, l'ont au contraire accru. Ce n'est pas pour rien que le langage populaire a forgé l'expression «la crèche» pour désigner le Parlement !

Si le diagnostic du *Projet de manifeste* concernant le mal bureaucratique et la croissance excessive de l'État apparaît juste, on n'y trouve guère de suggestions propres à le résorber.

Les orientations du Parti libéral du Québec

Pour qu'il puisse prétendre être une solution de rechange valable, il ne suffit pas pour le Parti libéral du Québec de dénoncer les erreurs et les bourdes du gouvernement du Parti québécois. Il faut encore qu'il démontre que ses propres orientations sont meilleures et surtout qu'elles sont susceptibles d'améliorer les conditions de vie actuellement difficiles des Québécois. Il faut enfin qu'il parvienne à mettre un terme au triste spectacle de l'absence complète de direction et de cohésion même sur les questions essentielles. Bref, la question qu'il faut poser est la suivante: la situation serait-elle vraiment changée pour le mieux si le Parti libéral du Québec était au pouvoir, et jusqu'à quel point?

Je dois dire que mon analyse détaillée du *Projet de manifeste* a créé chez moi un sentiment favorable. Je trouve les constats de situation lucides, le choix des grands objectifs judicieux et bon nombre d'orientations prometteuses. Tout cela bien sûr reste très général, mais on a l'impression que des intentions aussi généreuses pourraient, avec de la bonne volonté, fort bien se concrétiser dans un programme d'action très valable.

Étant donné le passé récent et pas toujours édifiant du Parti libéral du Québec, j'estime justifié de poser un certain nombre de questions et de demander certaines clarifications.

Je reconnais d'emblée que les deux dernières années n'ont pas été faciles pour le Parti libéral du Québec et pour ses dirigeants, particulièrement pour son chef. L'extrême polarisation des idées et des positions sur les plans politique et constitutionnel qui a accompagné et suivi le référendum a été néfaste à ce parti. La cuisante défaite électorale du 13 avril 1981 est bien plus imputable à cette polarisation qu'à tout autre facteur, y compris la performance du chef de parti. J'estime toutefois que le Parti libéral aurait pu mieux et plus tôt se tirer de cette polarisation, d'abord si ses dirigeants n'avaient pas tant fait l'autruche à ce sujet et, ensuite, s'ils avaient eu le courage d'amener le parti à procéder à la sévère autocritique qui s'impose depuis longtemps, à vrai dire depuis que le Parti québécois est devenu une force politique réelle entre 1970 et 1976.

Avant que, pour ma part, je puisse me prononcer sur la capacité du

Parti libéral du Québec de constituer une option alternative valable au Parti québécois dans les circonstances actuelles, je tiendrais à ce que sa position sur trois points fondamentaux soit précisée. Il s'agit du régime socio-politique que le Parti libéral du Québec entend choisir, de la position du parti à l'égard du nationalisme québécois et, finalement, de son orientation concernant le fédéralisme. J'admets que le *Projet de manifeste* entrouvre des voies de réflexion intéressantes au sujet de chacun de ces points, mais il me paraît évident, étant donné particulièrement les interrogations que soulèvent bien des gens à propos des véritables orientations du Parti libéral du Québec, que son programme devra être plus précis.

Une vision socio-politique mieux délimitée

Entre la social-démocratie ou l'État-providence et le néo-conservatisme, le *Projet de manifeste* propose une voie moyenne. Celle-ci n'est pas clairement délimitée. J'ai soulevé ce point plus haut et j'y reviendrai en conclusion. Étant donné les tendances connues et souvent exprimées depuis novembre 1977 de plusieurs militants et dirigeants du Parti libéral vers l'une ou l'autre forme de néo-conservatisme et, à l'opposé, le danger que le parti, en fin de compte, adopte un programme d'action plus près du centre gauche, suivant une formule naguère chère à Jean Lesage et à Robert Bourassa, seulement parce que semblable orientation est plus rentable au plan électoral, il est important qu'il explique clairement et de façon convaincante sa vision officielle du régime socio-politique dont il doterait le Québec s'il était au pouvoir.

Une attitude positive envers le nationalisme

Le Parti libéral du Québec se serait épargné bien des déboires si, à l'occasion du Congrès d'orientation du mont Orford en 1973 et de celui de Montréal en 1977, il avait convenu de procéder à un examen des raisons profondes qui le conduisaient à adopter une attitude de rejet à l'endroit du nationalisme. Pour la troisième fois, je reviens sur ce sujet et, cette fois, j'ai l'espoir d'être mieux entendu: du moins le *Projet de manifeste*, à l'instar du discours de septembre 1981 de Claude Ryan, tranche-t-il sur l'antinationalisme émotif du congrès de 1977 et sur la froide insensibilité à l'endroit des revendications nationalistes traditionnelles qui était l'une des caractéristiques les plus décevantes du Livre beige.

Il faut que les militants et les dirigeants du Parti libéral du Québec comprennent qu'ils n'ont rien gagné, qu'au contraire ils ont beaucoup perdu, à concéder sans résistance au Parti québécois un discours et une pratique politiques qui, dans une très large mesure, étaient pourtant le fruit de dix ans d'efforts consciencieux du Parti libéral du Québec lui-même.

Quand je dis que le Parti libéral du Québec a beaucoup perdu en se coupant de ses propres sources nationalistes, ce n'est d'ailleurs pas aux seules défaites électorales de 1976 et de 1981 auxquelles je fais allusion. C'est bien plus encore à la perte de vigueur intellectuelle qui a éprouvé ce parti depuis dix ans et dont, malgré toute leur application et leur intelligence incontestable, les dirigeants actuels ne sont pas parvenus à le tirer.

Qu'on ne s'y trompe pas: si la pensée nationaliste dans les Arts et les Lettres paraît à ce moment-ci bien peu vigoureuse, ce n'est pas qu'elle serait stérilisée à tout jamais; c'est plutôt parce que l'emprise quasi totale du Parti québécois depuis dix ans sur le mouvement et les idées nationalistes l'a pour l'instant tarie. Non! Le nationalisme n'est pas mort et il n'est pas près de mourir. Il s'inscrit et se nourrit constamment de la situation où l'histoire et l'espace ont placé les Canadiens français du Québec et qui fait d'eux des êtres qui, individuellement et collectivement, même — et surtout — dans leurs engagements à l'égard de l'extérieur, doivent constamment regarder en eux-mêmes, se retourner pour ainsi dire vers eux-mêmes, pour tenter de se prémunir contre les dangers qu'un environnement non pas foncièrement hostile mais, au contraire, trop attrayant et trop envahissant dresse incessamment contre eux, menaçant l'épanouissement et la survivance de leur «âme», pour reprendre l'expression du *Projet de manifeste*.

J'aurais des commentaires à faire à propos de la façon très négative du Parti libéral du Québec de considérer le nationalisme au cours des dernières années. Je me bornerai aujourd'hui à rectifier à ce sujet une opinion erronée malheureusement colportée par des porte-parole influents du parti. Prétendre que le nationalisme n'est pas un fait de société en ce qui concerne les Canadiens français du Québec, mais une simple émotion que veulent bien se donner des individus trop peu enclins à apprécier les belles et grandes choses du vaste monde, cela me paraît une accusation gratuite. Regardez dans votre propre entourage et dites-moi si certains fédéralistes parlant un langage pancanadien n'ont pas une conception du monde et de la vie proprement ratatinée? Je peux vous rassurer s'il en est besoin: le fait d'être nationaliste, et même d'avoir opté pour l'indépendance du Québec, n'empêche personne, si telle est son orientation propre, de chercher à se situer dans le monde et à participer pleinement au génie humain qui remplit si merveilleusement, pour chaque individu, le temps et l'espace. Ce qu'il faut dire, au contraire, c'est qu'un enracinement profond dans un temps et un lieu particuliers est indispensable pour qu'un individu puisse entretenir un rapport fécond avec l'universel. Pour différentes raisons, certains d'entre nous trouvent leur enracinement dans le Canada incluant le Québec et d'autres dans le seul Québec. Ce qu'il faut toutefois garder à l'esprit, c'est que même et surtout pour ceux qui adoptent le Canada et le Québec comme cadre politique de référence, la langue et la culture françaises doivent paraître fragiles et, par conséquent, nécessitant des soins attentifs et constants. Quant au reste, il appartient à des êtres raisonnables et soucieux que leur conduite s'inspire de la poursuite du meilleur intérêt commun de transposer leur projet politique quel qu'il soit en des actions propres à promouvoir le bien de la collectivité québécoise, comme d'ailleurs le Parti libéral du Québec a su si bien le faire au début des années 1960 en pratiquant un nationalisme positif et de croissance et comme, j'en suis persuadé, il est disposé à le faire encore durant la présente décennie.

Une conception du fédéralisme centrée sur les intérêts du Québec

Je tiens à faire un autre commentaire sur l'orientation du Parti libéral du Québec à l'égard du fédéralisme canadien depuis 1973 et surtout depuis l'accession du Parti québécois au pouvoir en 1976.

Je comprends que le Parti libéral du Québec ait à défendre l'option fédéraliste contre un parti et un gouvernement indépendantistes. Il me semble toutefois qu'en le faisant il serait plus convaincant si, en toutes circonstances, il savait présenter une argumentation plus attrayante et mieux accordée à l'état d'esprit des Québécois. Je conviens que le gouvernement du Parti québécois est passé maître dans l'art de compromettre les libéraux. Mais, en certaines circonstances tout au moins, il m'a semblé que d'autres choix s'offraient au PLQ, que celui de s'opposer pour s'opposer aux positions gouvernementales ou encore de s'aplatir bêtement devant elles. Les conditions de la polarisation partisane ont été telles qu'à plusieurs reprises, dès lors qu'il s'est agi de questions constitutionnelles, le Parti libéral du Québec, au lieu d'adopter une ligne de conduite réfléchie et qui lui fût propre, s'est plutôt complu dans une opposition obstinée et stérile à la position du gouvernement, aidant en fin de compte ce dernier tout en se desservant, lui, considérablement.

Je comprends également que le parti qui, à Ottawa, défend et illustre le fédéralisme à l'échelle canadienne est le Parti libéral du Canada et que son chef, qui est aussi premier ministre, est un Québécois francophone de grand prestige. Le PLQ et le PLC sont différents, certes, mais en ce qui concerne la section québécoise, ils sont en certaines circonstances un peu comme des frères jumeaux. Il est évident que la montée du Parti québécois, l'accession de ce dernier au pouvoir, la campagne référendaire et le débat constitutionnel les ont rapprochés. Beaucoup trop, à mon avis, pour le bien du parti le plus faible, c'est-à-dire le PLQ. Dans ces conditions, défendre et promouvoir une conception proprement québécoise du fédéralisme — je veux dire une conception qui soit adaptée parfaitement et indiscutablement aux intérêts majeurs du Québec — s'est révélé particulièrement difficile.

Il aurait fallu au PLQ une vigueur exceptionnelle — et une vigueur qui, en tout premier lieu, se serait exercée à l'égard de ses militants — pour qu'il ne soit pas tenté de prendre avis de ce frère qui paraissait si fort et si sûr de lui ou de considérer d'emblée ses façons de voir comme étant les meilleures possibles.

Cette situation fut et est encore une cause de profonds malaises parmi les militants et les dirigeants du Parti libéral du Québec. Ceux-ci se sont trouvés déchirés dans leur allégeance et leur loyauté. Cette sorte d'acceptation tacite d'une position de dépendance ou d'infériorité de la part de plusieurs membres ou dirigeants du Parti libéral du Québec envers le Parti libéral canadien et son chef n'est d'ailleurs pas récente. Elle était déjà très marquée dans les dernières années du gouvernement Bourassa. Mais il est évident que, pour des raisons faciles à comprendre, elle s'est encore accrue au cours de la campagne référendaire et durant les laborieuses négociations en vue du renouvellement de la Constitution.

Il faut pourtant mettre un terme à ces fréquentes tergiversations, à ces volte-face, à ces positions contradictoires opposant des militants et des députés et le chef du parti, voire à cette crise même de leadership qui déborde manifestement la personnalité du chef, car elle découle de la double allégeance politique de plusieurs militants et députés. Ces douloureux tiraillements qui déchirent le parti sont en effet plus que regrettables. À cause d'eux, le parti ne paraît pas vigoureux et surtout pas fiable. Par conséquent, même s'agissant d'une question aussi essentielle que l'avenir politique et constitutionnel du Québec, il serait imprudent de lui faire confiance.

Les conséquences malheureuses d'une double entrave

Les déboires actuels du Parti libéral du Québec résultent avant tout de cette double entrave — le gouvernement du Québec ainsi que le Parti libéral du Canada et son chef — qui a depuis trop longtemps paralysé le parti et qui le retient encore plus que plusieurs militants et dirigeants ne l'estiment.

Mais cette double entrave peut très bien être levée maintenant et je souhaite ardemment, pour le bien du Québec, qu'elle le soit. D'une part, le gouvernement du Parti québécois est aux prises avec de pénibles dissensions, et le Parti libéral du Québec n'aura pas tellement de mérite à reprendre le terrain qu'il a si bêtement perdu entre 1973 et 1976. Quant au Parti libéral du Canada et à son chef, il faudrait que les militants et les dirigeants du PLQ soient aveugles pour ne pas se rendre compte qu'ils n'ont plus rien à gagner, et au contraire tout à perdre, en s'agrippant à eux et en paraissant endosser leur conception du fédéralisme.

Les militants et les dirigeants du Parti libéral du Québec disent qu'ils sont indépendants par rapport au Parti libéral du Canada et à son chef. Je les crois volontiers, mais je souhaiterais que cette indépendance, en toutes circonstances, s'exprime davantage.

Le Projet de manifeste, un bon pas en avant

Une des raisons pour lesquelles j'apprécie bien le *Projet de manifeste*, c'est qu'il marque un pas en avant dans la définition d'un fédéralisme adapté au Québec qui s'impose au Parti libéral du Québec dans la conjoncture actuelle. Ayant franchi ce pas et reconnu la situation «très spéciale du Québec dans le Canada», le Parti libéral du Québec, j'en suis convaincu, saura renouer avec ses forces vives et parviendra à définir un cadre politique et constitutionnel qui pourra redonner au Québec le pouvoir de négociation qu'il a tragiquement perdu et lui insuffler le regain de vie dont il a besoin pour surmonter les redoutables défis de la présente décennie et reprendre son élan.

Les circonstances sont favorables à l'adoption par le Parti libéral du Québec d'un programme d'action qui clarifie pour les années à venir les positions du parti sur chacune des trois questions de base que je viens de soulever. Et j'estime que le *Projet de manifeste* marque une étape importante dans la bonne voie. Mais un programme, même excellent, ne suffit pas à un parti. Il lui faut encore être fiable et crédible. Or, pour devenir pleinement fiable et crédible, il reste au PLQ à se délester de la lourde charge de plomb qui, depuis plusieurs années, retient son envol et à s'imposer une discipline à laquelle tous, militants et députés, devront se soumettre.

Conclusion

Il n'existe malheureusement pas de diagnostic universellement accepté ni de solution accréditée concernant la crise de société avec laquelle le Québec, à l'instar de toutes les sociétés industrialisées de l'Occident, est aux prises depuis trop longtemps déjà. Il n'y a donc pas lieu d'être surpris du fait que le *Projet de manifeste* du Parti libéral du Québec ne contienne pas d'analyse originale de la crise et ne propose aucun remède qui puisse même être considéré comme un bon palliatif. Sans doute prétexte-t-on que cette lacune est en bonne partie corrigée dans le document de travail *La société libérale de demain* qui, en effet, comporte un grand nombre de propositions et de résolutions sur la plupart des problèmes de société qui se posent aujourd'hui. Toutefois, à considérer d'un peu plus près ces propositions, on remarque qu'elles portent généralement sur des points très particuliers ou encore qu'elles se bornent à proposer de plus amples études.

Réclamer ainsi des études au lieu de proposer des moyens d'action précis peut agacer ou faire sourire quand cela émane d'un projet de cahier de résolutions d'un parti. Cela témoigne toutefois de la difficulté de parvenir à une vision claire de l'état actuel de la société, des causes réelles des difficultés auxquelles elle est confrontée et des moyens d'extirper ces dernières.

Tous sont unanimes à dire que la crise revêt une dimension économique. Tous d'ailleurs ressentent de plus en plus cruellement les effets néfastes de cette crise. Mais la crise économique constitue-t-elle le fil rouge de l'écheveau qui, s'il pouvait être démêlé, permettrait de comprendre la crise de société dans son ensemble ou n'est-elle pas plutôt elle-même un simple effet d'une déstructuration sociale générale ou encore un facteur entre plusieurs autres d'une telle déstructuration ?

La crise économique paraît aujourd'hui la plus grave et elle seule, à vrai dire, retient l'attention parce qu'elle est très douloureuse. Mais l'examen de toutes les manifestations de la crise conduit, au-delà de l'économie, à identifier des symptômes encore plus profonds et bien plus anciens, sur le plan des valeurs, de l'autorité dans toutes les organisations, la famille, l'école, les professions, les syndicats et l'État lui-même, de la volonté de participation à l'effort collectif, même au plan professionnel, et, enfin, des possibilités de satisfaire les besoins du cœur et de l'esprit. Toutes les catégories sociales et toutes les collectivités, de mieux en mieux équipées pour l'action politique, formulent des revendications bien légitimes dans les conditions actuelles de l'humanisme et du développement social, mais les organismes responsables sont inaptes à les satisfaire de façon adéquate.

La désillusion qui s'est emparée des esprits fait contraste avec l'euphorie des années 1960. Cette désillusion s'étend précisément à tout ce qui fut ou parut être à l'époque un levier d'expansion économique et sociale. Les « programmeurs », les « planificateurs » et les « technocrates » sont une cible de choix. Mais à travers eux, à n'en pas douter, c'est l'État — l'État même de la Révolution tranquille — qui est visé. En outre, les simples spectateurs de la scène politique, tant fédérale que provinciale, sont fatigués d'assister au déroulement de l'interminable combat singulier que se livrent deux chefs politiquement très vieux et dont le jeu de feintes et d'esquives qui les a si longtemps fascinés ne les impressionne plus guère.

L'impuissance devant cette crise généralisée a engendré un climat de morosité qui n'est guère propice à la mise en œuvre de réformes énergiques.

La question se pose de toute urgence : comment s'y prendre dans des circonstances aussi critiques pour faire émerger un projet de société qui soit à la hauteur du Québec d'aujourd'hui ? C'est là, j'en suis convaincu, une tâche qui déborde les partis politiques parce que ces derniers doivent forcément répondre à des exigences électorales et à des contraintes liées à l'élaboration de leur programme qui particularisent leur examen de la situation. Cette tâche déborde les gouvernements eux-mêmes parce qu'ils sont rivés aux contraintes de l'action immédiate. Il va requérir une réflexion collective réunissant tous les individus et tous les groupes. Il va donc s'agir de constituer un lieu particulier vers lequel tous pourront converger pour exprimer leur point de vue sur la situation et faire connaître les voies de solutions qu'ils ont à l'esprit.

Nous ressentons tous à ce moment-ci le besoin de nous arrêter un instant pour nous demander où nous en sommes individuellement et collectivement et où nous voulons aller. Peut-être qu'ensemble nous regarderions mieux et plus loin que ne le permet la réflexion solitaire. C'est ensemble et non dans l'isolement que les solidarités exigées par l'actuelle situation de crise seront rendues possibles.

Le ministre de l'Éducation, Camille Laurin, proposait récemment l'élaboration d'une Constitution pour le Québec. Si cette entreprise était conçue de façon à déborder un cadre strictement juridique et devait être plutôt axée sur la formulation d'un nouveau contrat social pour les Québécois adapté aux conditions d'aujourd'hui, j'endosserais cette proposition sans réserve. Mais il faudrait mûrir le projet et créer l'organisation propre à en assurer la bonne marche. Seul un groupe de travail constitué de personnes indépendantes et extérieures au gouvernement serait susceptible d'avoir la crédibilité requise pour lui permettre de devenir ce lieu de réflexion collective que tous voudraient voir exister.

Le Parti libéral du Québec, pour sa part, devrait sans hésiter collaborer activement à la formation d'un tel groupe de travail. En effet, le *Projet de manifeste* fait longuement état du surgouvernement du Québec — à vrai dire, le thème du surgouvernement est sous-jacent à ce texte —, il parle du besoin d'un nouvel équilibre entre le secteur public et le secteur privé, du choix d'un moyen terme entre l'État-providence et le néo-conservatisme, et il réclame l'élaboration d'un nouveau contrat de société. Les auteurs du manifeste admettent implicitement que les moyens qui leur permettraient d'entreprendre les études appropriées pour poursuivre la réflexion sur ces grands problèmes leur font défaut. Mais, sans doute, le Parti libéral du Québec accepterait-il de collaborer avec d'autres pour permettre un meilleur approfondissement de ces questions fondamentales, dont l'ampleur déborde manifestement les intérêts et les possibilités d'un seul parti politique.

De leur côté, sans l'avoir expressément demandé, un grand nombre de collectivités organisées, d'intellectuels, de professionnels, de syndiqués et de personnes de toutes catégories sociales pourraient bien endosser la formation d'un tel groupe de travail. Ils y verraient la possibilité de s'exprimer de façon plus systématique et plus utile et, peut-être, du moins faudrait-il le souhaiter, de voir le concert d'idées et de suggestions diverses permettre d'établir des constats de situation plus justes et plus précis, des propositions de réforme plus acceptables et plus prometteuses ainsi que de faire émerger les grands thèmes d'un projet de société auquel tous concourraient volontiers parce que justement il leur apparaîtrait conforme à leurs intérêts propres.

COMMENTAIRES SUR LE DOCUMENT D'ORIENTATION ET DE CONSULTATION EN VUE DE L'ÉLABORATION D'UN PROGRAMME DU PARTI QUÉBÉCOIS[1]

La souveraineté nationale

Je ne pratique pas le culte de la nation et encore moins celui du nationalisme. La nation ne saurait être considérée comme un cadre susceptible d'enfermer toute la réalité de la société. Dans une société comme le Québec, l'économie déborde amplement la nation ; la culture — sous tous ses aspects : religieux, artistique et littéraire, scientifique, philosophique, de même que dans sa dimension de classes sociales — ne saurait non plus être enfermée dans le cadre de la nation canadienne-française. Plus encore, s'agissant de l'État, il s'étend également et sans distinction à tout le territoire et à tous les citoyens, quelles que soient leur langue et leur culture. Le nationalisme de l'abbé Lionel Groulx m'a toujours laissé froid bien que j'aie reconnu qu'il saisissait très bien la dimension essentielle de la situation des Canadiens français, c'est-à-dire celle d'être minoritaires.

L'obligation, pour les Québécois francophones, de protéger jalousement leur langue et leur culture est inscrite dans leur destin collectif. Le nationalisme constitue pour eux une sorte de réponse naturelle à l'insécurité qui résulte de leur situation de minorité permanente — ethnique, culturelle et économique — en Amérique du Nord et au Canada. Il n'y a qu'au Québec où ils forment la majorité, qu'ils peuvent espérer vivre suivant leurs aspirations et leurs intérêts propres. Le nationalisme des Québécois francophones est donc un fait obligé, inéluctable, et non pas une perversion dont ils pourraient se corriger ni une vertu qu'ils doivent pratiquer à outrance.

Les Québécois francophones, à l'instar des autres peuples, peuvent et doivent, dans le respect des autres, reconnaître la réalité de leur sentiment national et utiliser ce dernier non pas de façon négative — pour récriminer et chercher à s'isoler — mais d'une manière positive, c'est-à-dire pour édifier le genre de société ouverte qui leur convient. C'est ce qu'ils ont commencé à apprendre depuis une vingtaine d'années.

En raison en partie de l'objectif fondamental qu'il poursuit et en partie des circonstances, le Parti québécois a été et est toujours un agent exceptionnel d'agrégation et d'intégration sociale. Lui qui a la réputation d'être un regroupement de jeunes et d'intellectuels, il s'est attiré la confiance des agriculteurs et des travailleurs d'usines aussi bien que d'une bonne partie des gens d'affaires. Il s'efforce en outre d'effectuer un rapprochement avec les allophones et les anglophones. Il n'est pas le seul responsable des difficultés qu'il rencontre dans cette dernière tâche. En effet, le Parti québécois est avant tout, pour la masse des non-francophones, le reflet du fossé profond qui sépare les Québécois francophones des non francophones. Ce fossé, c'est dans l'île de Montréal qu'il s'est surtout creusé. On impute souvent la cause des conflits actuels entre les deux communautés linguistiques à la loi 101. Et certes, il faut réclamer que la loi 101 soit appliquée sans zèle excessif comme sans complaisance. Mais le problème déborde largement la question linguistique. Allophones et anglophones ressentent à l'endroit de la majorité francophone du Québec les mêmes sentiments d'insécurité que les francophones québécois éprouvent envers le monde anglophone du continent dont ils ne représentent que 3 % de la population.

Étant un témoin attentif de ce qui se passe dans le Montréal métropolitain depuis plusieurs années, au-delà des querelles politiques, je constate depuis dix ans un grand progrès dans les relations entre les deux communautés linguistiques, du moins dans certaines catégories de la population, notamment chez les gens d'affaires et dans les services (hôtellerie, restauration, etc.). Je suis enclin à penser que les voies de solution du problème passent obligatoirement par les Montréalais eux-mêmes et que ceux-ci sont parfaitement capables de mener à bien cette tâche. Je pense que les militants du Parti québécois de l'île de Montréal comprennent cela et que c'est à partir de cette donnée qu'ils orientent l'action du Parti à l'endroit des allophones et des anglophones. Par ailleurs, en ce qui touche la question constitutionnelle sous son aspect linguistique, le Québec ne saurait déroger de la ligne de conduite suivante : il doit réclamer la pleine liberté de légiférer sur son territoire dans toute l'étendue de sa compétence actuelle et, en outre, il doit exiger que soient abolies les contraintes qu'impose l'article 133 de l'actuelle Constitution.

Pour ma part, l'idée que le Québec pourrait devenir un jour politiquement indépendant ne m'effraie pas si l'autre issue — un fédéralisme dans lequel le Québec se verrait octroyer une large autonomie — ne s'ouvrait pas ou si elle apparaissait moins « économique ». Mais j'y mets trois conditions. Premièrement, les Québécois doivent pouvoir choisir leur statut politique définitif en toute connaissance de cause. Deuxièmement, ce statut, quel qu'il soit, doit leur apparaître comme un moyen au service de leur bien personnel et collectif et non comme une fin en soi. Troisièmement, ils doivent pouvoir faire leur choix de façon démocratique.

Le Parti québécois et le statut politique du Québec

Tant dans les milieux indépendantistes que fédéralistes, la façon d'aborder la question du statut politique du Québec s'est trouvée radicalement modifiée par la création du Parti québécois et surtout par son accession au pouvoir. La même logique qui a conduit les libéraux fédéraux à se montrer des fédéralistes intransigeants et illuminés a produit les nombreuses versions de l'étapisme et les tergiversations multiples à propos de l'indépendance au sein du Parti québécois. Les déboires du Parti libéral du Québec s'expliquent par le fait qu'il a vainement cherché à définir une position qui lui soit propre, les réalignements successifs du Parti québécois tout autant que l'intransigeance des libéraux fédéraux lui fermant continuellement des voies prometteuses qui auraient pu lui permettre de poursuivre le projet d'un fédéralisme accordé à la vision traditionnelle du Québec et aux aspirations des Québécois d'aujourd'hui.

L'étapisme est la conséquence de la volonté d'accorder deux objectifs difficilement conciliables : prendre et conserver le pouvoir et réaliser l'indépendance politique du Québec. Il n'est pas certain qu'en cherchant à conserver le pouvoir, le Parti québécois ait à renoncer au projet d'indépendance politique. Il n'est pas certain non plus qu'en fin de compte, il ait à choisir entre l'un ou l'autre. Un aspect de la situation doit porter à réflexion : après cinq ans de pouvoir du Parti québécois, l'option indépendantiste n'est encore favorisée que par une minorité de Québécois. Étant donné l'ambiguïté de l'expression, il ne faut pas accorder trop de crédit aux sondages qui indiquent qu'une majorité de Québécois favoriseraient maintenant la souveraineté-association. Je ne crois pas qu'il s'agisse là de convictions assez fermes pour qu'un changement de conjoncture ne puisse les dissiper. C'est le premier ministre Trudeau lui-même, et non pas l'action éducative du Parti québécois, qui a été ces derniers temps le grand artisan du regain de l'option souveraineté-association, laquelle, dans l'esprit de beaucoup de personnes, pourrait bien être synonyme de fédéralisme décentralisé. Le premier ministre Trudeau parti, et une personne plus souple que lui ayant pris le pouvoir, il se pourrait bien que le pourcentage de ceux qui favorisent la souveraineté-association diminue beaucoup.

Le processus vers l'indépendance politique

À la suite de l'éclatante victoire électorale du 13 avril 1981 et des engagements à l'égard du processus d'accès à l'indépendance pris par le Parti québécois au cours de la campagne, la question se pose pour savoir quel test permettra de connaître la volonté des Québécois concernant leur avenir politique. C'est ainsi qu'il est question d'« une élection générale qui n'exclurait pas la souveraineté comme enjeu, même parmi d'autres questions ». Le *Document d'orientation* ajoute qu'une telle élection « aurait valeur référendaire et serait donc parfaitement conforme aux idéaux démocratiques... » (page 11).

Je ne suis pas de cet avis. En raison, d'une part, de l'importance insigne de l'enjeu pour le Québec et le Canada et, d'autre part, de l'échec au référendum de mai 1980, la simple honnêteté politique va exiger un deuxième référendum qui pourrait être tenu dans la foulée immédiate d'une élection générale dont l'un des enjeux aurait pu être le projet d'indépendance politique. Dans la mesure où le Parti québécois, pour faire triompher la cause de l'indépendance, aura besoin des votes de ceux qui ont été ou sont encore des fédéralistes autonomistes ou conditionnels, il devra veiller à ne pas chercher à forcer la main aux électeurs et, au contraire, à procéder dans la plus grande transparence possible. Un autre ordre de considérations devrait inciter les militants du Parti québécois à ne pas se lier définitivement à une élection préréférendaire. En effet, il se pourrait bien que, dans un avenir plus ou moins rapproché, le gouvernement du Parti québécois devienne moins populaire que l'idée de l'indépendance : dans un tel cas, lier celle-ci au sort de celui-là serait aberrant et il faudrait prendre encore un autre virage tactique pour essayer de se sortir de cette nouvelle difficulté dans laquelle le programme du Parti québécois aurait placé les indépendantistes.

Les militants du Parti québécois ne doivent jamais perdre de vue que si les électeurs ont appuyé ce parti comme ils l'ont fait malgré les objectifs constitutionnels que ce dernier poursuit et qu'en majorité ils ne partagent pas, c'est parce que le Parti québécois a jusqu'ici scrupuleusement respecté ses engagements et qu'ils ont confiance qu'il continuera à agir dans le respect des formes démocratiques. Tout accroc à cette louable ligne de conduite soulèverait la colère d'un grand nombre de citoyens.

Une ambiguïté : l'idée d'indépendance et la jouissance simultanée du pouvoir

C'est grâce à une profonde ambiguïté, voire à une contradiction, dans sa double orientation que le Parti québécois a réussi à prendre le pouvoir. Je ne parviens pas à réconcilier l'objectif de l'indépendance politique avec l'engagement de «promouvoir le plus possible l'autonomie du Québec au cours de la période restant à passer sous le régime actuel». Je serais reconnaissant au gouvernement du Parti québécois d'avoir réussi à assurer aux Québécois le type de régime politique qu'ils ont toujours réclamé et que, en majorité, ils réclament toujours. Mais, une fois que serait acquis ce régime dans le cadre d'un fédéralisme vraiment décentralisé qui conviendrait aux aspirations et aux besoins du Québec, je ne vois pas comment il serait encore possible de convaincre les citoyens de réclamer leur indépendance politique. En d'autres termes, je ne comprends pas comment la poursuite d'un fédéralisme autonomiste peut être considérée comme une étape vers l'indépendance politique.

Le droit à l'autodétermination

Depuis plusieurs années, il est question de faire adopter par l'Assemblée nationale du Québec une résolution qui proclamerait le droit à l'autodétermination politique du Québec. Déjà, dans les pages bleues de son Rapport, la Commission fédérale d'enquête sur le bilinguisme et le biculturalisme avait reconnu que Québec disposait de ce droit. Mais c'est là un droit qu'il ne suffit pas de revendiquer: il faut plutôt le conquérir et le sauvegarder chaque jour. Et il n'y a qu'une façon réaliste de le faire: toujours tenir la dragée haute dans les rapports de force avec les voisins. Car la revendication d'un droit à l'autodétermination, c'est avant tout une question de *realpolitik*.

La remise à jour de l'option souveraineté-association

Si, s'agissant d'élections générales, la formule de la «souveraineté-association» a produit de forts dividendes, elle se révèle être un sérieux obstacle quand il s'agit d'entraîner la population sur la voie de l'indépendance politique. Dans ma critique du Livre blanc, j'ai exprimé la conviction qu'il s'agissait là d'une position ambiguë, presque contradictoire, peu propice à stimuler la volonté de changement. Pour ma part, j'estime que la souveraineté est une chose, que l'association en est une autre, et que ces deux réalités doivent être tenues logiquement et chronologiquement distinctes. Il me semble que si les Québécois n'ont pas la volonté de se proclamer politiquement indépendants par voie de référendum, ce n'est pas en leur promettant que, dès l'instant où ils pourraient réclamer un statut d'indépendance, ils se trouveraient automatiquement réassociés avec le reste du Canada, que l'on va valoriser chez eux le goût de l'indépendance. Ceux qui militent pour l'indépendance du Québec doivent avoir le courage de dire que le Québec peut et doit pouvoir proclamer sa pleine souveraineté politique sans avoir à requérir d'entrée de jeu le support institutionnel d'un autre pays. Ils doivent, en outre, se montrer suffisamment optimistes pour croire qu'un Québec indépendant serait assez attrayant pour que le reste du Canada cherche à s'associer avec lui.

Le rôle de l'État et la crise de société

Je suis bien conscient du fait que plusieurs critiques que j'ai adressées au *Document d'orientation* vont au-delà des limites qu'impose l'adoption d'un programme de parti. J'admets, en outre, qu'il se révèle difficile d'identifier la nature des réalignements qui seraient susceptibles de rectifier la situation. Je ne proposerai certainement pas aux militants du Parti québécois d'emprunter le chemin du soi-disant néo-libéralisme (ou plutôt du néo-conservatisme) dans lequel d'autres pays occidentaux s'engagent. À mon avis, cette orientation serait suicidaire pour le Québec.

L'examen d'un document d'orientation comme celui-ci, qui se veut complet et qui a été préparé avec compétence, fait très bien ressortir deux aspects de la situation à laquelle le Québec, à l'instar de toutes les sociétés occidentales, doit faire face : d'une part, l'excroissance de l'État qu'a entraînée la boulimie des gouvernements depuis vingt ans ; d'autre part, l'ampleur de la crise de société qui assombrit le présent et fait planer l'inquiétude sur l'avenir.

L'excroissance de l'État

La conjoncture dans laquelle le Québec se trouvait à la fin des années 1950 a fait que le gouvernement provincial, en dépit de ses compétences incomplètes dans des secteurs clés comme l'économie et les relations internationales, a été amené à exercer un rôle directeur dont on retrouve peu d'exemples en Occident. L'« appétit venant en mangeant », les gouvernements du Québec, à mon avis, se sont beaucoup trop substitués depuis vingt ans aux composantes sociales qui, ailleurs, ont assuré le développement de la société. Une certaine faiblesse et une aboulie des structures intermédiaires de la société ont résulté de cette situation.

Certes, il n'est pas souhaitable aujourd'hui pour le gouvernement de rebrousser chemin et de vouloir s'en tenir à une conception purement supplétive de son rôle. L'on doit toutefois réaliser que, dans la conjoncture actuelle, le gouvernement est devenu parfaitement incapable de continuer dans la même voie. On doit en arriver à définir son champ d'action de façon plus réaliste.

Que nombre de Québécois magnifient indûment le rôle de l'État dans le développement de la société transparaît à plusieurs endroits dans le *Document d'orientation*, notamment dans le paragraphe intitulé « Un État fort pour promouvoir la démocratie ». Pareille formule doit faire frémir les mânes des ancêtres qui ont fait les révolutions démocratiques précisément contre des régimes politiques qui s'arrogeaient le droit de déterminer ce qui était bon pour la société.

Dans la définition des objectifs généraux de l'« implication du citoyen et de la citoyenne dans la vie communautaire » du *Document d'orientation*, on peut lire que « l'État québécois doit résolument valoriser l'initiative, l'autonomie et la responsabilité personnelle sur tous les plans». Individus et collectivités en sont-ils rendus à ce point de passivité et de lassitude qu'il faille que l'État les stimule à prendre des initiatives dans leurs propres secteurs d'activité? Naguère on aurait demandé à l'État de ne pas freiner indûment l'initiative individuelle et collective et non pas de la «valoriser». À propos de la «démocratie dans l'entreprise», le *Document d'orientation* affirme que «le Parti québécois entend valoriser l'autonomie, la créativité et l'implication des personnes, en développant au maximum la démocratie et la participation des travailleurs et des travailleuses à la gestion des entreprises». Vraiment? Mais comment? Par des mesures particulières qui suivraient sans doute des subventions gouvernementales et qui ne supposent rien de moins que des ingérences draconiennes du gouvernement dans la vie de l'entreprise, si elles n'indiquent pas carrément la prise en charge de celle-ci. Voyons plutôt les moyens concrets qui sont proposés:

«1. Structurer les entreprises et inciter les grandes entreprises à se structurer en fonction d'unités de travail significatif où le travailleur et la travailleuse peuvent exercer un métier valorisant, dont ils peuvent voir les résultats et où peut s'exercer une certaine démocratie de gestion.

«2. Humaniser la vie au travail, rendre réalisable la syndicalisation de tous les travailleurs et travailleuses et associer les organisations de travailleurs et de travailleuses aux informations et aux décisions, tant au niveau de l'entreprise qu'à celui du rôle social et économique de l'État.

«3. Favoriser en droit et en fait le développement des formes démocratiques de gestion, de manière à ce que les travailleurs et travailleuses exercent une juridiction partielle ou complète sur la marche de leur entreprise, par des formules variables selon les secteurs:

a) Faire en sorte que l'exercice de cette juridiction par les travailleurs et travailleuses se réalise d'une façon progressive dans chaque entreprise, suivant le développement de la compétence gestionnaire des salariés et salariées.

b) Faciliter cette gestion démocratiquement en mettant sur pied des centres régionaux de formation économique et administrative gérés par un conseil d'administration formé majoritairement de représentants et représentantes des syndicats de la région et de représentants et représentantes de l'État.

c) Assurer aux conseils ouvriers ou comités d'entreprise, élus par l'assemblée générale des travailleurs et travailleuses, l'assistance de spécialistes rémunérés par l'État et dont le rôle est consultatif au niveau de la gestion et de l'orientation de l'entreprise.» (pages 26-27)

Et je pourrais produire une foule d'autres propositions de la même veine. Loin de moi la pensée que ce sont là des objectifs et des moyens erronés en soi, mais j'estime qu'étant donné le cadre dans lequel le gouvernement du Parti québécois a accepté — ou a été contraint — d'évoluer depuis cinq ans, ils sont devenus irréalisables ou utopiques. Pour l'ensemble, donc, je trouve qu'en ce qui concerne la relation entre le gouvernement et la société, le *Document d'orientation* a tendance à mettre la charrue avant les bœufs. Il ne faudrait tout de même pas en arriver au point où, sous prétexte d'assurer une certaine justice distributive et une certaine liberté collective, par une multitude d'interventions gouvernementales dans la vie sociale et par une avalanche de contrôles bureaucratiques, on en vienne à étouffer l'autonomie et la spontanéité d'action, c'est-à-dire, en fin de compte, la liberté des individus et des collectivités particulières.

Dans une société comme le Québec, le moment est venu de se ressaisir et de se poser une fois de plus la grande question qu'il sied à des êtres libres — ou en tout cas qui aspirent toujours à la liberté — de ne jamais perdre de vue : quelle est la juste équation entre les libertés individuelles et les libertés dites collectives ? La réponse ne doit pas être simpliste comme, par exemple, se contenter de proclamer la suprématie des libertés individuelles quand on sait que celles-ci seront toujours inopérantes pour le plus grand nombre dans le contexte des sociétés industrielles avancées, comme ce fut d'ailleurs le cas dans toutes les sociétés historiques. Mais je dis que si un parti politique veut en arriver à une réponse correcte, il lui faut faire dépendre la recherche des solutions moins du gouvernement et plus des composantes de la société que ce n'est le cas dans le *Document d'orientation*.

J'ai déjà invoqué une raison pratique qui, entre autres, devrait persuader les militants du Parti québécois de poursuivre leur réflexion sur cette question fondamentale : l'Assemblée nationale et le gouvernement ne sont pas libres eux-mêmes ni parfaitement responsables devant les citoyens puisqu'ils n'ont guère de prise sur la bureaucratie, cette composante majeure de l'appareil d'État qui, comme corps, jouit d'une marge d'incertitude très étendue et dispose d'amples moyens pour la protéger. Au Québec comme ailleurs, c'est évident.

On parle beaucoup, et avec raison, d'un nouveau projet de société à élaborer pour que les individus et les collectivités particulières puissent connaître plus de bonheur, de liberté et de prospérité dans les années difficiles qui viennent. Mais, ce n'est pas aux gouvernements d'abord qu'il revient de concevoir et de mettre en œuvre pareil projet de société. Il incombe aux composantes sociales, par l'intermédiaire de leurs membres et de leurs chefs de file, de conserver la maîtrise des activités qu'elles peuvent entreprendre elles-mêmes et de reconnaître au gouvernement les rôles de coordination, de redistribution et d'initiative qui peuvent et doivent être les siens. Il ne faudrait pas que, sous prétexte de «démocratie sociale», on étouffe la démocratie politique ou la démocratie tout court. C'est de la construction d'un pays réel par une population vivante dont il doit s'agir et non d'un État qui deviendrait à coup sûr encombrant et oppressif si on lui demandait de se substituer à cette dernière. La vraie question à poser n'est pas: «quelle société faut-il construire pour le gouvernement?», mais bien «quel gouvernement convient-il d'avoir pour la société?».

Le Parti québécois a démontré par le passé qu'il peut être un des lieux privilégiés par où passent les divers courants de pensée et d'action de la société québécoise, et un excellent catalyseur des forces qui animent cette société. Il lui reste peut-être à redéfinir le rôle du gouvernement dans la conjoncture actuelle, à voir comment il peut interagir avec ces courants et ces forces pour le mieux-être des individus et des collectivités particulières.

La crise de la société

En élaborant le programme de leur parti pour les prochaines années, les militants du Parti québécois doivent prendre conscience de l'extrême gravité de la situation. Les économistes parlent de l'imminence d'une dépression qui pourrait être aussi longue et aussi profonde que celle des années 1930. Pour ma part, je crains que l'Occident, sinon la planète entière, ne soit aux prises avec une crise généralisée aussi grave que celle qui secoua l'Europe au XVIe siècle. L'on sait qu'alors, tandis que s'éteignait l'organisation socio-politique féodale et l'ordre spirituel qui la fondait, une autre forme d'organisation socio-politique, issue du mode de production capitaliste et de l'esprit libéral démocratique, prenait forme. Nous sommes comme dans l'attente d'un événement choc qui, dans la foulée des bouleversements sociaux qu'il engendrerait, dénouerait la crise en nous réveillant de notre torpeur. Les gens du XVIe siècle avaient cru trouver une solution à leur crise de société en se dotant de régimes politiques absolutistes. C'était là une fausse solution qui ne fit que prolonger la crise en l'amplifiant jusqu'au paroxysme.

Nous savons ce qui pourrait être en train de mourir dans l'ordre social actuel, mais nous ignorons quels nouveaux modes de société pourraient s'y substituer. Nous nous sentons bien impuissants dans cette espèce de monde décadent qui semble être devenu le lot de l'humanité. N'allons toutefois pas commettre une erreur similaire à celle des gens du XVIe siècle et croire trouver le salut en nous réfugiant sous la protection illusoire de l'État-providence. Ce dernier, d'ailleurs, échoue à remplir convenablement le rôle d'instigateur — sinon de créateur — de la société qu'on attend de lui sans avoir à imposer des contrôles parfois pires que les maux qu'ils sont censés guérir.

Pour bien évaluer l'importance de la crise de société qui nous étreint, il importe de regarder du côté des démunis et des marginaux qui sont déjà nombreux et dont la masse s'accroît constamment. Nos gouvernements s'efforcent de soulager leurs multiples misères sans y réussir — et sans pouvoir espérer y réussir — par les méthodes employées dans les dernières décennies. Il convient également de se tourner du côté des bien pourvus, particulièrement du côté d'une certaine jeunesse choyée au plan matériel, mais très inquiète pour son avenir, et si souvent démunie au plan spirituel qu'elle ne croit plus à aucun idéal de vie qu'il lui soit loisible de poursuivre dans le monde qu'elle a reçu en héritage.

Si la crise a véritablement atteint une pareille ampleur, la solution qu'il faudrait imaginer ne peut se confiner à de simples rajustements fonctionnels ; elle doit obligatoirement prendre la forme de changements radicaux dans les structures et d'une transfiguration des esprits.

Je voudrais bien clore ces quelques remarques sur une note optimiste, mais ma vision du présent et de l'avenir m'amène plutôt à une conclusion pessimiste. Je dois dire aux militants du Parti québécois qu'il se pourrait bien qu'au terme du second mandat du présent gouvernement, le Québec se trouve dans une situation pire que celle où il se trouvait en 1976. Bien entendu, toute la responsabilité pour ce déplorable état de choses n'incomberait pas au seul Parti québécois ni au seul gouvernement. Mais, en partant d'une perception plus rigoureuse de l'état actuel de la société et d'une conception moins idéaliste, sinon moins irréaliste, des rôles que le gouvernement peut assumer dans la conjoncture actuelle, ce qui n'est pas le cas dans le *Document d'orientation,* les militants du Parti québécois pourraient peut-être réduire les dommages. Au moins, ils pourraient ainsi démarquer la part de responsabilités qui incomberait au Parti et au gouvernement de celle qui relève d'une conjoncture de civilisation sur laquelle ils ont bien peu de prise.

LE CONGRÈS BIENNAL OU LE PARTI QUÉBÉCOIS FACE À L'IMPASSE[1]

C'est sans surprise et sans joie qu'au retour d'un séjour au Mexique j'ai lu les comptes rendus du Congrès biennal du Parti québécois de décembre dernier. Sans surprise, parce que les événements dramatiques qui s'y sont déroulés étaient prévisibles; sans joie, parce que ces événements sont le signe d'une impasse majeure qui, au-delà du Parti québécois, est celle de tout le Québec.

Pour comprendre l'aigreur de la réaction du président du Parti québécois, René Lévesque, et de plusieurs personnes qui se portent à sa défense, il importe, au-delà des incidents qui se sont produits à ce congrès, d'en rechercher les causes. Au cours des mois précédant le congrès, j'ai rencontré plusieurs groupes de militants du Parti québécois. De ces échanges de points de vue, il se dégageait beaucoup d'incertitude et d'insatisfaction au sujet de l'orientation constitutionnelle du gouvernement et de la situation socio-économique du Québec. Je n'ai jamais perçu qu'ils versaient dans l'illogisme; j'étais au contraire frappé par la sobriété et la pertinence de leurs propos. Puisqu'ils s'engageaient dans une réflexion sur le programme de leur parti pour les années 1980, ils cherchaient à déborder les considérations d'intérêt immédiat afin de mieux fixer les orientations profondes du parti. La conviction qu'une crise profonde secoue le Québec et le sentiment de l'urgence de trouver les moyens d'y remédier s'exprimaient chez eux de façon lucide. Mais en cela, me semblait-il, ils ne faisaient que refléter l'état d'esprit de beaucoup de Québécois. Certes, au cours de ces analyses de situation, les militants formulaient des critiques à l'endroit du gouvernement ou de la bureaucratie, mais nulle impulsion suicidaire ou belliqueuse n'inspirait leurs propos. C'était là, plutôt, l'indice d'une saine vitalité qui réjouissait d'ailleurs les députés et les ministres présents. Et si on ne percevait peut-être plus à l'endroit de René Lévesque le même degré de révérence que par le passé, on était très loin de ce climat de rébellion et de conspiration contre le leadership de Claude Ryan qui a assombri la vie du Parti libéral du Québec.

Or, les délégués au dernier congrès se recrutaient largement parmi ces militants que j'ai rencontrés. Ils seraient tout à coup devenus des méchants «conspirateurs» ou des impulsifs suicidaires qui poursuivraient aveuglément «la politique du pire»? Des démagogues qui feraient fi de la «démocratie véritable», des «radicaux» qui auraient «perdu contact avec la réalité»? De quoi se sont-ils rendus coupables pour mériter de la sorte les foudres de tant de personnes? Quelles erreurs ont-ils professées, quels hommages ont-il refusé de rendre à leur chef pour justifier le désaveu par ce dernier, sinon de tout le congrès, du moins de résolutions pourtant adoptées démocratiquement? Qu'ont-ils fait pour s'attirer les qualificatifs acerbes dont M. Lévesque a gratifié les participants dans son discours de clôture et à l'occasion de plusieurs interventions subséquentes et, surtout, la très grave menace qu'il fait planer de sa démission possible de la présidence du parti?

Si ces propos acides et cette menace de démission avaient pu être mis sur le compte d'une émotivité exacerbée par la fatigue et la déception, même s'agissant d'un homme aussi blindé contre les aléas de la politique que René Lévesque, ils auraient sans doute déconcerté bien des militants et intrigué l'ensemble de la population, mais ils auraient été vite oubliés comme tant d'autres déclarations analogues de sa part. Mais le chef du Parti québécois les a répétés après avoir mûrement soupesé leur portée pendant quelques jours et leur a conféré une importance extrême en faisant dépendre sa décision de rester ou de partir du résultat d'une consultation solennelle auprès des membres du parti. Or, celle consultation, qui est officiellement considérée comme un référendum sur certaines résolutions adoptées au congrès, constitue en réalité un plébiscite puisqu'elle met en jeu le leadership même de René Lévesque.

On n'insistera jamais assez sur la gravité de cette consultation et sur son importance, non seulement pour le Parti québécois, mais aussi pour le Québec. En effet, un résultat négatif ou insuffisant signifierait que René Lévesque démissionnerait comme président du Parti

québécois et aussi, par voie de conséquence plus ou moins auto-
matique, comme premier ministre du Québec.

Ce qui s'est passé au congrès doit être bien grave pour que René
Lévesque se soit résolu à recourir à un moyen si dramatique pour
rectifier la situation. Or, qu'en fut-il au juste? Bien sûr, certaines
discussions, comme celle portant sur les structures d'un éventuel
régime présidentiel dans un Québec indépendant, paraissent avoir été
plutôt saugrenues. Par ailleurs, compte tenu des conditions qui
prévalent dans un congrès, les propos de Jacques Rose et l'ovation qu'il
a reçue ont-ils tant d'importance? Tout cela aurait-il été seulement
remarqué si la réception faite à René Lévesque avait été aussi
chaleureuse qu'à l'accoutumée? Les résolutions adoptées par le congrès
qui ont suscité l'indignation du président du parti sont-elles con-
damnables au point de les rejeter péremptoirement, même si elles ont
été adoptées démocratiquement, et de justifier, pour les rescinder,
l'extraordinaire procédure du référendum — au surplus un référendum
exigé par un seul homme, le chef du parti?

Il ne s'agit pas de faire de ces résolutions des chefs-d'œuvre de
sagesse et de perspicacité. Mais à les considérer strictement, rien dans
leur contenu ou leur formulation ne me paraît présenter de telles
difficultés de réinterprétation que l'ingéniosité si souvent mise à
l'épreuve depuis douze ans des stratèges du Parti québécois n'aurait pu
surmonter. Je ne peux que concourir aux propos de Lysiane Gagnon[2]
à ce sujet. Le référendum comprend trois questions, mais on ne permet
qu'une réponse globale. Je reviendrai sur les deux premières questions
— le test démocratique et l'accession à la souveraineté avec la bonne
façon d'envisager le lien entre souveraineté et association — et je
montrerai que dans un cas comme dans l'autre l'hérésie des délégués
a été exagérée et s'explique amplement par les interminables tergiversations des stratèges du parti depuis au moins sept ans. Quant à la
troisième question — portant sur le respect de la diversité culturelle
au Québec —, il semble bien qu'elle se rapporte à une proposition
émanant des délégués d'un seul comté. Si elle a reçu autant de
publicité, c'est qu'elle se faisait l'écho des propos imprudents du
premier ministre Lévesque qui suggérait d'interpréter de façon littérale
la Charte fédérale en ce qui concerne les droits des Anglo-Québécois.
Or, non seulement cette proposition n'a pas fait l'objet d'une résolution
dûment adoptée en congrès, mais encore elle aurait été fort peu

discutée. Le programme du parti, qui reconnaît la diversité culturelle, n'a donc pas été modifié. En demandant quand même aux membres du parti de se prononcer en référendum sur ce point et en liant leur réponse à celle qu'ils donneront aux deux autres questions, on poursuit deux objectifs : d'abord, obtenir une majorité en faveur de la diversité culturelle dont on se réclamera par le suite pour couper court aux longs débats qui se déclenchent à chaque occasion entre les militants à ce sujet ; ensuite, bien montrer à l'ensemble des Québécois, et particulièrement aux non francophones, que ceux qui veulent restreindre davantage ou abolir les droits des minorités culturelles au Québec ne représentent qu'une petite fraction au sein du Parti québécois et qu'en conséquence, ils peuvent avoir pleine confiance en ce dernier.

Dans le but d'inciter les membres à appuyer la position de René Lévesque au référendum, l'exécutif national du parti, le caucus des députés et le Conseil des ministres leur ont fait parvenir un manifeste. Mais un groupe de dissidents a rédigé un contre-manifeste, tentant de démontrer qu'il faut s'opposer à la position de René Lévesque. L'exécutif du parti a refusé d'adresser ce contre-manifeste aux membres. Le Soleil (28 décembre) a publié conjointement les deux manifestes. Après les avoir décantées de leur parti pris de clan, on s'aperçoit que les deux positions exprimées se rejoignent beaucoup plus qu'elles ne s'opposent sur la question de la relation qu'il faut établir entre la souveraineté et l'association et même sur celle des modalités de l'accession démocratique à la souveraineté. Les arguments invoqués par les tenants du Oui et ceux du Non divergent, bien entendu, mais, abstraction faite de la personne directement mise en cause, ils s'équivalent.

Il convient donc de reposer la question : comment se fait-il que René Lévesque ait jugé bon de recourir à un moyen aussi extrême que le référendum pour rectifier des résolutions adoptées en congrès qui, en elles-mêmes, n'apparaissent pas si extravagantes compte tenu du passé du Parti québécois ? Il importe de distinguer entre les raisons invoquées et les causes réelles : ces dernières sont nombreuses et, quoique d'une importance inégale, ensemble, elles montrent que le Parti québécois se trouve acculé à une impasse.

La préparation et le déroulement du congrès

Le congrès du Parti québécois de décembre ne fut certes pas sans failles regrettables. Il importe de bien identifier la nature des ratés qui s'y sont produits tout autant que de départager équitablement les responsabilités.

On a beaucoup parlé de l'atmosphère survoltée qui aurait plané sur le congrès. Les délégués se seraient livrés à un défoulement collectif, à une explosion de déraison qu'une majorité hurlante aurait décidé de rendre odieuse. Dans un texte pondéré, Robert Barberis[3] met directement en cause le président d'assemblée qui aurait fait preuve d'arbitraire dans la façon de diriger les débats. De son côté, Jean Francœur[4] après avoir fait siens les propos tenus par René Lévesque dans son discours de clôture et montré les résultats «aberrants» du congrès, décrit un René Lévesque étranglé par la procédure qui «ne reconnaît plus son parti». D'après d'autres commentateurs, maints députés et ministres ne seraient pas intervenus en assemblée plénière parce qu'il auraient été certains de se faire huer.

Certes, un congrès de parti est une machine en quelque sorte «robotisée» dont un groupe restreint peut facilement contrôler le déroulement. Pour bien fonctionner, cette machine qu'est le congrès doit, en effet, être sous le contrôle de quelques personnes qui décident des procédures et s'entendent parfaitement sur la nature et le contenu des résolutions. Le Parti québécois ne fait pas exception à la règle. Dans les congrès de ce parti, l'importance de la procédure a crû en proportion du nombre de propositions qui devaient être débattues, et ce n'est pas peu dire! Il ne convient pas, toutefois, d'accorder une grande importance à cet aspect de la situation.

Faire dépendre tous les avatars du congrès de l'action d'«agents provocateurs» est nettement excessif. René Lévesque possède trop d'expérience de ce genre de tactique pour avoir été simplement «dépassé par la situation». Mais si, en effet, au cours du congrès, il ne pouvait plus «enrayer la machine en marche», il ne peut, à mon avis, s'en prendre qu'à lui-même et à ses principaux collaborateurs pour leur imprévoyance. Il aurait sans doute suffi d'un avertissement bien senti au cours d'une allocution d'ouverture pour ramener à la «raison», sinon les plus radicaux, tout au moins la grande majorité des délégués.

Une certaine responsabilité pour le déraillement du congrès peut être également attribuée à une préparation inadéquate. Certes, le Conseil exécutif du Parti québécois avait, dès le 25 septembre, distribué aux militants un manifeste intitulé «Vers la majorité» qui incluait une proposition de résolution affirmant explicitement que l'accession du

Québec à la souveraineté devait se faire «par des moyens démocratiques avec l'accord majoritaire des Québécois et des Québécoises». Par ailleurs, dans le *Document de travail* préparé en vue du congrès, on se bornait à reproduire, sur la souveraineté-association comme sur les autres questions, le texte du programme du parti en vigueur. Dans une critique de ce document, j'avais déploré le fait qu'à propos de la notion de souveraineté-association et des modalités d'accession à la souveraineté, il ne tenait aucunement compte de l'évolution récente de la situation depuis le référendum de mai. Il m'était apparu qu'au cours des réunions préparatoires au congrès de décembre, beaucoup de militants cherchaient à évaluer l'impact possible de la conjoncture actuelle sur certaines orientations majeures du programme portant sur la souveraineté-association et sur la social-démocratie. Malheureusement, les sources à leur disposition étaient bien trop limitées pour guider convenablement leur réflexion et plusieurs se disaient mécontents de cette situation.

Les conséquences de l'étapisme

On n'a pas fini de soupeser les mérites et les inconvénients de l'étapisme, cette formule mise au point avec beaucoup de constance par Claude Morin, selon laquelle le Parti québécois espère réaliser démocratiquement un objectif — l'indépendance du Québec — que la majorité refuse aujourd'hui d'endosser, mais qu'elle devrait vouloir pour son propre bien et qu'elle voudra effectivement un jour après l'avoir éprouvée pièce par pièce au cours d'un processus aussi long que nécessaire. Les résultats de l'élection générale de 1973, à l'issue de laquelle le Parti québécois ne fit élire que six députés malgré 30 p. 100 du vote, convainquirent les analystes et les militants qu'un parti strictement indépendantiste ne pourrait jamais prendre le pouvoir au Québec. C'est en raison de cette conviction que les éléments majeurs de l'étapisme furent inscrits dans le programme du Parti québécois au cours de l'année suivante.

Le Parti québécois porte en lui-même une contradiction majeure. Lui, qui est un parti essentiellement programmatique, s'est résolu, pour améliorer ses chances électorales, à pratiquer un laxisme idéologique digne des partis les plus pragmatiques. Or, une proportion plus ou moins élevée de militants, parmi ceux pour qui la poursuite du projet indépendantiste est primordiale, se sont toujours opposés à cette orientation. Plusieurs craignent qu'une stratégie étapiste qui fait une distinction entre une victoire aux élections et l'indépendance politique n'aboutisse qu'à une dissociation entre la lutte pour l'indépendance et la mise en œuvre du projet social-démocrate du Parti québécois. Cette crainte, qui s'était apaisée au cours du premier mandat du gouvernement du Parti québécois, s'est de nouveau éveillée avec le dernier budget Parizeau et les « coupures » draconiennes dans les programmes de bien-être, de santé et d'éducation. Si les critiques à ce sujet n'eurent pas l'occasion de s'exprimer au cours du congrès de décembre, elles furent par contre fréquentes et souvent acerbes à l'occasion des congrès régionaux préparatoires à ces instances. Toutefois, ce sont surtout les deux charnières de l'étapisme — la notion même de souveraineté-association et la procédure d'accession à la souveraineté — qui furent remises en cause depuis le référendum de mai 1980 et débattues lors du congrès de décembre.

L'étapisme et la souveraineté-association

Il apparut très tôt — et pour René Lévesque, c'était là un problème majeur — que l'un des obstacles fondamentaux au succès de l'idée indépendantiste était la crainte, chez beaucoup de Québécois, que l'accession à l'indépendance conduise à l'isolement du Québec et à son affaiblissement économique. D'où la proposition selon laquelle l'accession à la souveraineté, loin de signifier pour le Québec la rupture de tout lien avec le reste du pays, marquerait le début d'une nouvelle entente.

Mais comment le lien entre le Québec souverain et le nouveau Canada allait-il se nouer? En quoi consisterait-il? L'association devait-elle être considérée comme une « nécessité inévitable » ou simplement comme un dénouement « souhaitable parce qu'avantageux » ? Le Québec allait-il proclamer son indépendance de façon unilatérale ou allait-il plutôt chercher à obtenir l'acquiescement préalable du Canada?

Avant les élections générales de 1976 et surtout à l'approche du référendum de mai 1980, les débats sur ces questions furent nombreux, et les tergiversations interminables. Les concepts de sécession, d'indépendance et de souveraineté furent l'objet d'une exégèse compliquée et leur mention même, à certains moments, fut virtuellement prohibée. Il était difficile, parfois, de connaître la position officielle du parti sur le lien entre la souveraineté et l'association tant cette position fluctuait au gré des circonstances et tant les relations possibles, sur les plans logique et séquentiel — sauf la suppression totale et définitive de tout lien — furent successivement endossées, abandonnées et reprises au gré des analyses pragmatiques de situation. L'imprécision — ou la multiplicité de sens — doit même être considérée comme la caractéristique essentielle de cette notion. Il en est résulté une inévitable confusion des esprits qui fut, sinon voulue, du moins considérée peu regrettable puisqu'elle promettait de produire encore plus de dividendes électoraux. Mais cette confusion eut une conséquence malheureuse : elle fut un facteur de fréquentes et parfois âpres divisions au sein du parti. Même les périodiques proclamations officielles de l'orthodoxie ne parvenaient pas à restaurer l'unité de pensée parce qu'elles étaient souvent elles-mêmes confuses et parce que, surtout, on savait qu'elles n'étaient pas définitives. Ce serait se leurrer de croire que la consultation de février va marquer la fin du flottement des idées à propos de la souveraineté-association. Une simple lecture des documents du Conseil exécutif national du Parti québécois du 25 septembre et du 8 janvier de même que de la lettre[5] des sept premiers députés élus aux membres montre bien qu'on ne parvient pas à définir un lien précis et définitif entre la souveraineté et l'association. La valeur — et aussi la faiblesse — de cette formule repose sur l'extrême facilité avec laquelle elle s'ajuste à toutes les circonstances possibles et à tous les états d'esprit. En réalité, une seule façon de voir est inacceptable au Parti québécois, c'est celle qui nie la relation entre la souveraineté et l'association. Or, s'il est vrai que la résolution adoptée au congrès de décembre optait pour une position minimale sur ce sujet, elle n'aboutissait pas à la suppression totale et définitive de tout lien. Aussi, à mon avis, le rajustement idéologique que René Lévesque jugeait requis aurait pu s'effectuer d'une façon moins draconienne que par un référendum.

Ce qu'il importe de bien voir pour comprendre la véritable raison de ces acerbes querelles autour de la notion de souveraineté-association, c'est qu'il ne s'agit pas de divergences sur le contenu sémantique de cette notion, mais bien de vues opposées sur sa véritable utilité politique. Mise au point au moment des élections générales de 1976, elle a certes contribué à la brillante victoire du Parti québécois même si c'est surtout la promesse d'un référendum qui l'a rendue possible.

La question que plusieurs se posent à propos de la souveraineté-association est la suivante : cette formule, très efficace s'agissant d'élections, est-elle également valable pour l'accession à l'indépendance ? L'interrogation est pertinente et devrait faire l'objet d'une réflexion sérieuse au sein du parti québécois : Serait-il facile, grâce à cette formule, de passer le test démocratique — quel qu'il soit — qui permettrait au Québec de modifier son régime constitutionnel actuel ? Est-ce que son endossement par les Québécois conduirait à coup sûr à l'indépendance du Québec ? La réponse à la première interrogation doit être affirmative, mais il y a chez les militants du Parti québécois beaucoup d'incertitude quant à celle qu'il convient de faire à la seconde.

À la lumière du Livre blanc *D'égal à égal* et des engagements référendaires du gouvernement du Parti québécois — notamment la recherche d'un mandat, non pour la réalisation de la souveraineté-association, mais simplement pour tenter de la négocier avec promesse d'une seconde consultation qui sanctionnerait une éventuelle entente — j'ai vu dans la souveraineté-association un moyen de produire un choc salutaire sur le reste du pays et de forcer le gouvernement fédéral et les provinces anglaises à négocier sérieusement avec le Québec. Mais en même temps, compte tenu de l'élasticité sémantique de la formule et du rapport de force très inégal entre les protagonistes (à la suite des dernières négociations constitutionnelles, ceux qui parmi les membres du Parti québécois doutaient de cela doivent maintenant être convaincus), j'estimais que le résultat final d'éventuelles négociations, quel que soit par ailleurs le terme utilisé pour définir le nouveau régime constitutionnel, pencherait beaucoup plus vers un fédéralisme décentralisé que vers l'indépendance politique.

Au cours des congrès régionaux préalables au congrès de décembre, de nombreux militants ont déclaré que la souveraineté-association ne les enthousiasmait plus guère. Ils doutaient de plus en plus qu'en continuant à se définir en fonction du cadre d'action qu'elle procure ils travaillaient vraiment pour l'indépendance éventuelle du Québec. S'il devait finalement s'agir pour eux d'œuvrer dans un parti dont le véritable objectif n'est plus que la conquête et la conservation du pouvoir, ils préféreraient aller œuvrer ailleurs.

Ceux pour qui le contrôle politique est un préalable nécessaire à l'indépendance politique considèrent que ces orientations sont irréalistes et suicidaires. Sans doute ont-ils raison mais, dans leurs dénonciations souvent acerbes des militants qui pratiquent « la politique du pire», peut-être sous-estiment-ils les failles de leur propre système de raisonnement? Au moins, ne devraient-ils pas, à la lumière des événements survenus depuis le référendum de 1980, montrer plus de compréhension à l'égard de ceux que le doute a envahis et stimuler leur réflexion au lieu de les rabrouer comme s'ils étaient des enfants ingrats et indisciplinés?

L'étapisme et les modalités d'accession à l'indépendance

C'est également à l'étapisme que l'on doit attribuer le débat sur les modalités d'accession à l'indépendance. La dissension sur ce sujet a éclaté ouvertement au congrès de décembre, mais elle couvait depuis longtemps, à vrai dire; depuis la création du Parti québécois.

Les délégués qui ont adopté une résolution selon laquelle, pour que le Québec puisse accéder à la souveraineté, il suffirait au Parti québécois d'obtenir une majorité des sièges à la suite d'une élection qui aurait compris cet engagement comme l'un de ses enjeux ont été accusé de pervertir le processus démocratique. Qu'en fut-il en réalité? Il importe de dire que si la démocratie constitue une noble aspiration de l'être humain, elle ne correspond ni à un concept univoque ni à une procédure de vérification standardisée. Dans les démocraties politiques occidentales, les nombres revêtent une importance centrale: une décision est dite démocratique quand elle découle de la règle de la majorité. Mais il y a plusieurs façons de définir la majorité et différentes manières de la vérifier. On peut fixer des normes permettant une vérification minimale ou, au contraire, maximale de la majorité. Du moment que les procédures ne conviennent pas aux normes accréditées par la tradition humaniste ou fixées par la loi, leur détermination dans des circonstances données dépend largement de considérations stratégiques. Il importe toutefois que les méthodes et les démarches soient clairement définies et qu'elles soient connues d'avance par tous.

La façon correcte de définir l'orientation majoritaire de la population concernant l'indépendance du Québec a toujours fait l'objet de multiples débats et d'interminables tergiversations au sein du Parti québécois. Certains, à l'instar de François-Albert Angers, estimaient que les non-francophones devraient être exclus des calculs. D'autres, tout en incluant tous les citoyens, préconisaient un procédé minimal de vérification (ainsi, une simple victoire électorale était jugée par eux suffisante puisque le Parti québécois serait élu précisément pour réaliser l'indépendance). Ceux dont les vues finalement l'emportèrent au fil des congrès et des élections de même qu'à l'approche du référendum de mai 1980 s'ingénièrent à imposer des tests compliqués.

Tous ces débats sont une autre conséquence de la stratégie étapiste. Les stratèges étaient convaincus que la question des modalités de l'accession à la souveraineté influençait grandement les électeurs : plus la question électorale serait distincte de l'enjeu de l'indépendance, plus les tests de vérification de la majorité à l'égard de ce dernier seraient exigeants, plus nombreux seraient les électeurs qui favoriseraient le Parti québécois.

Même le programme révisé de 1975 dans lequel fut incorporé l'idée de référendum n'incluait pas d'engagement formel à ce sujet. Ce n'est qu'au moment de l'élaboration de la stratégie en vue des élections générales de 1976 que le Conseil exécutif national promit formellement un référendum après une victoire électorale du Parti québécois et s'engagea à ce que le projet indépendantiste soit entièrement dissocié de l'élection. On espérait qu'une fois au pouvoir, le Parti québécois aurait le loisir de rendre la population plus réceptive à l'idée de souveraineté-association et, par conséquent, remporterait assez facilement un référendum portant sur cet unique thème.

Pour nombre de raisons, la procédure du référendum n'apparaît plus aujourd'hui aussi prometteuse. Ni le manifeste du Conseil exécutif national du Parti québécois, ni le *Document de travail* préparatoire au congrès, ni les nombreuses autres déclarations récentes de militants ou d'élus ne parlent maintenant de référendum. On s'en remet donc généralement à une élection générale dont l'un des enjeux serait la souveraineté du Québec. Mais le débat n'est pas clos pour autant. Suffira-t-il que le Parti québécois remporte la majorité des sièges ou devra-t-il également obtenir la majorité des voix ? Le manifeste du Conseil exécutif national de septembre affirmait qu'il faudrait «l'accord majoritaire des Québécoises et des Québécois», ce qui pouvait vouloir signifier la majorité des voix et non seulement des sièges bien que le texte ne le spécifiât pas. Par contre, le *Document de travail* ne parlait que d'une élection référendaire et, dans mes échanges avec les militants, je m'étais aperçu que nombre d'entre eux estimaient qu'une simple majorité des sièges allait suffire, étant donné que dans le système parlementaire britannique qui est le nôtre, «le Parlement peut tout faire». Et l'on sait que la majorité des délégués a opté pour cette seconde façon de voir. C'est cette position que René Lévesque et le Conseil exécutif national du Parti québécois ont dénoncée comme anti-démocratique.

Pour ma part, j'estime que considérées en elles-mêmes, l'une et l'autre de ces deux positions passent le test de la démocratie : sans doute, celle du Conseil exécutif national est plus exigeante et paraît plus équitable. Mais même le test de vérification de la majorité proposé par les congressistes du Parti québécois est encore moins minimal que celui que le premier ministre Trudeau a imposé pour assurer le triomphe de sa propre conception du fédéralisme, lui qui s'est contenté d'un vote majoritaire à la Chambre des communes par des députés qui, lors de leur élection, n'avaient aucunement reçu un mandat relatif à la Constitution.

L'une et l'autre des propositions — celle du congrès et celle du Conseil exécutif national — se heurtent concrètement à une difficulté majeure que le premier ministre Trudeau, en ne s'engageant pas à l'avance, a habilement esquivée. En effet, elles contreviennent aux engagements antérieurs du Parti québécois concernant les modalités d'accession à l'indépendance et, dans la mesure où ces engagements ont permis à ce parti de prendre le pouvoir, de ce fait, entrouvrent la voie à l'indépendance. Il apparaît déloyal de modifier désormais — c'est-à-dire en cours de route — les règles démocratiques qui avaient été préalablement fixées.

En ce qui concerne la détermination du statut politique du Québec dans le contexte de la problématique du Parti québécois aussi bien que de celle du premier ministre Trudeau, je ne suis pas prêt à accepter toute procédure qui n'inclurait pas, comme une de ses méthodes essentielles et obligatoires de vérification, le recours au référendum auprès de tous les électeurs. Il semble que le premier ministre Trudeau va pouvoir négliger impunément le recours au référendum. Il se pourrait bien qu'il en soit autrement pour le Parti québécois, qui contrairement au premier, pour des raisons lui paraissant alors dictées par les meilleurs calculs stratégiques, s'est fixé des normes très élevées de vérification de la majorité.

Un parti en contradiction avec lui-même

Trois tâches principales sont généralement assignées à un parti : faire des campagnes électorales en vue de la conquête du pouvoir, formuler des principes dans un programme et les répandre par la propagande et l'éducation. Or, il est souvent difficile pour un même parti de remplir simultanément ces trois tâches adéquatement. Ici, l'insistance primordiale sur les élections se fera aux dépens du programme et de sa propagation; là, ce sera l'inverse. Bien entendu, la prise du pouvoir risque d'amplifier ces tensions internes au sein du parti.

À des degrés divers, les partis politiques sont mus par deux rationalités opposées: l'une, qu'on peut qualifier de proprement « politique», axée sur la poursuite maximale de l'efficacité électorale; l'autre, de nature culturelle, fixée d'abord sur un idéal qui doit prévaloir sur toute autre considération. À diverses périodes de leur existence, la question se pose aux partis politiques: quelle logique va finalement prévaloir: celle des nombres ou celle de l'idée? La survie d'un parti politique exige que soit tolérée une certaine confusion des valeurs — confusion que tendent d'ailleurs à masquer les divers compromis entre les «réalistes» et les «idéalistes». L'une des façons les plus courantes de négocier de tels compromis est la distinction proprement étapiste entre les objectifs à court terme et les objectifs à moyen terme. Si les objectifs à court terme sont d'ordre électoral, il est bien possible que les succès électoraux constituent finalement un obstacle à la réalisation du programme qui, en se trouvant remise à plus tard, risque d'être rendue impossible. Mais un parti qui, à l'exclusion de toute autre considération, s'entêterait à réaliser dans l'immédiat tout son programme, même les aspects de ce dernier qui sont impopulaires, s'exposerait à son tour à ne jamais prendre le pouvoir ou à le perdre à la première occasion, donc, à ne pas être en mesure de le mettre en œuvre.

Ces considérations sont particulièrement pertinentes pour le Parti québécois. Il est un excellent exemple de la théorie selon laquelle ce qui survient à un parti s'explique avant tout par son histoire. Le Parti québécois est né en 1968, de la fusion de trois groupes. Le premier était formé d'éléments du Rassemblement pour l'indépendance nationale (RIN), alors dirigé par Pierre Bourgault, qui cessa d'exister peu après. Le second était le Mouvement souveraineté-association (MSA), fondé l'année précédente et dirigé par René Lévesque. Le troisième, le Rassemblement national, était constitué d'anciens créditistes et de nationalistes de droite et dirigé par Gilles Grégoire qui, bien qu'élu vice-président du Parti québécois au moment de sa fondation, ne semble pas avoir pesé lourd dans les événements subséquents. Or, le

Parti québécois n'a cessé, depuis ses débuts, d'être soumis à la forte tension interne découlant de cet héritage hétéroclite. Sans faire dépendre tout le courant «idéaliste» — axé en priorité sur l'indépendance et sur la démocratie sociale — du RIN et tout le courant «réaliste» — orienté vers la recherche du pouvoir comme objectif préalable — du MSA, il n'en reste pas moins que tous les grands débats depuis treize ans au sein de ce parti (sur la relation entre souveraineté et association, sur les modalités d'accession à la souveraineté et sur la participation à la vie du parti) témoignent de la réalité de ce clivage.

Depuis l'élection du Parti québécois en novembre 1976, et surtout depuis le référendum de mai 1980, ce clivage n'a cessé de se creuser. Il s'est cristallisé dans un climat de méfiance réciproque entre les militants et les dirigeants qui, sans être franchement malsain, est source de malaises certains. C'est ainsi que nombre de militants furent déçus par le peu de consistance idéologique de la question posée au référendum et par la tentative subséquente du gouvernement de tenter de négocier le régime politique du Québec dans le cadre du fédéralisme. Encore plus nombreux sont ceux que déconcerte aujourd'hui le choix par le gouvernement de politiques sociales et de bien-être qui leur paraissent contredire, sur des aspects majeurs, la démocratie sociale pourtant inscrite en lettres majuscules dans le programme du parti. À la suite des échecs cuisants et répétés du parti — tant en ce qui concerne la cause de l'indépendance que celle de la social-démocratie — ils se demandent s'ils ont eu raison de laisser aux «réalistes» le soin de définir l'orientation du PQ et s'il ne vaudrait pas mieux s'obliger à une plus grande pureté idéologique, quitte à perdre le pouvoir pendant un certain temps.

Alors que les succès du Parti québécois furent jusqu'ici de caractère électoral, les insuccès, eux, visent les aspects fondamentaux du programme du parti. À quoi, selon nombre de militants, peut bien servir la conquête du pouvoir politique si le projet national et le projet social, eux, sont constamment mis «en veilleuse» et paraissent devenir de moins en moins réalisables à mesure que le temps passe?

Depuis les débuts du deuxième mandat du PQ, le poids de l'exercice du pouvoir se faisant plus lourd et les déboires étant plus cruels, les tensions internes éclatent en véritables contradictions. Nombre de militants se demandent si le parti est toujours indépendantiste, si la souveraineté-association, comme tant d'autres projets qui ont subi l'usure de la politique, n'est pas en train de devenir un slogan creux. Le fait qu'une majorité d'électeurs pourraient maintenant, selon des sondages, favoriser cette formule ne suffit pas à lui procurer un contenu: les conditions ont bien changé depuis deux ans. Ils se demandent également si, sous le couvert de la social-démocratie, le gouvernement du Parti québécois ne poursuit pas de plus en plus une politique néo-libérale.

Jean Francœur[6] a bien défini les paradoxes qu'une conjoncture hostile force le Parti québécois à accumuler: paradoxe sur le plan constitutionnel pour un parti que son programme voue à la poursuite de l'indépendance, qui est contraint de négocier dans le cadre du fédéralisme et qui, même sur ce terrain, échoue lamentablement; paradoxe d'un gouvernement qui n'a plus «les moyens de ses politiques»; paradoxe en matière de relations de travail d'un gouvernement qui affirme avoir un «préjugé favorable» envers les syndicats et qui doit pourtant se résoudre à les affronter dans des négociations qui s'annoncent très dures; paradoxe d'une «famille d'esprit, d'un parti prompt à tout concevoir en termes d'interventions, de législation, de réglementations» alors que le gouvernement doit «alléger, délester, affranchir...»; paradoxe, enfin, de cette «république de professeurs» qui considère tout en termes de «projet de société» alors que le gouvernement paraît de plus en plus se vouer au pragmatisme et à l'empirisme. Tous ces paradoxes, et d'autres semblables, révèlent la contradiction fondamentale — pour ainsi dire la tare congénitale — du Parti québécois en même temps qu'ils l'amplifient: voilà un parti qui, par son origine et sa vocation nationalistes, considère l'unanimité comme une valeur primordiale et qui se trouve aux prises avec des divisions internes profondes et apparemment permanentes sur l'importance relative qu'il convient d'attribuer, d'une part, à la promotion de son programme et, d'autre part, à la recherche du pouvoir. Or, le sentiment d'urgence que suscite chez tous une conjoncture néfaste creuse davantage ces divisions internes.

Seule une vie démocratique exceptionnellement vigoureuse permettrait au Parti québécois de résorber à coup sûr les graves conflits résultant de ces divisions internes. Malheureusement, le congrès de décembre et ses suites imprévisibles manifestent une fois de plus que les voies de la démocratie au sein du PQ ne sont pas sûres et pourraient être piégées. Bien qu'il ne puisse être considéré comme le seul responsable de cette situation, René Lévesque, par sa façon cavalière de traiter avec les très — trop — nombreuses instances du parti et par la manière dont son leadership s'est trouvé à être défini, est loin d'être au-dessus de tout blâme pour l'impasse à laquelle le parti est acculé.

René Lévesque ou un leadership castrant

En raison du charisme qui le fonde, tout leadership politique provoque des réactions ambivalentes : la crainte le dispute à l'amour et le mépris à l'admiration. Plus le charisme est envahissant, plus l'ambivalence est prononcée. Napoléon, Hitler, Staline, Churchill, de Gaulle polarisent de la sorte les sentiments à l'extrême tandis que Blum, Attlee, Roosevelt et Pearson, qui furent des leaders plus ternes, provoquent des réactions beaucoup plus modérées. Les circonstances ont voulu qu'à un tournant critique de leur histoire, et pour le pire autant peut-être que pour le meilleur, le Canada et le Québec soient dirigés par deux hommes d'une stature politique hors du commun, l'un et l'autre du Québec, plus populaires que leurs partis et qui, par les violents contrastes de leurs personnalités aussi bien que par leurs exceptionnels attributs propres, sont l'objet d'une véritable adulation. Les Québécois, qui se sont toujours révélés prompts à pratiquer le culte du chef, ont bien entendu succombé à l'attrait irrésistible de ces deux personnalités et, par delà les frontières d'ailleurs poreuses du régime fédéral et les alignements partisans, ils ressentent tous à leur endroit cette profonde ambivalence de sentiments que suscitent les leaders forts.

Certes, beaucoup de militants du Parti québécois éprouvent une véritable haine pour Pierre Trudeau : ils voient en lui une espèce de mauvais génie voué à la destruction du Parti québécois même si, pour y parvenir, il lui fallait déstabiliser le Québec. Mais, en même temps, plusieurs ne peuvent taire leur admiration pour son intelligence, pour sa maîtrise consommée du « machiavélisme » et l'habileté avec laquelle il utilise le « gros mensonge » (par exemple, en s'appropriant le nom d'André Laurendeau, dont les fameuses pages bleues d'introduction au premier volume du rapport de la Commission d'enquête sur le bilinguisme et le biculturalisme représentent pourtant l'antithèse absolue de son plan constitutionnel, ou en vantant dans son message du Nouvel An l'esprit de compromis des Canadiens, alors que, du moins

en ce qui concerne le Québec, il est lui-même l'intolérance incarnée, etc.).
Ne se pourrait-il pas même, comme l'écrivait Daniel Latouche[7], que ce
soit Pierre Trudeau qui ait fait la bonne lecture de la situation
politique? N'aurait-il pas eu raison de ne voir dans les premiers
ministres anglophones que des politiciens provincialistes qu'il pouvait
assez facilement manœuvrer étant donné que le «Canada anglais»
n'existe pas comme société distincte? — C'est là une proposition que,
pour ma part, j'ai énoncée il y a longtemps: le Canada anglais n'existe
que comme postulat logique du nationalisme canadien-français et ne
correspond à aucune réalité objective. Si certaines ententes avec des
provinces anglaises sont possibles sur des questions particulières, la
conclusion d'alliances permanentes sur des aspects essentiels doit être
exclue. Malheureusement, les stratèges du Parti québécois refusent,
même aujourd'hui, de reconnaître cette condition élémentaire du
fédéralisme canadien. — Enfin, Trudeau n'aurait-il pas eu raison de
voir dans «les citoyens francophones du Québec avant tout des Canadiens français et non des Québécois»? Ce dernier énoncé est plus
problématique parce qu'il porte sur un état d'esprit. De nombreux
militants du Parti québécois sont ébahis de constater que, malgré
l'irrespect des droits du Québec, considéré sacrilège, que manifeste
Trudeau, les députés fédéraux du Québec, dont un certain nombre au
moins se sont, dans le passé, montrés sensibles au nationalisme
canadien-français, aient endossé ses énoncés sur «le Québec, une province comme les autres» et que l'immense majorité des Québécois persistent à le respecter et continuent à lui accorder leur appui électoral.

Chez les militants du Parti québécois, et peut-être aussi chez tous
les Québécois, l'ampleur des réactions négatives que le leadership de
René Lévesque suscite paraît de bien moindre importance que dans
le cas de Pierre Trudeau. Peu nombreux sont ceux qui estiment conve-
nables les propos méprisants de Pierre Bourgault[8] à l'endroit de René
Lévesque ou qui les approuvent ouvertement. Ce sont moins les
qualités d'intelligence et de froide rationalité que l'on célèbre chez
René Lévesque que celles du cœur: il est jugé «attachant», sensible,
honnête, entièrement attaché à la cause du Québec et comme doué
d'un sens particulier lui permettant d'éprouver par empathie les mêmes
sentiments que les Québécois.

Mais malgré tout le culte dont il fut et est encore l'objet, bien des
militants du Parti québécois éprouvent à son endroit cette ambivalence

de sentiments que provoque fréquemment le leadership charismatique. D'un côté, en effet, René Lévesque a réalisé ce qu'il est donné à peu d'hommes politiques de faire: à partir d'éléments fort hétérogènes rassemblés et fusionnés en une seule force d'action, il a non seulement fondé un parti, mais encore, après l'avoir façonné à son image, il en a fait en très peu de temps une machine politique puissante. Sans lui, dit-on, le Parti québécois n'existerait même pas. Même au cours des premières années qui furent pour lui difficiles — il subit deux fois une défaite électorale personnelle, en 1970 et en 1973 — son prestige était tel que même les militants les plus radicaux qui divergeaient d'opinion avec lui n'osaient généralement pas s'exprimer ouvertement au sein du Conseil exécutif national ou dans les congrès.

Toutefois, sans être ouvertement contesté, son leadership fait l'objet de critiques. On l'accuse de ne pas respecter toutes les instances du parti et souvent de ne pas tenir compte des opinions qui s'expriment dans les associations de comté. Lui, l'ancien «radical» du Parti libéral du Québec, il fait maintenant figure de conservateur puisqu'il doit constamment freiner les éléments issus de l'ancienne «gauche» du Rassemblement pour l'indépendance nationale. La célèbre affaire du quotidien *Le Jour* révéla au grand public l'ampleur des divergences entre, d'une part, René Lévesque et ses proches collaborateurs qui contrôlaient l'exécutif national du parti et, d'autre part, ceux qui dans l'aile radicale appuyaient les rédacteurs du journal. René Lévesque avait besoin d'une importante victoire électorale en 1976 pour espérer pouvoir continuer de diriger le Parti québécois. Depuis celle-ci, les divergences entre lui et une fraction plus ou moins grande, mais très bien articulée, de militants se sont malgré tout multipliées et le ton des débats est parfois élevé. On pourrait citer nombre de cas où des discussions vives au sein des instances du parti furent abandonnées sur un simple «diktat» de René Lévesque ou de «son» Conseil exécutif. L'annulation pure et simple de résolutions régulièrement adoptées à l'occasion du congrès biennal de décembre dernier revêt un caractère d'exceptionnelle gravité, mais ce n'est pas la première fois, loin de là, qu'il s'est résolu à interférer d'une façon ou d'une autre dans le processus interne du parti. Nombre de militants, même parmi ceux qui lui sont inconditionnellement attachés, jugent son leadership «castrant». Dans les assemblées du parti, dit-on, il se montre beaucoup plus premier ministre que chef de parti et, comme chef, il ne paraît guère intéressé à ce que les militants pensent et ressentent et encore moins désireux de se soumettre à leur volonté.

En raison des circonstances aussi bien que de sa personnalité, la stature qu'a atteint René Lévesque comme leader politique est écrasante. Mais les déboires conjuguent leurs effets avec l'usure du temps. Le temps politique bien plus encore que le temps biologique paraît avoir peu à peu raison de l'homme. Son charisme auprès des militants pourrait bien s'en ressentir. Au congrès de décembre, il ne fut pas glorifié. Même si dans l'intervalle il a remporté une éclatante victoire électorale, il serait étonnant que les deux terribles rebuffades qu'il vient de subir n'aient pas fait pâlir son étoile aux yeux de nombreux militants sinon aux siens propres. Le leadership charismatique n'a pas la solidité du roc : lui qui est si vorace de succès, il ne survit guère aux mauvais coups du sort, surtout s'ils s'accumulent. Il se produit alors l'éclatement de la relation dialectique qui lie les membres et le chef : les membres perdent confiance en leur leader ; ce dernier se met à douter de la loyauté des membres et perd confiance en lui-même.

Certes, René Lévesque a bien mieux encaissé l'échec du référendum que plusieurs de ses lieutenants et le gros de ses troupes. C'est, en raison de la part qu'il y a prise, le désastre des négociations fédérales-provinciales de novembre qui l'a ébranlé. Après bientôt trois mois, il ne semble pas encore avoir récupéré. Au cours des congrès régionaux préparatoircs au congrès biennal de décembre, de nombreux militants s'interrogeaient sur les conséquences de son désarroi apparent. Dans ces heures difficiles, René Lévesque aurait-il perdu le sens de la direction ? Sait-il où il veut mener le parti et le Québec ? Il serait bien excessif de parler de mouvement de panique au sein du Parti québécois, mais on constate une certaine déstabilisation qui favorise grandement la propagande d'un petit noyau de radicaux exaspérés — ou désespérés — qui en sont venus à la conclusion que le moment est arrivé de choisir « entre l'indépendance et René Lévesque ».

Plutôt que de jouer au prestidigitateur en brandissant d'illusoires crans d'arrêt contre « l'infernale machine constitutionnelle » du premier ministre Trudeau et plutôt que de ressasser interminablement ses rancœurs accumulées, pourquoi René Lévesque ne rassure-t-il pas ses militants et ne leur montre-t-il pas les voies encore susceptibles de déboucher sur des solutions acceptables ? Pourquoi, dans ses discours devant les militants, ne fait-il pas écho à leurs craintes, pourquoi ne nourrit-il pas leurs espoirs? Comment ne voit-il pas que sa «double rhétorique», pour reprendre l'expression de Lise Bissonnette[9], sème la confusion chez les militants? Comment peut-il persister à s'attendre, après avoir entendu les qualificatifs injurieux, voire incohérents, dont il affuble les dirigeants du «Canada anglais», que les militants crèvent d'enthousiasme à l'annonce de la poursuite, malgré tout, du projet de souveraineté-association avec ces mêmes «perfides personnages»?

D'aucuns s'étonnent, et non parmi les militants les plus excités, que René Lévesque n'ait pas paru prendre conscience de l'immense soif d'auto-examen, sinon d'autocritique, qui s'est fait sentir au sein du parti à la suite du jugement de la Cour suprême sur la constitutionnalité du projet Trudeau en septembre et du dénouement de la conférence constitutionnelle de novembre. Ils se demandent pourquoi il n'a pas mieux saisi les messages profonds que comportaient certains gestes insolites qui, en réalité, étaient l'expression d'une inquiétude concernant l'orientation du parti et, surtout, du gouvernement. (Ainsi le dossier de onze députés sur le budget Parizeau et de très nombreuses propositions énoncées et résolutions adoptées lors des congrès régionaux.)

Il n'y a pas en ce moment au sein du Parti québécois de véritable signe de révolte contre le leadership de René Lévesque et il serait aberrant de dire que celui-ci est véritablement remis en cause. On sait trop bien que c'est en René Lévesque que les gens ont véritablement confiance et non au parti. La secousse qui ébranle actuellement le parti me paraît saine en elle-même et elle aura d'heureuses suites si les militants, aussi bien que René Lévesque, savent en tirer profit. Toutefois, me semble-t-il, il est grand temps de réévaluer le leadership de René Lévesque. Cette opération est d'ores et déjà en cours et elle ne peut avoir que des effets salutaires si les membres aussi bien que le chef savent se montrer raisonnables.

S'il convient de tempérer dans le Parti québécois l'autorité du chef, ce n'est pas — ce ne doit pas être — pour permettre à une fraction jusqu'ici limitée à la portion congrue de tenir désormais automatiquement le haut du pavé ou, encore, à des chefs potentiels frustrés de monter triomphalement sur le podium. De tels résultats seraient néfastes pour le parti. Non, s'il convient de tempérer l'autorité de René Lévesque, c'est qu'elle s'est faite cassante et trop peu démocratique.

Un parti, en effet, dont les militants s'effacent devant le chef, parce qu'ils le vénèrent ou parce qu'ils le craignent, est un parti voué à la stérilité idéologique et, à plus ou moins brève échéance à la suite de la disparition du chef, à la faillite.

S'il convient de tempérer l'autorité de René Lévesque, c'est parce qu'il faut que tous, et celui-ci le premier, admettent qu'il n'est pas irremplaçable, qu'il est grand temps que les militants se prennent en main et se convainquent que le présent et l'avenir du parti dépendent d'abord d'eux-mêmes et ensuite seulement de ceux qu'ils désignent pour le diriger temporairement.

Il faut bien voir, par contre, que la consultation en cours auprès des membres du Parti québécois, plutôt que d'affirmer leur volonté d'action, risque de les démobiliser. Il se pourrait bien qu'elle ne fasse que contribuer à consacrer dans ce parti le culte du chef. Ce serait pour le parti une conséquence d'autant plus grave qu'à bien considérer les raisons qui ont entraîné cette consultation, elle apparaît bien moins comme un référendum que comme un plébiscite — un plébiscite dont René Lévesque aurait eu besoin, moins pour tester la loyauté des membres de son parti que pour raffermir sa propre confiance en lui-même.

Les grands enjeux

Il ne serait pas convenable de vouloir disculper entièrement les délégués pour les gestes posés et les résolutions adoptées à l'occasion du congrès de décembre du Parti québécois. Ils ne sont pas irréprochables : ils ont péché par «irréalisme» et ils se sont montrés inutilement irrévérencieux. Comment, pourtant, ne pas réaliser qu'ils ne faisaient que refléter le désarroi et le sentiment de frustration qui s'étaient exprimés chez beaucoup de militants au cours de l'automne lors des congrès régionaux? Comment ne pas saisir cette anxiété lancinante chez un grand nombre, née de la conscience de l'urgence et de la déception de voir que les interminables «mises en veilleuse» du projet national, en forçant le parti à l'inaction, sapent sa vitalité et accélèrent son vieillissement?

De telles impulsions peuvent paraître excessives, voire «irrationnelles». Elles s'expliquent dans une large mesure par les événements qui se sont produits depuis le référendum. On ne peut empêcher que des questions soient posées et que des craintes s'expriment ouvertement. Le mécontentement qui sourd dans les rangs du Parti québécois doit être saisi plutôt que simplement exorcisé. La direction suprême du parti doit comprendre pourquoi les délégués ont agi comme ils l'ont fait et chercher les moyens susceptibles de dissiper les malentendus et d'atténuer le malaise.

Dans cette optique, la consultation interne ordonnée par René Lévesque apparaît être une dramatisation futile du mal qui ronge aujourd'hui le Parti québécois. Maintenant qu'on a décidé de la tenir et qu'elle est en cours, il faut souhaiter — pour le bien du Québec tout autant que pour celui du parti — une victoire éclatante pour le chef. Néanmoins, non seulement cette consultation interne ne résoudra rien, mais elle risque d'aggraver le malaise. Elle est un accroc très grave à la démocratie interne : en bloquant la discussion au sein du parti, en imposant d'en haut une orthodoxie de pensée, on sape sa vitalité, on entraîne la démobilisation et même la démission de nombreux militants parmi les plus engagés et on force nombre d'autres à avouer ouvertement leur crime d'hérésie sans avoir la certitude de leur conversion sincère et durable. (« Et pourtant elle tourne », disait Galilée après avoir confessé son « erreur » devant les grands inquisiteurs ecclésiastiques à propos de la rotation de la Terre.)

La consultation interne n'est rien d'autre qu'un geste populiste dangereux, surtout en raison de l'exemple qu'il peut représenter pour tous ceux qui auraient intérêt à passer par-dessus les instances instituées des organisations les plus diverses (partis, syndicats, professions), dès lors que ces dernières ne prennent pas les orientations souhaitées, pour faire annuler leurs décisions par les simples membres. Il est urgent que le Parti québécois prenne les mesures propres à empêcher que le chef du parti, qui soit-il, puisse répéter ce geste à l'avenir. Il faudrait adopter un règlement qui empêche qui que ce soit, y compris le président du parti, de faire abroger une résolution dûment adoptée en congrès par une autre instance que le congrès lui-même. Il faudrait également que des modalités précises soient prévues pour la tenue d'un référendum au sein du parti.

Pour répondre convenablement aux interrogations que, d'une façon malhabile sans doute mais néanmoins pressante et justifiée, les militants du Parti québécois adressent aujourd'hui à leurs dirigeants, c'est dans d'autres directions qu'un simple référendum qu'il faut regarder. S'agissant du Parti québécois, du gouvernement ou de la société, il y a des gestes qu'il convient de poser et des choix à faire qui ne peuvent plus attendre si l'on veut sortir de l'impasse dans laquelle la volonté des hommes et la pression des événements ont acculé le Québec.

Au sein du Parti québécois

Il est clair que le référendum interne en cours ne vise qu'à exorciser le Parti québécois de la maladie infantile — le radicalisme — d'une fraction de ses membres. Mais ce dont il a vraiment besoin, c'est d'un sérieux examen de conscience qui, pour certains, serait une autocritique en règle et qui résulterait en une révision complète de son programme. C'était d'ailleurs la raison d'être de l'opération de l'automne dernier mais, pour des raisons compréhensibles mais regrettables, il n'en fut rien.

En principe, le Parti québécois entend ne rien faire qui aille à l'encontre de son premier objectif: l'indépendance politique du Québec. Dans les faits toutefois, depuis 1974, les préoccupations d'ordre électoral l'ont emporté. Les moyens mis en œuvre pour la poursuite de l'indépendance furent déterminés avant tout pour des motifs électoraux. On pourrait même dire que plus le parti remporte des élections, plus l'idée d'indépendance recule.

Personne actuellement ne suggère ouvertement que le Parti québécois renonce à l'objectif de l'indépendance, mais très nombreux sont ceux qui, à la lumière des événements récents, réclament que soient réexaminés les moyens mis en œuvre pour le réaliser. Si personne ne réclame la mise en rancart de la social-démocratie, un grand nombre estiment qu'il faudrait scruter la portée des restrictions budgétaires en cours sur les grandes orientations du programme portant sur la démocratie sociale. Sans mettre en doute la nécessité de freiner les revendications salariales des syndicats, plusieurs se demandent quels seront les effets des affrontements prévisibles dans les négociations collectives pour le Parti québécois qui avait pourtant affirmé avoir un «préjugé favorable» envers les syndicats ainsi que pour le syndicalisme lui-même (un «punch» de gauche n'a-t-il pas le même effet qu'un «punch» de droite?)

Compte tenu du fait que le Parti québécois est au pouvoir depuis plus de cinq ans, les relations entre les militants et les élus paraissent bonnes. Néanmoins, même si plusieurs élus partagent les façons de voir des militants, il n'en reste pas moins que les préoccupations quotidiennes et les objectifs immédiats des uns et des autres diffèrent et risquent d'être, en certaines circonstances, opposés. Il importe donc que le Parti québécois détermine sans tarder les moyens d'empêcher que les préoccupations à court terme, c'est-à-dire électoralistes, n'étranglent complètement les objectifs à moyen terme, c'est-à-dire associés au programme. J'ai déjà dit à ce sujet qu'il aurait été peut-être préférable que le Rassemblement pour l'indépendance nationale, au lieu de simplement se saborder au moment de la création du Parti québécois, continuât à exister comme un mouvement autonome, bien que lié au parti comme organisation annexe, à la manière de la relation qui liait la *Fabian Society* et le *Labour Party* en Grande-Bretagne. Durant l'automne dernier, la possibilité de créer au sein du parti un «lieu» où il serait possible de réfléchir sans avoir à se préoccuper d'action immédiate fut soulevée à plusieurs reprises, mais certains militants craignent qu'il n'en résulte qu'une voie d'évitement pour les «grincheux» et les «radicaux». Dans la région de Québec, on vient de former un comité pour l'«indépendance» qui entend œuvrer au sein du Parti québécois. Ce pourrait être là une expérience intéressante que les autres régions ont intérêt à suivre de près.

La décevante constatation suivante doit faire réfléchir: depuis 1976, le progrès de l'idée indépendantiste au Québec a été minime et les quelques points de gain enregistrés sont plus dus à l'action provocatrice de Pierre Trudeau qu'aux efforts du Parti québécois. Le plus grand malheur qui puisse arriver à ce dernier — et au Québec — serait que, faute d'être parvenu à ranimer et à canaliser la vie de l'esprit chez les dirigeants aussi bien que chez les militants, notamment en améliorant les communications entre les uns et les autres, il ne tombe bientôt au bas niveau du Parti libéral du Québec que les succès électoraux — surtout celui de 1973 — bien plus que les circonstances ont conduit à une douce mort intellectuelle dont Claude Ryan n'est pas parvenu à le tirer.

Au sein du gouvernement

Si les membres du Parti québécois se doivent de plébisciter René Lévesque, c'est non seulement en raison de ce qu'il a représenté et continue de représenter au sein de ce parti, mais encore, et bien davantage, parce qu'il aura besoin de tout son prestige de chef incontesté pour accomplir, en tant que premier ministre du Québec, les lourdes tâches qu'il devra affronter dans les mois qui viennent sur le plan socio-économique aussi bien que dans le domaine constitutionnel. La performance du gouvernement du Québec n'a pas été brillante récemment dans ces deux domaines. Je m'inquiète particulièrement du sort qui sera réservé au dossier constitutionnel. Devant la lassitude générale, le gouvernement du Québec va-t-il se résigner à l'inaction ou, au contraire, secouer sa propre torpeur et fouetter ses dernières énergies afin de tenter de réparer l'épouvantable gâchis constitutionnel de novembre et, en même temps, prendre toutes les mesures requises pour que les prochaines négociations sur le partage des pouvoirs n'aboutissent pas à un autre fiasco?

Le gouvernement du Québec se doit de rectifier les erreurs de calcul qu'il a accumulées tout au long des négociations constitutionnelles ayant suivi le référendum. Défaite oblige. Mais il doit quand même y avoir une limite à en laisser multiplier les effets! En premier lieu, il doit mettre un terme à tous ces choix de stratégies obliques (participer à un front commun des provinces, faire appel aux tribunaux, exercer des pressions sur Londres, etc.) qui non seulement n'ont pas produit les résultats escomptés, mais encore ont finalement eu des conséquences désastreuses pour le statut constitutionnel du Québec (comme l'abandon du droit de veto qui, s'il n'était pas reconnu de façon stricte dans la jurisprudence constitutionnelle, était du moins garanti dans la résolution constitutionnelle initiale du gouvernement fédéral).

Les moyens que le gouvernement du Québec a mis en œuvre depuis le cuisant échec de novembre pour tenter d'empêcher le rapatriement de la Constitution sont tout aussi obliques et aussi peu prometteurs : nouveaux recours aux tribunaux, demande faite à Londres de surseoir à l'adoption de la loi sur la Constitution canadienne, etc. La décision de ne plus participer aux conférences fédérales-provinciales à moins qu'elles aient un caractère économique est inadmissible. À un moment où, à la suite du départ de Claude Morin et après les déboires accumulés, les représentants du Québec risquent de n'avoir guère d'influence s'ils ne font pas partie à titre plein de ces clubs sélects que sont les délégations des gouvernements, pareille décision ne peut être que néfaste pour le Québec. Comment dire qu'une conférence donnée n'affectera pas le Québec? Et le reste, la culture, l'éducation, le droit, la santé et ainsi de suite, cela ne sera plus guère important? Plutôt que de se tenir à part et de se complaire dans une bouderie solitaire, le gouvernement du Québec doit imprimer une nouvelle impulsion aux relations fédérales-provinciales.

Il est aussi du devoir du gouvernement du Québec de chercher par tous les moyens «légitimes» à stimuler l'opposition des Québécois à la nouvelle Constitution qui sera sans doute rapatriée de Londres d'ici quelques semaines et qui deviendra bientôt celle de tout le Canada, y compris du Québec. Surtout aujourd'hui, il ne doit pas perdre de vue l'engagement solennel qu'il a pris au printemps dernier de tout mettre en œuvre pour négocier un fédéralisme qui respecterait scrupuleusement les droits historiques du Québec. On ne dira jamais assez jusqu'à quel point les négociateurs québécois ont eu tort, à la suite de la rebuffade de novembre, de ne pas ravaler leur rancœur, même justifiée, et de refuser de se rendre une dernière fois à Ottawa pour tenter au moins de réparer les pots qu'ils avaient eux-mêmes contribué à casser.

Comme il n'est plus guère raisonnable de continuer à espérer que le projet de révision constitutionnelle puisse être bloqué à Londres ou à Ottawa, il ne reste plus au gouvernement du Québec que les trois choix suivants : accepter de soumettre le Québec à la nouvelle Constitution quitte à tenter de réduire les dommages éventuels en recourant à des moyens de pression ponctuels ; réclamer du gouvernement fédéral et des neuf autres provinces qu'avant même la mise en vigueur de la Constitution de nouvelles négociations soient entreprises en vue de permettre au Québec de récupérer pleinement ses droits ; enfin, advenant le cas où cette demande serait refusée ou si ces négociations devaient une fois de plus achopper en raison du manque de compréhension des partenaires, alors le gouvernement du Québec serait justifié de décréter qu'il n'accepte pas cette nouvelle Constitution parce qu'elle irait à l'encontre des droits imprescriptibles du Québec.

Les conséquences d'une inaction complète face à la Constitution telle qu'amendée en novembre ne sont guère réjouissantes. Une fois que le Québec aurait commencé à vivre sous cette Constitution, il lui serait impossible d'en sortir légalement parce que, étant ravalé au rang de simple province, les moyens pour le faire lui feraient défaut. Si d'éventuelles négociations aboutissaient à des résultats au moins équivalents à ceux que recherchaient les personnes qui, en novembre, faisaient pression sur le gouvernement pour qu'il reprenne les négociations, le minimum des droits historiques du Québec serait au moins préservé. Ce serait là une issue bien décevante pour tous ceux qui, depuis vingt ans, luttent pour l'accroissement de ces droits, mais on aurait au moins évité le pire et le Québec demeurerait assez fort pour poursuivre sa lutte pour une plus grande autonomie politique.

Mais si le gouvernement du Québec ne parvenait pas à inciter le gouvernement fédéral et les provinces anglaises à négocier le statut constitutionnel du Québec ou, encore, si des négociations achoppaient par la faute de ces derniers, il s'ensuivrait une impasse majeure qui ne pourrait être franchie qu'en faisant appel au peuple souverain du Québec qui, dans un référendum, dirait s'il refuse la nouvelle Constitution ou s'il préfère s'y soumettre malgré tous les inconvénients qu'elle comporte pour le Québec. Je reconnais volontiers qu'une bonne partie de l'opinion ne favorise guère à ce moment-ci le recours à un autre référendum constitutionnel. La mise en vigueur de la nouvelle Constitution, avec tout ce qu'elle implique de restrictions pour les droits du Québec — et pas seulement linguistiques — pourrait toutefois modifier considérablement l'état d'esprits des Québécois et, en créant un climat général d'urgence, rendre beaucoup plus prometteuse la tenue d'un référendum que ce ne serait le cas aujourd'hui.

C'est la responsabilité stricte des gouvernants, même après l'échec qu'ils ont subi en mai 1980, de tenter une fois de plus de convaincre la population que ce n'est pas en courbant l'échine qu'elle conservera — ou récupérera — l'autonomie dont elle a besoin pour exister comme société ou comme peuple; au contraire, c'est en levant la tête et en opposant un «non» catégorique à tout ce qui, sans son libre consentement, tend à restreindre ses droits.

Au sein de la société

Même les adversaires du Parti québécois ne devraient pas se réjouir de la crise qui le secoue actuellement. Dans une large mesure, l'impasse du parti ne fait que refléter l'impasse de la société québécoise elle-même.

En ces temps de crise sociale et de sévère dépression économique, les Québécois sont bien plus enclins à tenter de se protéger et à demander aux gouvernements de les protéger contre les dangers qui menacent la quiétude de leur vie quotidienne qu'à considérer les grands enjeux politiques et constitutionnels qui, pourtant, continuent de s'imposer à leur attention. La démobilisation paraît générale. Elle s'étend même à la jeunesse étudiante qui s'inquiète bien davantage des ressources dont elle va disposer pour poursuivre ses études et de son avenir professionnel que de nourrir des projets de réforme de la société.

Les enjeux politiques et constitutionnels devraient pourtant continuer de préoccuper les Québécois car, plus que jamais, ils concernent leur présent et leur avenir personnel aussi bien que collectif. Certes, le débat constitutionnel est devenu fastidieux. Mais les Québécois commettraient une très grave erreur s'ils en concluaient que l'économie est séparée de la politique — et par conséquent de la Constitution — et que les circonstances imposent que l'on cesse de se préoccuper de celle-ci pour mieux s'attacher aux problèmes économiques. Ce n'est pas en cherchant à apaiser un mal plus aigu mais plus récent qu'on se guérit d'un mal ancien, peut-être plus grave bien qu'assourdi par les assauts de l'autre. La théorie selon laquelle l'énergie qui est consacrée à la recherche de solutions au problème constitutionnel n'est plus disponible pour l'examen des questions économiques ne me paraît pas fondée. Une société est un tout, une unité organique de fonctionnement et, si elle est constituée de parties distinctes, celles-ci ne sont ni complètement séparables ni interchangeables. N'est-ce pas les mêmes conflits et les mêmes blocages qui ont perturbé l'examen de la question constitutionnelle qui ressurgissent à propos de l'économie et de la culture? La situation du Québec est la suivante: l'énergie qui se dissipe en conflits et en blocages de toute nature s'accroît constamment depuis deux ans et la crise de société qui en résulte risque de devenir incontrôlable.

Ceux qui, dès les débuts des années 1960, fédéralistes ou indépendantistes, ont lutté pour que le Québec obtienne un statut politique convenant mieux à ses nouveaux besoins et à ses nouvelles aspirations n'œuvraient pas seulement sur le plan constitutionnel. Au contraire, ce domaine me paraît avoir été bien trop négligé jusqu'en 1977. C'est bien plutôt pour assurer le progrès de l'ensemble de la société qu'ils travaillaient. La notion de fédéralisme rénové tout comme celle d'indépendance ou de souveraineté-association ne sont, en définitive, que des traductions politiques d'un nouveau nationalisme. Bien loin d'être exclusivement d'ordre linguistique, ce nouveau nationalisme englobe, en les considérant comme un ensemble indissoluble, la culture, l'économie et la politique et cherche à mieux situer la société dans son environnement externe.

Sous prétexte que les temps sont difficiles, il est inconcevable qu'on rejette aujourd'hui, sans autre forme d'examen, cette façon de voir qui a procuré au Québec son dynamisme depuis vingt ans. Que, par fatigue ou déception, on abandonne le combat pour un Québec meilleur, qu'on s'avoue vaincu, fort bien! C'est là, certes, un manque de courage, mais cela vaut mieux que de se donner l'illusion d'avoir découvert une nouvelle théorie de la société et une meilleure façon de concevoir les pratiques sociales qui justifieraient désormais l'inaction dans le domaine constitutionnel alors que tout reste à faire. Il faut donc admettre qu'il serait aussi peu courageux et aussi illusoire de conclure que le meilleur remède au mal politique et constitutionnel pourrait bien être, après tout, l'inaction. On est tenté de conclure aujourd'hui que si la nouvelle Constitution doit être si préjudiciable au Québec, il se produira bien quelque chose — on ne sait trop quoi — qui automatiquement corrigera la situation. C'est précisément à l'inaction séculaire, à une façon d'agir trop peu cohérente devenue si dommageable au Québec, que ceux qui ont entrepris les grandes démarches de révision et de réforme au début des années 1960 entendaient mettre fin. Comment pourrait-on aujourd'hui espérer raisonnablement que l'inaction libérera le Québec du nouveau et très rigide carcan constitutionnel qui se referme sur lui?

Personne non plus ne devrait applaudir le premier ministre Trudeau qui déclare cyniquement que son action s'inspire du souci d'écraser le Parti québécois. Au-delà du Parti québécois, c'est le mouvement indépendantiste qu'il veut anéantir et il prendra tous les moyens pour y parvenir. C'est là une orientation extrêmement dangereuse qui, en plus d'être préjudiciable aux intérêts actuels du Québec, est remplie de menaces pour l'avenir. Il convient de se méfier. Il faut par-dessus tout empêcher que la nouvelle Constitution puisse être formulée ou interprétée de façon à rendre illégale toute formation indépendantiste. Car, même s'il devenait impossible d'espérer réaliser un jour l'indépendance par des voies démocratiques, il ne s'ensuivrait pas, loin de là, que cet objectif cesserait de paraître désirable aux yeux d'un plus ou moins grand nombre de personnes qui seraient alors réduites à adopter des procédés non démocratiques pour promouvoir leur cause.

Il n'existe pas de remède miracle à la crise de société qui étreint le Québec. Il est certain toutefois que tout soulagement possible de son mal passe par la détermination des Québécois à se reprendre en main et à s'appliquer consciencieusement à maîtriser leur destin personnel et collectif. S'ils ont commis une faute au cours des vingt dernières années, c'est celle d'avoir trop fait confiance à leurs politiciens.

L'histoire dira peut-être des chefs politiques que les Québécois ont adulés — Trudeau et Lévesque — que ce sont ceux-là même qui, par arrogance ou par amour, peu importe, les ont le plus mal servis. Lorsqu'on scrutera les raisons de ce triste aboutissement possible de leur carrière, au-delà de leurs traits de personnalité respectifs, qui auront eu leur importance en raison surtout des antagonismes qu'ils ont créés entre les deux hommes, ce sont les prémisses même de leur théorie politique qu'il faudra mettre en cause. Ce sont eux et les politiciens en général qui ont le plus contribué à désabuser la population de la politique, par exemple en ravalant le débat constitutionnel au niveau d'un combat de coqs.

Ce n'est qu'en osant revendiquer pleinement leurs droits et en assumant toute leur responsabilité de citoyens que les Québécois peuvent espérer surmonter la crise de société qui les étreint. Suivant l'adage selon lequel les politiciens sont à l'image de leurs électeurs, c'est notamment par le contrôle des partis politiques qu'ils maîtriseront leur destin collectif. C'est pourquoi il est si important que le Parti québécois se tourne vers les militants pour la recherche des moyens propres à lui permettre de sortir de l'impasse à laquelle il est acculé.

LE PROJET D'ACCORD CONSTITUTIONNEL DU GOUVERNEMENT DU PARTI QUÉBÉCOIS : EST-CE LÀ UN BON OUTIL DE NÉGOCIATION[1] ?

Le *Projet d'accord constitutionnel* que le gouvernement du Parti québécois a rendu public le 17 mai suscite les réactions les plus diverses. Marcel Adam[2] a émis récemment une critique fort importante qu'il convient de mettre en relief: reprenant à son compte une observation faite par Gil Rémillard dans le tome II de son ouvrage *Le Fédéralisme canadien* à propos du rapatriement de la Constitution, il déplore avec raison le mépris qu'a manifesté le gouvernement du Québec à l'égard du processus démocratique dans la mise en vigueur de ce *Projet*. Non seulement je partage cette opinion mais encore, comme bien d'autres, je déplore le manque d'à-propos circonstanciel de la publication de ce document.

Il n'en reste pas moins que le *Projet d'accord* est officiel et qu'il comporte une forme et une substance qu'il serait vain de chercher à ignorer. Or, hormis deux éditoriaux de Jean-Louis Roy[3] et certains brefs examens de journalistes et de commentateurs, il n'a pas jusqu'ici fait l'objet d'analyses serrées.

Avant tout, il importe de préciser un point: la possibilité d'une éventuelle reprise des négociations constitutionnelles visant à réconcilier le Québec ne dépend pas en première instance des états d'âme du premier ministre Mulroney ou des politiciens des provinces anglaises, mais principalement de la capacité des Québécois eux-mêmes d'appliquer une force de frappe propre à éveiller les décideurs politiques, partout au Canada, au sens de leur responsabilité à l'endroit du Québec. Malheureusement, rarement aura-t-on vu un document aussi vital pour le Québec et le Canada susciter au Québec même une indifférence aussi généralisée.

Et pourtant, il est utile de rappeler que le Québec n'a toujours pas signé le texte constitutionnel de 1982, qu'aucun gouvernement du Québec ne pourrait le faire sous sa forme actuelle sans se rendre indigne et qu'il pourrait bien survenir qu'un jour un gouvernement et une Assemblée nationale refusent de se soumettre aux conséquences juridiques d'une Constitution à laquelle le Québec persisterait à ne pouvoir adhérer.

Il me semble donc nécessaire de débattre le contenu même du *Projet d'accord* québécois afin, sinon d'engendrer l'enthousiasme à son endroit, du moins de mieux faire comprendre la nécessité pour toutes les parties concernées d'agir dans des délais aussi brefs que possible. Faute de quoi, il y aurait un prix politique à payer pour quiconque tergiverserait plutôt que de tout faire pour que le Québec puisse signer la Constitution canadienne « dans l'honneur ».

Le document comprend deux parties : la première, très brève mais qui définit la problématique constitutionnelle du Québec, porte sur la reconnaissance de l'existence du peuple québécois. La deuxième partie traite des conditions d'un accord et comprend trois chapitres : 1) la reconnaissance de la responsabilité première du Québec en matière de droits et libertés ; 2) la modification de la procédure d'amendement constitutionnel ; 3) les termes de la participation.

À la lecture du document, il apparaît que le troisième chapitre traitant du réaménagement des pouvoirs et de la réforme des institutions judiciaires, même s'il explicite en termes concrets le statut constitutionnel que le Québec voudrait obtenir dans les différentes sphères d'activité de même que dans le domaine judiciaire, ne comporte pas, dans l'esprit du gouvernement du Québec, le même degré d'urgence que les deux premiers chapitres : pour signer la Constitution de 1982, le Québec pourrait se satisfaire d'un acquiescement de principe à l'endroit de l'orientation constitutionnelle qui sous-tend ce chapitre et faire confiance à la bonne foi ultérieure de ses partenaires. Pour l'ensemble, les propositions énoncées dans ce chapitre, dépouillées d'une certaine rhétorique emphatique, vont dans le sens des revendications traditionnelles du Québec et, pour la plupart, elles se retrouvent dans le programme constitutionnel du Parti libéral du Québec. Ce qui va faire problème, ce n'est donc pas un manque de consensus à leur propos au Québec, c'est plutôt le fait que, s'agissant surtout du réaménagement des compétences, on va entrer pour ainsi dire dans le nerf de la Constitution et que les autres partenaires, qui ont beaucoup moins débattu jusqu'ici ces questions que le Québec, voudront à bon droit examiner minutieusement leur impact avant d'accéder aux demandes du Québec.

En ce qui concerne la procédure d'amendement constitutionnel, il existe également au Québec un consensus général sur la nature des révisions nécessaires. Le Parti libéral du Québec préférerait un droit de veto absolu. Il se rallierait volontiers à la formule du gouvernement du Parti québécois. Le PQ, de son côté, s'accommoderait d'un droit de veto absolu bien qu'il préférerait obtenir pour le Québec la faculté de se soustraire, avec une juste compensation financière, à toute modification constitutionnelle impliquant un transfert de compétences législatives provinciales au Parlement fédéral, associée à un droit de veto sur toute modification aux institutions fédérales ainsi que sur la création de nouvelles provinces. Certes, il ne sera pas facile d'obtenir les appuis nécessaires pour permettre d'amender dans le sens voulu par le Québec une formule d'amendement complexe à laquelle se sont ralliés, peu fiers d'eux-mêmes, les autres partenaires à l'issue d'une nuit de rocambolesques négociations. Du moins, avons-nous l'assurance que les porte-parole du Québec, quels qu'ils soient, pourront compter sur l'appui de tous les députés de l'Assemblée nationale, d'une vaste majorité des éveilleurs d'opinion et de la population en général en ce qui concerne la révision — qui s'impose — de la formule d'amendement.

Ce sont les propositions du *Projet* portant sur la reconnaissance de la responsabilité première du Québec en matière des droits et des libertés qui, dans l'immédiat, vont susciter des difficultés. Non seulement les partis politiques ne sont pas d'accord au sujet de la responsabilité du Québec à l'égard des droits linguistiques et de la Charte des droits, mais encore les propositions du Québec sur ces questions vont susciter chez les autres partenaires, de même que chez les spécialistes et parmi le public, des interrogations de fond d'une grande importance qu'il importe de soulever au plus tôt afin d'en bien mesurer la portée juridique et politique.

La primauté de la Charte québécoise des droits et libertés

Le *Projet d'accord* réclame que soit reconnue la primauté de la Charte québécoise des droits et des libertés sur la Charte canadienne, sauf en ce qui à trait aux articles 3 à 5 portant sur les droits démocratiques auxquels le Québec serait disposé à se lier. C'est là une exigence plutôt raide. J'ai à plusieurs reprises exprimé mon manque d'enthousiasme à l'endroit des chartes des droits à l'intérieur d'un système étatique. Plus elles sont générales et fondamentales, plus elles procurent aux tribunaux des pouvoirs proprement politiques illimités au détriment des Parlements et, en dernière analyse, des citoyens. C'est là une orientation dont la portée démocratique et éducative me paraît fort douteuse si l'on fait exception des pays, comme les États-Unis, où des éléments d'une charte ont été inscrits dans la Constitution initiale et donc ont été étroitement intégrés dès les origines aux pratiques juridiques et politiques de ces pays. Puisque, au Canada, il ne saurait être question d'abolir les chartes, veillons à tout le moins à éviter une «guerre des chartes» qui serait inutilement coûteuse à tous égards.

Les arguments énoncés dans le *Projet d'accord* pour justifier l'exigence du Québec ne sont guère convaincants: la Charte québécoise serait supérieure à la Charte canadienne et plus complète; la Charte québécoise est plus facile à amender (!). Ce dernier argument porte à faux parce que, à l'inverse de l'argument avancé par les Québécois, l'intérêt d'une charte constitutionnelle consiste précisément dans le fait qu'elle est difficile à amender, en tout cas plus difficile qu'une loi ordinaire, laquelle peut être modifiée par la volonté d'une simple majorité parlementaire, comme c'est actuellement le cas de la Charte québécoise.

Exiger que soit reconnue l'existence de deux chartes des droits au Canada, l'une pour le Québec et l'autre pour les provinces anglaises et le Parlement fédéral, c'est ni plus ni moins réclamer, comme l'a bien compris le député Claude Morin, la reconnaissance du caractère binational du Canada. Or, dans la conjoncture politique créée par le résultat du référendum de 1980, on peut douter que les partenaires du Québec pourraient être persuadés de consentir à une telle reconnaissance.

On doit reconnaître que l'actuelle Charte canadienne des droits pose au Québec un sérieux point d'interrogation. Voilà une charte à la rédaction de laquelle les juristes francophones ont peu contribué et à laquelle s'ajoute rapidement une jurisprudence presque totalement constituée des jugements des cours d'appel des provinces anglaises puisque le Québec, par la loi 62, s'est prévalu de la clause dérogatoire pour se soustraire — du moins jusqu'à ce que la cour d'appel se soit prononcée sur la constitutionnalité de cette loi — à l'article 2 de la Charte canadienne portant sur les libertés fondamentales de même qu'aux articles 7 à 15, traitant de libertés juridiques. D'éminents juristes, dont Yves Pratte et Jean-Charles Bonenfant, ont dans le passé dit craindre que les jugements de la Cour suprême du Canada de même que la jurisprudence qui en découle ne comportent des conséquences préjudiciables pour les us et coutumes et plus particulièrement pour le droit civil québécois. Le constitutionnaliste Gérald Beaudoin s'est interrogé sur les effets possibles de la Charte canadienne sur le droit civil. Récemment, le constitutionnaliste Henri Brun faisait des commentaires fort judicieux dans le même sens[4].

Au-delà de toute polémique, la question des chartes paraît donc poser un problème de première importance, et il serait sage de l'examiner à fond avant de trancher dans un sens ou dans l'autre. Je propose donc que soit formé un comité de travail constitué de civilistes et de spécialistes en droit commun, auxquels s'adjoindraient des sociologues. Ce comité examinerait les deux chartes pour déterminer en quoi elles sont compatibles ou incompatibles. En outre, il indiquerait de quelle façon, le cas échéant, la Charte canadienne devrait être modifiée pour ne pas contrevenir aux fondements normatifs et juridiques du Québec ou encore, si cette conclusion devait s'imposer, préciserait les raisons pour lesquelles il devrait y avoir deux chartes des droits au Canada. Il faudrait alors également montrer comment la Cour suprême du Canada devrait être modifiée dans ses fonctions et sa composition de même que la façon dont pourrait coexister une double juris-prudence constitutionnelle au Canada. Toutes ces questions, et d'autres de même nature, que le *Projet d'accord constitutionnel* du Québec n'aborde pas — en réalité, en ce qui concerne la Cour suprême du Canada, le document reste bien en deçà des recommandations de la commission Pepin-Robarts — devront être scrutées en profondeur, avant que l'on puisse se prononcer sur les propositions du Québec.

La responsabilité du Québec à l'égard des droits linguistiques

Il découle logiquement de la position d'ensemble du *Projet d'accord constitutionnel* à l'endroit des droits et des libertés que le Québec entend assumer une responsabilité entière à l'égard des droits linguistiques sur son territoire dans sa propre sphère de compétence. Ce point particulier soulève des questions bien spéciales qu'on ne saurait esquiver.

Le problème en ce qui a trait à la question linguistique est le suivant : comment faire en sorte que la langue française reçoive la meilleure protection possible dans les provinces anglaises sans que son statut soit mis en danger au Québec même ? La commission Pepin-Robarts avait tranché en faveur des provinces, suggérant que les droits linguistiques ne soient insérés dans la Constitution canadienne qu'au fur et à mesure que chaque province serait disposée à le faire. La commission reconnaissait que la loi 101 — appelée Charte de la langue française — était bénéfique pour le Québec et elle recommandait sagement que le Québec demeure l'unique maître d'œuvre de la législation linguistique sur son territoire. Cette position plaisait aux francophones québécois, mais les porte-parole des minorités francophones la jugèrent avec raison inacceptable parce qu'elle les laissait à la merci de provinces trop peu équitables à leur endroit, sauf le Nouveau-Brunswick. Pour ma part, j'ai souvent déploré que la loi 101 ne se soit pas souciée de spécifier les droits de la minorité anglophone du Québec.

Par les dispositions de l'article 23 notamment, la Constitution canadienne de 1982 répond dans une certaine mesure aux attentes des minorités francophones : elle vient éroder la loi 101 à un degré difficile à déterminer, cependant jugé non inquiétant par de nombreux commentateurs. Je continue toujours à réprouver cet article 23 pour les deux raisons suivantes : il constitue un empiétement inadmissible sur la compétence de l'Assemblée nationale du Québec et il crée pour le Québec une situation d'incertitude. Or, ce que le Québec espérait d'une révision constitutionnelle, c'était justement des garanties linguistiques propres à lui procurer une pleine sécurité sur cet aspect vital de sa condition en tant que société originale en Amérique du Nord. Les personnes qui pensent ainsi déplorent, certes, d'avoir à se porter à l'assaut d'une formule qui favorise les minorités francophones. Mais, pour ma part, je me souviens avec émotion des multiples occasions où André Laurendeau, pourtant si sensible à la situation précaire de la plupart d'entre elles, a déclaré qu'il ne pouvait être question pour le Québec de «vendre son droit d'aînesse». Je suis toujours de son avis à ce propos.

Le *Projet d'accord constitutionnel* supprime ce problème de conscience en demandant que l'article 23, dans ses clauses pertinentes, continue à s'appliquer aux provinces anglaises, mais que le Québec en soit exempté. Le Québec garantirait à la minorité anglophone «ses institutions culturelles et éducatives, ainsi que [...] la réception dans sa langue des soins de santé et des services sociaux». La Charte de la langue française serait modifiée «pour garantir l'accès à l'école anglaise aux enfants de ceux qui ont reçu leur instruction primaire en anglais au Canada, peu importe leur nombre». Le Québec entend demander que «les enfants admissibles à l'enseignement du français puissent effectivement exercer la garantie accordée par l'article 23». Enfin «pour soutenir le développement des minorités francophones hors Québec, [que] des accords d'aide mutuelle soient signés entre les gouvernements concernés». (Il convient de souligner que nulle part dans le document il n'est fait mention des articles 133 et 93 de la Constitution canadienne qui ont pourtant pesé et pèsent toujours lourdement sur le statut juridique du français et de l'anglais au Québec.)

Ces mesures, le ministre de la Justice et des Affaires intergouvernementales canadiennes les a explicitées au cours de plusieurs interventions et allocutions subséquentes avec un tact et une éloquence tels qu'elles devraient être désormais connues comme la «formule Pierre-Marc Johnson».

En principe, j'appuie cette formule. Il importe toutefois d'en reconnaître les failles et de voir les difficultés qu'elle engendrera. En premier lieu, malgré la solennité dont on veut l'entourer, la Charte de la langue française n'est qu'une simple loi et les modifications qui pourraient lui être apportées afin de garantir les droits de la minorité anglophone n'offriraient à cette dernière qu'une sécurité précaire. En second lieu, il sera bien difficile dans les négociations à venir de faire accepter cette formule telle quelle par le gouvernement fédéral et surtout par les provinces anglaises. Ces derniers vont sans aucun doute insister pour que les négociations se déroulent dans le contexte de l'article 23 de la Constitution canadienne.

Les porte-parole du Québec pourraient souscrire à cette exigence, laquelle, d'ailleurs, ne me paraîtrait pas outrancière. Il faudrait toutefois faire preuve d'une grande vigilance dans les discussions portant sur cet article, puisqu'il comprend des clauses complexes, voire contradictoires. Il convient également d'ajouter que des sections de cet article visent directement la loi 101 et qu'elles comportent même un caractère punitif à l'endroit du Québec, ce qui n'incite guère à les considérer d'une façon raisonnée.

L'article 23 contient trois paragraphes différents comprenant eux-mêmes des dispositions particulières. Le Québec peut souscrire sans difficulté au paragraphe 1b, qui stipule que les citoyens canadiens «qui ont reçu leur instruction au niveau primaire en français ou en anglais au Canada [...] ont, dans l'un ou l'autre cas, le droit d'y faire instruire leurs enfants, au niveau primaire et secondaire dans cette langue». En effet, ce paragraphe, qui peut être appelé la clause «Canada» par référence à la clause «Québec» de l'article 73 de la Charte de la langue française, est même moins exigeant que les dispositions de l'article 73 et que les garanties offertes dans le *Projet d'accord* à l'endroit de la minorité anglophone. S'agissant des paragraphes 3a et 3b, le *Projet d'accord* propose d'y soustraire les restrictions relatives aux nombres suffisants d'élèves : en ce qui le concerne, le Québec n'appliquera pas ces restrictions et il entend insister pour que les provinces anglaises agissent de la même manière. Tout en faisant valoir ce point, les négociateurs québécois auraient tort, à mon avis, d'en faire une condition explicite pour signer la Constitution canadienne de 1982. Dans plusieurs provinces, en effet, il existe des communautés francophones peu nombreuses et dispersées sur de vastes territoires auxquelles il serait pratiquement impossible d'assurer un enseignement en français d'une qualité adéquate.

C'est le paragraphe 1a suivant lequel les citoyens canadiens «dont la première langue apprise et encore comprise est celle de la minorité anglophone ou francophone de la province où ils résident» qui fait surtout problème. En outre, le paragraphe suivant stipule que, dès lors qu'un élève reçoit son enseignement en français ou en anglais, ses frères et sœurs y ont droit aussi. Les dispositions de ces clauses paraissent inoffensives à un moment où l'immigration au Canada est faible et où, par conséquent, le nombre d'immigrants, devenus citoyens canadiens, vivant au Québec ou pouvant quitter les provinces anglaises pour venir au Québec, est très restreint. Toutefois, dans un avenir plus ou moins rapproché, ces conditions pourraient devenir complètement inversées. Les garanties constitutionnelles à offrir au Québec en ce qui concerne la langue française doivent être si étanches qu'elles ne puissent laisser poindre le moindre soupçon d'incertitude, tant le besoin de sécurité est immense à cet égard. Suggérer que cette clause puisse être abrogée advenant le cas où le statut du français au Québec serait mis en danger par suite des conséquences démographiques qu'elle engendrerait, c'est là, à mon avis, proposer un remède peu sûr à un mal qu'il vaut mieux ne pas provoquer.

Aux termes de l'article 59 (2), les dispositions de l'ensemble du paragraphe (1) de l'article 23 ne s'appliquent au Québec «qu'après autorisation de l'assemblée législative ou du gouvernement du Québec». C'est poser là un mécanisme de freinage bien fragile; les rédacteurs de la Constitution canadienne de 1982 n'attendaient, en effet, pour la mise en vigueur de l'ensemble de l'article 23, que l'accession au pouvoir du Parti libéral du Québec dont on sait que cet article lui agrée pleinement. À ceux qui, afin de rendre plus difficile cette autorisation, proposent que le paragraphe 59 (2) soit modifié de façon que le critère requis soit plutôt l'accord des deux tiers des députés siégeant à l'Assemblée nationale, il convient de répondre qu'il s'agirait là d'un frein encore bien peu sûr, eu égard au mode de scrutin en vigueur au Québec, lequel est susceptible d'accorder à un même parti pratiquement tous les sièges. À mon avis, aussi longtemps que subsiste le critère de la langue maternelle, même restreinte aux citoyens canadiens, la Constitution canadienne de 1982 ne garantit pas suffisamment le français au Québec et ce dernier doit se refuser à la signer.

D'autres aspects du *Projet d'accord constitutionnel* mériteraient d'être explicités avec profit. Il me semble toutefois que les points soulevés précédemment témoignent à la fois du sérieux du document et des ouvertures intéressantes qu'il présente en vue de négociations constitutionnelles dont il faut souhaiter la reprise dans les délais les plus brefs, afin que soit corrigée l'injustice faite au Québec il y a plus de trois ans. Les difficultés soulevées par le *Projet d'accord* portent moins sur la substance des revendications que sur leur forme. Il faut espérer que les négociations à venir se déroulent sans arrière-pensée rancunière de la part du Québec et dans un franc esprit de conciliation, voire de réparation, de la part des partenaires du Québec.

ROBERT BOURASSA FACE AU QUÉBEC D'AUJOURD'HUI[1]

Le choix du chef d'un grand parti politique, même s'il résulte finalement d'une poignée de militants réunis en Congrès, incite l'ensemble des citoyens à s'interroger sur les grands enjeux du moment. L'actuelle course au leadership du Parti libéral du Québec ne fait pas exception à la règle. Les jugements portés sur les trois candidats sont toutefois très sévères. On les juge inaptes à se mesurer aux enjeux que doivent affronter le Parti libéral du Québec et la société québécoise.

S'agissant de Daniel Johnson et de Pierre Paradis, on doit convenir qu'ils ne font manifestement pas le poids. À moins de développements imprévisibles, ils devront se contenter d'un rôle de figurant lors de la cérémonie d'investiture de Robert Bourassa qui, de la sorte, l'emportera par défaut.

Quant à Robert Bourassa, il revient de loin. Lui que les électeurs rejetaient impitoyablement en novembre 1976, il a suffisamment fait pénitence aux yeux d'une majorité de militants, et il semble bien que la cour assidue qu'il leur a faite depuis plus de deux ans n'aura pas été vaine. La question se pose : qui pourrait battre Robert Bourassa, et cela même dans le cas où le mode choisi pour le désigner aurait été l'élection par tous les membres du parti ?

En ce qui me concerne, de 1973 à 1976, je fus un des critiques les plus sévères du premier ministre Bourassa. Je lui reprochais l'absence de rigueur morale de son administration, son incapacité à maintenir l'unité de son équipe, sa pusillanimité devant le premier ministre Trudeau et le chef du Parti québécois, René Lévesque, son monolithisme intellectuel et surtout son recours à des slogans creux en guise de programme politique. Dans la défaite, son attitude fut digne. En réponse à ceux qui le bafouaient et l'humiliaient — le premier ministre Trudeau, les ministres fédéraux, ses propres partisans, certains anciens collègues même — il s'est sagement imposé une période d'études et de réflexion à l'étranger et, à son retour, sans chercher à s'imposer à personne, il s'est rendu disponible à tous ceux qui, de plus en plus nombreux, recouraient à ses bons offices. Dans les enseignements qu'il dispensa à l'Université Laval, il sut, par l'ampleur de ses connaissances et par ses talents de pédagogue, capter l'attention de ceux-là mêmes qui étaient venus pour le chahuter. La ténacité et le courage qu'il a manifestés dans l'épreuve ainsi que le surplus de sagesse que son attitude a pu lui permettre d'acquérir, tout cela force le respect et explique sa remontée spectaculaire et son succès d'aujourd'hui.

Même si Robert Bourassa parvient assez bien à démontrer qu'il est un candidat valable par lui-même et non seulement en comparaison de ses deux adversaires, il lui reste néanmoins à prouver que, une fois élu à la direction du Parti libéral du Québec, il se révélera à la hauteur de la tâche écrasante à laquelle il devra s'attaquer. Il est légitime, certes, mais à mon avis insuffisant, d'apprécier les candidats d'après une liste abstraite des qualités intellectuelles et affectives qui devraient être la marque d'un chef de parti politique. L'étalon de mesure que, pour ma part, j'aimerais forger pour bien apprécier l'aptitude de tout candidat à diriger le Parti libéral du Québec découlerait d'un examen des besoins de ce parti et, plus généralement, de la société québécoise.

J'estime que pareil examen, en faisant ressortir la grande ampleur des défis que le prochain chef du Parti libéral du Québec devra surmonter, conduirait à conclure que, pour être à la hauteur de la tâche, Robert Bourassa devra se surpasser et se montrer sur tous les plans bien supérieur à ce qu'il révéla de lui-même durant les six années où il fut premier ministre du Québec.

La situation du Parti libéral du Québec

Le Parti libéral du Québec, naguère puissant moyen d'action politique catalyseur, sinon agent principal, de la Révolution tranquille, pourra-t-il au cours des prochaines années surmonter ses déboires et échapper à l'éclatement qui le menace? Le Parti libéral est devenu vieux, ses réflexes lents et incertains, ses rouages complexes. Par ses positions louvoyantes et ses interminables tergiversations sur la plupart des grands enjeux, il s'est enfoncé dans une impasse. De quelles ressources devrait disposer celui qui entendrait le transformer en un puissant instrument propre non seulement à conquérir le pouvoir mais, également, à assurer le renouveau social et politique qui s'impose?

Pour comprendre l'ampleur de la tâche d'unification et de rénovation à laquelle le chef du Parti libéral du Québec devra s'attaquer, il faut voir que ce parti est à la dérive depuis au moins dix ans et qu'une longue érosion de l'intérieur, notamment la perte du soutien des jeunes et des intellectuels, l'a vidé de ses meilleurs éléments.

Plusieurs raisons doivent être invoquées pour rendre compte de la déchéance de Robert Bourassa et de l'échec de Claude Ryan. Au-delà des traits de personnalité des chefs qui, dans les deux cas, ont sans conteste joué un grand rôle, il convient de rechercher les causes des malheurs récents du Parti libéral du Québec dans trois directions qui, pour être différentes, sont fortement interreliées.

En premier lieu, on se doit de faire état de la composition ethnique et linguistique particulière de l'électorat du Parti libéral du Québec. Pour faire bonne figure aux élections, il doit obtenir l'appui massif des anglophones, mais sans créer l'impression d'être un parti «pro-anglais», ce qui lui aliénerait une trop grande proportion du vote francophone dont il a en même temps besoin. Cette condition place son chef sur la corde raide. La pire situation qui puisse exister pour le parti, c'est de perdre la confiance des anglophones sans gagner celle d'une majorité de francophones, comme ce fut le cas pour Robert Bourassa en 1976.

En second lieu, il faut mentionner la nature spéciale des liens qui existent entre le Parti libéral du Québec et la section québécoise du Parti libéral du Canada. Les deux sont différents dans leurs structures, certes, mais, en certaines circonstances, ils apparaissent un peu comme des frères jumeaux. Il est évident que la montée du Parti québécois et son accession au pouvoir, la campagne référendaire, le rapatriement de la Constitution et l'adoption de la Constitution canadienne de 1982 les ont beaucoup rapprochés, trop à mon avis pour le bien de la formation qui s'est révélée la plus faible, c'est-à-dire le Parti libéral du Québec. Cette sorte de double allégeance et d'acceptation tacite d'une position de dépendance à l'égard du Parti libéral du Canada, surtout dès lors qu'il s'agit de fédéralisme et de Constitution, que manifestent de nombreux députés du Parti libéral du Québec constitue un facteur d'érosion du leadership du chef du parti. Elle n'est d'ailleurs pas récente. Elle était déjà très marquée durant les dernières années du gouvernement Bourassa.

Pour bien apprécier la nature des handicaps que doit surmonter le Parti libéral du Québec, il convient enfin de regarder du côté des idées que ce dernier véhicule. Ses militants n'ont jamais versé dans l'intellectualisme. Ils sont pour la plupart des gens pratiques qui évaluent les idées surtout en fonction de leur utilité pour l'action immédiate. Il n'en reste pas moins qu'au cours des dernières décennies, ce parti n'a atteint vraiment à une grandeur certaine qu'au cours des périodes durant lesquelles les intellectuels y ont rempli un rôle important, par exemple sous Jean Lesage entre 1958 et 1964. L'affaire du FLQ dès 1970 et le conflit avec le Front commun intersyndical en 1972 firent perdre au gouvernement Bourassa la majeure partie des appuis d'intellectuels dont il avait paru un moment devoir bénéficier. À compter de 1973, le niveau intellectuel au sein du Parti libéral du Québec n'a cessé de décroître. En devenant son chef, en 1978, Claude Ryan s'était engagé à assurer la régénération intellectuelle du PLQ. Il l'a effectivement doté d'au moins quatre documents programmatiques différents, portant tous à des degrés divers son seing: le Livre beige ou *La nouvelle fédération canadienne* (1978) ; le Livre rouge ou *La société libérale de demain* (1981) ; l'exposé qu'il fit devant le Conseil général du Parti libéral du Québec: *Le Parti libéral du Québec et l'après élection* (1981) et le manifeste *Prendre les devants* (1982) adopté par le Conseil général du Parti.

Ces documents qui traitent de la plupart des domaines de la politique québécoise — le fédéralisme et la Constitution, l'économie, la langue, la culture, la technologie, l'éducation, les problèmes de gouvernement — constituent une somme imposante d'idées dont bon nombre mériteraient d'être retenues. Mais elles n'ont pas capté l'attention des intellectuels et n'ont guère suscité l'enthousiasme des jeunes même parmi les militants libéraux. L'ampleur de l'échec de Claude Ryan en ce qui concerne le renouvellement des idées se mesure par l'ignorance totale de ces documents que montrent les trois candidats et par l'absence de regret de cette ignorance parmi les militants libéraux.

Évidemment, on ne doit pas réclamer de la part de candidats au leadership qu'ils formulent un programme politique complet qui lierait par la suite leur parti sans que ses membres aient eu la possibilité d'en débattre tous les aspects. Mais on devrait s'attendre à ce qu'ils fassent preuve de rigueur intellectuelle dans l'expression de leurs orientations. Or, le même vétuste credo libéral en trois points inspire les propos des trois candidats. Suivant des tonalités quelque peu différentes, ces derniers rendent compte de toutes choses en prenant pour critères la primauté des droits individuels, la priorité du secteur privé sur le secteur public et les vertus du fédéralisme. Comment croire qu'il suffirait désormais d'une profession de foi aussi générale pour permettre au Parti libéral du Québec de surmonter les graves divisions intestines et les profonds clivages linguistiques et idéologiques qui l'ont paralysé sous Robert Bourassa et Claude Ryan qui, pourtant, n'ont jamais professé d'autres credos?

Les véritables questions que doivent poser ceux qui aspirent à assumer le leadership du Parti libéral du Québec sont les suivantes: l'ancien credo libéral répond-il aux exigences d'aujourd'hui? Si non, quels autres éléments faudrait-il lui substituer ou lui adjoindre? Si oui, de quel contenu concret conviendrait-il de l'investir pour que soient évitées les ambiguïtés, les tergiversations et les divergences de vues qui ont drainé l'énergie du parti au cours des dix dernières années et qui lui ont enlevé tout attrait au yeux d'un grand nombre d'électeurs, voire même de militants?

Les grandes questions de société

La responsabilité des délégués qui vont élire le prochain chef du Parti libéral du Québec est d'autant plus grande qu'il est loisible de penser que ce dernier pourrait devenir premier ministre du Québec. Les problèmes qu'il devra affronter sont, en effet, fort nombreux et complexes.

Même si elles ont été source de profonds remous au sein du Parti libéral du Québec au cours des dix dernières années, le chef de ce parti ne pourra esquiver certaines questions épineuses parce qu'elles vont encore, dans le proche avenir, se poser de façon aiguë: ainsi, la question linguistique et celles du fédéralisme et de la Constitution, toujours actuelles, devront être étudiées suivant des problématiques bien différentes de celles d'il y a vingt ans. Elles n'ont jamais pu être clarifiées convenablement: la société québécoise, dans ces deux domaines, se trouve dans une impasse. Quand on connaît la part de responsabilité qui incombe au Parti libéral du Québec pour la façon déplorable dont on a traité ces questions, il ne paraît pas saugrenu de se montrer sceptique quant à l'aptitude du prochain chef de ce parti à adopter des orientations susceptibles d'aboutir à des règlements acceptables pour toutes les parties. Le fait que Pierre Trudeau et René Lévesque soient, sinon sur leur départ, du moins dans la phase de déclin de leur prestige, et que bien des jeunes et des intellectuels, déçus par le Parti québécois et séduits par la perspective du pouvoir, soient tentés de se joindre au Parti libéral du Québec, devrait aider le prochain chef à définir, sur les questions de la langue et de la Constitution, des positions qui soient vraiment celles de son parti et qui, en même temps, conviennent à la majorité des Québécois. Mais des obstacles sont susceptibles de surgir qui seraient sources d'autres difficultés sur lesquelles le chef et le Parti libéral du Québec pourraient bien buter.

S'agissant des tâches qui vont incomber au prochain chef du Parti libéral du Québec, on pense avant tout et avec raison aux grands problèmes de civilisation auxquels le Québec, à l'instar de toutes les sociétés industrielles avancées, est aux prises : les difficultés économiques et surtout la persistance d'un taux très élevé de chômage chez les jeunes ; les technologies nouvelles ; la justice sociale ; le rôle de l'État et les relations de ce dernier avec les individus et les collectivités particulières ; l'interdépendance croissante des sociétés et les grandes mutations sociales et culturelles. Il ne convient sans doute pas d'exiger des candidats au leadership du Parti qu'ils présentent des analyses exhaustives sur chacune de ces questions. On est cependant en droit de réclamer d'eux un minimum de cohérence dans l'expression de leurs points de vue.

Il ne suffit pas de se dire favorable à une société concertée ; il faut encore paraître conscient des conditions qui font aujourd'hui obstacle à la concertation des agents socio-économiques, notamment le fait que les sociétés industrielles sont ainsi aménagées qu'elles engendrent naturellement des oppositions entre les groupes — les patrons et les ouvriers, les producteurs et les consommateurs, les riches et les pauvres, les bien-portants et les éclopés de la vie — qui se traduisent par des rapports de force plus ou moins antagonistes mais inévitables. Par exemple, comment s'engager à imposer le respect de la volonté patronale, c'est-à-dire gouvernementale et législative, dans les secteurs public et parapublic tout en affirmant vouloir sauvegarder les fragiles équilibres dans les relations de travail ?

Comment peut-on promettre de restreindre le rôle de l'État quand en même temps on entend engager ce dernier dans de nouveaux mégaprojets ou encore lui faire exercer de plus amples contrôles économiques et sociaux? Comment entend-on réduire les coûts de fonctionnement de l'État et s'en remettre davantage à l'entreprise privée pour assurer la justice sociale et le bien-être quand ce sont précisément les insuffisances criantes de l'économie capitaliste qui ont obligé les gouvernements à intervenir pour améliorer l'accessibilité et la qualité des services dispensés à l'ensemble des citoyens dans des domaines comme l'éducation, la santé, la sécurité sociale, l'aide juridique, etc.? Comment promouvoir les technologies de pointe, telles l'informatique et la robotique, tout en faisant en sorte que les conséquences indésirables qu'elles sont susceptibles d'engendrer sur les conditions de travail et les relations humaines ne se produisent pas?

Et, de façon plus générale, comment faire en sorte que le gouvernement québécois contribue à résorber la crise de société qui sévit aujourd'hui quand lui-même, par le vieillissement et l'autoritarisme croissant de sa fonction publique, sa gestion déficiente, l'échec de ses programmes de bien-être et son relâchement moral, doit être tenu en bonne partie responsable de cette crise? Quelle philosophie de gouvernement devrait-on substituer à un *Welfare State* manifestement en faillite qui ne soit pas un retour à cette même idéologie conservatrice ayant provoqué, il y a quarante ans, l'éclosion du *Welfare State*?

Les qualités du prochain chef du Parti libéral du Québec

Sur la base du précédent survol de la situation, la liste des qualités qui seraient requises d'un chef de parti pour la deuxième moitié de la présente décennie pourrait être très longue. Ce chef, en effet, devrait avoir le sens de l'équipe et une aptitude à inspirer la loyauté, être un bon communicateur, posséder un jugement solide et une intégrité morale à toute épreuve, témoigner d'une grande élévation d'esprit et de cœur, être doté de clairvoyance et savoir prendre rapidement les décisions qui s'imposent.

D'une façon moins abstraite, on devrait, je pense, retrouver chez le prochain chef du Parti libéral du Québec les deux dispositions suivantes: sans être lui-même un intellectuel, il devrait pouvoir cerner toutes les dimensions de la réalité et avoir suffisamment d'ascendant sur les militants et les députés de son parti pour les amener à établir des consensus explicites sur les grandes orientations. En même temps, il devrait être réceptif aux idées et surtout capable de les traduire dans un discours et une pratique politiques qui fassent appel autant au cœur qu'à l'esprit et qui soient accordés aux besoins et aux attentes de toutes les catégories sociales, surtout celles qui sont dans une situation critique : les femmes, la grande masse de ceux qui ne sont pas protégés par un syndicat ou un organisme professionnel et, en particulier, les jeunes qui incarnent l'avenir.

En outre, il devrait avoir la sagesse de ne pas laisser croire qu'une fois élu il saurait décrocher la lune, l'humilité d'admettre que l'examen des problèmes qui assaillent aujourd'hui les individus, les collectivités et la société tout entière de même que la recherche de solutions salvatrices débordent manifestement, par leur ampleur et leur complexité, la seule capacité des partis et des gouvernements. Il devrait dès lors conclure que, pour être menées à bien, les analyses de situation et la recherche de voies de solutions vont exiger que soit inventé un lieu de réflexion exceptionnel, peut-être un groupe de travail ou une commission d'enquête, qui s'appliquerait à examiner le conditions d'un nouveau contrat social pour les Québécois adapté aux conditions d'ici et d'aujourd'hui.

Le chef du Parti libéral du Québec qui, en s'engageant dans ces directions, parviendrait à ranimer ce parti et à restaurer la société, qui est-il ? Se pourrait-il que ce soit Robert Bourassa ? Ce dernier aurait-il changé en profondeur au point d'être devenu celui qui peut encore empêcher l'éclatement du parti et, à la suite d'une victoire électorale possible sur le Parti québécois, éviter la faillite qui menace le Québec ? Ou bien, ne se pourrait-il pas que les militants libéraux — qui n'ont d'ailleurs guère le choix — soient prêts à prendre le risque de le réélire à la tête du parti et que la majorité des électeurs soient prêts à le reporter au pouvoir même s'ils estiment qu'il n'est pas et ne peut être fondamentalement différent de celui qu'il fut au cours des années où il dirigea le Québec en tant que premier ministre ?

TROISIÈME PARTIE

L'accord du lac Meech et son rejet 1986-1990

INTRODUCTION

À l'invitation de Brian Mulroney, il revient au Parti libéral du Québec, élu le 2 décembre 1985, d'énoncer les conditions qui permettront au Québec de signer la Constitution de 1982 sans avoir à subir l'humiliation d'une capitulation devant le plus fort. Un document de travail publié en février 1985 par la Commission politique du Parti libéral du Québec énonce ces conditions en six points. Dans une conférence prononcée au mont Gabriel, le 9 mai 1986, le ministre des Relations internationales et des Affaires intergouvernementales canadiennes, Gil Rémillard, les ramène à cinq conditions : la reconnaissance explicite du Québec comme société distincte ; la garantie d'obtenir des pouvoirs accrus en matière d'immigration ; la limitation du pouvoir fédéral de dépenser ; la reconnaissance d'un droit de veto du Québec ; la participation du Québec à la nomination des juges de la Cour suprême du Canada. Ce sont ces éléments que l'on retrouve dans l'entente de principe survenue entre le gouvernement fédéral et ceux des provinces le 30 avril 1987, au lac Meech. Ces propositions sont débattues en commission parlementaire de l'Assemblée nationale du Québec en mai. À la suite de longs et acrimonieux débats, l'entente est adoptée par tous les premiers ministres le 3 juin et par l'Assemblée nationale du Québec le 23 juin.

Très nombreux, et non des moindres, sont ceux qui interviennent dans le débat que suscite le projet. Dans un long texte paru dans *La Presse* du 27 mai et intitulé : «Comme gâchis total, il serait difficile d'imaginer mieux», Pierre Trudeau se lance dans des attaques furibondes contre un document qui, à son avis, réduit en cendres la loi constitutionnelle de 1982 pour laquelle il a livré la principale bataille de sa carrière politique. «Trudeau est un bagarreur», dis-je le jour suivant à *La Presse*, «il est prêt à sauter de nouveau dans l'arène pour préserver ce qu'il a bâti».

Les témoins qui défilent devant la Commission parlementaire de l'Assemblée nationale ne disposent que d'un texte sous forme de communiqué de presse et non du texte juridique de l'entente dont la rédaction n'est entreprise que le 20 mai par les premiers ministres. Des témoins endossent le texte en son entier; d'autres le désapprouvent en certaines de ses parties.

Je suis de ceux-là. J'estime que l'article 2 du projet comprend une zone d'incertitude, source d'une confusion latente. L'alinéa 1a reconnaît «l'existence [...] de Canadiens d'expression anglaise concentrés dans le reste du pays mais aussi présents au Québec [...]»; l'alinéa 1b stipule que le «Québec forme au sein du Canada une société distincte» et l'article 3 attribue à la législature et au gouvernement du Québec «le rôle de protéger et de promouvoir le caractère distinct du Québec visé à l'alinéa 1b». Je conclus de cette étrange juxtaposition de textes que le Québec n'acquiert pas la pleine compétence en matière linguistique, mais qu'il reste plutôt soumis aux dispositions de l'article 133 de la Constitution de 1867 et à celles de la loi constitutionnelle de 1982. En outre, j'affirme que ces zones grises vont prêter à des litiges éventuels devant les tribunaux, car la langue et les institutions anglaises sont parties intégrantes de la société distincte. Cette dernière pourrait très bien être une coquille vide que chacun remplirait à sa convenance. Je propose un amendement en vue d'éliminer ce hiatus (voir mon texte publié dans *Le Devoir* du 14 mai inclus dans cette partie). Le ministre Rémillard affirme ne pas percevoir l'importance de mon amendement. Je rétorque: «Je veux être certain de voir quelque chose d'étanche qui ne coulera pas sous la pluie [...] au lieu de vous opposer immédiatement à l'amendement que je propose, [je suggère] que vous le soumettiez à l'étude de vos conseillers et que vous étudiiez une autre définition de la société distincte qui serait assez étanche pour nous assurer que jamais plus le français au Québec, en ce qui concerne la Charte fédérale ou la Constitution de 1867, ne soit soumis aux jugements aléatoires des tribunaux. [...] Nous devons trouver une formule qui soit tellement claire que même les avocats les plus astucieux ne puissent trouver un vice de forme ou une petite ouverture quelconque pour en faire une cause.» Le ministre Rémillard admet qu'il y a une faille: «Professeur Dion, lorsque vous nous dites qu'il n'y a pas certitude lorsque l'on nous parle de se référer aux tribunaux, vous avez parfaitement raison [...] On ne peut prévoir quelle sera la décision d'un tribunal [...] Ce qu'on essaie de voir, c'est si on peut circonscrire [votre amendement] pour donner de bonnes balises, de bonnes chances.»

Mes objections, conjuguées à celles d'autres témoins, amènent le ministre Rémillard et le premier ministre Bourassa à amender le projet afin d'inclure la langue dans la définition de la société distincte et de remanier la clause sur le pouvoir fédéral de dépenser qui avait également fait l'objet de critiques. À la suite de longues discussions entre les premiers ministres, les négociateurs s'entendent pour ajouter la clause dite de «sauvegarde» suivante: «(4) le présent article n'a pas pour effet de déroger aux pouvoirs, droits ou privilèges du Parlement ou du gouvernement du Canada, ou des législatures ou des gouvernements des provinces, y compris leurs pouvoirs, droits ou privilèges en matière de langue.»

En réalité, cet article ne protège que partiellement la langue française au Québec puisqu'il sanctionne le maintien du *statu quo* antérieur à l'accord[1].

Durant les trois années suivantes, l'accord du lac Meech est soumis, au Canada anglais, à d'acerbes critiques sur quatre fronts. Première-ment, on dénonce la reconnaissance de la «société distincte», des son-dages montrant que «le Québec est trop gâté». Deuxièmement, les autochtones, s'estimant à bon droit les grands oubliés de l'accord, émettent haut et fort leurs revendications. Troisièmement, les Cana-diens anglais manifestent de forts sentiments de fragilité et de fatigue morale. Le quatrième objet de la fronde du Canada anglais est la loi 178 modifiant la Charte de la langue française votée en 1988 par le gouvernement Bourassa. Invoquant la clause «nonobstant» de la loi constitutionnelle de 1982, la loi 178 maintient l'exigence de l'affichage en français à l'extérieur des établissements commerciaux, tout en auto-risant à l'intérieur l'affichage en une autre langue pourvu que le français soit prépondérant. À tort ou à raison, on m'attribue la paternité de l'idée à la base de cette loi. Dans un article au *Devoir*, j'ai effecti-vement tendu au premier ministre Bourassa une perche que ce dernier saisit prestement. En bien des milieux, je suis tenu responsable de cette loi jugée odieuse. (Le 6 mai 1993, le Québec se plie au jugement antérieur de la cour suprême et abroge la loi 150 par la loi 86.)

À la suite d'épisodes rocambolesques, l'accord du lac Meech ne reçoit pas la sanction des dix provinces et du gouvernement fédéral requise pour qu'il soit mis en vigueur. Le 23 juin 1990, il vit son arrêt de mort : le Manitoba et Terre-Neuve refusent de concrétiser l'accord.

L'ENTENTE DU LAC MEECH: QUATRE ACQUIS ET QUATRE FACTEURS D'INCERTITUDE[1]

C'est dans l'optique d'un fédéralisme décentralisé dans l'intérêt prioritaire du Québec que j'analyse l'entente de principe survenue entre les provinces et le gouvernement fédéral lors de la rencontre du lac Meech, le 30 avril dernier. Les progrès accomplis excèdent mes attentes. J'estime que le premier ministre Bourassa et le ministre délégué aux Affaires intergouvernementales, Gil Rémillard, de même que les neuf autres premiers ministres provinciaux et le premier ministre fédéral, Bryan Mulroney, compte tenu des circonstances, ont atteint les limites du possible.

Sur quatre points, l'entente va au-delà des demandes du Québec. Par contre, l'article 4, faisant suite à la revendication d'«une société distincte» pour le Québec, bien qu'étant partie de l'entente, me paraît, sous sa forme actuelle, trop imprécis pour procurer aux Québécois la pleine sécurité qu'ils attendent de la Constitution canadienne. Par ailleurs, je relève trois autres facteurs d'incertitude, d'ordre circonstanciels ceux-là, donc moins vitaux.

La formule de modification constitutionnelle

L'article 38 de la Constitution de 1982 est maintenu. Pour toute modification constitutionnelle sous cette rubrique, on continuera d'exiger l'accord des assemblées législatives de sept provinces, comptant au moins 50 % de la population. Il se pourrait donc que des amendements constitutionnels soient mis en vigueur malgré l'opposition du Québec.

Toutefois, dans le cas où une province (ou toutes) se retirerait d'un programme fédéral de compétence provinciale, cette province (ou ces provinces) recevrait une compensation raisonnable quel que soit le domaine où ce transfert s'effectuerait, et non plus seulement « en matière d'éducation et dans d'autres domaines culturels », comme le prévoyait la Constitution de 1982. C'est là un gain majeur pour le Québec : signalons que cet acquis avait fait l'objet d'une recommandation de la commission Pepin-Robarts et que le gouvernement du Parti québécois en avait fait sa principale exigence en 1981.

Tout comme en 1982, le Québec, le Parlement canadien et les autres provinces conservent un droit de veto sur les changements dans tous les domaines énumérés à l'article 41, couvrant entre autres la composition de la Cour suprême du Canada.

Mais l'entente principale fait un pas de plus puisque le Québec (ou toute autre province) détiendrait désormais un droit de veto sur tous les domaines mentionnés à l'article 42, s'étendant notamment à la représentation proportionnelle à la Chambre des communes (le Québec constituant le pivot avec ses 75 députés), à toute réforme du Sénat canadien de même qu'à la Cour suprême du Canada à l'exception de sa composition, déjà protégée par la règle de l'unanimité. On se trouve ainsi à satisfaire une demande souvent exprimée à juste titre par les analystes québécois.

La Cour suprême du Canada

Le Québec requérait d'être consulté lors de la nomination des juges de la Cour Suprême du Canada par le premier ministre fédéral. Ici aussi il obtient davantage. Désormais, à la place de ce qui ne faisait jusqu'ici que l'objet d'une loi toujours abrogeable, il y aurait obligation constitutionnelle de nommer « au moins trois de ses neuf juges à même le Barreau civil ». En outre, le gouvernement fédéral s'obligerait à choisir un nouveau juge à même une liste de noms proposés par les provinces. Sans aucun doute, d'abondantes consultations entre le fédéral et les provinces accompagneraient ce choix.

J'aimerais que le nombre de personnes, mentionnées dans la liste des candidats que les provinces proposeraient, soit également fixé et qu'il ne dépasse pas le chiffre de cinq.

L'immigration

En ce qui concerne l'immigration, l'entente de principe s'inspire du rapport Pepin-Robarts, mais elle va plus loin encore et outrepasse même les demandes du Québec.

L'entente Cullen-Couture, qui permet au Québec de participer à la sélection des immigrants, n'a qu'un caractère administratif et peut être abrogée sans avis. Or, l'accord prévoit que cette entente fera désormais partie de la Constitution et étend les prérogatives du Québec aux personnes ayant un visa temporaire et aux stagiaires faisant une demande de citoyenneté. En outre, il permet au Québec de dépasser de 5 % sa part d'immigrants de l'ensemble d'immigrants fixé par le quota canadien et cela «pour des raisons démographiques», c'est-à-dire pour enrayer la diminution de la proportion de Québécois dans l'ensemble du pays. Enfin, «lorsque des services sont fournis par le Québec, pareil retrait devra être accompagné d'une juste compensation». Les demandes initiales du Québec ne comportaient pas non plus cette possibilité. Par conséquent, on doit enregistrer trois gains nets en ce qui concerne l'immigration.

Le pouvoir de dépenser

Il s'agit là encore d'une disposition nouvelle par rapport à la Constitution de 1982. En effet, l'entente prévoit qu'au cas où le Québec (ou toute province) s'abstiendrait de participer «à un nouveau programme fédéral à frais partagés dans un domaine de compétence provinciale exclusive», il recevrait une «juste compensation si [il] met en œuvre un programme compatible avec les intérêts nationaux».

Sur ce point encore, le Québec se verrait accorder une compétence qui, jusqu'ici, relevait d'un possible «retrait facultatif» administratif, refusé parfois et concédé si la pression du Québec se révélait irrésistible, comme dans le cas du régime public de retraite sous le premier ministre Lesage.

Facteurs d'incertitude

Malheureusement, à côté de ces acquis auxquels le Québec aurait bien tort de ne pas acquiescer, il faut faire état de quatre facteurs d'incertitude dont un seul, à mon avis, est d'ordre vraiment substantiel et majeur.

En premier lieu, il convient de noter que le statut actuel du document n'est que celui d'une entente de principe susceptible d'être révoquée d'ici la date prévue pour la Conférence constitutionnelle, le 29 mai, en tout ou en partie, par une ou plusieurs provinces ou par le gouvernement fédéral. Personnellement, un tel revirement me peinerait mais, pour quiconque a vécu comme moi depuis vingt-cinq ans ce qu'il n'est pas exagéré d'appeler le «cauchemar constitutionnel», une pareille éventualité ne peut être écartée.

Un cul-de-sac possible

Étant donné qu'il faudrait appliquer désormais la règle de l'unanimité, non seulement pour l'article 41, ce qui était compréhensible eu égard aux domaines concernés, mais également pour l'article 42, il deviendrait très difficile d'apporter quelque modification que ce soit, par exemple au Sénat. Par contre, pour le Québec, ce n'est pas là une perte significative : bien au contraire, puisqu'il dispose de 24 sièges au Sénat (tout comme l'Ontario), en regard de seulement six pour les autres provinces. Mais, pour d'autres provinces, notamment les provinces de l'Ouest, cette disposition signifierait l'impossibilité d'améliorer leur position dans cette institution alors qu'elles le demandent avec insistance depuis plusieurs années.

Une possible «balkanisation»

C'était la grande peur du premier ministre Trudeau. En accordant à toute province et non seulement au Québec — ce qu'il se refusait carrément à envisager — le pouvoir constitutionnel de recevoir une compensation «raisonnable» en toute matière, et non seulement «en matière d'éducation et dans d'autres domaines culturels» comme le prévoit la Constitution de 1982, et également en permettant à toute province, et non seulement au Québec, de se retirer d'un programme national à frais partagés tout en obtenant une juste compensation, on risque, d'une part, une sorte de démantèlement du Canada et, d'autre part, un affaiblissement considérable du pouvoir fédéral.

La commission Pepin-Robarts, qui avait proposé le même principe de retrait facultatif, justifiait sa position par l'argument que, dans la plupart des cas, seul le Québec en raison de sa spécificité tirerait profit de ce droit accordé à tous et que, par conséquent, le risque de «balkanisation» était fort peu probable.

Personne ne peut prévoir ce qu'il pourrait advenir des dispositions en ces domaines, mais il ne fait nul doute qu'un germe corrosif se trouverait pour toujours introduit dans la Constitution canadienne. Certains affirment que, même dans le pire des cas, les suites ne seraient pas mortelles puisque le Canada deviendrait une véritable confédération d'États. Ce qu'il importe en tout cas de dire, en dernière analyse, c'est que, s'agissant du Québec, il obtient pleine reconnaissance de ses demandes, dans un contexte de négociation qui ne lui était pourtant pas au départ des plus favorables.

Le caractère distinct du Québec

La reconnaissance du Québec comme société distincte, qui est susceptible de devenir l'article 1 de la Constitution canadienne — et non un simple préambule constitutionnel comme plusieurs le craignaient — marque certes un réel progrès par rapport à la Constitution de 1982. Au moins les juristes qui auraient à défendre l'un ou l'autre des aspects de la société québécoise — la loi 101, les affaires sociales, les relations internationales, tout le reste du partage des pouvoirs —, pourraient s'appuyer sur une clause inscrite dans la Constitution et non plus s'en remettre à la notion, vague à souhait, du «cadre d'une société libre et démocratique» (actuel article 1) qu'aucun tribunal n'a jamais pris au sérieux.

Toutefois, dans sa formulation actuelle, le texte de cet éventuel article me paraît comporter une profonde ambiguïté qui ferait, je le crains, les délices des avocats tout en créant un réel embarras pour les juges appelés à trancher les litiges.

Dans le premier paragraphe, au point 1(a), cette disposition définit le Canada tel qu'il est sociologiquement, c'est-à-dire constitué d'anglophones et de francophones, les premiers étant minoritaires au Québec et majoritaires dans les autres provinces. Dans un second paragraphe, obligation est faite aux législateurs des provinces de protéger ces caractéristiques fondamentales du Canada. Par ailleurs, le premier paragraphe, point 1(b), reconnaît «que le Québec forme au sein du Canada une société distincte». Et un troisième paragraphe stipule que le gouvernement et l'Assemblée nationale du Québec ont «le rôle de protéger et de promouvoir le caractère distinct de la société québécoise».

Je n'impute aucune arrière-pensée aux négociateurs. Je suis quand même d'avis que ce texte comporte d'importantes confusions. Je n'en mentionnerai qu'une seule ayant trait à la collectivité anglophone du Québec. Certes, le Québec devra la «protéger» en tant que telle de même que toutes les provinces anglaises devront le faire à l'égard de leurs minorités francophones respectives. Mais c'est là qu'un

problème majeur se pose. Cette même collectivité anglophone québécoise est fort puissante et dispose notamment de la plupart des institutions constitutives d'une société: systèmes d'éducation, de santé,
médias d'information, réseau culturel majeur, institutions économiques
d'une grande ampleur, etc. Est-ce que tout cela ne fait pas partie de
la société québécoise au même titre que les institutions œuvrant en
langue française? Il y a là matière à interprétation concernant la nature
même du Québec «société distincte» (1 (b)). Dans quel sens pen-
cheraient les décisions des tribunaux et la jurisprudence qui serviraient
par la suite de guide d'interprétation?

Le Québec n'a pas seulement besoin d'être considéré comme une
«société distincte» dans la Constitution. Il doit être assuré que cette
expression sera d'une étanchéité absolue quant à sa signification et à
sa portée afin que les décisions des tribunaux puissent être aussi
prévisibles que possible et, bien entendu, favorables au français. C'est
pourquoi je propose l'amendement suivant au paragraphe 3, qui se
lirait ainsi:

> L'Assemblée nationale et le gouvernement du Québec ont le rôle de
> protéger et de promouvoir le caractère distinct de la société québécoise
> mentionné au paragraphe 1(b) incluant nécessairement la protection et
> la promotion de français sur l'ensemble du territoire du Québec de
> même que toute autre composante de cette société considérée sous ce
> même angle.

Pour ma part, je n'oppose pas une fin de non-recevoir à l'entente
de principe survenue au lac Meech, mais je tiens à signifier dès
maintenant que si cette entente, une fois inscrite dans la Constitution,
laisse le français aussi démuni qu'il ne l'est à la suite de l'adoption de
la Constitution de 1982, je serai l'un des premiers à monter sur la
ligne de défense de ma langue maternelle. «C'est maintenant plein
d'hommes debout» écrivait Félix Leclerc au *Soleil* en décembre 1986.
Je suis et je veux être de ceux-là. La lecture des textes de nos écrivains
(poètes et chansonniers) sur leur vision du présent et de l'avenir du
français est douloureuse parce qu'ils n'éprouvent plus qu'un sombre
désespoir. Je ne citerai que ce sentiment de vive souffrance du poète
Gaston Miron:

> Je gis, muré dans ma boîte crânienne
> Dépoétisé dans ma langue et mon appartenance
> Déphasé et décentré dans ma coïncidence.

Tuer dans l'œuf

Nous savons que le vrai danger de mort pour le français au Québec même ne vient pas des anglophones québécois ni du Canada anglais, mais d'abord et avant tout du continent nord-américain, incluant les deux premiers groupes mais surtout les États-Unis. C'est pourquoi nous devons être très circonspects et ne pas nous enfoncer dans une mesquine perspective canadienne ou québécoise quand il s'agit du français.

Il existe trois crans d'arrêt à la déperdition graduelle du français au Québec : le premier concerne précisément la Constitution canadienne qui doit être transparente et limpide dans sa protection du français dans toutes les provinces et surtout au Québec. Le second est du ressort de notre gouvernement et de notre Assemblée nationale. Depuis le référendum, je ne les trouve pas fiables. Il revient à tous ceux que concerne l'avenir du français de se lever chaque fois qu'un accroc à notre langue risque d'être commis par nos élus, et cela au Québec même, afin de tuer dans l'œuf toute tentative, voulue ou inconsciente, d'ouvrir une nouvelle brèche contre le français sur notre territoire.

Le troisième cran d'arrêt concerne la mentalité des francophones et des anglophones québécois. Il ne faudrait tout de même pas qu'on en arrive au point où les francophones seraient mieux reçus dans les endroits publics (magasins, hôtels, etc.) à Ottawa qu'ils ne le sont à Montréal, comme je me le suis fait dire dernièrement. Je comprends que la majorité des anglophones au Québec s'acceptent maintenant comme une minorité et reconnaissent la priorité du français. Mais il semble que ce ne sont pas ces personnes compréhensives qui gèrent le centre-ville de Montréal ni les établissements de Westmount...

Les luttes fratricides

On déplore de plus en plus chez les francophones québécois, surtout chez les jeunes, une indifférence croissante envers le français ainsi qu'une hybridation du français parlé et une ignorance scandaleuse du français écrit. Il faut trouver le moyen de mettre rapidement en œuvre dans les écoles, les familles et les lieux de rencontre une éducation civique qui redonnerait à tous la fierté et la joie d'être français d'Amérique. Si l'on parvenait à modifier les tendances nocives qui affectent de plus en plus dangereusement le français parlé et écrit au

Québec, le reste, par exemple la volonté d'une sauvegarde constitutionnelle du français, viendrait par surcroît et la loi 101 pourrait même devenir superflue — ce qui serait souhaitable mais n'est actuellement pas le cas.

Malheureusement, notre sentiment collectif nous pousse une fois de plus davantage aux «luttes fratricides» qu'à l'«union sacrée» que souhaitent le premier ministre Bourassa et le ministre Rémillard. Le vœu de F.-A. Savard ne paraît pas devoir se réaliser cette fois-ci encore: «C'est avec le peuple accordé que j'aimerais assister à ce doux banquet de clair de lune sur les neiges de mon pays.»

QUÉBEC DOIT PRÉCISER LE SENS DE L'EXPRESSION «SOCIÉTÉ DISTINCTE» DANS LE COMMUNIQUÉ DU LAC MEECH[1]

Le texte de l'entente de principe entre les dix provinces et le gouvernement fédéral, survenue le 30 avril dernier, sur lequel portent les discussions de la commission parlementaire, représente un progrès incontestable dans le débat constitutionnel. Après mûres réflexions, cependant, et à mon grand regret, j'ai dû en venir à la conclusion qu'il faudrait que le gouvernement du Québec précise ce qu'il veut entendre par «société distincte».

Responsabilité plutôt que rôle

La formulation du texte concernant le pouvoir de dépenser me causait de plus en plus de problèmes. D'autres témoins, notamment Andrée Lajoie, ont dit l'essentiel des précisions en ce qui concerne les termes utilisés qui seraient nécessaires pour que le texte devienne limpide. Il faudrait également préciser ce qu'il adviendra des «compétences conjointes» dans les deux ordres de gouvernement; le rapport Pepin-Robarts aussi bien que le Livre beige de Claude Ryan ont bien montré les pièges que cette notion comporte pour le fédéralisme canadien. Toutefois, mon témoignage a porté surtout sur la question de «Québec: société distincte» et c'est à cette question que je bornerai mon propos d'aujourd'hui.

Il est exact, comme il a été mentionné, que je ne suis pas un constitutionnaliste. Je ne me suis jamais considéré comme tel: ce sont des animateurs d'émissions radiophoniques ou télévisées ou des journalistes qui me prêtent ce titre. Toutefois, il y a plus de vingt-cinq ans que je travaille avec des juristes et des constitutionnalistes et je pense que j'ai été utile à plusieurs, y compris le ministre Rémillard, au point même de leur éviter de faire fausse route. Pour moi, le Droit n'a de sens que s'il correspond de la façon la plus précise possible à la réalité sociale. C'est en cela surtout que je peux conseiller les juristes qui, eux, sont souvent enclins à borner leur perception de la réalité à la jurisprudence et à des opinions juridiques qui ont pu faire autorité naguère mais que l'évolution sociale risque de rendre moins pertinentes.

Devant le concept de «société distincte», je me sens de plus en plus dans le même état d'esprit que face au fameux «fédéralisme renouvelé» promis durant la campagne du référendum. Je disais alors: je suis prêt à voter Non au référendum si vous me dites en quoi va consister ce «fédéralisme renouvelé». Si vous persistez à me dire d'attendre après le référendum pour satisfaire mon besoin de savoir, alors je me verrai forcé de voter Oui. Ce que j'ai fait.

Les événements qui ont suivi ont montré que mon exigence préalable était fondée. Eh bien! qu'on me dise aujourd'hui à ma satisfaction ce qu'on entend par cette expression, «société distincte», bien vague à mon avis étant donné mon expérience du Québec et du Canada anglais, et je serai le premier à applaudir très fort cet acquis essentiel qui nous fait défaut depuis toujours.

Dans un article publié dans *Le Devoir* des 7 et 8 mai, j'ai proposé un amendement au texte du lac Meech. Lors de mon témoignage présenté le 14 mai devant la commission de l'Assemblée nationale, j'ai précisé cet amendement pour y inclure les anglophones qui représentent une composante essentielle de la société québécoise. Sans cette précision, l'expression «société distincte» risque d'avoir une connotation ethnique (c'est-à-dire de ne se rapporter qu'aux seuls Québécois francophones). Je sais que telle n'est pas l'intention du gouvernement, mais d'autres pourraient l'interpréter de façon aussi étroite.

Mon amendement substitue également le terme «responsabilité» à celui de «rôle» de l'Assemblée nationale et du gouvernement du Québec parce que nous savons malheureusement trop bien que tout dernièrement encore, à l'occasion du projet de loi 140, sur la réforme de l'éducation, il a fallu une levée de boucliers pour empêcher le gouvernement de «mal» remplir son «rôle». Enfin, mon amendement engage le gouvernement fédéral et les gouvernements des autres provinces, une clause que le gouvernement du Québec pourrait faire valoir notamment lors de négociations sur le partage des pouvoirs.

L'amendement proposé

Voici donc comment se lisait mon amendement:

(3) L'Assemblée nationale et le gouvernement du Québec ont la responsabilité de protéger et de promouvoir le caractère distinct de la société québécoise mentionné au point 1b.

Cette responsabilité inclut nécessairement la protection et la promotion du français, composante principale et essentielle de cette société, sur l'ensemble du territoire du Québec, de même que toute autre composante de cette société considérée sous le même angle (droit civil, éducation, économie, etc.). La protection et la promotion des institutions anglophones au Québec seront soumises à cette priorité principale et essentielle de la langue française.

(4) Cette responsabilité particulière du Québec sera reconnue par le gouvernement fédéral et les gouvernements des autres provinces.

Le ministre Gil Rémillard a repoussé mon amendement sous prétexte qu'il constituait une «description incomplète» de la société québécoise. Il fonde son objection sur l'autorité du juge Louis-Philippe Pigeon: dans la rédaction des lois, il faut éviter d'énumérer de crainte de restreindre. Il vaut mieux laisser aux tribunaux le soin d'expliciter le sens des lois. Si le temps me l'avait permis, j'aurais pu, de mon côté, faire valoir les points de vue contraires d'autres juristes, dont le regretté constitutionnaliste Jean-Charles Bonenfant et le juge Jules Deschênes, qui ont reproché à plusieurs reprises aux législateurs de légiférer dans le vague et de laisser aux tribunaux le fardeau de faire le travail des politiciens en explicitant à leur place le sens à donner aux lois.

Le ministre s'oppose, à mon avis avec raison, à toute énumération de traits qui feraient du Québec une société distincte de crainte que ces derniers laissent échapper des caractéristiques de la société. Or, ce que je propose comme amendement ne représente pas une énumération quelconque de traits, mais une définition d'objectifs essentiels qui visent à engager la Constitution canadienne dans le sens ardemment souhaité par la grande majorité des Québécois depuis tant d'années. Si ces objectifs étaient endossés en 1987, je suis convaincu qu'ils seraient encore valables en 2050, à moins d'un cataclysme majeur, comme ils auraient dû l'être en 1960 et même bien des années plus tôt.

Cette même proposition d'objectifs se retrouve d'ailleurs sous diverses formulations dans les pages bleues du premier volume du rapport de la Commission d'enquête sur le bilinguisme et le biculturalisme, le rapport de la Commission Pepin-Robarts et le rapport de la Commission politique du Parti libéral du Québec (Livre beige). Je tiens à faire remarquer que cette définition d'objectifs ne borne pas la spécificité québécoise au seul fait de la langue française (ou de la langue anglaise), mais à toutes les composantes de cette société considérées sous ces angles.

Si l'on peut me démontrer que ma proposition d'amendement ne correspond pas au vœu de la grande majorité des Québécois, eh bien! je suis prêt à y renoncer immédiatement pour me mettre au travail avec les meilleurs juristes avec lesquels on voudra bien m'associer pour en corriger les lacunes. Si, par contre, on continue à se borner à dire que la seule expression «société distincte» suffit à procurer au Québec la sécurité constitutionnelle nécessaire pour s'épanouir au sein de la fédération canadienne conformément à ses besoins et à ses aspirations légitimes, je devrai malheureusement dire que cette seule expression, ainsi laissée sans précision, n'offre aucune garantie. Il me faudra dénoncer l'entente de principe survenue au lac Meech comme un possible marché de dupes.

Un signal d'alerte

Qu'on dise donc de façon claire et raisonnée à nos partenaires des autres provinces et du gouvernement fédéral ce que nous voulons au lieu de risquer de se faire rétorquer plus tard: «What do you mean by Québec specificity?»

Si donc, une fois précisée l'expression «Québec, société distincte», nos partenaires signent l'entente, je serai le premier à saluer dans ce geste la plus grande heure de notre histoire. Si, par contre, ils devaient refuser d'inclure toute précision, ce serait un signal d'alerte infaillible nous avertissant de ne pas signer, cette fois-ci encore, la Constitution de 1982.

Je me mentirais à moi-même, je mentirais à la jeunesse, je mentirais à la nation tout entière si je disais que l'entente du lac Meech, sous sa forme actuelle, est sans faille majeure et que, malgré certaines imperfections, il faut profiter de l'occasion qui nous est offerte de réintégrer la Constitution canadienne de 1982. Avant de couler dans le ciment l'unité canadienne restaurée, assurons-nous que les matériaux choisis sont bien étanches et vont subir sans trop de mal l'épreuve du temps.

Nous portons tous une énorme responsabilité devant le Québec d'aujourd'hui et de demain. Plutôt que de laisser aux tribunaux le soin de décider à partir de cas particuliers, demandons plutôt à nos législateurs d'avoir le courage de définir les objectifs de cette société devant le Québec et le Canada entiers. À ce prix, et à ce prix seulement, ces derniers peuvent avoir l'assurance de mon entière adhésion.

DÉFENSE DU FRANÇAIS,
DÉFENSE D'UNE SOCIÉTÉ[1]

Comment donc s'est tissé l'enchevêtrement des causes et des conséquences qui a sapé la confiance que nos frères, les francophones hors Québec, avaient en nous au point où certains en soient venus à affubler le ministre Gil Rémillard et le premier ministre Bourassa du qualificatif infamant de «traîtres» tout en devenant eux-mêmes des alliés objectifs des anglophones québécois? Quelles provocations insoutenables ont pu nourrir le récent sursaut d'indignation des anglophones québécois à notre endroit?

Quel concours de circonstances défavorables est parvenu à raviver l'insensibilité, sinon l'hostilité, de nombre d'anglophones canadiens envers le Québec, eux qui, pourtant, étaient devenus beaucoup plus réceptifs à la suite des efforts de conciliation des commissaires et des chercheurs de la Commission d'enquête sur le bilinguisme et le biculturalisme (1963-1971) et de la Commission d'enquête Pepin-Robarts sur l'unité canadienne (1977-1979)? Quels événements, quelles informations ont exhumé aux États-Unis les préjugés antiquébécois d'un autre âge?

Comment rendre compte du fait que dix ans après avoir établi les fondements d'une paix linguistique durable au Québec et légiféré au fédéral sur les langues officielles afin, espérait-on, d'atténuer graduellement les injustices séculaires envers le français, d'aucuns insinuent aujourd'hui que l'une ou l'autre de ces mesures réparatrices, sinon les deux, aient émané d'esprits chauvins, voire même fascisants?

Chez nombre de Québécois eux-mêmes, ne voit-on pas poindre des signes d'une mauvaise conscience en ce qui touche le bien-fondé moral des mesures protectrices qu'ils s'estiment contraints d'adopter pour simplement survivre comme francophones sur ce continent? Recou-reraient-ils à des procédés antidémocratiques, se transmueraient-ils en revanchards à l'endroit des anglophones québécois? Oui, certes, tout cela est plausible, mais est-ce bien le cas? Pareilles accusations sont tellement graves que tout esprit ayant le sens de la mesure requerrait de les examiner soigneusement afin d'en vérifier le degré d'exactitude.

Faudrait-il croire à un mauvais génie qui s'acharnerait à rouvrir en ricanant d'anciennes blessures larges et profondes parmi les diverses catégories de la population concernant leurs visions respectives les unes des autres et leur sens de l'identité, blessures que l'on pouvait croire, à tort, faut-il le craindre, pour toujours fermées?

Ou encore, devrait-on plutôt mettre en cause des personnalités pu-bliques qui, tels des apprentis sorciers, sèmeraient la confusion tout en prétendant aplanir les aspérités qui obstruent les voies vers des compromis valables?

Soyons raisonnables. Attardons-nous plutôt sur la partie de l'alter-native la plus vraisemblable, la seconde.

La responsabilité des personnalités publiques

Je sais bien que les personnalités publiques sont soumises à des pres-sions multiples et contradictoires. Malgré les dilemmes qui se posent à elles, leurs commettants sont en droit d'exiger qu'elles possèdent, outre une passion légitime pour le pouvoir, la capacité d'adopter des mesures équitables pour tous.

Certes, les problèmes qui les assaillent sont complexes et les sources de conflits nombreuses. On retrouve toujours les mêmes principaux protagonistes quand il s'agit de définir le statut politique et constitu-tionnel du Québec: d'une part, ceux qui continuent de promouvoir l'indépendance du Québec et qui deviendront sans doute plus nom-breux et plus ardents à la suite de l'entrée en scène de Jacques Parizeau; d'autre part, les fédéralistes qui persistent à se répartir en deux camps opposés selon qu'ils préconisent un gouvernement fédéral fort ou un gouvernement du Québec jouissant d'une large autonomie.

La plupart des problèmes qui s'imposent à notre attention découlent de ces oppositions fondamentales et jusqu'ici inconciliables: l'accord du lac Meech-Édifice Langevin, la portée éventuelle du libre-échange avec les États-Unis, la manière d'accueillir et d'intégrer les réfugiés et les immigrants, la question de la langue d'affichage, la bonne manière de traiter avec les francophones hors Québec, etc. Malheureusement, nombre de ceux qui portent la responsabilité de trancher ces questions tergiversent ou se révèlent ineptes : le premier ministre Bourassa, lui qui pourtant se hérisse à la pensée de devoir passer à l'histoire comme ayant échoué à «protéger et promouvoir» le français, agit comme s'il espérait que d'autres — notamment la Cour suprême ou encore le passage du temps — décideront pour lui ; en se voulant tout à tous, le ministre de la Justice, Herbert Marx, a perdu la confiance d'un grand nombre et le plus beau geste qu'il pourrait désormais faire serait de remettre sa démission.

En adoptant, dans son Rapport annuel de 1987, la version trudeauiste du Canada, le commissaire aux langues officielles, D'Iberville Fortier, n'a fait que respecter ses convictions personnelles légitimes, mais il s'est montré imprévoyant en ignorant le flot de passions qu'il allait précipiter en écrivant cette phrase dont lui-même a jugé, après coup, imprudents les mots qui la concluent :

> Mais le salut du français, au Québec ou ailleurs, passe sûrement par l'affirmation de son poids démographique, de sa vitalité culturelle et de son pouvoir d'attraction propre plutôt que par l'humiliation de sa rivale. (p. 9)

Devant le comité sénatorial sur l'accord du lac Meech-Édifice Langevin, le 30 mars dernier, l'ex-premier ministre Pierre Trudeau ne s'est pas grandi non plus en scandant ces mots outranciers à l'égard de sa province natale dont je sais qu'il veut, à sa façon, le bien :

> Nous avons des exemples dans l'histoire où le gouvernement devient totalitaire parce qu'il agit en fonction d'une race et envoie les autres dans des camps de concentration.

Ce sont pareilles actions et déclarations de la part de personnages publics de premier plan qui déclenchent les propos haineux à l'égard des Québécois francophones de J. M. St-John et *tutti quanti*. Ces gestes, qui se conjuguent au désaveu par le Sénat de l'accord tel qu'il fut approuvé et à la valse-hésitation des libéraux fédéraux, pourraient procurer une justification à sept premiers ministres provinciaux pour en bloquer ou en retarder l'adoption par leurs assemblées législatives. Tous ensemble, chacun à sa façon, légitiment en quelque sorte la Saskatchewan, une des trois provinces qui, outre la Chambre des communes, a jusqu'ici endossé l'accord, de faire grise mine à la décision de la Cour suprême lui enjoignant de traduire ses lois en français et d'offrir à ceux qui les réclament des services en français devant les tribunaux.

N'allons surtout pas faire l'erreur d'omettre de la liste des personnages publics le rusé chef du Parti québécois, Jacques Parizeau, qui, pour l'instant, étudie soigneusement le terrain en bon stratège qu'il est et se tient tout fin prêt à tirer profit de la situation si tout se passe comme il l'espère — c'est-à-dire mal.

Il ne faut pas omettre non plus — bien que cette crainte soit prématurée — le danger que représentent ceux qui, parmi les radicaux extrêmes, désespérant de voir le processus démocratique favoriser un jour leur cause, pourraient être tentés, comme certains le firent naguère, de recourir à des procédés violents. Ils en seraient d'ailleurs, j'en suis sûr compte tenu du caractère pacifique de notre population, les premières victimes.

L'objectif essentiel : considérer le français comme le principe intégrateur de la société québécoise

L'objectif recherché doit être de considérer le français comme un moyen de communication, le mode d'expression d'une pensée et d'une mentalité qui doit imprégner le Québec. Devant la Commission parlementaire sur l'accord du lac Meech à l'Assemblée nationale en juin dernier, j'ai insisté sur le fait que la langue française était avant tout le principe intégrateur de la société québécoise. Renoncer à ce principe, ce serait saper les fondements mêmes de cette société. Dans un livre récent, j'exprimais cette condition dans les termes suivants :

> [C'est] moins dans d'autres thèmes que le français qu'il faut chercher la spécificité des Québécois que dans le fait que cette langue, dans les conditions qui sont les siennes en terre d'Amérique, est au cœur de leur existence comme société originale[2].

En citant les propos pessimistes de notre imaginaire national (ceux des poètes, romanciers, chansonniers, dramaturges), je me suis interrogé dans ce livre sur les chances qu'à notre langue, non pas de survivre, mais d'exprimer ce que nous devenons sur ce continent et de nommer les réalités qui en émergent chaque jour en se bousculant et en nous privant trop souvent du loisir de les assimiler conformément à notre génie.

J'avoue mon inquiétude, non pas en raison d'un doute que je

ressentirais au sujet de l'aptitude du français, en tant que tel, à s'ajuster aux contextes nouveaux, même produits de l'extérieur, mais plutôt parce que nous croyons bien à tort pouvoir garantir l'avenir par de simples textes juridiques. Toute formule juridique, quelque étanche qu'on veuille bien la rédiger, serait insuffisante dans la mesure même où elle isolerait la langue de la société qui la nourrit ou, pis encore, prétendrait mieux protéger la langue en la passant sous silence...

On doit considérer l'obligation de protéger sa langue non pas comme un motif de gloire, mais comme un devoir obligé. René Lévesque, alors premier ministre, exprimait cette condition en ces termes à l'occasion de l'adoption de la loi 101, considérée comme la Charte de la langue française : « Il est humiliant pour une majorité d'avoir à légiférer pour protéger sa langue. »

Dans une situation « normale », c'est la volonté générale, c'est-à-dire l'existence d'une mentalité populaire ferme, qui dispense d'avoir recours à une législation linguistique palliative. Le support actif, constant et convergent de la culture, de l'économie, du système d'éducation, du régime de la santé et des affaires sociales, des relations internationales et, bien sûr, de la politique et du droit rend toute législation linguistique impérative superflue. Or, au Québec, l'articulation de la langue à la société ne nous paraît pas suffisamment solide pour ne pas nous persuader d'avoir recours à une loi et à une Constitution protectrices.

C'est précisément cette conception de la langue comme étant indissociable de la société qui me conduisit à m'opposer à l'expression « société distincte », laissée volontairement sans précision aucune dans l'accord du lac Meech-Édifice Langevin en juin dernier. J'étais d'avis — et je pense que la suite des événements me donne raison — que, compte tenu de la nature du Canada, les collègues anglophones des rédacteurs québécois du texte pourraient bien déjouer ces derniers une fois de plus. Au-delà des allégeances partisanes et du jeu des amitiés réelles ou feintes, comment croire que des premiers ministres hésitants, divisés sur le sens des termes, harcelés même à certains moments, certains — au surplus — parvenus au terme de leur mandat, allaient subitement enfin admettre ce que le Canada anglais avait toujours ignoré, c'est-à-dire que le Québec constituait au sens fort du terme une « société distincte » ? C'était déjà difficile à croire du Nouveau-Brunswick et de l'Ontario, où les francophones sont relativement nombreux et concentrés sur le territoire, alors qu'espérer des autres provinces où le français compte pour presque rien? Le Canada anglais n'a pu jusqu'ici que reconnaître des provinces, jusqu'à un certain point des régions, une «mosaïque» canadienne, mais jamais, au grand jamais, «deux sociétés» ou «deux nations», ce qui lui aurait permis de «comprendre» enfin ce que nous entendons par «société distincte». Il aurait fallu, cette fois-ci, préciser notre position telle qu'elle fut définie et martelée, notamment dans les pages bleues du premier volume du rapport de la Commission d'enquête sur le bilinguisme et le biculturalisme.

Voies de solutions

La meilleure preuve que l'on puisse donner de l'existence d'un lien intime rattachant la langue à l'ensemble de la société est le grand nombre de problèmes politiques qui en découlent et auxquels il importe de trouver de toute urgence des solutions, ou tout au moins des compromis équitables, pour toutes les parties concernées.

Un premier enjeu concerne l'accord de libre-échange avec les États-Unis. Bien que je sois favorable à ce traité, je m'étonne qu'on ne l'ait jusqu'ici que très peu considéré sous les deux angles de la prédominance du gouvernement fédéral qu'il pourrait entraîner et de ses conséquences sur la langue française, à laquelle il poserait un problème supplémentaire. L'accord du lac Meech-Édifice Langevin soulève une deuxième question. C'est là un des tournants imprévisibles de la politique que nombre de ceux qui s'objectaient aux termes de cet accord, notamment en raison de l'imprécision de l'expression «société distincte» — et j'étais de ceux-là — estiment aujourd'hui que si cet accord n'est pas retenu sous sa forme actuelle par tous les responsables, il pourrait s'ensuivre une grave secousse ayant une fois de plus son épicentre au Québec et pouvant même aboutir à une nouvelle flambée du sentiment indépendantiste. Si le Canada anglais repoussait les cinq propositions des plus raisonnables du Québec, malgré les exhortations pressantes et même angoissées du premier ministre Bourassa et du ministre Gil Rémillard, il serait téméraire celui qui espérerait que tout rentrerait dans l'ordre et qu'après pareil affront, le Québec capitulerait en apposant sa signature à la Constitution de 1982 qui le laisse, sous des aspects essentiels, à la merci des autres provinces et même d'un éventuel gouvernement québécois imprévoyant.

Dès lors, on comprend les tours de passe-passe auxquels se livre Robert Bourassa pour inciter les récalcitrants à honorer leur parole : ainsi, minimiser le refus du premier ministre de la Saskatchewan, Grant Devine, de se soumettre pleinement à la décision de la Cour suprême ordonnant que les lois et les tribunaux reconnaissent le français de crainte que d'autres premiers ministres voient dans l'accord un autre texte juridique ayant pour effet de leur «enfoncer le français dans la gorge».

Les réticences des provinces anglaises, heureusement de moins en moins nombreuses, concernant l'accord du lac Meech-Édifice Langevin et certaines clauses de la Constitution canadienne de 1982, découlent en partie de la pénible situation des francophones dans sept provinces du Canada. Est-ce bien raisonnable de demander à la Cour suprême de rendre des jugements en vertu de dispositions constitutionnelles supposant que la traduction des lois en français dans ces provinces ainsi que la mise en place de dispositions permettant l'usage du français dans les tribunaux contribueraient sensiblement à l'amélioration du sort des minorités françaises?

J'estime que la Commission d'enquête sur le bilinguisme et le biculturalisme montrait plus de sagesse en concluant que, soixante-quinze ans après la suppression de l'article 23 de la Constitution manitobaine (qui faisait de cette province une province bilingue), ce serait exiger du Manitoba une réparation illusoire que de réclamer qu'il retraduise toutes ses lois en français et impose le français dans les tribunaux. Compte tenu de l'évolution démographique et socio-économique massive en faveur de l'anglais, la Commission fit preuve de réalisme en recommandant plutôt une série de mesures concrètes propres à soutenir les francophones des provinces anglaises dans leur lutte pour leur survie et l'épanouissement de leur langue : création de districts bilingues, fondation de maisons de la culture dotées des meilleurs équipements en français comme lieux de rencontre, accent mis sur l'éducation en français et sur la responsabilité de Radio-Canada et de l'Office national du film, assistance financière, technique et humaine de la part des provinces, du gouvernement fédéral et du Québec, etc.

La Commission recommandait que ces mesures s'adaptent aux conditions particulières de chaque province. En Saskatchewan, par exemple, en 1986, on ne comptait plus que 32 726 francophones, dont la plupart étaient dispersés sur le territoire et dont seulement 8 980 disaient parler encore le français à la maison. Semblable situation tragique, disons-le crûment, n'est pas à l'honneur des anglophones ni de nos ancêtres francophones tant au gouvernement fédéral qu'au Québec, non plus d'ailleurs que de nous, les contemporains. Il ne se dénombre plus que 5 % de la population canadienne francophone hors Québec et seulement 3 % de ces francophones hors Québec disent parler encore français à la maison. Toute considération idéologique et toute conception particulière du pays mise à part, que pouvons-nous faire aujourd'hui qui soit susceptible de stimuler et d'aider véritablement ceux qui s'agitent pour éviter le déclin fatal de ces minorités francophones ?

En ce qui concerne le Québec, son principal talon d'Achille consiste dans les attitudes et les comportements des anglophones et des allophones envers le français. Tous, de différentes manières, se posent les questions du présent et de l'avenir démographique des francophones, de la réception et de l'accueil des immigrants, de la prise de conscience par les anglophones que de «majoritaires» qu'ils étaient dans leur esprit, ils sont devenus minoritaires dans les faits, selon l'expression de Gary Caldwell. Toutefois, à mon avis, cette dernière conclusion doit être replacée dans son contexte propre. Il est vrai que la proportion d'anglophones a diminué de 14,7 % à 10 % entre 1971 et 1986. Mais, comme 12,3 % des Québécois disent parler l'anglais au foyer, l'anglais demeure encore une langue d'assimilation au Québec même. D'ailleurs, malgré la loi 101, 70 % des allophones continuent à parler l'anglais à la maison.

J'avais applaudi à la création d'Alliance Québec. Je voyais dans ce regroupement d'anglophones, par leur formation et par le fait qu'ils appartenaient à la génération montante, des porte-parole représentatifs de ceux qui entendent demeurer au Québec et qui estiment pouvoir le faire en conservant la langue anglaise tout en s'intégrant à la communauté francophone. Je les voyais comme des intermédiaires valables entre les anglophones et la majorité des francophones qui estiment que leur présence représente une richesse inestimable pour le Québec. Je les voyais également comme des partenaires dans nos efforts pour intégrer les allophones dans le respect de leurs apports culturels propres et même comme des interprètes de nos projets d'avenir auprès des provinces anglaises et des États-Unis. Malheureusement, à la suite de leurs prises de position à propos de plusieurs dispositions de la loi

101 et de l'accord du lac Meech-Édifice Langevin, force m'est plutôt de voir en eux des haut-parleurs des opposants radicaux à toute tentative de rapprochement des anglophones avec le Québec tel qu'il est devenu depuis 1960 et tel qu'il entend devenir d'ici la fin du siècle. Ils se hausseraient grandement dans l'estime des francophones et de nombreux anglophones en révisant leur vocation véritable, sinon leurs seuls interlocuteurs ne seront bientôt plus que les indépendantistes obstinés et les anglophones réactionnaires.

Dans ce même contexte, une question inévitable, cauchemar du premier ministre Bourassa depuis son élection, va surgir incessamment : celle de la langue d'affichage.

Telles sont les données cruelles du problème : il ne se pose à vrai dire que dans la région montréalaise où se concentrent, en gros, un tiers de la population du Québec, les deux tiers de son économie et les quatre cinquième de sa culture non strictement folklorique. En outre, la région montréalaise représente le seul véritable centre d'intégration des immigrants québécois. Aucune autre ville au monde — Paris, Londres, New York, Tokyo, Bruxelles — ne se compare à Montréal sous l'aspect linguistique. Ah! s'il s'agissait de Chicoutimi ou de Rimouski, qu'il serait facile de permettre l'affichage en anglais! Et s'il s'agissait des seuls Chinois, Grecs, Italiens ou Turcs, que la ville deviendrait attrayante en les incitant à exprimer leurs raisons sociales en leurs langues! Mais l'anglais étant la langue de 97 % des habitants de ce continent, ne serait-il pas suicidaire de permettre l'affichage en cette langue? N'obligerait-on pas en quelque sorte, pour des raisons de concurrence, les commerces francophones à se manifester également en cette langue? Et voilà que le cœur de Montréal tout au moins deviendrait bilingue, et même anglais.

Par ailleurs, je ne retire rien de mes propos antérieurs sur la richesse culturelle et matérielle que signifie pour le Québec une présence active de l'anglais et je tiens au respect intégral des droits acquis des anglophones — droits que je voudrais que l'Assemblée nationale garantisse pour toujours. Je ne retire rien non plus de la proposition d'amendement que j'avais soumise aux membres de la Commission parlementaire sur l'accord du lac Meech : « la protection et la promotion des institutions anglophones au Québec seront soumises à cette priorité principale et essentielle de la langue française ».

En ce qui concerne la langue d'affichage, après mûres réflexions, j'estime qu'une solution équitable devrait contenir les éléments suivants: toute affiche identifiant les édifices commerciaux, industriels et financiers devra être exclusivement en français en ce qui concerne la façade extérieure; par contre, des inscriptions bilingues (en anglais ou dans une autre langue) seront permises à l'intérieur de ces mêmes établissements, dans le but d'informer la clientèle non francophone sur la nature des produits, à la condition qu'elles ne soient pas visibles de l'extérieur et que le français ait préséance, en termes de localisation et d'espace, sur toute autre langue. J'estime qu'une solution de cette nature devrait être bien reçue par la grande majorité, dans la mesure où elle serait finalement jugée équitable dans le contexte bien particulier de Montréal.

L'avenir du français au Québec et de la société dans son ensemble soulève bien d'autres questions, autrement plus redoutables en leur fond que celle de la langue d'affichage, tant les facteurs d'incertitude internes et externes sont nombreux. J'ai souvent reproché à René Lévesque d'avoir cherché à enfermer le «nationalisme», c'est-à-dire la pensée axée en priorité sur le Québec francophone, au sein du seul Parti québécois. Très tôt, dès 1968 et surtout après novembre 1976, toute idée novatrice et non partisane avait été étouffée au Québec. Aussi bien le premier ministre Bourassa que Jacques Parizeau devront cette fois-ci comprendre que s'il est normal que leurs partis accueillent chaleureusement les intellectuels et les jeunes, ils se doivent également de tolérer, et même de stimuler, la formation de cercles d'études, de clubs de discussion, de revues. Il importe que toutes ces questions qui nous préoccupent aujourd'hui et toutes celles qui vont surgir demain puissent être scrutées, au sein des partis bien entendu, mais également en dehors d'eux, par des personnes parfaitement libres de toute allégeance partisane et exclusivement mues par la recherche des véritables solutions. On trouve rarement ces vraies solutions dans les congrès et les programmes politiques, parce qu'elles exigent une préoccupation de longue période. De la sorte seulement, à mon avis, deviendrait-il possible de briser la gangue de notre nationalisme vermoulu afin qu'il en émerge enfin les prémices d'un patriotisme ou, si l'on veut, d'un nationalisme accordé aux conditions d'un Québec dont le destin pourrait bien se jouer au XXIe siècle.

LOI 178: ACCEPTABLE MAIS D'APPLICATION ALÉATOIRE[1]

Le jugement sur la langue d'affichage rendu le 15 décembre dernier par la Cour suprême du Canada aurait dû ne surprendre personne. En sanctionnant le droit d'afficher en anglais aussi bien qu'en français au Québec, la Cour n'a pris que deux décisions auxquelles tous devraient s'attendre. Premièrement, elle a interprété une conception politique du Canada qui bafoue les structures sociales du Québec. Deuxièmement, elle s'est inspirée de la clause de la liberté d'expression. Telle que communément reçue, cette clause s'étend au langage commercial. Les fondements philosophiques de cette extension sont problématiques et devraient être clarifiés. Il est vrai que la Cour s'appuie à la fois sur la Charte canadienne des droits et des libertés et sur la Charte des droits et des libertés du Québec. Camille Laurin et d'autres personnes ont toutefois affirmé à ce sujet que le législateur québécois excluait précisément le discours commercial des objets relevant des droits de la personne. Mais comme cette exclusion n'est pas expressément mentionnée dans la Charte, une interprétation contraire est licite.

Par contre, le jugement reconnaît que, étant donné la situation du français au Québec, il est légitime que cette langue soit «prépondérante», un terme dont le premier ministre Bourassa, devant faire face au premier grand défi de son second gouvernement, a voulu tirer profit.

Ce jugement, attendu depuis longtemps, a pourtant semblé prendre le gouvernement du Québec au dépourvu. De toute évidence, celui-ci a conduit le court débat sur cette question de façon improvisée. Deux versions de la loi 178 modifiant la Charte de la langue française furent présentées à l'Assemblée nationale à deux jours d'intervalle. La seconde version retire à l'Office de la langue française, au profit du gouvernement, la responsabilité de la réglementation dans les cas les plus cruciaux. Ce changement a eu pour effet de modifier plusieurs dispositions subséquentes de la loi. Les clauses essentielles de la loi 178 restent d'une extrême importance. Le recours à la dérogation pour l'affichage extérieur prohibe l'usage de toute autre langue que le français. À l'intérieur des établissements commerciaux, les limites prévues en termes de localisation et de nombre restreignent de façon encore indéterminée la portée du jugement de la Cour suprême. En outre, «l'affichage et la publicité commerciale peuvent être faits à la fois en français et dans une autre langue ou uniquement dans une autre langue dans les cas ou suivant les conditions ou les circonstances prévus par les règlements de l'Office de la langue française» (article 58.2). Malgré certaines réserves sévères que j'exposerai par la suite, j'estime que la loi 178 pourra respecter les droits fondamentaux du français au Québec.

C'est en ne précisant pas quel sens exact il fallait donner aux deux termes «localisation» et «nombre» que le gouvernement a versé dans l'improvisation et verse dans l'imprécision. Il a suscité parmi la population un climat d'incertitude qui a réveillé l'insécurité toujours latente chez les francophones et en a braqué plusieurs contre l'essentiel de la loi. Quant à Alliance Québec et à ses partisans, il était inutile de tenter de leur donner satisfaction. On devait savoir à l'avance qu'ils ne se satisferaient de rien de moins qu'une totale soumission au jugement de la Cour suprême.

Dans un texte publié dans *Le Devoir* des 26 et 27 mai 1988 sous le titre «Défense du français, défense d'une société», je déplorais les atermoiements du gouvernement du Québec au sujet des aspects majeurs de la langue — langue d'enseignement, langue de travail, langue d'entreprise, langue d'accueil — et j'exposais ma position sur la langue d'affichage dans un court paragraphe. Ce texte, écrit à froid, a prêté à interprétation et on a pu en déduire que je préconisais l'affichage extérieur uniquement en français et l'affichage intérieur bilingue. Pourtant, sous ce dernier aspect, je croyais ma formulation très restrictive:

... par contre, des inscriptions bilingues (en anglais ou dans une autre langue) seront permises à l'intérieur de ces mêmes établissements, dans le but d'informer la clientèle non francophone sur la nature des produits, à condition qu'elles ne soient pas visibles de l'extérieur et que le français ait préséance, en termes de localisation et d'espace, sur toute autre langue.

Je concède que ce texte est de caractère trop général. Parce que le premier ministre Bourassa, en suggérant au mois d'octobre l'affichage français extérieur et l'affichage bilingue intérieur, a associé mon nom à cette suggestion, on la désignera comme la « solution Dion ».

Dans des entrevues publiées dans les journaux les 6, 7 et surtout le 10 décembre, dans les nombreuses entrevues accordées aux médias électroniques le jour du jugement de la cour suprême, le 15 décembre, et à la suite du dépôt des projets de loi 178, j'ai précisé ma pensée sur le sujet de l'affichage. Il peut être utile que je l'exprime par écrit.

Dans les meilleurs intérêts du français au Québec, il s'imposait que le gouvernement recoure à la clause « nonobstant » en ce qui concerne la langue d'affichage des établissements commerciaux, tant à l'intérieur qu'à l'extérieur. Il aurait été plus aisé de permettre ; interdire est toujours difficile.

À l'intérieur, l'interdiction de la langue anglaise serait atténuée par une plus grande liberté d'expression accordée aux petits commerces dont le propriétaire est une personne et qui ne sont pas situés dans un centre commercial. Dans les grands espaces commerciaux, je limiterais l'usage de l'anglais à des panneaux indicateurs mis à la disposition des clients à l'intérieur des commerces, de même qu'à certains renseignements utiles situés près des escaliers ou des ascenseurs afin d'orienter la clientèle non francophone vers les catégories de produits qu'elle désire se procurer. Dans la mesure du possible, de tels renseignements seraient fournis sous forme graphique afin de supprimer, même dans ces quelques cas, l'épineuse question de la « prépondérance » du français.

À mon avis, même abstraction faite du jugement de la Cour suprême, cette légère tolérance de l'anglais à l'intérieur des grands espaces commerciaux, surtout à Montréal et aussi dans certaines régions, est rendue nécessaire en raison de l'évolution de l'économie québécoise depuis dix ans. Ce n'est plus seulement de Québécois ou même de Canadiens anglophones dont il s'agit, mais d'un continent de deux cent quarante millions d'anglophones, sans compter la clientèle croissante du Sud-est asiatique pour qui l'anglais est généralement la langue seconde d'usage. À l'aube de la mise en place du libre-échange avec les États-Unis, la prudence s'impose certes pour pouvoir parer au fur et à mesure les nouvelles menaces pour le français qui en résulteront. Mais c'est en redoublant de confiance en nous-mêmes, et non en refermant par la force un cordon protecteur français sur cinq millions d'habitants qui aspirent enfin à leur pleine émancipation économique, que l'on parviendra à faire du français un idiome capable de permettre aux Québécois d'exprimer, avec justesse, les réalités du continent et du monde nouveau qui s'ouvrent à eux aujourd'hui.

Un grand nombre de clients potentiels ne savent même pas que le français doit prédominer à Montréal et, dans leur complète ignorance de cette langue, ils seraient aussi désemparés dans des établissement exclusivement francophones que je le suis à Tokyo. Mais à Tokyo, je retrouve ma tranquillité d'esprit chaque fois que je lis une inscription dans une langue que je comprends, dans ce cas, l'anglais. C'est pourquoi je considérerais comme de simples mesures de saine hospitalité que certains renseignements utiles, dans les bornes mentionnées ci-dessus, soient fournis en anglais aux clients non francophones des grands établissements commerciaux de Montréal. Le français, dont l'affichage serait illimité, ne serait pas meurtri, mais au contraire pleinement valorisé en tant que langue commune des habitants.

En se refusant à imposer la clause dérogatoire en ce qui concerne l'intérieur des établissements, en laissant au contraire subsister la plus grande incertitude sur la nature des réglementations à venir, il est possible que le gouvernement Bourassa ait voulu se concilier les anglophones québécois, comme il a pu croire se concilier les francophones en prescrivant le français à l'extérieur. Or, s'agissant d'une question aussi émotive que la langue, la majorité est particulièrement instable. Il n'existe à vrai dire que deux positions, radicales l'une et l'autre mais opposées. Ces positions sont tenues par des minorités actives qui, chaque fois que la question linguistique suscite une crise aiguë, peuvent aisément mobiliser à leur profit «leur» fraction de la majorité. Les réactions aux lacunes du programme réglementaire de la loi 178 ont montré une fois de plus la justesse de la proposition suivante: en matière linguistique au Québec, aucun compromis n'est susceptible de satisfaire à la fois Alliance Québec et la Société Saint-Jean-Baptiste.

La voie dans laquelle le gouvernement doit s'engager me paraît claire. D'abord, il se doit d'agir rapidement pour déterminer la réglementation à l'intérieur des établissements afin de dissiper l'insécurité dans laquelle se trouvent les francophones à ce sujet. L'affichage a valeur de symbole : il est le signe visible de la présence du français au Québec. Il représente pour les francophones ce qu'est un drapeau pour le peuple.

Il ne saurait donc être question de surseoir à l'application des règlements jusqu'après les prochaines élections. Ce serait là une dérobade indigne d'un premier ministre. Et il serait ridicule de convoquer un «Sommet» sur cette question tant les décisions à prendre sont manifestement du ressort du gouvernement : imaginons la tour de Babel, la cacophonie qui résulterait d'un pareil «Sommet»!

Il ne saurait être question non plus — le ministre Gil Rémillard a été clair sur ce point — de troquer la clause «nonobstant» pour la notion de «société distincte» contenue dans l'accord éventuel du lac Meech. Le sens de la clause dérogatoire est précis; celui de la notion de «société distincte» ne sera connu que lorsque les tribunaux seront amenés à statuer à son sujet.

Il est également impensable que, pour atténuer la colère de certaines provinces à la suite de son recours à la clause «nonobstant», le Québec accepte que soit le moindrement modifié l'accord du lac Meech. Heureusement, le premier ministre du Canada et celui du Québec ont été l'un et l'autre explicites sur ce point.

Si le gouvernement du Québec devait viser à limiter l'affichage en anglais à l'intérieur des établissements dans le sens que je suggère, rien ne s'opposerait à une réglementation rapide et limpide qui redonnerait aux Québécois la sécurité linguistique qui leur est indispensable et qui, à mon avis, rendrait la loi 178 acceptable et même, pour plusieurs, bienvenue parce qu'elle répond à un besoin.

LA LONGUE MARCHE DES QUÉBÉCOIS[1]

Le 22 février 1964, André Laurendeau s'interrogeait dans son *Journal*: «Comment faire en sorte que le minimum de ce que les Canadiens français exigent aujourd'hui rencontre le maximum de ce que les anglophones estimeront acceptable?» Et le 21 juin 1965, il ajoutait: «Comment parvenir à intégrer sans l'étouffer le nouveau Québec qui se manifeste depuis 1959?» Ailleurs, il énonçait la prémisse de la réforme constitutionnelle qui, à ses yeux, s'imposait: «La Constitution mérite de survivre à condition d'être refaite.» Et, en 1965, à la suite d'une longue série de rencontres régionales, la Commission d'enquête sur le bilinguisme et le biculturalisme affirmait dans un Rapport préliminaire: «Le Canada traverse, sans toujours en être conscient, la plus grande crise de son histoire.»

Le Canada anglais n'a pas entendu le message en 1965, ni celui de 1979 à la suite du Rapport de la Commission d'enquête sur l'unité canadienne, ni celui de 1982 après le retrait du Québec du processus constitutionnel, ni celui d'aujourd'hui malgré les réactions devant l'échec de l'accord du lac Meech. En fait, il n'a jamais cru qu'il y avait réellement crise, pas plus d'ailleurs qu'il n'a jamais voulu accepter que le Québec constituait une société distincte au sens strict du terme. Si, contrairement à ce qui fut le cas à la suite des anciennes occasions manquées, le Canada anglais ressent un certain choc, il s'en remettra rapidement et il conclura très vite qu'il en est de même pour le Québec, surtout si ce dernier tarde à faire connaître sa dissidence d'une manière convaincante et sans appel.

Il ne sert à rien de vouloir identifier les responsables de l'échec de l'accord du lac Meech. Je tiens toutefois à répéter ce que j'ai déjà dit, moi qui fus à l'origine plutôt tiède à l'égard des propositions du

Québec parce que je les jugeais insuffisantes. J'étais heureux du succès apparent de l'accord le 10 juin 1987 parce qu'il accordait au Canada et au Québec un sursis avant d'avoir à reconsidérer l'ensemble du problème constitutionnel plus à fond. Ce n'est pas de gaieté de cœur qu'aujourd'hui, au lendemain de l'échec brutal de l'accord, je me vois contraint de revenir sur ce sujet et de tenir des propos que j'aurais préféré garder en réserve jusqu'au prochain épisode.

Je veux souligner que, dans des circonstances difficiles, le premier ministre Bourassa et le ministre Gil Rémillard ont bien défendu la cause du Québec. Durant une longue semaine, leurs partenaires des autres provinces les ont contraints à négocier les cinq propositions que tous les premiers ministres avaient pourtant adoptées et signées en avril et juin 1987. Ces propositions «non négociables», ils ont dû les défendre virgule par virgule et il ne faut pas leur porter grief d'avoir accepté des amendements qui auraient pu se révéler coûteux : c'était là le prix à payer pour obtenir une ratification qui, en dépit des concessions, s'est révélée piégée les jours suivants.

Dès la consommation de l'échec, les 22 et 23 juin, le premier ministre Bourassa a tenu à rassurer les Québécois sur la fermeté de ses positions. Les mesures d'action protectrice qu'il a énoncées ne peuvent toutefois être efficaces que de façon très limitée et pour une courte période. Elles reportent le Québec aux positions adoptées par le premier ministre Lévesque après l'échec de 1982 : le cadre constitutionnel de 1867-1982 reste intact. Au surplus, la marge de jeu du Québec dépend du bon vouloir du premier ministre fédéral dans le cas du vaste champ des compétences concurrentes et des subventions fédérales, de même que de l'intervention des autres provinces. En outre, il se trouvera bien un jour un gouvernement fédéral enclin à disposer de son pouvoir de dépenser au détriment du Québec et déterminé à poursuivre le programme de la réforme constitutionnelle, même en l'absence du Québec. Un tel gouvernement pourrait, par exemple, mettre à l'ordre du jour la réforme du Sénat, qui peut s'accomplir avec l'accord de sept provinces comprenant 50 % de la population canadienne, la participation du Québec n'étant donc pas indispensable. En bref, les propositions du premier ministre Bourassa ne suppriment en rien les sources permanentes de conflit inhérentes à notre Constitution boiteuse.

Il faut savoir gré au premier ministre Bourassa et au chef de l'opposition, Jacques Parizeau, d'avoir tenu des propos réfléchis et modérés à l'heure où le Québec se voit contraint de revenir au même point de départ aussi inacceptable qu'en 1982, 1985 et 1987. Il n'a pas d'autres choix que de courber une fois de plus la tête ou de se redresser et de se mette à l'œuvre pour accomplir, lui-même et par lui-même, son destin. Et c'est la voie de la fierté qu'il va choisir. Le premier ministre Bourassa l'a affirmé avec force samedi à l'Assemblée nationale: «Le Québec est une société distincte et capable d'assumer son destin politique.»

La décision d'agir avec vigueur et d'assumer nous-mêmes notre avenir étant prise, il reste à s'entendre sur le choix des moyens pour y parvenir. Le Québec va redevenir un chantier constitutionnel.

Nous devons espérer et nous pouvons croire qu'une fois de plus les Québécois privilégieront le langage de la raison, le seul propice à des décisions réfléchies. Espérer toutefois que les débats se dérouleront à l'avenir dans l'unanimité et dans une harmonie sans nuage est illusoire. Une société pluraliste et complexe comme le Québec, même si les partis politiques, cette fois, le demandaient, ne saurait parler longtemps d'une seule et même voix. Dès que les débats s'engageront sur des questions vitales, des dissensions vont surgir et on peut dès maintenant prévoir quels seront les protagonistes: fédéralistes et souverainistes, anglophones et francophones, gens d'affaires et gens de culture, jeunes et personnes âgées, etc. Il faut admettre d'emblée que ces divisions seront normales et, quel que soit l'enjeu final, les vues seront partagées au moment d'un référendum. Comme il sied en démocratie, la règle de la majorité devra prévaloir. Les Québécois, d'ailleurs, l'ont toujours respectée.

Certains ont déjà préconisé le convocation d'«États généraux». Selon eux, cette formule permettrait le mieux de clarifier les états d'esprit et les orientations des Québécois dans les conditions existantes. Je n'ai jamais aimé ce terme qui avait un sens précis dans l'Ancien régime français, sans doute, mais qui convient mal à une société moderne. L'expérience que nous en avons faite en 1966-1968 fut décevante. Même avec le support financier et technique du gouvernement Johnson, elle échoua à stimuler une population qui se répartit non en trois ou quatre «États», mais en plusieurs classes sociales et en multiples formations et mouvements. Son principal acquis fut de promouvoir le statut social de certaines personnes.

La seule formule, à mon avis, qui s'impose dans les circonstances est une commission d'enquête en bonne et due forme. Créée le plus tôt possible par le premier ministre, ses membres devraient être nommés après consultation et assentiment du chef de l'opposition et devraient jouir d'une large crédibilité publique. Les commissaires devraient pouvoir faire abstraction de leur propre option constitutionnelle et se mettre sans parti pris à l'écoute de la population. Ils auraient pour mandat de procéder à une large consultation publique sur la façon dont individus et groupes évaluent la situation constitutionnelle du Québec dans le contexte de l'après-Meech et sur les formes de changement qu'ils préconisent. En outre, les commissaires examineraient les nombreuses propositions (documents, articles, livres, exposés en commission parlementaire, etc.) qui furent soumises dans l'année qui précéda le référendum de 1980, lors des négociations constitutionnelles de 1981 et jusqu'aux débats sur l'accord du lac Meech depuis 1987. Ils demanderaient et recueilleraient des mémoires, prendraient connaissance des débats qui se poursuivraient à l'extérieur de la Commission, au sein des partis politiques, des groupes sociaux, dans les médias et parmi la population en général. Ils devraient obtenir de ceux qui se présenteraient devant eux des propositions aussi claires que possible, ils les obligeraient à établir les coûts et les avantages de leurs options, ils les amèneraient à formuler de façon précise la question qui, lors d'un éventuel référendum, exprimerait leur choix, etc.

La Commission devrait remettre son rapport dans un délai idéal de six à huit mois. Le rapport condenserait les opinions recueillies et les informations tirées d'autres sources. Son principal objectif serait de bien préparer les esprits au référendum. Le dépôt du rapport serait en effet suivi d'un référendum solennel afin de permettre au peuple d'exprimer sa volonté et de procurer aux négociateurs éventuels un mandat impératif.

Tout en laissant à ceux qui seraient satisfaits de la situation présente la possibilité de s'exprimer, cette question devrait préciser, de façon détaillée et en s'appuyant sur les meilleures expertises juridiques, la Constitution canadienne telle que la souhaitent ceux qui auront opté pour une formule fédérative ou confédérative remaniée de même que le genre de Constitution que préconisent ceux qui choisiront l'indépendance immédiate du Québec.

À la lumière des événements passés, tenter de négocier une nouvelle

Constitution canadienne sans faire peser en même temps l'alternative implacable de l'indépendance en cas d'échec serait faire preuve d'angélisme. Comment croire que ce même Canada qui est parvenu à se soustraire à des propositions «minimales» du Québec en provoquant par des procédés indignes et risibles l'échec de l'accord du lac Meech endosserait les propositions radicales d'une nouvelle Constitution à moins d'une décision ferme et sans appel du Québec.

La question posée pourrait être formulée de la manière suivante : Optez-vous pour :

- Le *statu quo*?
- L'élaboration d'une nouvelle Constitution et, en cas d'échec de la négociation avec le Canada anglais dans le délai d'un an, pour que le Québec devienne un pays indépendant?
- L'indépendance immédiate du Québec?

Dans le premier cas, une pluralité des voix suffirait. À mon avis, une majorité absolue s'imposerait toutefois dans les deux autres cas pour que la volonté des Québécois d'opter pour l'indépendance soit signifiée de façon indiscutable.

Si le choix devait être le *statu quo* tel que défini par la Constitution de 1867 et les amendements subséquents lors du «renouvellement» de 1982, le processus se terminerait automatiquement. Dans les deux autres cas, advenant l'échec d'une négociation visant à renouveler radicalement la Constitution du pays ou encore le choix d'une indépendance immédiate, une procédure complexe devra être mise en œuvre. Si le choix de l'indépendance n'obtient pas une majorité absolue des voix, il faudrait alors procéder à un second référendum sur son acceptation ou son rejet.

Si les Québécois devaient avoir à instituer un État, il faudrait qu'ils se dotent d'un gouvernement provisoire qui pourrait être le gouvernement en place. Ce dernier aurait la tâche d'aller négocier avec le Canada anglais, représenté par le gouvernement fédéral et les gouvernements des autres provinces, les modalités de la séparation et les formes que seraient susceptibles de prendre les liens d'association que les deux parties accepteraient de créer entre les deux pays. Cela exigerait sans doute des négociations difficiles et de longue durée, la bonne volonté de l'autre partie n'étant pas acquise d'avance... Une fois cette étape menée à bon terme, une assemblée constituante serait alors convoquée pour élaborer la loi fondamentale du nouveau pays. Le gouvernement provisoire demeurerait en place jusqu'à la tenue, selon les modalités prévues par la nouvelle Constitution, d'une élection générale qui élirait le premier gouvernement du Québec souverain.

La commission sur l'avenir politique et constitutionnel du Québec (Bélanger-Campeau) 1990-1991

INTRODUCTION

L'échec de l'accord du lac Meech plonge le Québec dans la stupeur. Au début de la séance régulière de l'Assemblée nationale, dès le 22 juin 1990, alors que les dés viennent d'être jetés, le premier ministre Robert Bourassa, d'une voix émue, trahit sa déception en ces termes :

> Quoi qu'on dise et quoi qu'on pense, le Québec est, aujourd'hui et pour toujours, une société distincte, libre et capable d'assumer son destin et son développement.

Cette déclaration, jugée par la suite sibylline, comble d'aise les parlementaires présents. Jacques Parizeau se lève de son siège de chef de l'opposition, félicite le premier ministre de sa détermination et déclare : « [...] Mon premier ministre, je vous tends la main. »

Le lendemain, au Salon rouge, dans un discours télévisé, Robert Bourassa désavoue le processus traditionnel de révision constitutionnelle. Il annonce que le gouvernement ne participera plus aux conférences fédérales-provinciales à moins que les intérêts supérieurs du Québec ne soient en cause. De plus, il n'acceptera plus de négociations constitutionnelles à onze mais seulement d'égal à égal, à deux (avec le gouvernement fédéral seul).

Le 5 septembre, Robert Bourassa fait adopter par l'Assemblée nationale le principe d'une commission parlementaire élargie et itinérante qui remettra son rapport le 28 mars 1991. Le préambule de la loi est étoffé :

> Les Québécois et les Québécoises sont libres d'assumer leur propre destin, de déterminer leur statut politique et d'assumer leur développement économique, social et culturel. [...] Ce qui va guider le gouvernement, ce n'est pas une formule politique plutôt qu'une autre, c'est l'intérêt supérieur des Québécois. Pour nous, la valeur suprême, c'est l'intérêt, le progrès du Québec.

Puis s'ensuit la difficile étape du choix des membres de la commission. Le Parti québécois réclame la parité. À la suite de bien des pourparlers, les membres sont choisis et, pour faire pleine mesure, deux coprésidents sont désignés : Michel Bélanger et Jean Campeau. En plus des députés, la commission est formée de présidents d'associations syndicales et patronales (Mouvement Desjardins, Société Saint-Jean-Baptiste), du directeur de la revue *L'Action nationale*, de maires, de Lucien Bouchard, de Serge Turgeon et d'autres membres. Henri-Paul Rousseau agit comme secrétaire de la Commission. Son efficacité exceptionnelle sera mise à rude épreuve en cours de route.

La Commission siège du 6 novembre 1990 au 23 janvier 1991. Elle reçoit 607 mémoires, dont 115 seront discutés en commission, et tient 214 audiences publiques. Rarement au Canada avait-on vu un tel déploiement d'énergie et un tel effort de démocratie de participation.

Occupé à préciser ma propre option et à préparer mon mémoire, je suis de loin le progrès des délibérations de la Commission en région. Premier choix des commissaires parmi les «experts», je tombe de haut en réalisant que je vais me lancer dans un véritable guêpier. De l'automne de 1990 au printemps de 1991, de nombreux sondages attestent une augmentation constante des appuis à la souveraineté-association qui, parmi la population, excèdent de dix à quinze points ceux accordés au fédéralisme renouvelé. La plus grande division règne chez les commissaires : *statu quo* fédéraliste, révision en profondeur du fédéralisme, souveraineté-association, indépendance, chacun privilégie une option. Les uns et les autres promeuvent leurs préférences. Avant mon entrée au Salon rouge, des journalistes m'assurent que la moitié au moins des mémoires déjà présentés tendent vers l'indépendance.

La faible représentation et la piètre qualité des protagonistes du fédéralisme me frappe dès l'abord. En l'absence de Robert Bourassa et de Claude Ryan, Gil Rémillard est le seul que les méandres constitutionnels ne rebutent pas. Je déclare dans mon propos liminaire que la notion de souveraineté, telle que définie par Hugo Grotius au XVIᵉ siècle, c'est-à-dire «la plénitude de tous les pouvoirs internes et externes», nous amène à conclure qu'il n'y a pas de pays qui soit complètement souverain. «Le Québec, lui aussi, est entraîné dans ce vaste mouvement d'interdépendance culturelle, économique, sociale et politique.»

Les membres de la Commission sont très courtois à mon endroit même si j'en déçois plusieurs. Jacques Brassard intervient le premier à la suite de ma brève présentation. Ses remarques sont les plus élaborées et les plus solides : « Après avoir crié au loup pendant trente ans, vous dites : essayons une dernière fois de crier au loup, par la menace d'un référendum sur l'indépendance [...] Pensez-vous, monsieur Dion, que cette fois-ci le Canada va croire qu'il y a un loup, et pourquoi la menace, cette fois, aurait-elle de l'effet ? Pourquoi prendre le risque d'être humiliés une troisième fois en dix ans [...] Vous dites : le Canada anglais ne cédera — et cela même n'est pas assuré — que s'il a le couperet sous la gorge [...] Pourquoi voulez-vous, à cause du même risque dont vous êtes assuré de l'existence, pourquoi voulez-vous prendre ce risque-là de nouveau ? »

Brassard termine son intervention en admettant : « Vous allez très loin. Vous allez très, très loin. » Je réponds : « Bien, supposons que vous en veniez à un consensus, c'est l'Assemblée nationale qui en prendra connaissance. On pourrait avoir une loi de l'Assemblée nationale sur l'un ou l'autre des deux choix. Si nous proposons un référendum sur la souveraineté-association en précisant ce qu'on entend par association et qu'on nous refuse ces aspects d'association, eh bien ! à ce moment-là, nous procédons à un deuxième référendum. Et celui-là après un refus, la population, je pense, serait beaucoup mieux préparée à accepter un vote affirmatif sur l'indépendance complète du Québec [...] En ce qui concerne la qualité d'un pays, c'est extraordinaire comme symbole. Mais je connais au moins cinquante pays qui ont ce symbole-là et leur situation est fichtrement triste. »

Par contre, j'ai une légère altercation avec Claude Béland qui déclare : « Moi, quand j'ai accepté de venir ici, c'est que je sentais qu'on était à la limite de l'exaspération [...] » Je rétorque : « N'agissons pas sous le coup de l'exaspération. Vous dites : je suis exaspéré. Ce n'est pas comme cela qu'on agit. Comme homme d'affaires, vous n'agissez pas comme ça. Il faut que vous agissiez avec votre raison qui demande de la réflexion et qui demande du temps. »

À Louis Laberge qui m'objecte que « s'il fallait que je retourne voir mes quatre cent cinquante mille membres et que je dise que je suis d'accord avec ce que vous avez dit [...] [un référendum dans] moins de trois ans mais pas plus de deux ans, je me fais lyncher bien raide, moi, je n'aurai plus de temps [...] », je rétorque : « Je voudrais préciser un point. Il me semble, monsieur Laberge, que vous, comme toutes les personnes ici, vous représentez vous-même. Vous ne représentez pas la FTQ ici. »

Jean Campeau me demande si « le Québec n'a pas et n'aura jamais d'épine dorsale ? [...] Est-ce que vous pensez que le Québec en a une, épine dorsale ? Je parle du Canada tout entier. Est-ce que, lui, il se dit : non, non, ils ne sont pas sérieux ? » Pour la première fois, je me sens directement visé — à tort, m'a assuré Jean Campeau par la suite. En réponse, je cite un auteur américain qui se dit estomaqué « de voir ce beau pays qu'est le Canada en train de s'effriter ». Et je continue : « Évidemment, le Québec devient, à ce moment-là, une épine au pied du Canada. Il voudrait bien qu'on reste tranquille. Il pourrait régler ses problèmes de multiculturalisme dans l'Ouest canadien, etc. Mais nous n'avons pas le droit de le faire. Si on doit les déranger beaucoup, dérangeons-les beaucoup. »

Le ministre Rémillard intervient à son tour (c'est à ce moment-là que je prends conscience que je le sors d'une mauvaise passe) : « Et si on se précipite, et si on risque un référendum qui ne soit pas accepté, il affaiblirait donc dangereusement le Québec. Je comprends votre réserve. »

Je termine mon témoignage :

> ... Nous ne devons pas partir de la Constitution de 1867. Elle ne correspond plus du tout aux conditions actuelles. Et, par conséquent, j'en arrive à la conclusion que nous devons négocier quelque chose de tout neuf. Si on se rend compte [que cette négociation] n'est pas acceptée par l'autre partie, à ce moment-là déclarons l'indépendance du Québec ou restons là où nous en sommes. Si nous n'osons pas le faire [...] Oui, allons-y au référendum sur l'indépendance. Je n'ai rien contre. Mais, avant de nous proposer cela, je veux me donner le temps d'observer, de regarder et de voir s'il n'y a pas la possibilité d'obtenir ce qui, à mon avis, serait le plus avantageux pour le Québec, et certainement aussi pour le Canada, c'est-à-dire [...] un fédéralisme d'un caractère très nouveau [...] ce qui serait plutôt une confédération...

Ce n'est qu'après mon témoignage, à la sortie du Salon rouge, que je réalise jusqu'à quel point, sans l'avoir voulu, j'ai dépanné les fédéralistes et surtout le gouvernement Bourassa. Je suis pris d'assaut par de nombreux journalistes avides de commentaires. À brûle-pourpoint, l'un d'entre eux me demande : « Avez-vous rencontré M. Bourassa récemment ? » « Je ne réponds pas à pareille question. » En effet, j'ai toujours eu pour conduite de tenir secrètes mes rencontres avec les personnes publiques. Seul Gil Rémillard m'avait appelé pour m'offrir d'être le premier expert à témoigner. Je n'avais pas eu de rencontre avec Robert Bourassa à ce sujet. Cette fois-là, aurait-il été préférable que je le dise ? Plusieurs, en effet, conclurent de mon refus de répondre qu'il y avait bel et bien eu une rencontre.

Une fois de plus, toutefois, je tends une perche au premier ministre : une dernière chance au Canada, un délai de plus de deux ans avant de s'engager dans «l'aventure», si nécessaire, d'un référendum sur l'indépendance. Aux Canadiens français, je demande de se calmer, aux Canadiens anglais, de secouer vite leur torpeur. Dans les circonstances, mes suggestions portant sur un renouvellement profond du fédéralisme ne peuvent que manifester l'importance que l'entreprise représente à ses yeux.

Les souverainistes, au sein de la Commission et dans l'ensemble de la société, désapprouvent mon témoignage. La déception s'exprime en général sans acrimonie. Des souverainistes plus timides y puisent du réconfort. L'effet le plus immédiat et persistant est d'ébranler chez les commissaires un consensus qu'on disait sur le point d'aboutir : refus du *statu quo* fédéraliste en même temps que refus de l'indépendance politique immédiate. On me reproche, avec raison, d'avoir proféré l'ultimatum du «couperet sous la gorge». Il arrive que, pour bien marteler ma pensée, je recoure à des expressions outrées. Celle-ci voulait illustrer la fermeté que nous devons déployer à l'égard du Canada anglais.

Les commentateurs ne se privent pas de faire remarquer que mon témoignage procure un appui aux fédéralistes : «Il suffit que Léon Dion se pointe pour qu'ils y trouvent une légitimation.» (Daniel Latouche, *Le Devoir*, 22 décembre 1990.) «La dernière chance de Léon, la bouée des libéraux» (*Le Soleil*, 14 décembre). Il reçoit toutefois un accueil sympathique de la part de journalistes : «Soudain, une idée originale», écrit Michel Roy. «À cet égard, la prestation du professeur Dion aura certainement impressionné et surpris cette assemblée» (*Le Soleil*, 22 décembre). «Le témoignage du politologue Léon Dion, écrit Lise Bissonnette, mercredi, a marqué le sommet [...] de la réflexion sur la stratégie de futures négociations avec le Canada. [...] Il ne s'agit pas de savoir si M. Dion est fédéraliste ou indépendantiste : il exprime à lui seul, dans les amas de nuances dont il a le secret, les vœux de la majorité qui rêve d'être souveraine ici et associée là, au besoin sans douleur, et selon ce qui rapporterait le plus à ses intérêts. Mais il s'agit de savoir comment arracher au Canada ce fédéralisme complètement chambardé ou cette souveraineté solidement arrimée, entre lesquels le cœur collectif balance[1].»

La portée de mon témoignage devant la commission revêt une importance accrue trois mois plus tard, lors du Congrès du Parti libéral des 8, 9 et 10 mars 1991, dont le thème est: «Un Québec libre de ses choix.» Le projet de résolution sur la Constitution réclame pour le Québec, outre les onze champs sur lesquels la province possède une compétence exclusive, onze champs non spécifiés dans la Constitution de 1867. Ses auteurs proposent de partager neuf champs entre le Québec et le Canada, selon les compétences respectives des gouvernements. Le gouvernement «central» exercerait une compétence exclusive dans cinq champs: défense et sécurité du territoire, douanes et tarifs, gestion de la dette commune, monnaie et péréquation. Enfin, l'union économique canadienne serait renforcée en fonction de trois lignes directrices.

Des réaménagements de pareille ampleur requerraient une nouvelle structure Québec-Canada: une nouvelle Constitution; un droit de veto pour le Québec; l'abolition du Sénat; le maintien d'un «Parlement commun élu au suffrage universel dont les pouvoirs législatifs seront restreints aux champs de compétence décrits précédemment»; la création d'un tribunal communautaire pour assurer le respect de la Constitution et «une réforme de la Banque centrale du Canada afin d'assurer une représentation régionale».

Enfin, le projet de résolution engage le Parti libéral du Québec et le gouvernement «à tenir, avant la fin de l'automne 1992, un référendum auprès de la population du Québec [...] afin que dans l'hypothèse où un accord interviendrait avec le reste du Canada [...] il y ait ratification de cet accord par la population; dans l'hypothèse où il n'y aurait pas d'entente sur la question proposée: le gouvernement issu du Parti libéral du Québec propose l'accession du Québec au statut d'État souverain; que dans cette deuxième hypothèse, le Québec offre, au reste du Canada, l'aménagement d'une union économique gérée par des institutions de nature confédérale». Serait-ce là une version concrète de la «superstructure» qu'évoquait Bourassa à Bruxelles?

Selon des commentateurs, l'ensemble de ces résolutions s'inspire de mon article intitulé «Vers un régime confédéral[2]» et du mémoire que la Chambre de commerce du Québec a présenté à la commission en décembre. Pour ma part, dans une entrevue à *La Presse*, je m'objecte aux recommandations concernant l'abolition du Sénat et le maintien d'un parlement commun. Je n'accepte pas qu'un gouvernement du Québec dicte au Canada anglais quelque changement que ce soit à sa propre structure institutionnelle. Je pense que la présence de députés du Québec à un parlement commun serait saugrenue étant donné le nombre très restreint de domaines où ils seraient appelés à voter. Je crois par ailleurs que le Québec n'a pas à réclamer l'abolition du Sénat puisqu'il n'y aurait plus aucune raison que des sénateurs québécois y siègent.

Le projet de résolution est adopté par plus des deux tiers des délégués libéraux. À la suite du vote, Claude Ryan fait une sortie très remarquée de la salle du Congrès. Le désaveu subi par les délégués fédéralistes fait poindre la menace d'un schisme au sein du parti. Dans son discours de clôture, le premier ministre Bourassa calme les récalcitrants et réaffirme que le choix préféré du parti et du gouvernement est un fédéralisme renouvelé.

Malgré les critiques qu'il suscite au Canada anglais et au Québec même, le projet de résolution du PLQ marque un épisode majeur de la saga constitutionnelle. Il provoque effectivement un schisme au sein du Parti libéral: le présumé auteur du projet, Jean Allaire, s'insurge du peu de cas que nombre de libéraux et le premier ministre lui-même font des résolutions constitutionnelles adoptées en congrès. Devant le désaveu croissant de sa vision, le 26 août, il quitte le Parti libéral du Québec et, par la suite, de concert avec des membres de la Commission jeunesse du parti, dont Mario Dumont, il fonde son propre parti: l'Action démocratique du Québec.

J'ignore si les membres de la commission Bélanger-Campeau ont étudié à fond le projet de résolution du Parti libéral du Québec, mais leurs propres conclusions portent, jusqu'à un certain point, sa marque ainsi que celle de mon mémoire du 12 décembre et celle de Louis Bernard qui a déclaré: «Je suis de plus en plus convaincu que la présence du Québec au sein de la fédération canadienne empêche le Canada anglais de se définir lui-même [...] Il est nécessaire de fixer un délai qui pourrait être de deux ans, si on veut que les négociations progressent.» D'autres mémoires ont également inspiré, à des degrés divers, les commissaires dans la rédaction de leur rapport.

Le 27 mars 1991, la commission Bélanger-Campeau remet un rapport bipède ou bicéphale. Elle recommande l'adoption d'une loi qui, dans une première partie, prévoit «la tenue d'un référendum sur la souveraineté du Québec, soit entre le 8 et le 22 juin 1992, soit entre le 12 et le 26 octobre 1992». Une seconde partie de la loi portera sur «l'offre d'un nouveau partenariat de nature constitutionnelle» (faite par le gouvernement du Canada). En outre, la Commission recommande la création de deux commissions parlementaires spéciales, l'une «sur l'étude des questions afférentes à l'accession à la souveraineté», l'autre «ayant pour mandat d'apprécier toute offre de nouveau partenariat de nature constitutionnelle faite par le gouvernement du Canada [...] Seule une offre liant formellement le gouvernement du Canada et les provinces pourra être examinée par cette Commission.»

Au terme de multiples péripéties, trente-trois des trente-six commissaires signent le rapport. Vingt-huit commissaires font suivre leur signature de seize *addenda*. Celui du premier ministre Bourassa et du ministre Gil Rémillard revêt une importance qui ne se révélera que plus tard. Les auteurs se prononcent en faveur d'un «réaménagement en profondeur du système fédéral actuel ou [de] la souveraineté du Québec». Puis ils ajoutent: «[le gouvernement] s'assurera de l'égale compréhension de tous tant à l'égard de la profondeur des changements nécessaires pour rendre acceptable au Québec le système actuel qu'à l'égard d'une juste définition de la souveraineté et de ses impacts.»

À la mi-mai 1991, l'Assemblée nationale adopte la loi 150 qui ne retient que la Partie I des recommandations de la commission Bélanger-Campeau. La loi stipule: «Le gouvernement du Québec tient un référendum sur la souveraineté du Québec entre le 8 juin et le 22 juin 1992 ou entre le 12 octobre et le 26 octobre 1992. Le résultat du référendum a pour effet, s'il est favorable à la souveraineté, de proposer que le Québec acquière le statut d'État souverain un an, jour pour jour, à compter de la date de sa tenue» (article 1). La loi crée les deux commissions parlementaires recommandées par la commission Bélanger-Campeau: la commission chargée de l'étude des questions afférentes à l'accession du Québec à la souveraineté soumet le 1er septembre 1992 un projet de rapport de 193 pages qui n'est pas formellement présenté à l'Assemblée nationale et qui n'a pas reçu l'aval du premier ministre.

Quant à la commission sur les offres fédérales, j'ignore si elle a été formée et si elle a siégé. Elle n'en aurait guère eu l'occasion!

POUR SORTIR DE L'IMPASSE CONSTITUTIONNELLE[1]

La Commission sur l'avenir politique et constitutionnel du Québec atteindra son objectif si elle parvient à baliser des propositions qui seront bien plus élevées que les demandes minimales de 1986 et à proposer une stratégie d'action qui les cadenasserait à double tour. Il importe avant tout d'être conscient que si le Québec devait revenir bredouille et humilié une troisième fois en dix ans, nous précipiterions le déclenchement d'une crise peut-être plus grave que toutes celles que nous avons vécues. Si nous ne parvenions pas à nous entendre sur un processus qui garantisse le succès, alors de grâce, restons là où nous sommes, ne recommençons pas à quémander d'un bout à l'autre du pays une autre série de «faveurs» dont le sort dépendrait de la réponse du Canada anglais. Ce dernier nous a trop souvent dit «non» dans le passé pour que nous pensions qu'il puisse s'amender. Le Canada anglais a montré beaucoup d'astuce en juin dernier pour repousser les demandes minimales du Québec. Nous serions naïfs de penser qu'il puisse maintenant céder à des exigences beaucoup plus radicales sans que l'on doive lui forcer la main. Bref, l'échec de l'accord du lac Meech nous sera profitable s'il nous a appris de quelle manière il faut désormais procéder pour avoir gain de cause.

Mon mémoire portera sur deux ordres de considérations. Je m'interrogerai d'abord sur les principes qui devront guider nos délibérations sur la Constitution et dont doivent découler les compétences politiques que nous jugerons essentielles pour le Québec. Je discuterai ensuite de la stratégie que nous devrons adopter pour avoir la certitude de mener le processus de changement constitutionnel à bonne fin.

Principes de la réforme constitutionnelle

De 1977 à 1980, j'ai siégé au Conseil des sciences du Canada. Ce fut une expérience des plus enrichissantes. Entre autres, j'ai été membre d'un comité du Conseil qui avait pour mandat de scruter les rapports entre les développements de pointe, d'une part dans les sciences de la nature : la physique, la chimie et leurs innombrables sous-disciplines, la génétique, l'informatique et les communications, et, d'autre part, dans les sciences humaines, particulièrement l'éthique, le droit et la sociologie. L'inaptitude de ces dernières à relever les défis que leur posent les premières me décontenança. Les premières, notamment par leur multiples retombées en technologies et innovations, sont le moteur premier du changement des structures sociales et des mentalités. Mais ni les juristes ni les sociologues n'entendaient rien à leurs hypothèses explicites ou implicites, à leurs modes d'investigation ni parfois même à leur langage. Nous étions en présence de deux solitudes, de deux mondes incapables de se rejoindre. Mais nous réalisions qu'il nous fallait les rapprocher si nous voulions comprendre les ressorts du mouvement de la société dont nous nous estimions spécialistes. Et, en effet, les grands humanistes d'aujourd'hui s'inspirent des développements scientifiques de pointe qui, bien plus que tout le reste, façonnent notre double environnement physique et social.

Mon séjour au Conseil des sciences m'a conduit à une constatation que je vous livre en toute candeur. Supposons qu'un cataclysme nous enlève subitement tous nos élus, nos présidents de sociétés publiques, nos juges, nos dirigeants d'associations patronales, d'affaires, professionnelles et syndicales, ce serait là certes un grand malheur. Mais ils seraient remplaçables et la société s'en remettrait. Mais supposons qu'un autre cataclysme nous prive de nos meilleurs scientifiques, humanistes, artistes, financiers et industriels, ce serait encore, bien sûr, un autre grand malheur. Mais dans ce dernier cas, la société subirait une perte irréparable.

Cette supposition lugubre est instructive en ce qui concerne la démarche constitutionnelle. Cette Commission comprend plusieurs élus, des représentants d'associations d'affaires, professionnelles, syndicales, etc. Mais l'absence d'artistes, d'humanistes et de scientifiques est incongrue puisque ce sont eux, au premier chef, qui donnent le ton à tous les acteurs sociaux, y compris aux gens d'affaires, aux professionnels et aux syndicalistes et, bien entendu, aux politiciens, gestionnaires et juges. Pour justifier leur absence, on me rétorquera que certains d'entre eux présenteront des mémoires à la Commission et seront convoqués pour les commenter. Je répondrai que j'ai siégé à trop de commissions et présenté des mémoires à trop de commissions pour ne pas connaître l'abîme de différence entre les deux modes d'intervention.

Une refonte de notre régime constitutionnel qui s'inspirerait d'un point de vue strictement juridique, en se bornant à ratiociner à partir de la Constitution de 1867 et de la révision de 1982, ferait fausse route. C'est en ayant à l'esprit la société dans son ensemble telle qu'elle est devenue et telle qu'elle est en voie de devenir sous l'influence avant tout des artistes, des humanistes et des scientifiques qu'il convient d'examiner les compétences que le Québec, comme société originale et unique, devrait exercer d'une façon exclusive ou encore partagée à la condition que les responsabilités entre les ordres de gouvernement soient clairement délimitées.

En tout premier lieu, nous devrons réclamer pour le Québec une certaine compétence sur nombre d'aspects du droit pénal. Les retombées de la physique, de la chimie, de la bio-médecine, de la génétique, de la pharmacologie et d'autres sciences sur notre double environnement sont d'une telle importance que nous ne pouvons plus nous soumettre sans vigilance à une jurisprudence remontant à une époque bien différente de la nôtre et qui nous fut largement étrangère. Nous ne pouvons abandonner entièrement à des politiciens et à des juges qui, dans leur majorité, ne partagent pas nécessairement nos convictions humanistes et éthiques, le pouvoir de décider du bien-fondé ou non de pratiques qui touchent au plus haut point le bien-être des êtres humains et la qualité de leur habitat. Un degré élevé de contrôle par le Québec sur les décisions politiques et judiciaires en ces matières est d'autant plus requis que très souvent les questions en cours, dans leur origine et leurs conséquences, débordent les frontières d'un seul pays et touchent le Québec d'une façon spécifique.

Quant au droit civil qui est de compétence québécoise, il risque néanmoins d'être corrompu dans un système judiciaire qui, au niveau de la Cour suprême du Canada, s'inspire constamment du *Common Law* anglais et américain quand il s'agit des provinces anglaises. Il y a plus. Depuis l'adoption d'une Charte fédérale des droits en 1982, il existe un malencontreux chevauchement entre cette dernière et la Charte québécoise. Les deux Chartes se recoupent sous nombre d'aspects. Ce sont les divergences d'interprétations de la part des tribunaux qu'il faut surveiller, car il pourrait s'ensuivre deux jurisprudences contradictoires. En outre, des articles de la Charte fédérale, dont l'article 23, empiètent sur la Charte québécoise de la langue française (loi 101). Enfin, les Législatures et le Parlement peuvent par dérogation (article 33) adopter des lois qui les dégagent des dispositions de l'article 2 portant sur les libertés fondamentales et des articles 7 à 15 traitant des garanties juridiques. Toutefois, pareilles lois deviennent caduques cinq ans après leur entrée en vigueur à moins qu'elles ne soient adoptées de nouveau pour une autre durée de cinq ans. Pour protéger certaines de ses caractéristiques fondamentales, le Québec a dû recourir à diverses reprises à cette clause dérogatoire. Ailleurs, au Canada et à l'étranger, on lui reproche de le faire et les mêmes provinces qui ont exigé l'adoption de cette clause pour signer la Constitution de 1982 demandent aujourd'hui son abrogation. Puisque tous les droits et garanties visés par l'article 33 se retrouvent dans la Charte québécoise, il convient de réclamer que les articles 2 et 7 à 15 ne s'appliquent pas au Québec.

Une pleine compétence pour le Québec dans les domaines de la santé et de la sécurité sociale se justifie naturellement à partir de la même prémisse. C'est également le cas pour ce qui a trait à la population, particulièrement à l'immigration, à l'intégration des immigrants, à la formation de la main-d'œuvre, à l'emploi et aux modalités d'interaction entre les divers groupes linguistiques et culturels. La Constitution qui conviendrait au Québec se devrait de refléter nos traditions, notre cadre institutionnel, notre mentalité, notre vouloir-vivre collectif et nos «projets de société». Dans son mémoire, la Fédération interprofessionnelle du Québec, qui regroupe les quarante professions officiellement reconnues par le Code des professions, a fait voir que notre régime de profession est unique au Canada et en Amérique du Nord. Cette condition affecte non seulement la pratique de plusieurs professions, mais exige également un encadrement juridique et politique particulier. Il en est de même pour le patronat et le syndicalisme.

La même prémisse requiert que le Québec possède sur son territoire une entière compétence dans le domaine des communications. Le

CRTC doit se doter d'une organisation parallèle composée en majorité de Québécois et régissant la radio et la télévision au Québec ou alors le Québec doit s'en retirer et créer son propre Conseil.

Bien entendu, la question de la souveraineté culturelle réclamée par le premier ministre Bourassa dès 1973 doit être débattue. Dans ce domaine, je tiens toutefois à signaler que le gouvernement fédéral, notamment par le Conseil des arts, le Conseil de recherches en sciences humaines et l'Office national du film, a bien servi les artistes et les chercheurs en sciences humaines. Le Québec devra élever sensiblement le minable pourcentage de son budget qu'il consacre à la culture s'il entend maintenir les hauts standards qu'ont établis ces institutions fédérales. Dans les domaines de la médecine et des sciences, les organismes fédéraux ont bien moins servi les chercheurs québécois, mais le rattrapage qui attend le Québec dans ces domaines cruciaux est énorme s'il entend fournir à lui seul les ressources considérables requises, d'autant plus que très peu d'entreprises privées sont dotées de laboratoires de recherche dignes de mention.

Il serait ridicule de procurer au Québec une compétence clairement délimitée dans le vaste domaine de la culture scientifique, humaniste et artistique s'il ne contrôlait pas de façon étanche et absolue la politique linguistique sur son territoire. La réforme constitutionnelle doit le libérer des entraves des articles 133 et 93 de la Constitution de 1867, de l'article 23 de la Constitution de 1982 et de toute autre clause ou loi qui restreint sa pleine maîtrise de la langue sur son territoire. Les compétences linguistiques ne devront plus se chevaucher comme on risque de le faire avec la loi C72 dont on attend la réglementation. Devenu seul maître à bord, le Québec devra inscrire dans ses statuts les droits de ses citoyens anglophones et adopter des méthodes souples mais efficaces d'intégration des allophones au français. En même temps, il se reconnaîtra une responsabilité précise envers les minorités francophones dans les provinces anglaises afin de les aider de diverses manières — et d'abord en élevant le statut du français en Amérique du Nord — à préserver et à promouvoir la langue de nos ancêtres communs.

Le Québec doit enfin obtenir un droit de veto absolu sur tout amendement à la Constitution canadienne. Il résulte de ces exigences du Québec une conséquence que je n'avais pas perçue jusqu'ici. En définitive, c'est l'ensemble de la révision constitutionnelle de 1982 que je récuse. Le Canada anglais accorde une très grande importance à la Charte des droits que la révision a promulguée. Elle lui convient. Nous ne devrions pas proposer de l'amender sur divers points, mais plutôt la récuser en entier. Nous avons notre propre Charte des droits depuis des années. Elle nous convient. Nous devrions renforcer sa valeur légale. Toute personne et tout groupe feraient de la sorte appel à une seule charte des droits. Ils ne s'en porteraient que mieux.

Une fois obtenues, toutes ces diverses compétences risqueraient de devenir des coquilles vides si, en même temps, le Québec était empêché d'exercer les contrôles requis dans les domaines monétaires et fiscaux, dans celui du développement des ressources naturelles et dans les divers secteurs de l'activité économique. Nos gens d'affaires estiment avoir acquis le savoir-faire nécessaire pour que leurs entreprises développent l'économie québécoise en s'ouvrant aux nécessaires interdépendances que requerront le libre-échange avec les États-Unis, les Accords du GATT ainsi que les ententes au sein des marchés continentaux et même mondiaux. Mais il y a plus. La présence d'une économie québécoise forte qu'encadrerait une constitution qui en faciliterait l'expansion est indispensable pour que toutes les exigences énumérées auparavant fournissent les ressources requises pour renforcer les assises de la société québécoise. En présentant les dispositions constitutionnelles en matière d'économie à la toute fin plutôt qu'en premier lieu comme on le fait généralement, je n'ai pas l'intention d'en minimiser l'importance. Au contraire, j'entends montrer qu'elles constituent la pierre d'assise sur laquelle tout l'édifice constitutionnel repose. On l'a déjà dit mais on ne le répétera jamais trop : il n'y a jamais eu et il ne peut y avoir de grande culture, ni de société aux fortes assises, ni de régions prospères sans une base économique solide. Il faudra définir de façon précise les conditions concernant tout transfert subséquent de compétences québécoises au niveau fédéral, tout amendement aux institutions fédérales même s'il ne s'applique pas au Québec, tout accroissement du pouvoir de dépenser qui resterait au gouvernement fédéral, même en temps de crise, etc.

Une stratégie d'action

Le succès de la Commission dépend de la qualité de ses propositions sur la stratégie d'action que le Québec devra adopter pour assurer la réussite de sa prochaine démarche constitutionnelle.

Cette stratégie porte à la fois sur la clarification des structures de réaménagement constitutionnel et sur le processus devant permettre la mise en œuvre de ses structures.

Les structures

Le Québec doit-il opter pour un réaménagement du fédéralisme? Ceux qui préconisent cette option doivent être très précis sur la nature de ce réaménagement. L'examen doit d'abord porter sur le nombre d'unités ou de centres de décision : s'en tiendra-t-on à la structure actuelle des dix provinces coiffées d'un gouvernement fédéral, optera-t-on plutôt pour un regroupement en quatre régions ou pour une superstructure dont il faudra bien définir en quoi elle consisterait? Ou encore, au contraire, préconisera-t-on l'indépendance du Québec assortie de diverses modalités d'association avec le Canada anglais? Enfin, optera-t-on pour l'indépendance sans requérir des modalités quelconques d'association avec le Canada anglais ou en consentant à certaines formes d'association si ce dernier en faisait la proposition ou encore si elles se révélaient d'obtention facile tout en étant utiles au Québec?

La Commission devrait en outre chercher à scruter les avantages et les coûts économiques et politiques de ces nombreuses modalités de restructuration dans la mesure, bien entendu, où il est possible de les établir au préalable.

En ce qui me concerne, je considère qu'*a priori* chacune de ces structures est susceptible d'accommoder le Québec à des degrés divers. Mon propre choix dépendra de la qualité des options, de la crédibilité des personnes et des groupes qui les promouvront ainsi que de la conjoncture qui prévaudra. J'ai toujours préconisé et je continue à préconiser des modalités de restructuration qui établiraient des formes d'association avec le reste du pays (quels que soient par ailleurs les réalignements éventuels de ses centres de décision) dans tous les cas où elles se révéleraient avantageuses pour le Québec ou, tout au moins sans lui être nuisibles, lui permettraient l'établissement d'autres liens d'association qui lui seraient avantageux. C'est ainsi que dans les domaines scientifiques et culturels je favorise la continuation de notre participation au Conseil des arts du Canada, au Conseil de recherche en sciences humaines, au Conseil de recherches scientifiques, au Conseil des sciences, à l'Office national du film et peut-être également à Radio-Canada, à la condition que la section française devienne plus autonome sur le plan décisionnel.

Le processus

Les décisions concernant les modalités les plus prometteuses de changement constitutionnel devront tenir compte de l'état d'esprit du Canada anglais. À la suite de l'échec de l'accord du lac Meech, nous savons que le Canada anglais ne bougera pas à moins d'être poussé à la limite de ses retranchements. Même dans ce cas, il est fort possible qu'il choisisse de consentir au départ du Québec plutôt que de se plier à ses exigences, lesquelles seront plus élevées que les cinq demandes de 1986. Je l'ai souligné dans un récent article publié dans *Le Devoir*[2], c'est la peur de son propre éclatement qui paralyse le Canada anglais. Cela l'amène à amplifier démesurément les conséquences pour le système politique canadien de changements susceptibles, au contraire, de le consolider ou, tout au moins, de l'adapter à l'évolution socio-économique et culturelle survenue depuis 1867 et même depuis 1982. Cette évolution requiert précisément une restructuration politique au Québec et, d'une façon moins radicale il faut en convenir, dans d'autres provinces.

Le gouvernement fédéral a constitué un groupe de travail en vue de sonder les sentiments des Canadiens à l'égard de la Constitution et des structures politiques du Canada. Des provinces sont également susceptibles de créer comités ou commissions sur la Constitution. Le Québec pourra tenir compte des suggestions émanant de ces sources dans la mesure où elles alimenteront les délibérations de la Commission et où elles seront formulées en temps utile. Tant mieux si la réflexion qui se poursuit au Canada anglais facilite notre démarche, mais j'avoue mon scepticisme à cet égard.

Une fois de plus, nous ne pourrons très probablement compter que sur nous seuls. Cette condition doit nous dicter un processus propre à garantir le succès de nos démarches.

Des témoins déclarent devant la Commission : «Il faut des réformes profondes, et ça presse.» À cela, j'ai déjà répondu que le chemin à parcourir sera long[3].

La première question qui vient à l'esprit est la suivante : qui négociera au nom du Canada anglais ? Certains déclarent que «les négociations à onze, c'est fini». Mais quel autre cadre de négociations proposent-ils ? Et comment peuvent-ils imaginer que le Canada anglais acquiescera à leurs demandes alors que jusqu'ici toutes les conférences constitutionnelles ont réuni les onze premiers ministres ? Je leur souhaite bonne chance, car l'expérience a amplement démontré l'ineptie de la structure accréditée jusqu'ici pour ce type de conférences constitutionnelles.

Le processus serait grandement accéléré si la Commission parvenait à s'entendre sur des recommandations précises qui recevraient l'approbation du gouvernement, des députés libéraux et de ceux du Parti québécois. Dans ce cas, les chefs de ces partis, après approbation de leurs membres, feraient voter par l'Assemblée nationale, au printemps, ces recommandations assorties d'un ultimatum : advenant l'échec des négociations, le Québec procédera immédiatement à un référendum demandant à la population de se prononcer sur l'indépendance politique. Car la population aurait plus que jamais le droit, après avoir été rejetée par le Canada, de se prononcer sur le régime dans lequel elle veut dorénavant évoluer. C'est pareille issue des travaux de la Commission qu'il faut souhaiter : elle démontrerait au Canada anglais que le peuple du Québec est parvenu cette fois-ci à un consensus incontournable et qu'il ne pourrait plus se jouer de lui avec la même désinvolture que dans le passé.

Il est plus probable que la Commission aboutira à un éventail de suggestions que les deux partis politiques utiliseront pour affûter leurs propres options, dont ils ne dérogeront probablement pas de façon sensible. Dans ce cas, de nombreuses situations sont susceptibles de se présenter, leurs chances de succès étant inégales. Aucune, toutefois, à mon avis, ne parviendrait à émouvoir le Canada anglais. Il ne cédera — et cela même n'est pas assuré — que s'il a le couperet sous la gorge.

À la suite de l'échec de l'accord du lac Meech, le Parti libéral du Québec se retrouve sans programme constitutionnel. Il lui faut donc d'abord intégrer dans son programme de nouvelles propositions constitutionnelles et ensuite se présenter devant l'électorat afin de les faire avaliser. Par ailleurs, je ne peux imaginer que le gouvernement Bourassa, dont les cinq modestes demandes viennent d'être repoussées, irait maintenant proposer au Canada anglais une «superstructure» qui, dans la mesure où il est possible d'en juger, exigerait une refonte fondamentale du régime politique canadien, sans assortir sa proposition d'une menace de tenir un référendum sur l'indépendance du Québec dans le cas où elle serait repoussée elle aussi.

Si le gouvernement Bourassa était incapable de cette audace, mieux vaudrait pour lui s'abstenir. Tôt ou tard le Parti québécois reprendrait le pouvoir. Ce parti ne me paraît pas non plus à point en ce qui concerne son programme constitutionnel. Il lui faudrait également le définir de façon rigoureuse et finale avant les prochaines élections. Déciderait-il que les prochaines élections générales seraient référendaires en faveur de la souveraineté-association? Une élection générale portant sur une seule question, cela est inconcevable. Ce serait là une bien fragile légitimité qu'il s'octroierait, car ce qu'une élection sanctionne, une autre élection peut le défaire. Par ailleurs, s'il remportait un référendum sur la souveraineté-association, le Parti québécois pourrait bien lui aussi revenir bredouille si le Canada anglais refusait le genre d'association proposé ou même toute forme d'association. Il lui faudrait donc, lui aussi, accompagner sa proposition de l'ultimatum d'un deuxième référendum qui demanderait à la population si elle consent à l'indépendance politique.

Dans tous les scénarios, le peuple souverain pourrait dire «non».

Une déclaration d'indépendance politique du Québec ne serait pas endossée sans récrimination ou menace de la part du Canada anglais. Et les arrangements de départ ne se feraient pas sans difficulté. En outre, il serait essentiel que les Québécois soient avisés à l'avance que l'indépendance, pas plus d'ailleurs qu'aucune formule, ne serait une panacée à tous leurs problèmes.

L'institution d'une assemblée constituante serait la dernière étape du processus. Avant tout le reste, il faudrait qu'elle promeuve la démocratie parlementaire et surtout la liberté, la justice et la compassion sans lesquelles la démocratie n'est qu'un leurre.

Tout gouvernement du Québec, avec l'accord ou non de l'opposition, doit être prêt cette fois-ci à endosser d'avance toutes les conséquences auxquelles une attitude butée du Canada anglais à l'endroit de ses revendications pourrait l'acculer. Sinon, il doit renoncer à engager toute action susceptible d'aboutir à un échec sans s'être prémuni au préalable d'un paratonnerre. Autrement il porterait la lourde responsabilité des réactions imprévisibles mais certainement radicales d'une population qu'il aurait bernée après lui avoir fait miroiter imprudemment le succès d'une entreprise aléatoire.

VERS UN RÉGIME CONFÉDÉRAL[1]?

Alors que tant de peuples s'enfoncent dans le drame, les Québécois, malgré la dure récession économique qui les frappe et les nombreux autres problèmes qui s'amoncellent à l'horizon, vivent une période exaltante. Leur conduite est exemplaire. En toute liberté et en toute concorde, ils s'appliquent à définir le régime constitutionnel et politique qui permettrait leur plein épanouissement comme peuple. Pour la première fois le projet de l'indépendance politique, amorcé il y a plus de trente ans, est scruté sérieusement par tous. Pour la première fois aussi la grande majorité rejette le *statu quo* fédéral. Jamais jusqu'ici l'exercice de réflexion ne fut si intense ni autant imprégné du sentiment que l'heure de la décision sans appel est venue.

J'ai formulé de sévères critiques à l'endroit de la Commission sur l'avenir constitutionnel et politique du Québec (Bélanger-Campeau) qui nourrit cette réflexion. J'entretiens toujours des réserves à son endroit. Elle comprend des élus qui, en fin de compte, devront suivre la ligne de leur parti et des présidents d'associations prisonniers des positions de leurs organismes, parfois même à la suite de sondages plus ou moins sérieux effectués auprès des membres. Nombre de mémoires qui lui furent adressés émanent de ces mêmes associations ou de groupes venus promouvoir des intérêts corporatifs ou sectoriels. La dialectique qui aurait pu se révéler enrichissante entre intellectuels et hommes d'action fait défaut par suite de l'absence des premiers au sein de la Commission.

Par contre, le prestige personnel et le haut rang social de plusieurs membres donnent à la Commission une visibilité et une portée médiatique dont aurait été privée une commission d'enquête ou parlementaire régulière. En outre, le fait même que les commissaires ne soient pas des «experts» mais pour la plupart des gens «ordinaires» en ce qui concerne les questions constitutionnelles atteste de l'importance primordiale de ces questions pour l'ensemble de la société et les fait apparaître sous un jour nouveau, accessible à tous et particulièrement éclairant.

Jusqu'ici, un certain nombre de constatations instructives se dégagent des travaux de la Commission. Son rapport pourrait bien surprendre ceux qui — même parmi les commissaires! — estiment que tout a déjà été dit sur l'enjeu constitutionnel.

Sans doute les commissaires considèrent-ils comme acquise la nature de la société québécoise et envisagent-ils les grandes questions de l'heure (l'éducation, la santé, la sécurité sociale, etc.) de façon convergente puisqu'ils n'ont pas interrogé à cet égard les témoins qu'ils ont entendus: leurs questions ont jusqu'ici surtout porté sur le choix constitutionnel et la stratégie à adopter. Des préoccupations de cette nature sont essentielles et enrichissantes. Elles soulèvent nombre d'interrogations qui vont obliger les responsables politiques, le moment venu, à procéder de façon plus rigoureuse que par le passé. La Commission, lorsqu'elle préparera son rapport, devra toutefois avoir clairement à l'esprit que la fin recherchée est le mieux-être de la société et que le régime constitutionnel est un moyen essentiel mais insuffisant pour parvenir à cette fin.

Les multiples facettes du problème se révèlent d'une complexité inattendue de tous ordres: juridique, politique, économique, social et culturel. À mesure que les travaux de la Commission progressent, nous prenons conscience du fait que nos débats ont jusqu'ici stagné à un niveau superficiel. Ou nous sautions aux conclusions sans égard aux cheminements requis pour y parvenir ou nos revendications étaient beaucoup trop imprécises.

Une démarche constitutionnelle radicale

Dans le mémoire que j'ai présenté à la commission, je disais qu'il faut faire table rase de la Constitution de 1867 et de la révision de 1982 et reconstituer à neuf la loi fondamentale du pays en fonction des conditions de la société québécoise d'aujourd'hui. Le professeur Charles Taylor a lui aussi proposé que nous revenions à l'esprit de 1864. Il estime que le Canada anglais serait réceptif à cette idée: retourner pour ainsi dire à «l'état de nature» et doter le pays d'une toute nouvelle Constitution qui, tout en lui convenant mieux, accommoderait le Québec. Pareille attitude serait de bon augure mais bien que je souhaite vivement qu'elle soit adoptée, c'est improbable. Dans l'état de crise profonde dans lequel le Canada anglais est plongé, *la proposition constitutionnelle qui a le plus de chance d'être accréditée par lui est celle qui lui imposera le moins de changement*. Il ne s'ensuit pas toutefois que le Québec doive renoncer à la démarche radicale que je propose. Nous ne pouvons plus nous borner à ratiociner à partir d'un ordre constitutionnel qui est devenu un carcan asphyxiant le Québec dans ses besoins élémentaires et ses aspirations profondes.

Une négociation bilatérale

Réfléchir entre Québécois sur le statut constitutionnel et politique qui convient au Québec, cela est nécessaire. Mais tôt ou tard, d'une manière ou d'une autre, il faudra bien trouver un interlocuteur au Canada anglais pour l'informer de notre décision et négocier avec lui ne serait-ce que les modalités de la séparation. Cet interlocuteur, qui sera-t-il? Le Québec refusera désormais la structure accréditée des conférences constitutionnelles d'un Canada à onze. Il dira non également à un aménagement du pays en quatre régions conférant un droit de veto au Québec selon la formule de 1971. En réclamant de négocier d'égal à égal avec le Canada anglais, il n'innove pas: il procure toute sa force politique à la prémisse de la Commission royale d'enquête sur le bilinguisme et le biculturalisme qui, dans son introduction au premier volume de son rapport, en 1967, spécifiait que le Canada ne comprenait pas seulement deux langues officielles et deux cultures principales, mais se constituait de deux peuples.

L'échec de l'accord du lac Meech, le 23 juin 1990, a suscité à bon droit l'exaspération de bien des Québécois. Mais cet échec ne fut que la suite et la conséquence de l'isolement du Québec à l'issue de la conférence constitutionnelle de 1981 dont l'aboutissement fut la révision constitutionnelle de 1982 que le Québec n'a pas endossée et ne doit jamais endosser.

Pour l'instant, le Canada anglais est absent du débat. Une fois de plus, les Québécois se retrouvent entre eux. Ils déchantent, ceux qui avaient espéré qu'après avoir plongé le pays dans l'impasse, le gouvernement fédéral et les provinces anglaises s'affaireraient à réparer l'affront que le rejet de 1981 et le refus de 1990 ont perpétré. Toutefois, les Québécois auraient tort d'oublier l'«autre» dans leurs délibérations. Le silence de ce dernier ne peut être que provisoire. Le moment venu, il faudra bien compter avec lui.

Ceux qui, parmi les intellectuels anglophones, sont sympathiques au Québec restent en général pessimistes sur les chances d'obtenir une entente et n'endosseront pas davantage la position du Québec qu'ils ne l'ont fait en 1980. Quant aux politiciens, ils s'enfermeront dans leur provincialisme et dépendent d'électeurs dont une bonne partie se méfie du Québec ou même lui est hostile. Loin de proclamer le droit du Québec à l'autodétermination, comme le premier ministre Trudeau aurait dû le faire s'il avait respecté l'esprit des pages bleues du premier volume du rapport de la Commission sur le bilinguisme et le biculturalisme, Brian Mulroney semble devoir s'enfermer dans une attitude négative et butée. Les mandats sans consistance et déphasés de la commission Spicer et du Comité conjoint de la Chambre des communes et du Sénat sur la révision de la formule d'amendement (commission Beaudoin-Edwards) témoignent de son désarroi et de sa volonté de temporiser.

La conjoncture qui se dévoile ne présage rien de réjouissant concernant le climat des négociations qu'il faudra bien mener avec le Canada anglais. Plus ce dernier se révélera émotif et arrogant, plus le Québec devra se montrer rationnel et ferme. Tout en cherchant le dialogue et non l'affrontement, il devra parler avec assez de force pour éveiller le Canada anglais sans pour autant avoir la certitude d'y parvenir.

Faire notre propre estimation des bénéfices et des coûts

Notre première préoccupation ne doit pas être la recherche de tel ou tel statut constitutionnel et politique, ni de telle ou telle stratégie d'action, mais le mieux-être de la société québécoise d'aujourd'hui et de demain. Lors du référendum de 1980, nous avons tout misé sur notre éblouissant imaginaire national que René Lévesque avait l'art de traduire pour la population en des termes plus envoûtants encore. Les adversaires purent recourir au «terrorisme» économique sans crainte d'être démentis parce que nous étions à court d'arguments propres à rétablir les faits en ce domaine crucial. Cette fois-ci, nous serons aguerris. Nous ne dirons pas : «Nous serons plus pauvres mais plus heureux», comme Pierre Bourgault le suggère. Pareille formule faisant appel au seul sentiment nous garantit l'échec. Déjà Jean Chrétien l'exploite au profit de sa défense du fédéralisme du *statu quo*.

Aujourd'hui, gens d'affaires et économistes québécois font preuve d'optimisme concernant les conditions économiques que connaîtrait un Québec plus autonome et même indépendant. On doit attendre d'eux qu'ils exposent tous les faits, autant ceux qui seraient susceptibles d'être défavorables aux Québécois, en période de transition ou à plus long terme, que ceux qui leur seraient profitables. En ce domaine, la marge d'imprévisibilité est grande, mais il faut tenter de la réduire au maximum afin que la population soit le mieux éclairée possible sur les conséquences politiques et socio-économiques susceptibles de prévaloir après tel ou tel choix constitutionnel. Nous pourrions disposer ceux-ci en cercles concentriques et évaluer les bénéfices et les coûts de ces choix de même que la marge d'incertitude à mesure que l'on s'éloigne du *statu quo* fédéral, objet de notre désespérance.

L'imprécision de l'expression «souveraineté-association»

Ceux qui promeuvent un régime de souveraineté-association pour le Québec n'apprécient guère la mise en cause, la signification, la substance et la portée juridique de leur option. Depuis plus de vingt ans que l'expression a été forgée, tout ce qui la concerne est à leur avis connu depuis longtemps et il ne reste plus qu'à la mettre en œuvre. Le souvenir des multiples volte-face à son sujet est trop vivace pour qu'on les croit sur parole. Malgré son autorité et son charisme, René Lévesque n'a pu empêcher les polémiques, les révisions et les schismes. Lui-même, à la fin, parlait du «beau risque» fédéraliste. Pierre-Marc Johnson mit son espoir dans l'«affirmation nationale». Jacques Parizeau a beaucoup de pain sur la planche. Il lui incombe de préciser le sens et la portée de la notion de souveraineté-association dans les conditions d'aujourd'hui.

Le Parti québécois tiendra bientôt un congrès d'orientation à l'issue duquel sa position doit être clarifiée. Par égard au travail de réflexion de la Commission sur l'avenir constitutionnel et politique du Québec, le Parti québécois ne devrait pas cadenasser son option — pas plus d'ailleurs que le Parti libéral du Québec en mars. Bien des vacillations devraient être précisées. Il ne suffira pas de se référer au document *La nouvelle entente Québec-Canada* de 1979, rédigé en prévision du référendum de 1980. Les domaines d'action commune et d'harmonisation que le gouvernement du Parti québécois entendait proposer au Canada se confinaient à l'économie, mais ils englobaient bien plus que l'union monétaire. Le traité d'association s'étendait à la libre circulation des marchandises et des personnes, au transport, au marché du travail, au droit d'établissement, à la balance des paiements, aux douanes, au blé, à l'amiante et à «toute une gamme de possibilités». Le régime d'association était fort complexe, n'éliminait pas les sources de conflits et pouvait même conduire à l'impasse.

L'expression même de «souveraineté-association» soulève des problèmes d'ordre juridique. Les termes sont inséparables de sorte que la souveraineté ne peut que suivre l'association. Si la négociation achoppait ou modifiait substantiellement les modalités proposées d'association, alors le *statu quo* fédéral continuerait à prévaloir. Certaines suggestions faites à la Commission sont peu sérieuses. Ainsi, proposer que l'Assemblée nationale déclare la souveraineté du Québec, c'est usurper une prérogative que seul le peuple peut exercer par voie de référendum. Que l'Assemblée nationale affirme la primauté de ses lois, tel qu'on l'a suggéré, serait un geste entaché d'illégalité dans le régime fédéral actuel et les tribunaux le déclareraient nul et sans effet. Estimer qu'en réclamant progressivement la pleine juridiction dans les divers domaines on procurerait en fin de compte au Québec une souveraineté de *fait*, ce serait fausser le sens même de la notion de souveraineté qui ne peut être conçue que comme l'exercice de toutes les compétences politiques externes et internes, compte tenu des interdépendances croissantes entre les nations.

Il convient enfin de prévenir le Parti québécois des risques juridiques et politiques auxquels il s'exposerait s'il diluait son option de façon à gagner l'appui des fédéralistes autonomistes. Il lui est loisible, bien entendu, d'agir de la sorte, mais il lui faudra concéder qu'une indépendance édulcorée ou rendue «inoffensive» ne serait plus une indépendance.

Un régime confédéral

Plusieurs mémoires présentés à la Commission proposaient des changements radicaux au *statu quo* constitutionnel. Certains demeuraient discrets sur la nature du régime qu'ils préconisaient, d'autres estimaient qu'il s'ensuivrait un fédéralisme renouvelé. Ce fut mon cas.

Au cours de mon témoignage, j'ai précisé que si les changements que je souhaite étaient entérinés, il s'ensuivrait «un renouvellement du fédéralisme en profondeur, à un point où le statut du Québec serait très asymétrique». Je réalisai par la suite que le terme «fédéralisme» n'exprimait pas ma pensée. Même employée dans les meilleures intentions, l'expression «fédéralisme renouvelé» a une saveur amère depuis que l'ancien premier ministre Trudeau s'en est servie en induisant bien des Québécois en erreur sur ses véritables intentions. Plus fondamentalement, je me rendis compte qu'à partir d'un certain niveau de revendications, il ne sied plus de parler de fédéralisme sans faire violence à ce concept. À un moment, j'ai mentionné que les réformes que je préconisais aboutissaient à la formation d'une «entité» constitutionnelle nouvelle. À un autre moment, j'ai appelé cette dernière une «confédération». Cette désignation revient dans d'autres mémoires. J'estime qu'elle devrait faire l'objet d'un examen sérieux.

Je considère qu'il est non seulement possible mais souhaitable pour la protection et la promotion du caractère unique de la société québécoise de maintenir les liens avec le Canada. Ce pays jouit d'une excellente réputation dans le monde. Ses richesses naturelles immenses et diverses dans chacune de ses régions lui garantissent un haut niveau de prospérité. Son immensité, sa population faible et dispersée, son régionalisme, son provincialisme et son multiculturalisme en font toutefois, aux yeux de bien de ses citoyens, un géant aux pieds d'argile. L'évolution socio-culturelle du Québec depuis 1960 est à contrecourant de celle du Canada anglais. La crise canadienne, centrée au Québec, que la Commission d'enquête sur le bilinguisme et le biculturalisme diagnostiquait dans son rapport préliminaire de 1965, a continué de s'aggraver depuis lors. À défaut de changements fondamentaux du statut constitutionnel et politique de cette province, il s'ensuivra une paralysie du fonctionnement du Canada dans les années qui viennent.

La proposition d'une souveraineté-association telle que préconisée par le Parti québécois, une fois précisée et reformulée à la lumière des conditions d'aujourd'hui, constitue une formule susceptible de faciliter grandement la remise du Canada sur les rails de son épanouissement.

J'estime toutefois qu'il vaudrait mieux pour le Québec maintenir plus de liens avec le Canada anglais que ne le préconise le Parti québécois. Dans nombre de domaines, je vois mal quel tort direct ou indirect subirait la société québécoise si nous continuions à partager avec le Canada : politique internationale, politique de défense, commerce international, monnaie, tarifs et douanes, marché économique commun, postes, transport ferroviaire, maritime et aérien, et infrastructures.

Plusieurs se sont montrés surpris que je sois d'avis que le Québec devrait maintenir sa participation aux institutions culturelles et scientifiques canadiennes de même qu'à l'Office national du film et à Radio-Canada. Je pose la question : quelle serait notre condition culturelle et scientifique si, depuis près de quarante ans, nos poètes, littérateurs, artistes et scientifiques n'avaient pu compter sur le support de ces institutions ? Que deviendrait-elle demain, soudainement privée de ce support qui ne doit pas être évalué seulement en termes de centaines de millions de dollars, mais aussi et surtout de savoir-faire et de structure de fonctionnement ? Au moins faudrait-il prévoir une période de transition au cours de laquelle le Québec se doterait d'institutions équivalentes ou supérieures.

Les indépendantistes ne pourront souscrire à ce régime parce que le Québec continuerait à faire partie du Canada à titre de province ou d'État confédéré. À l'inverse, le Canada anglais serait susceptible d'entériner plus facilement ce régime que celui de souveraineté-association : l'intégrité territoriale et le statut international du pays seraient préservés.

Ce n'est pas le lieu ici de préciser quels seraient la nature et le fonctionnement de ce régime confédéral. Mais il faudrait le faire pour que cette proposition obtienne ses lettres de créance. Les autres provinces ne seraient pas obligées de modifier de quelque façon le régime fédéral actuel. Elles devraient toutefois consentir à ce qu'une Constitution distincte sanctionne les liens que le Québec maintiendrait avec elles tout en se dotant en outre de sa propre Constitution.

Le Québec n'aurait plus de représentants aux institutions fédérales : la Chambre des communes, le Sénat, la Cour suprême. Une assemblée confédérale constituée d'un nombre égal de délégués ou d'élus du Québec et du Canada anglais de même qu'un secrétariat permanent vaqueraient aux affaires de la confédération. L'Assemblée confédérale siégerait chaque année en sessions ordinaires ou spéciales. Elle aurait à statuer sur les objets communs. De la sorte, ses membres se trouvant en nombres égaux, les représentants du Québec influeraient bien davantage sur les politiques que ce n'est le cas dans le régime fédéral actuel. Le budget de la confédération serait réparti en proportion de la population ou du produit intérieur brut du Québec par rapport à l'ensemble du pays. Les sommes requises seraient prélevées à même les budgets des gouvernements.

Une confédération constitue au sens traditionnel une union d'États qui conservent un niveau plus ou moins élevé de «souveraineté». On dit des confédérations qu'elles sont des régimes transitoires et que, tôt ou tard, elles se transforment en une fédération ou en États indépendants. Un Québec confédéré serait susceptible d'échapper à cette évolution puisqu'il se rattacherait à une fédération. Les générations à venir en décideraient.

L'indépendance

À l'instar de la souveraineté-association, l'option indépendantiste dote la patrie du Québec d'un pays. Contrairement à la première, cette dernière consomme la rupture de tout lien juridique et politique avec le Canada. Elle préconise la sécession du Québec du Canada. C'est là une position étanche et logique. Elle n'engendre aucune ambiguïté. Elle ne suppose aucune forme de négociation avec le Canada anglais outre que celle qu'exigerait le partage des actifs et des passifs, comme ce serait d'ailleurs le cas, mais à des degrés moindres, pour les deux autres options précédentes — souveraineté-association et État confédéré.

L'indépendance politique engagerait le Québec dans des voies imprévisibles. Il serait impossible de fixer à l'avance, de façon même approximative, les avantages et les coûts de toute nature qui en résulteraient. Aucun examen sérieux n'en a d'ailleurs jamais été tenté. Se borner à dire que nombre de pays qui ont une population et un PIB équivalents ou moindres que le Québec se portent bien n'est pas sérieux. Ces pays, pour la plupart, existent depuis des décennies, sinon des siècles. Ils disposent de nombreux acquis matériels et intangibles, de traditions et de savoir-faire indispensables, ils ont acquis une reconnaissante internationale, ils ont créé des liens d'interdépendance avec d'autres pays, et ainsi de suite. Un Québec qui deviendrait indépendant demain aurait fort à faire pour atteindre semblable stabilité juridique et politique. La période de transition risquerait d'être longue et ardue compte tenu de l'hostilité prévisible du Canada anglais et du haut degré d'indifférence et d'ignorance qui prévaut à l'endroit du Québec dans plusieurs parties du monde.

Bon nombre de ceux qui parlent de souveraineté et d'indépendance ont en réalité à l'esprit la souveraineté-association que préconise le Parti québécois. Ces deux termes, souveraineté et souveraineté-association, renvoient cependant à des concepts fort différents. Il serait temps de définir clairement le vocabulaire que nous employons. C'est pourquoi, dans le cas présent, je préfère le terme indépendance à celui de souveraineté. On est en droit d'exiger des indépendantistes qu'ils décrivent de façon concrète et aussi précise que possible les modalités de transposition du Québec en pays indépendant. La valeur symbolique de leur choix est incontestable, mais il serait étonnant qu'elle suffise à convaincre la majorité des citoyens.

Des questions et des référendums

La commission Bélanger-Campeau s'attachera à faire valoir la nécessité de questions simples et limpides afin que le choix des électeurs puisse être judicieux. Si possible sur la base des renseignements fournis par la Commission, les partis politiques rédigeront les documents explicatifs qui expliciteront le sens et la portée de l'option qu'ils retiendront.

La nécessité de tenir un référendum va s'imposer pour chacune des trois options retenues dans le présent texte.

L'option indépendantiste ne requerrait qu'un seul référendum dont la question serait : « Favorisez-vous l'indépendance politique complète du Québec ? » Par contre, dans le cas de la souveraineté-association et dans celui du régime confédéral, la question de savoir s'il faudrait procéder ou non à un deuxième référendum dépendrait de la réaction du Canada anglais ; il serait présomptueux de croire qu'elle serait favorable.

Si, à la question : « Favorisez-vous la souveraineté-association ? » ou encore : « Favorisez-vous un régime confédéral ? », une majorité de la population vote Oui, il faudrait entreprendre des négociations avec le Canada anglais. Si elles achoppaient, nous nous retrouverions devant une alternative ; revenir à zéro, c'est-à-dire au *statu quo* fédéral, ou procéder à un deuxième référendum portant celui-là sur l'indépendance. La seule façon de s'assurer de ne tenir qu'un seul référendum dans ces deux derniers cas consisterait à faire suivre ces deux questions de la formule suivante : « ... et dans l'éventualité d'un refus du Canada anglais d'endosser par voie de négociation cette option,

accepteriez-vous que le Québec déclare son indépendance politique?»
Les tenants de cette dernière question doivent être conscients du fait
que nombre d'électeurs voteraient en fonction de cet ajout et que les
chances de remporter ce référendum seraient d'autant diminuées.

Pour ma part, dans mon témoignage oral à la Commission, j'ai
déclaré qu'«entre le *statu quo* fédéral et l'indépendance, j'opterais pour
l'indépendance», mais j'ai ajouté: «Je chercherais tous les moyens
susceptibles d'amortir le choc de la transition qui pourrait être rude.»

Pour une action raisonnablement rapide et si possible consensuelle

Nombre de mémoires et de commissaires favorisent la tenue d'un
référendum dans les délais les plus brefs, voire dès le printemps de
1991. Je désapprouverais tout retard indu pour ce rendez-vous historique. Mais je répète ce que j'ai dit aux commissaires: il faudra procéder en toute connaissance de cause, accorder à l'enjeu toute la réflexion
qu'il requiert, rédiger les documents d'appui. Tout cela va exiger du
temps. La Commission, les partis politiques, le gouvernement et
l'Assemblée nationale ont le devoir de fournir à la population toute
l'information dont elle est en droit de disposer pour être en mesure
de se prononcer judicieusement le jour du scrutin. Au regard de l'histoire, ce n'est pas le temps qui sera requis qui comptera, mais la qualité
du résultat obtenu.

Si la Commission parvenait à établir un consensus de la grande
majorité de ses membres sur une option, ou même sur des éléments
d'une option, et si cette position obtenait l'aval des deux partis politiques, du gouvernement et de l'Assemblée nationale, le processus
serait grandement accéléré et il deviendrait possible de tenir un référendum dès l'automne prochain ou au printemps de 1992. Toutefois, il
ne faudrait pas que ce consensus soit obtenu sur la base du plus petit
dénominateur commun. Plusieurs commissaires qui favorisent l'une ou
l'autre option se disent disposés à entretenir tout dialogue susceptible
d'accroître les chances d'établir un consensus. Le mémoire que la
Fédération des travailleurs du Québec a présenté à la Commission est
un exemple de ce louable état d'esprit. Ayant opté quant à elle pour
un Québec souverain qui chercherait par la suite à établir des liens
avec le Canada anglais, elle propose néanmoins que le mandat de la
Commission soit «de faire ressortir les consensus, de faire état des

grandes options qui se dégagent et de proposer des modalités d'un choix constitutionnel collectif et démocratique». C'est là la marque d'un état d'esprit ouvert et accueillant qui, je le souhaite, sera entendu et partagé par tous les commissaires, les responsables politiques et l'ensemble de la population.

CINQUIÈME PARTIE

Les offres du Canada
1991-1992

INTRODUCTION

Sous les vives pressions du rapport Bélanger-Campeau, de la loi 150 et des résolutions constitutionnelles adoptées par le Congrès du Parti libéral du Québec le 9 mars 1991 (connues par la suite sous le nom de «rapport Allaire»), le gouvernement fédéral prend enfin pleinement conscience de l'ampleur du risque qui menace le Canada. Avant même la mise en train de toute démarche de rajustement constitutionnel, de partout au Canada anglais on déclare que la réalisation d'un «nouveau Canada» se ferait «à la marge de toute menace ou ultimatum». C'est une boîte de Pandore que les efforts de révision constitutionnelle vont ouvrir.

La première initiative fédérale, le Forum des citoyens sur l'avenir du Canada (1er novembre 1990-10 juillet 1991), sous la direction de Keith Spicer, est imaginée en catastrophe sous l'effet du choc des revendications du Québec. Dans sa forme, ce Forum évoque les rencontres régionales de la Commission d'enquête sur le bilinguisme et le biculturalisme de 1964. Il a pour mandat d'informer le gouvernement de l'état d'esprit des Canadiens sur la question constitutionnelle. Il reçoit plus de sept mille mémoires ou lettres, rencontre quatre cent mille personnes à travers le pays, provoque des discussions de groupe. Sans avoir le caractère scientifique d'un sondage, les informations qu'il recueille sont très instructives: «[...] les participants, conclut le rapport, ont proposé un catalogue de changements au processus gouvernemental. Nous n'avons pas la compétence nécessaire pour les analyser mais [...] le gouvernement se doit d'examiner sérieusement leurs suggestions, ne fût-ce que par égard envers eux[1].»

Malheureusement, l'heure est trop tardive pour que le Canada anglais se satisfasse de suggestions. Il veut des recommandations, des solutions. Le gouvernement fédéral jettera le rapport au rebut. D'ailleurs, jugeant non sans raison que «le spectacle médiatique l'emporte sur la substance», les journalistes portent de moins en moins d'intérêt aux délibérations du Forum. J'estime que si les comités parlementaires et les «conférences thématiques» du ministre Clark qui suivirent s'étaient inspirées de l'état d'esprit d'ouverture et de conciliation généralement caractéristique des participants au Forum, ils auraient mieux servi les intérêts supérieurs du Canada et du Québec.

Fort déçu de l'insuccès déjà prévisible du Forum des citoyens, le gouvernement fédéral crée le Comité mixte spécial du Sénat et de la Chambre des communes sur *Le processus de modification de la Constitution du Canada* (comité Beaudoin-Edwards, 30 avril-1er décembre 1991). Ce comité est itinérant un peu comme la commission Bélanger-Campeau. Il tient soixante-dix-huit rencontres régionales, reçoit trois mille mémoires et rencontre sept cents personnes. Lui aussi a pour mandat de s'enquérir de l'état d'esprit des citoyens.

Je me présente devant le Comité le 30 avril, à Québec. Je m'exprime sans texte durant près d'une heure. La rencontre dure trois heures et est suivie d'un long déjeuner avec le sénateur Arthur Tremblay, considéré à l'époque comme un conseiller du premier ministre Mulroney. Mon exposé est précis et impitoyable:

> Je parle ici en tant que Canadien qui, depuis plusieurs années, voit le Canada surtout dans une optique québécoise; il y a au Canada une crise évidente de leadership politique [...] Il est possible que le pouvoir et le prestige du gouvernement fédéral soient au plus creux de la vague depuis 1867. Cela veut dire que si nous devons remonter la pente, elle sera longue et difficile. Nous subissons un affaiblissement rapide de nos réseaux de communication continentale; nous faisons face à une crise de société. Tout le programme [de sécurité sociale], que nous avons mis en œuvre quand nous étions riches et jeunes, est actuellement battu en brèche parce que nous sommes devenus pauvres et vieillissants; nous nous précipitons vers la «judiciarisation» du politique; nous constatons l'échec de la vision d'un Canada bilingue; il y a de plus les effets pervers de la politique du multiculturalisme, il y a le provincialisme, le régionalisme qui balkanisent le pays; la vision abstraite du Canada héritée de Trudeau le prive d'un sens d'identité attrayant et adapté aux conditions diverses des Canadiens; les Canadiens français du Québec, sinon les Canadiens anglophones, ressentent de moins en moins le besoin du gouvernement fédéral, etc.

Et je me permets une fois de plus la menace:

Vous pouvez dire qu'un témoin du Québec vous a dit qu'il faut absolument qu'il y ait des propositions précises qui soient acceptées, non seulement par le gouvernement fédéral, mais aussi par les provinces, et d'une façon définitive. Je suis pour le maintien d'un lien économique et politique avec le Canada. Il reste à le définir de façon précise, mais déjà, je traite d'un certain nombre de propositions [...] C'est pourquoi j'ai cru qu'il y a cette fois-ci une espèce d'ultimatum [attaché aux revendications du Québec]. S'il n'y a pas de telles propositions [acceptables], il y aura bientôt un référendum [sur la souveraineté]. Je peux vous dire que s'il n'y a pas de propositions claires, précises et valables de la part du reste du Canada, en ce qui me concerne, je serai pour l'indépendance du Québec [...] l'échéance finale — juin ou octobre 1992 — a été acceptée et endossée par la commission Bélanger-Campeau et par l'Assemblée nationale (loi 150).

Je m'attends à une avalanche de critiques. Bien au contraire, les membres du Comité rivalisent de compliments. Le député libéral André Ouellet s'exprime le premier: «Ce que vous avez dit ce matin est un message non pas aux Québécois mais aux autres Canadiens. Il est un message très clair, très concis et très pressant [...] Je trouve que vous l'avez fait d'une façon non partisane. Vous êtes un Québécois engagé mais non partisan [...] Le message que vous avez donné ce matin m'apparaît important parce que vous symbolisez le sentiment d'une foule de Québécois et de Québécoises. Nous, les membres de cette commission parlementaire, devons en tenir compte.»

Le commentaire de Lorne Nystrom, député néo-démocrate, est particulièrement impressionnant: «Qui a été le professeur du Canada anglais?», me demande-t-il. Il aimerait que je réponde «Trudeau», mais je souligne que le maître-professeur du Canada anglais fut Lord Durham. Nystrom poursuit:

Je me souviens des efforts de Robert Stanfield et de son parti lorsqu'il parlait des «deux nations» [...] Je me souviens de Tommy Douglas, qui dirigeait alors le Parti néo-démocrate, et de Robert Cliche, qui parlait déjà d'un statut unique, d'un statut spécial pour le Québec [...] Une campagne électorale s'est alors amorcée avec pour vedette un intellectuel haut en couleur, pour lequel j'ai beaucoup de respect, qui nous est arrivé du Québec sur son cheval blanc pour déclarer à Tommy Douglas qu'il avait tort. Il a aussi dit à Robert Stanfield qu'il avait tort, que le Québec n'était pas une province unique mais une province comme toutes les autres [...] Vous avez raison de dire que le Canada anglais a enseigné l'indépendance au Québec, mais qui avait été son professeur? N'ai-je pas raison de dire que ce professeur intellectuel et très puissant du Québec a causé beaucoup de dommages [...] Je pense que nous avons manqué le bateau dans les années 1960.

D'autres membres du Comité font des commentaires d'égale importance. L'extrême cordialité des propos échangés me frappe. Je termine mon témoignage en ces termes: «Je vous remercie de votre amabilité et si d'autres occasions se présentaient d'exprimer mes opinions [afin d'aider à ce que] nous ayons des propositions à formuler au Québec [...] et si c'est intéressant pour le Québec, eh bien! je serai le premier heureux et le premier à plonger dans le dossier.»

Je plonge de haut quand, le 10 décembre 1991, je me retrouve devant un second Comité mixte spécial du Sénat et de la Chambre des communes sur le *Renouvellement du Canada* (comité Beaudoin-Dobbie, 28 septembre 1991-28 février 1992). Certes, je sais que ce Comité n'est pas «participatif» ou consultatif, mais la froideur, l'hostilité même de l'accueil me glace. Pourtant, mon propos liminaire est plus sobre que celui que j'avais livré au Québec. Les visages restent fermés, mes paroles, de toute évidence peu pertinentes aux yeux des commissaires, tombent dans le vide. J'ai le sentiment d'exposer le point de vue de Sirius. Dans l'esprit des membres du Comité, les vingt-huit propositions sur lesquelles on feint de requérir mon opinion constituent déjà la charpente de leur rapport. Pareille apathie m'exaspère. J'ose déclarer: «Je ne trouve rien dans ce document qui réponde aux revendications du Québec [...] Moi, je m'étonne. Je rencontre des fonctionnaires, je vous rencontre ici et je m'étonne qu'aussi près de l'échéance [fixée par l'Assemblée nationale du Québec] on soit encore assis et qu'il semble n'y avoir aucun chemin de fait [...] J'ai l'impression que personne dans cette salle n'a vraiment compris nos revendications. Puisque vous n'avez donné suite à aucune d'entre elles, je ne vois vraiment pas de quoi parler.»

J'évoque le «terrorisme économique» auquel, à mon avis, se livre le premier ministre Mulroney en disant que «si le Québec se sépare, il perdra dix, quinze ou vingt milliards de dollars». Le député conservateur Jean-Pierre Blackburn rétorque: «Nous devons nous aussi prendre nos précautions et dire la vérité aux gens, C'est aussi notre responsabilité de députés.» Je réponds: «Je suis absolument d'accord.»

Je termine mon témoignage dans les termes suivants: «Dans deux ou trois mois je serai peut-être dans l'obligation de dire que, malheureusement, ce Comité a fait comme tous les autres comités et n'a pas tenu compte des revendications du Québec. J'espère qu'il n'en sera pas ainsi, mais je crains que ce ne soit le cas étant donné ce que j'ai perçu ici [...] Il y a eu des interventions qui indiquent qu'il y a peut-être un cheminement possible. Mais mon Dieu, cheminez.»

La première réaction du premier ministre Bourassa au rapport Beaudoin-Dobbie est vive. Le 3 mars, dans une conférence télédiffusée, il déclare: «Mais ce que nous trouvons un peu dans le rapport Beaudoin-Dobbie, c'est un réflexe de dominateur. Fédéralisme dominateur. C'est-à-dire qu'eux, ils considèrent qu'ils doivent être présents dans tous les secteurs, et qu'à toutes fins utiles, ils pourraient avoir le dernier mot. Et ceci n'est pas une approche qui, d'après nous, respecte la Constitution canadienne.»

LA DERNIÈRE CHANCE DU CANADA[1]

Depuis plusieurs minutes, les trois «sages» (John Meisel, Edward McWhinney et moi) disséquions, tranche par tranche, l'esquisse du rapport que les recherchistes et les commissaires de la Commission de l'unité canadienne (commission Pepin-Robarts) avaient ébauchée. L'échange aboutit à une impasse. Nos critiques exposées, le produit de nos laborieux efforts gisait en mille miettes. Un malaise général s'installa; le silence nous glaçait. Le coprésident de la commission, John T. Robarts, paraissait s'être assoupi. Tout à coup, il ouvre un œil et déclare : «*This time we must accommodate Québec.*» Cette petite phrase eut l'effet d'un choc électrique. Lancés sur cette voie, tous se remirent au travail. Le rapport de janvier 1979, s'il n'avait été nonchalamment écarté par le premier ministre Trudeau, aurait procuré une excellente base de départ à un renouvellement, acceptable par toutes les parties, de la Constitution canadienne.

Eh bien! les yeux grands ouverts, je vous dis aujourd'hui : cette fois nous devons répondre aux revendications du Québec. Le processus prévu par la loi 150 s'enclenchera inévitablement d'une façon ou d'une autre dans moins d'un an ou un peu plus tard si le gouvernement Bourassa s'échoue dans la procrastination. Le Canada peut encore être sauvé, mais l'heure tarde dangereusement.

Je suis un Québécois soucieux de maintenir des liens économiques et politiques avec le reste du pays. Il est urgent que le gouvernement fédéral et les autres provinces s'attaquent sérieusement aux seules questions qui se posent à eux à ce moment : Le Canada anglais veut-il vraiment que le Québec demeure dans la confédération canadienne? Quel est, pour lui, l'intérêt de répondre favorablement aux demandes québécoises? À quelles conditions acceptera-t-il de le faire?

J'annonce mes couleurs. Au lieu de partir d'une conception abstraite (juridique) du Canada et de tenter d'y insérer le Québec, je pars d'une conception concrète (sociologique) du Québec et je m'efforce de la faire accepter par le reste du pays. Je ne désespère pas qu'elle puisse l'être, mais cette fois-ci, ce doit être dans les mois à venir. Je parle, bien sûr, pour moi-même; mais je suis conscient de m'exprimer au nom d'un grand nombre de mes compatriotes. Je sais, autant que quiconque, qu'une Constitution, quelle qu'elle soit, ne procure pas de solution miraculeuse aux problèmes institutionnels permanents comme aux problèmes personnels de tous les jours.

Mais nous devrions tous savoir que si la crise constitutionnelle est mal abordée et finalement non résorbée, elle sera un facteur d'aggravation de tous les maux qui accablent aujourd'hui les Canadiens. Mon but est de contribuer à mettre fin, d'une façon ou d'une autre, à un débat qui dure depuis trente ans, empoisonne nos vies et dissipe nos énergies. Il est urgent que l'opinion publique, jusqu'ici trop souvent manipulée à des fins partisanes et électoralistes, soit pleinement et rapidement éclairée sur toutes les facettes de l'enjeu constitutionnel.

Si la lumière doit enfin jaillir, c'est de ce comité qu'elle émanera. Nous en sommes rendus là. Ce comité doit être conscient de sa responsabilité devant la population canadienne. S'il échoue à s'élever au-dessus de la mesquinerie politique, s'il ne démontre pas le haut niveau de compréhension de la situation requis, s'il ne parvient pas à rompre les amarres qui le retiennent au quai de départ et à bien naviguer, il ne rejoindra pas le port d'entrée d'un pays renouvelé, ce que salueraient avec joie tous ses habitants.

Ce comité doit être un comité dont le premier but est de résoudre le problème québécois.

La condition des autochtones éveille chez nous la mauvaise conscience que nous aurions dû ressentir depuis longtemps. Mais elle est une question spécifique qu'il faut aborder et résoudre comme telle. Ce serait camoufler à la fois la question québécoise et la question autochtone que de les confondre dans une même problématique et de croire ensuite pouvoir en traiter valablement selon leur mérite respectif.

Il en est de même de toutes les provinces canadiennes qui, elles aussi, formulent des revendications légitimes. Il faut recevoir ces demandes, les considérer avec attention selon la façon dont chacune les pose et proposer des solutions. Ici encore ce serait s'attaquer à une tâche impossible que de croire que l'on puisse accéder à leurs exigences en même temps et de la même manière que l'on parviendrait à satisfaire les revendications québécoises.

Mon jugement d'ensemble sur les propositions du gouvernement fédéral est le suivant: il pose le problème à l'envers. Au lieu de partir des revendications québécoises, qui découlent en majorité de la réforme constitutionnelle de 1982 à laquelle le Québec n'a pas apposé sa signature et de l'échec de l'accord du lac Meech de 1990, et d'examiner comment il est possible de les satisfaire dans un cadre canadien, il part d'une conception abstraite (juridique) du Canada d'où émane une série de propositions dont on présume que le Québec s'accommodera. Nous avons été contraints de formuler des demandes précises visant à normaliser notre statut politique et constitutionnel et voilà que le gouvernement fédéral nous répond par des offres qui sont en porte-à-faux par rapport à elles.

Il ne siérait guère que je discute en détail des propositions fédérales puisque c'est la structure même du document que je récuse. Quelques remarques générales suffiront à exprimer mon désaccord:

• Le Québec n'obtient pas un droit de veto absolu sur tout amendement à la Constitution.

• L'expression «normes nationales», qu'il s'agisse d'économie, de société ou de culture, est inacceptable au Québec.

• Le Québec ne peut pas accepter qu'on réforme le Sénat sans son aval ni qu'on crée un autre palier de gouvernement — le Conseil de la Confédération — au sein duquel sa voix serait assourdie par celles de neuf autres provinces alors que sa représentation diminue à chaque recensement de la population.

• Croire que l'octroi d'une double majorité sur les questions de langue et de culture, dans un Sénat où la représentation du Québec serait amoindrie ou au Conseil de la Confédération, satisferait le Québec, c'est méconnaître ses besoins et ses aspirations d'aujourd'hui.

• Le Québec ne peut permettre que, par son pouvoir de dépenser, le gouvernement fédéral s'ingère dans les sphères de compétence exclusivement provinciales. La formule 7/50 proposée ici et là ne lui offre aucune garantie que ses positions seront retenues.

• Le Québec ne peut pas accepter qu'une compensation financière consécutive à un retrait d'un programme fédéral soit conditionnelle à l'acceptation des objectifs de ce programme et ne soit valable que pour trois ans.

• Le Québec ne peut se satisfaire des six domaines où le gouvernement fédéral est disposé à reconnaître la compétence exclusive aux provinces ni des dix secteurs mineurs pour lesquels il est prêt à entamer des discussions avec elles.

Il serait oiseux d'expliciter une fois de plus les demandes du Québec. Elles ont été tambourinées à maintes reprises depuis un an au sein du Parti libéral du Québec, de la commission Bélanger-Campeau et dans les médias. Les décideurs canadiens devraient au moins en connaître la substance, sinon ils ne sont pas dignes de représenter, à la Chambre des communes et au Sénat, la population canadienne qui attend d'eux qu'enfin! ils la guident et lui indiquent les voies d'un accord possible.

Le Québec réclame que la structure des négociations — qu'il s'agisse des premiers ministres des provinces, d'une assemblée constituante ou de toute autre formule — soit telle qu'il s'exprime le plus possible d'égal à égal. Je rappelle que le premier ministre Jean Lesage a exigé, pour consentir à la participation de sa province au travaux de la Commission royale d'enquête sur le bilinguisme et le biculturalisme, la parité des commissaires francophones et anglophones. Cette parité s'est étendue au secrétariat de la Commission et à la direction de la recherche. Aurions-nous à ce point reculé après trente ans de demandes de réforme constitutionnelle répétées du Québec? Les cuisants échecs récents et la structure des présentes propositions fédérales font plus que de le laisser croire. Ils montrent que le reste du pays a pris un recul dont les conséquences peuvent être fatales. Est-il encore possible de faire marche arrière, de revenir à l'époque de Lesage et même à celle de Duplessis?

On regimbe devant l'expression «Québec société distincte». Il y a plus de quarante ans, le premier ministre Saint-Laurent, après avoir déclaré au Palais Montcalm de Québec: «le Québec est une province comme les autres», a dû s'incliner devant Duplessis. Pour cette affirmation intempestive, il a fait amende honorable et a payé le tribut exigé par le premier ministre du Québec: concéder l'impôt provincial sur les particuliers. Le Canada anglais devrait pourtant se souvenir que c'est Lord Durham, en 1839, cinq ans après Tocqueville, qui reconnaissait l'existence au Canada de *deux peuples*. Certes, ces deux peuples, il les voyait «en guerre» et estimait que la paix exigeait l'assimilation du peuple francophone. C'était confier au Canada anglais un mandat qu'il fut incapable de remplir, du moins au Québec et dans les régions limitrophes. Une des deux sociétés, l'un des deux peuples, existe toujours. Mais ce peuple concentré au Québec doit aujourd'hui traiter non pas avec un autre peuple, le peuple anglais disparu dans la brume de son insouciance à l'égard de sa propre identité, mais avec un gouvernement fédéral et neuf provinces qui voudraient, à l'instar de Saint-Laurent et de Pierre Trudeau, considérer le Québec comme une province comme les autres.

Par-delà les discussions à propos du statut du Québec plane une quasi insoluble incompatibilité des conceptions du pays : celle qu'en a le Québec et celle qui prévaut dans les autres provinces. Le gouvernement fédéral, qui serait le seul à pouvoir espérer réconcilier les parties, dans le présent document comme dans tous ceux qui l'ont précédé depuis vingt ans, adopte le point de vue des provinces anglaises. Et pourtant, à trois reprises dans le document, il parle du «pacte» initial entre le Québec et trois provinces. Pour être logique avec sa pensée, il aurait plutôt dû dire, à l'instar de la plupart des constitutionnalistes de langue anglaise, que la Constitution de 1867 était le produit d'une simple loi adoptée par le Parlement de Westminster.

Que les autres Canadiens le concèdent ou non, rien ne peut empêcher le Québec d'être une «société distincte», une province différente des autres. Aujourd'hui, les conséquences politiques et constitutionnelles qui découlent de cette proposition sont bien plus considérables que ne le consignent les propositions fédérales. Et ces conséquences, maintenant, le gouvernement fédéral se dit capable de les tirer du puits de la peur qui l'enchaîne depuis si longtemps. Et pourtant !

Le Québec exige un droit de veto absolu sur tout amendement à la Constitution canadienne. Il réclame la compétence exclusive dans le domaine linguistique sur son territoire. Il ne veut plus devoir recourir périodiquement à la clause de dérogation pour protéger la langue française. Il ne veut plus voir ses citoyens considérés comme des fascistes. Il ne veut plus des admonitions périodiques du Commissaire aux langues officielles. Une loi fédérale sur les langues devra restreindre, au Québec, son champ d'application aux seuls services de sa compétence. Dans une loi solennelle ou dans sa Constitution, le Québec garantira aux anglophones le plein exercice de leurs droits dans l'espoir que toutes les provinces rétabliront les droits historiques de leur minorité francophone partout où ils sont bafoués. Le Québec — tout le Québec: le gouvernement mais aussi les associations, les entreprises, les universités — agira de concert avec la Fédération des communautés francophones et acadienne du Canada et les diverses associations francophones provinciales afin qu'elles puissent assurer chez elles la protection et la promotion de la langue française.

Le Québec doit obtenir la compétence exclusive dans tous les domaines pertinents à la population et à sa structure sociale, par exemple la formation de la main-d'œuvre, l'emploi et l'immigration. Bien entendu, il doit contrôler les leviers économiques requis pour l'exercice des nouvelles responsabilités qu'il assumera. La question des ressources économiques ne saurait se confiner à une compilation comptable des comptes publics ou au partage de la dette canadienne. Les aspects impondérables sont trop nombreux pour qu'il soit possible de tout prévoir à l'avance.

Il existe un principe irréductible: c'est un espace économique canadien qu'il faut aménager et non une union économique que le gouvernement fédéral imposerait aux provinces. Il serait stupide de la part du Québec de concéder au gouvernement fédéral un pouvoir de gestion économique qui serait soumis à la règle de 7/50 et dont une province ne pourrait se retirer, pour une période limitée à trois ans, qu'à la condition d'obtenir l'accord de 60 % des membres de son Assemblée législative. C'est vers la province, et non vers Ottawa, que la plupart des gens d'affaires québécois se tournent quand il s'agit d'assurer le bon fonctionnement de leur entreprise. Les subventions fédérales ne sont, la plupart du temps, que des béquilles dont la grande majorité ne bénéficient jamais. La province qui les reçoit se voit conspuée par les autres, ce qui mine la stabilité économique du pays.

En deçà et au-delà des questions de société, existe l'univers des symboles dont le poids ne se mesure pas de façon quantitative, mais qui exerce sur les êtres humains une influence parfois prépondérante défiant les considérations rationnelles.

Une refonte de la Constitution canadienne qui conviendrait au Québec ne peut se concevoir que si le principe d'une asymétrie est accepté comme point de départ. Pour rejoindre les revendications du Québec, cette asymétrie devra être profonde. Il pourrait même s'ensuivre pour le Québec l'octroi d'un statut de province ou d'État confédéré au Canada. Se prononcer en faveur du principe d'asymétrie ne constitue pas un précédent. La commission Pepin-Robarts l'avait déjà clairement énoncé dans son rapport de 1979. Certes, elle l'étendait à toutes les provinces, mais elle prévoyait que le Québec pourrait être la seule à s'en prévaloir. Elle estimait que ce droit pourrait être concédé «de droit», c'est-à-dire dans la Constitution. Par référence à la loi 101, le rapport disait que les droits des anglophones peuvent être protégés au Québec «sans pour autant qu'il y ait contrainte constitutionnelle».

Bien des Québécois estiment que la politique canadienne est trop centralisée. Une des raisons qui justifient les demandes de pouvoirs accrus émanant du Québec vise le rôle jugé trop considérable dévolu au fédéral. Dans une étude inédite, «*Explaining Québec Nationalism*», Stéphane Dion montre qu'au contraire, de tous les pays fédératifs les plus comparables au Canada — la Suisse, les États-Unis et la République fédérale d'Allemagne — le Canada était, en 1988, de beaucoup le pays le moins centralisé en ce qui concerne le revenu total du palier fédéral qui prélevait moins de 50 p. 100 (53,3 p. 100, 59,1 p. 100 et 64 p. 100 respectivement pour les autres gouvernements fédéraux). Au Canada, les gouvernements provinciaux accaparent 41,3 p. 100 du budget total (par rapport à 24,6 p. 100, 24,4 p. 100, 21,1 p. 100). Le palier municipal est donc beaucoup plus démuni au Canada que dans les trois autres pays[2] (10,6 p. 100 par rapport à 22,1 p. 100, 16,5 p. 100, 13,8 p. 100). L'auteur exclut toutefois de son étude les paiements de transfert et le recours du gouvernement fédéral à son pouvoir de dépenser. Il se pourrait que ces deux formules économiques aient relativement plus de poids au Canada que dans les autres fédérations. Le gouvernement fédéral intervient à son gré dans tous les domaines, y compris ceux de compétence exclusive aux provinces, à tel point que ces dernières ne disposent plus en réalité d'aucune compétence qui soit à l'abri des interventions financières et même normatives du fédéral.

Cette première étude de Stéphane Dion n'exprime pas toute la réalité. Un processus impondérable mais dont la portée semble devoir être de plus en plus considérable est en cours. Il s'agit de ce que Alain Minc appelle «la vengeance des nations[3]» et que Stéphane Dion souligne dans une autre étude: «Le Québec contemporain et le paradoxe de Tocqueville[4]». La modernisation — l'industrialisation, l'urbanisation, la facilité des communications, l'ensemble des technologies de pointe — fait converger de plus en plus les sociétés. Les différences sociales, culturelles et économiques entre les pays s'estompent. Les valeurs humanistes de liberté, de justice, de compassion, la distinction entre liberté individuelle et droits collectifs, la différenciation de la société civile et de l'État, de l'intérêt individuel (ou de ceux des multiples groupes et mouvements sociaux) et du bien commun, tout cela ne saurait plus être tranché sans bavure dans les cas particuliers. Les tentacules de l'État se sont tellement étendus qu'ils s'agrippent aux structures sociales, se multiplient, se composent et se décomposent à un rythme effarant. Le secteur privé et le secteur public s'interpénètrent, se contaminent au point où ils sont devenus indissociables. Les conséquences de ces transformations profondes, qui se développent toujours sans que le terme puisse en être prévisible, marquent particulièrement le Québec, société dont les structures sociales sont plus étanches qu'ailleurs.

Il devrait s'ensuivre pour le Canada un plus grand désir de rapprochement politique entre les provinces aboutissant à un renforcement du gouvernement central. Et c'est peut-être cette direction que les provinces anglaises voudraient prendre. C'est cette direction, en effet, que les propositions fédérales offrent au Canada tout entier.

Mais au Québec, l'effet de la plus grande interdépendance sociale et culturelle produit exactement le mouvement contraire, c'est-à-dire la recherche d'un resserrement du politique sur le plan provincial afin de renforcer les structures sociales et de promouvoir le nouveau sens de la nation que tous les Québécois — anglophones, allophones, immigrants, réfugiés et francophones — apprennent graduellement à découvrir et à aimer. Comme l'écrit Stéphane Dion : « C'est justement parce que les francophones ont rattrapé le niveau de vie de leurs voisins à l'intérieur de la maison canadienne qu'ils paraissent plus que jamais disposés à faire cavaliers seuls[5]. »

On oppose souvent aux tendances vers une plus grande autonomie politique, qui s'expriment au Québec, le processus d'intégration économique et éventuellement politique qui est en cours en Europe. L'Europe entend éliminer les risques de guerre interétatique qui l'ont décimée deux fois dans le présent siècle et renforcer sa base économique afin de concurrencer d'égal à égal les États-Unis et le Japon. À ces fins, douze pays acceptent avec plus ou moins d'empressement de céder une part de leur « souveraineté » au profit du mieux-être de chacun. L'éveil des sentiments nationaux dans plusieurs de ces pays, que décrit Alain Minc dans *La Vengeance des nations*, contrarie ce processus et risque d'entraîner des effets pervers, notamment l'explosion des extrêmes droites. Mais le mouvement d'intégration limitée est irrésistible et aboutira, à plus ou moins long terme, à d'autres accords économiques et politiques.

En réclamant plus d'autonomie politique au lieu d'accepter de s'intégrer davantage au pays, le Québec paraît aller à contre-courant. Il faut voir que le processus européen et celui que propose le Québec vont en sens inverse. L'issue finale de ces deux processus pourrait bien être l'octroi au Québec d'un statut politique analogue à celui dont se doteront au fil d'arrivée les États nationaux en Europe. Je dis bien analogue, car si nous parvenons à comprendre le sens véritable des revendications du Québec, les liens que ce dernier maintiendra avec le Canada seront bien plus nombreux et bien plus solides que ceux que les pays européens parviendront à se donner dans un avenir prévisible.

Pour les mêmes raisons que le Québec réclame plus d'autonomie politique pour protéger son nouveau sens de la nation, le Canada cherche à se trouver une identité et à la protéger contre le puissant voisin : les États-Unis. Où puisera-t-il la force de rester debout devant un adversaire qui le considère comme une entité négligeable ? Par malheur, il est en ce moment mal en point.

Pour bien des Canadiens, le Canada est un pays abstrait. Quand ses porte-parole sortent de leur silence, c'est pour s'enfoncer un peu plus dans l'abstraction, comme dans le présent document, répétant à satiété l'interrogation de Northrop Frye : «*But Canada, Where is it ?*» Les Canadiens cherchent en vain une identité pour leur pays, qu'ils aiment pourtant.

Au sens culturel et social, il y a trois, quatre ou cinq Canada, presque autant qu'il y a de provinces.

Ce sont des parlementaires canadiens qui me l'ont dit récemment lors de mon témoignage devant la commission Beaudoin-Edwards : la classe politique canadienne serait la plus pitoyable depuis la Confédération. Il y aurait partout, au niveau fédéral et dans les provinces, crise du leadership. Dans des conditions aussi décevantes, où donc le Québec trouvera-t-il un interlocuteur valable ? Cette carence est d'autant plus alarmante qu'Alain Minc affirme que les nouveaux enjeux qu'affrontent les chefs d'État, si bons soient-ils, les dépassent.

Les liens qui permettent aux Canadiens de communiquer, de se rencontrer, ne cessent de s'affaiblir: chemin de fer, lignes aériennes, Radio-Canada, etc. Les réductions de leur ampleur et de leur aire de fonctionnement nous éloignent les uns des autres alors que dans le passé, dans des conditions technologiques moins avancées, on les accroissait sans cesse. Ils rapprochaient ceux qui habitent un continent de grands espaces vides, parsemés de peuplements ruraux et de quelques agglomérations urbaines. Au lieu de s'atténuer, les régionalismes et les provincialismes s'accentuent. Le cœur de ce pays, même les plus ardents nationalistes canadiens ne l'entendent plus battre. Au Québec, cependant, la vigueur du sentiment national s'accroît dans les poitrines et dans les institutions.

Le lien le plus fort qui a uni les Canadiens depuis quarante ans est la mise en œuvre des programmes de l'État-providence. Aujourd'hui, les gouvernements maintiennent ces programmes de peine et de misère, le fédéral en refilant de plus en plus les coûts aux provinces et celles-ci aux municipalités. Il y a quarante ans, nous étions riches. Aujourd'hui, nous sommes pauvres et l'un des pays les plus endettés du monde en termes relatifs. La récession économique persistante aggrave le sentiment d'une faillite. La prévision de Wilfrid Laurier: «le vingtième siècle sera le siècle du Canada», ne s'est pas réalisée. À l'abord du XXIᵉ siècle, c'est le pessimisme qui nous étreint quand nous pensons à ce qu'il adviendra du pays.

Le Canada s'est donné en 1982 une Charte des droits qui semble lui convenir puisqu'il entend y puiser une source majeure de son identité. Mais en empruntant comme elle le fait une large part de sa jurisprudence aux tribunaux américains, la Cour suprême ne risque-t-elle pas de faire pénétrer ici un cheval de Troie porteur de l'identité du pays dont on a tant de mal à se distinguer? Ne prend-on pas conscience, en outre, que cette Charte dans certaines de ses dispositions ne convient pas au Québec qui, lui, possède sa propre Charte?

Les louables tentatives de faire du Canada un pays bilingue ont lamentablement échoué parce qu'elles attribuaient aux Canadiens, malgré leur bonne volonté, une mission impossible. Plus encore: la politique du multiculturalisme risque de se retourner contre eux en les empêchant d'intégrer, en toute justice et compassion, les milliers d'immigrants de toutes origines qui, chaque année, choisissent ce pays comme terre d'accueil.

L'accord de libre-échange avec les États-Unis auquel se joindra bientôt le Mexique est une autre source d'inquiétude. Le résultat net de cet accord accroîtra-t-il la dépendance économique, culturelle et politique du Canada envers les États-Unis ou, au contraire, lui procurera-t-il un levier pour faciliter son épanouissement?

Bien des Québécois ont de plus en plus l'impression que le Canada est de moins en moins important, que le gouvernement fédéral devient une entrave plutôt qu'un soutien. L'éventualité de l'indépendance politique a cessé d'en effrayer certains; elle les attire, même. Il s'en faudrait de peu pour qu'ils rejoignent les rangs de ceux qui, depuis des années, ont conclu que la séparation est inéluctable.

Pour ma part, je souhaite que le reste du pays puisse s'engager dans la voie qui paraît lui garantir la persistance malgré les écueils. Il ira à coup sûr vers la défaite s'il tient à ce que le Québec soit un partenaire dans l'uniformité, alors que sa vocation consiste à joindre ses forces dans la diversité, car il est *différent* tout en voulant encore, d'une manière ou d'une autre, être solidaire.

Il serait suicidaire, d'un côté comme de l'autre, de verser dans l'exaspération. Plus le problème à résoudre est ardu, plus il faut garder la tête froide. L'intolérance, les accusations de trahison, la manipulation de l'opinion ne sont pas de mise. Le Québec pourrait servir de bouc émissaire en cas d'un échec. Ce serait trop facile. Si on continue à déterrer les cadavres de ceux qui, un jour ou l'autre, ont tenu ou posé des gestes racistes et à enterrer vivants ceux qui le font aujourd'hui, le pays entier, de l'Atlantique au Pacifique, deviendra un charnier. Procéder de la sorte, ce serait desservir lamentablement la noble cause que, de diverses façons, nous devons servir. Dire que le Canada, advenant l'indépendance du Québec, le maintiendrait de force par son armée, c'est jeter de l'huile sur le feu. Une action aussi révoltante m'obligerait à prêcher la résistance passive, à devenir, peut-être avec Pierre Trudeau, le premier dissident et le premier prisonnier du goulag que le Canada devrait construire en terre de Baffin!

Pendant qu'il en est encore temps, nous devons plutôt reporter notre attention sur les raisons qui nous incitent à regarder dans la même direction: du côté de l'édification d'un nouveau Canada ou, si telle doit être la conclusion, de la construction de deux pays unis par des liens économiques et politiques solides.

Le Canada jouit d'une réputation internationale dont les Canadiens sont légitimement fiers. Quel drame ce serait pour lui de se voir amputer de la moitié de son être, de sa richesse culturelle, du quart de sa population, du tiers de son économie, du Québec dont la différence lui attribue une bonne part de son importance et de son originalité! Pourquoi alors, dans tant d'ambassades, n'y a-t-il que le deuxième ou le troisième adjoint qui soit francophone — celui-là dont la tâche principale est de servir de guide aux visiteurs francophones? Pourquoi cette propagande insidieuse émanant de ces ambassades contre le vouloir-être et le vouloir-vivre canadien-français?

Le Canada occupe un vaste continent, l'un des plus vastes territoires du monde. Surmontant tous les obstacles, il est parvenu à faire se rejoindre ses deux extrémités et, en deux langues, à communiquer avec l'ensemble de sa population. Peut-on imaginer ce que deviendrait ce pays si, demain, il se retrouvait coupé en deux à la suite du départ du Québec sans que tous les efforts imaginables pour le retenir d'une manière ou d'une autre aient été tentés? Qu'adviendra-t-il du reste du pays, de l'Est, de l'Ouest, du Centre?

Le Canada s'enorgueillit de faire partie des sept pays les plus industrialisés du monde et de participer aux assises périodiques de ces pays qui, ensemble, décident du sort de l'humanité. Conserverait-il cette place enviable s'il ne parvenait pas à conserver le Québec comme l'une de ses principales parties constituantes?

Demain, le Canada, s'il entend résolument cette fois «accommoder» le Québec, s'il consent à écarter le geste de recul qui le tente, ne s'en portera que mieux. Le Québec, s'il consent à ne pas faire le geste de se retirer avant qu'il n'y soit contraint, ne s'en portera que mieux lui aussi. Il ne faut pas tenir de référendum croc-en-jambe pancanadien avant que le Québec ait fait le sien. Après cette échéance, il serait normal que le reste du pays ait à décider par référendum s'il accepte ou non de continuer à cheminer avec le Québec quel que soit le destin que ce dernier aura choisi.

UN CHANGEMENT DE CAP S'IMPOSE[1]

Une lecture attentive des propositions fédérales ne permet pas de saisir l'abîme de différences entre le contenu du document et les aspirations constitutionnelles tant de fois formulées au Québec depuis dix-huit mois. Il faut se retrouver, comme ce fut mon cas le mardi 10 décembre, devant les membres du Comité mixte spécial du Sénat et de la Chambre des communes sur le renouvellement de la Constitution pour constater que les propositions fédérales aboutissent à un dialogue de sourds dès lors qu'elles sont jaugées à la lumière des revendications québécoises. Cet abîme de différences peut-il encore être comblé? À moins d'un changement radical de cap de la part du Comité, le rapport sera rejeté par la majorité des Québécois. L'impasse qui menace ne peut se dissiper que si les Canadiens parviennent à se délester du carcan de la routine constitutionnelle dans laquelle ils s'enferment depuis tant d'années et font preuve, enfin, d'imagination politique.

La déception tourne à l'amertume quand on constate jusqu'à quel point la notion de «société distincte» représente, dans le document fédéral et pour les membres du comité, la proposition principale, la seule proposition à vrai dire qui concerne directement le Québec.

La notion de «société distincte» avait un sens dans le contexte des propositions de 1986 retenues dans l'accord du lac Meech. C'était la première et la principale de cinq propositions jugées «minimales» par le Québec. Si l'accord n'avait pas avorté en juin 1990, le Québec aurait signé la révision constitutionnelle de 1982 et une période de concorde relative aurait suivi, en supposant que la Cour suprême aurait jugé que cette clause avait préséance sur tous les autres ordres de considérations portés à son attention.

En 1991, après le rapport Allaire, les témoignages devant la commission Bélanger-Campeau et le reste, la clause de «société distincte» est devenue, du point de vue de la grande majorité des Québécois, vide de sens. L'échec du lac Meech a changé leur état d'esprit et la clause de «société distincte» ne répond plus à leurs revendications essentielles, d'autant plus qu'elle n'aurait d'autre valeur que celle d'une règle d'interprétation parmi d'autres devant les tribunaux.

Je croyais superflu de démontrer en quoi la notion de société distincte est désormais futile. Je me trompais. Une explication s'impose. Le document énumère trois aspects de cette «société distincte»: une majorité de langue française; une culture unique en son genre; une tradition de droit civil. La liste n'est pas exhaustive puisque, du moins dans le texte français, le mot «notamment» la précède. Mais tous les autres aspects susceptibles d'être ajoutés ne pèseraient pas plus lourds. En outre, dans le projet de Constitution, «la responsabilité fondamentale qui incombe au Québec de protéger et de promouvoir sa société distincte» devient un des quatorze énoncés de «ce que nous sommes en tant que peuple et ce à quoi nous aspirons». La portée de cet énoncé est nulle puisqu'elle ne vise que la notion de «société distincte».

Qu'apporte au Québec le fait d'avoir inclus «une tradition de droit civil» dans la «société distincte»? Absolument rien. L'Acte de Québec de 1774 octroie au Bas-Canada le plein exercice des lois civiles françaises en vigueur dans la Nouvelle-France. Cette disposition n'a jamais été mise en cause par la suite. Le Code civil du Québec s'inspire du code Napoléon et a été maintes fois amendé du plein gré des autorités québécoises. Une commission parlementaire de l'Assemblée nationale termine présentement une révision du Code entreprise depuis plusieurs années. Il s'agit bien d'un aspect de la société distincte qu'est le Québec, mais son inclusion dans les propositions fédérales est saugrenue: le droit civil ne peut en aucune manière être contesté d'aucune source. Les tribunaux jugent les litiges en matière civile exclusivement d'après les dispositions du Code.

L'entière compétence sur la langue et la culture fait partie intégrante des revendications de la grande majorité des Québécois qui se sont prononcés sur la question constitutionnelle depuis dix-huit mois.

En ce qui a trait à la culture, entendue dans un sens général, j'ai exprimé l'avis dans mon témoignage à la commission Bélanger-Campeau que si le fédéralisme canadien était le choix des Québécois, je n'avais pour ma part aucune objection à ce que le Québec, tout en se dotant de ses propres institutions, continue de faire partie des grandes institutions fédérales à la condition d'y affirmer son contrôle. Cet avis a fait l'objet de beaucoup de commentaires défavorables. Il faudra soumettre à un examen rigoureux, au Québec même, la question des compétences dans le domaine de la culture. La position adoptée pourra diverger selon qu'il s'agit des arts et des lettres, des humanités et des sciences humaines, de la science, de la médecine, du cinéma ou de la radio-télévision. Il importe que le comité Beaudoin-Dobbie connaisse de façon précise les revendications québécoises dans ce vaste domaine qui est le fondement même de notre société.

Le Comité aurait grand intérêt à s'inspirer du rapport de la Commission de l'unité canadienne (Pepin-Robarts) de 1979. Le sénateur Beaudoin, coprésident du comité, était membre de cette commission. Je ne vois qu'une méthode qui puisse donner suffisamment d'allant aux propositions fédérales pour que la majorité des Québécois leur prêtent une attention sérieuse. Elle consiste dans l'adoption du principe du retrait facultatif des programmes fédéraux pour les provinces résultant dans une asymétrie de fait pouvant devenir une asymétrie de droit en étant incorporée dans la Constitution.

Dans mon mémoire présenté au Comité mixte spécial du Sénat et de la Chambre des communes sur le renouvellement de la Constitution, par référence à la Commission de l'unité canadienne, j'ai écrit: «Le rapport de janvier 1979, s'il n'avait été nonchalamment écarté par le premier ministre Trudeau, aurait procuré une excellente base de départ à un renouvellement, acceptable par toutes les parties, de la Constitution canadienne.»

La principale source d'inquiétude devant la commission Bélanger-Campeau portait sur la question de la langue. La plupart des témoignages réclamaient une compétence exclusive pour le Québec. C'est d'ailleurs ce que recommandait le rapport Pepin-Robarts:

> Ainsi avons-nous la preuve, au Québec, que les droits de la communauté anglophone sont protégés sans pour autant qu'il y ait contrainte constitutionnelle et que les gouvernements de cette province sont tout à fait capables de réconcilier l'intérêt de la majorité et les préoccupations de la minorité.

Les commissaires du rapport Pepin-Robarts vont plus loin encore. Ils se disent:

convaincus que le retrait des obligations constitutionnelles, par l'article 133, n'empêchera pas les Québécois francophones, non plus que le gouvernement du Québec, de continuer, en toute liberté et par le biais de lois provinciales, à traiter la communauté anglophone avec générosité.

Les développements survenus depuis 1979 incitent au maintien de l'article 133 sur «l'emploi des langues française et anglaise dans les Chambres du Parlement du Canada et les Chambres de la législature au Québec». Le Québec s'est soumis sans peine au jugement de la Cour suprême qui déclarait anticonstitutionnel l'article de la loi 101 qui soustrayait le Québec aux dispositions de l'article 133. J'estime que, même si le Québec devient un État souverain, il continuera à traduire ses lois en anglais par égard à sa minorité anglophone. En outre, un jugement récent de la Cour suprême oblige le Manitoba à se soumettre aux dispositions de l'article 133. Le Nouveau-Brunswick, devenu province bilingue, traduit ses lois en français. L'Ontario devrait faire de même dans un avenir aussi rapproché que possible.

En ce qui concerne le gouvernement canadien, la Constitution doit inclure un nouvel article l'obligeant à maintenir toutes les mesures linguistiques adoptées depuis 1867 au sein de l'administration fédérale, dans les services qu'il dispense aux provinces et dans ses relations internationales.

Depuis 1979, d'autres jugements des tribunaux ont émacié la loi 101. Un jugement récent sur l'affichage a contraint le Québec à adopter la loi 178. La révision constitutionnelle de 1982 contient des dispositions auxquelles le Québec ne peut adhérer et il a refusé d'y apposer sa signature. L'échec de l'accord du lac Meech en 1990 a exaspéré de nombreux Québécois. Si le comité Beaudoin-Dobbie adopte le principe d'asymétrie pour la question linguistique, il calmera bien des esprits.

Pour ma part, dans le mémoire que j'ai présenté devant le Comité, je propose que le Québec s'engage de lui-même à garantir les droits historiques de la langue anglaise :

> Dans une loi solennelle ou dans sa Constitution, le Québec garantira aux anglophones le plein exercice de leurs droits dans l'espoir que toutes les provinces rétabliront les droits historiques de leur minorité francophone partout où ils sont bafoués.

Les effets d'une pareille réorientation des propositions fédérales seraient considérables et, dans l'ensemble, les rendraient plus acceptables aux autres provinces. Désormais, l'article 2 de la Charte des droits de la personne ne pourrait plus être invoqué dans les litiges linguistiques. L'article 23, portant sur les droits à l'instruction dans la langue de la minorité, serait abrogé en ce qui concerne le Québec. Seraient également abrogées les dispositions constitutionnelles de la clause Canada du document fédéral présentement à l'étude qui portent sur « la reconnaissance de la responsabilité des gouvernements de préserver les deux majorités et les deux minorités linguistiques au Canada » de même que celles qui confèrent au Québec « la responsabilité fondamentale [...] de protéger et de promouvoir la société distincte ». Devrait également être abrogé l'article 93 de la Constitution traitant de la question religieuse. Les comités protestant et catholique des commissions scolaires du Montréal métropolitain ont interprété cet article de façon diamétralement opposée. Alors que le premier ne discriminait en aucune façon en matière religieuse, le comité catholique défendait à tous les enfants de parents non catholiques la fréquentation des écoles de langue française. Aujourd'hui, l'article 93 est périmé, surtout depuis l'adoption de la loi 60 qui a créé au Québec un ministère de l'Éducation et un Conseil supérieur de l'éducation. Le préambule de cette loi confirme le caractère confessionnel des écoles au Québec, mais les élèves ne sont plus obligés de faire profession de foi catholique pour y être admis, comme l'impose l'article 93.

Une fois supprimées les dispositions discriminatoires sur le plan linguistique pour le Québec — celles de la Constitution de 1867, de la Charte de 1982 (articles 2 et 23), des propositions fédérales portant sur la société distincte de 1991 — le Québec pourrait, de son côté, consentir à l'abrogation de l'article 33, dit de dérogation par déclaration expresse (clause nonobstant), dont il a dû maintes fois se prévaloir, au scandale de plusieurs provinces, afin d'empêcher de sévères accrocs à la situation de la langue française, le plus précieux trésor de son patrimoine.

Le rapport de la commission Pepin-Robarts étend à bien d'autres domaines le principe de l'asymétrie. Il l'applique « dans des matières reliées à la culture, à la langue, à l'immigration, à la politique sociale, aux communications et à certains aspects des affaires internationales ». Toutes les provinces auraient accès « aux compétences dont le Québec a besoin pour préserver sa culture et son héritage culturel », mais le rapport prévoit que dans la plupart des cas le Québec aurait seul intérêt à s'en prévaloir.

Semblables recommandations, si elles étaient reprises aujourd'hui, constitueraient une réponse à bien des revendications québécoises. Non pas à toutes, toutefois. Elles ne satisferaient pas les demandes qui ont trait aux compétences d'ordre économique, à propos desquelles le rapport Pepin-Robarts est très centralisateur.

S'il tient au moins à être entendu de la majorité des Québécois, le comité Beaudoin-Dobbie doit donc repartir à neuf. Il doit substituer à la logique d'un Canada uniforme, qui l'inspire pour l'essentiel, une logique fondée sur l'asymétrie à la manière de la commission Pepin-Robarts. À cette condition, la grande majorité des Québécois verrait sans douleur disparaître la clause décrivant le Québec comme une «société distincte», au grand soulagement des autres provinces.

Le comité Beaudoin-Dobbie devrait adopter le même angle de vision concernant l'ensemble du partage des pouvoirs en ayant à l'esprit les limites du principe de l'asymétrie appliqué aux pouvoirs économiques. Dans ces domaines, toutes les provinces sont concernées de diverses manières. Si, au lieu du principe de l'union économique, le comité adoptait celui de l'espace économique qui laisserait au gouvernement fédéral les seuls leviers d'action requis pour le bien de l'ensemble du pays, il pourrait être possible d'«accommoder» le Québec dans ce domaine aussi.

La pierre d'achoppement concerne les institutions fédérales. La revendication de l'Alberta et des autres provinces occidentales concernant la réforme du Sénat selon le mode de l'élection, de l'égalité et de l'efficacité est légitime. Il faudra trouver une formule compensatoire pour l'Ontario et le Québec dont les représentations au Sénat seraient réduites à une proportion infime alors que la Constitution de 1867 leur octroie à chacune près du quart des membres. Cette question revêt une importance particulière pour le Québec, dont la représentation à la Chambre des communes diminue à chaque recensement et qui réclame un droit de veto sur tout amendement constitutionnel touchant les institutions fédérales.

Ici encore, le principe d'asymétrie facultative pourrait être une solution acceptable. Il donnerait une dimension politique à la société globale, au sens sociologique du terme, qu'est le Québec. Au lieu d'appliquer seulement à la langue et à la culture le recours à la double majorité — étant entendu que l'une de ces majorités doit être celle des représentants du Québec — le comité devrait l'étendre à tous les

domaines auxquels l'asymétrie s'appliquerait : l'éducation, l'immigration, la formation de la main-d'œuvre, les affaires sociales, etc. La
même formule vaudrait pour le conseil de la fédération, s'il est créé.
Appliquer le principe d'une asymétrie facultative, ce serait sortir des
sentiers battus tant de fois en vain. Ce serait permettre au Québec de
maintenir avec le reste du Canada des liens économiques et politiques
d'un type nouveau qui le feraient membre d'une fédération bien
différente de celle que nous connaissons. Ou encore, il en résulterait
la création d'une province ou d'un État confédéré au Canada tout en
laissant les autres provinces parfaitement libres d'adopter le statut
politique qui leur convient.

SIXIÈME PARTIE

Le référendum de Charlottetown et le projet d'une troisième voie
1992-1995

INTRODUCTION

La froideur des réactions au rapport Beaudoin-Dobbie contraint le premier ministre Mulroney à adopter une autre formule. Le 12 mars, il «promeut» son ministre des Affaires extérieures, Joe Clark, responsable du ministère de la Réforme des affaires canadiennes qu'il crée pour les circonstances. Clark précipite les rencontres avec les premiers ministres provinciaux. Le 7 juillet, toutes les provinces à l'exception du Québec se mettent d'accord sur un ensemble de propositions constitutionnelles. Clark affirme à Bourassa: «Nous avons pris des précautions extraordinaires [...] pour nous assurer que nous nous dirigions vers quelque chose que les Québécois penseront être acceptable.»

Mais à un journaliste qui lui demande si, lors des rencontres de dernière heure entre les premiers ministres, il se prêtera à des négociations, Clark répond: «Je ne le pense pas. Il y aura probablement quelques modifications de détail. Mais je n'appellerais pas ça une négociation... l'entente forme un tout.»

De retour de l'étranger, le premier ministre Mulroney affirme que «l'aboutissement inéluctable» de l'entente sera «l'isolement du Québec». Sa surprise est donc grande d'entendre le premier ministre Bourassa, en conférence de presse, déclarer qu'elle mérite d'être «examinée avec sympathie».

Pourtant, les critiques fusent au Québec. Claude Castonguay s'écrie: «Ce qu'il fallait craindre s'est produit: sur l'égalité des provinces; un contrôle accru des petites provinces sur le pouvoir central et, malgré les apparences, un raffermissement du pouvoir central.» Les sénateurs Solange Chaput-Rolland et Roch Bolduc expriment également leur désaccord. Le sénateur Gérald Beaudoin lui-même note avec regret que les recommandations de son comité, notamment à propos du Sénat, ont été modifiées: «Un Sénat égal, c'est comme si [le Québec] n'existait pas». Les commentateurs qui rejettent en tout ou en grande partie l'entente du 7 juillet sont bien plus nombreux que ceux qui l'approuvent.

Pour ma part, à l'insistance des journalistes, je multiplie les entrevues. Je dénonce cette entente. Je dis et je répète qu'elle est clairement irrecevable pour le Québec. *La Presse* publie le 14 juillet en première page un de ces longs entretiens, dont je suis coutumier, avec Denis Lessard: «Léon Dion: Bourassa doit dire Non. Les offres du Canada sont inacceptables.»

Dans le chassé-croisé d'entrevues et de déclarations, je m'emballe à propos de la question linguistique. «La loi 101 est en péril selon Léon Dion», titre *La Presse* (26 août). «Léon Dion reste opposé sur l'accord mais atténue ses déclarations sur la langue» (*La Presse*, 23 septembre). Je déclare dans cette entrevue: «Je ne dirais plus que c'est catastrophique pour la loi 101.» Près d'un mois passé à réexaminer le *Status Report* du 8 juillet et l'étude du Rapport du Consensus sur la Constitution du 28 août m'ont conduit à atténuer mes craintes. Les précisions de Claude Ryan sur ce sujet m'ont également persuadé que les risques sont moins élevés que je ne l'avais estimé («Ryan réfute les craintes de Dion concernant la loi 101», *Le Soleil*, 27 août). J'ai toujours considéré que des nuances, et même des rectifications, apportées à des déclarations antérieures, venant de moi ou de quiconque, sont le signe d'une honnêteté intellectuelle, de la recherche sincère de la vérité et du respect du public et non le fruit d'une inconsistance dans les idées.

Les sondages fluctuent durant plusieurs semaines. Aucune majorité nette pour ou contre l'entente de juillet ne se précise. Mais Maurice Pinard opine: «S'il y avait un consensus contre les offres, qui irait de Léon Dion jusqu'aux jeunes libéraux, ce serait loin d'être accepté par l'électorat.»

J'adresse, le 25 septembre, un article à *La Presse*: «Pourquoi je voterai Non au référendum du 26 octobre». Le journal le publie les 1er et 2 octobre. Il faudra plusieurs jours avant qu'il suscite des commentaires. Les circonstances me desservent: le 1er octobre, à la Maison Egg Roll, Pierre Trudeau livre son impitoyable plaidoyer contre le consensus de Charlottetown du 28 août: «Ce gâchis mérite un gros NON!» Les arguments de Trudeau et les miens diffèrent mais nos conclusions, y compris les risques d'une balkanisation du pays, sont parfois identiques. L'effet Trudeau est perceptible au Québec. Au Canada anglais, auquel en réalité l'ex-premier ministre s'adresse, il retentit comme une bombe. S'il est un moment précis où les gens du Oui perdent le référendum, c'est bien ce soir-là.

Le 26 octobre, 57 p. 100 des Québécois, 54 p. 100 des Canadiens dans leur ensemble et six provinces rejettent le consensus des premiers ministres de Charlottetown. Un calme plat accueille ce résultat. Seul un résultat diamétralement inversé aurait révélé aux Canadiens qu'ils restaient unis dans leurs différences. Imaginons que seul le Québec eût dit Oui ou, au contraire, Non; le pays aurait éprouvé une autre fois les transes du plébiscite sur la conscription de 1942, à cette différence majeure que, cette fois-ci, les provinces anglaises n'auraient pu lier le Québec. L'aspect peut-être le plus significatif du résultat du référendum de Charlottetown est la révélation de profondes divisions parmi les provinces anglaises. Toute reprise du processus de révision constitutionnelle devra tenir compte de ce fait désormais inéluctable.

L'échec des premiers ministres au référendum de Charlottetown est aussi cruel pour eux et dévastateur pour leurs partis que l'avait été en 1980 le succès du premier ministre Trudeau pour le premier ministre René Lévesque et le Parti québécois ainsi que, pour des raisons différentes, pour Claude Ryan et le Parti libéral du Québec.

Le premier ministre Mulroney a multiplié les efforts, depuis son célèbre discours de Sept-Îles de 1984, pour accommoder le Québec et lui permettre de signer la Constitution de 1982. Certes, bien des déboires au cours de son deuxième mandat l'ont ravalé au rang d'un des politiciens les plus mal-aimés du pays. S'il était parvenu à remporter un succès dans le domaine constitutionnel, la cause qui lui était la plus chère, au moins, il me semble qu'il n'aurait pas laissé le Parti conservateur dans une déconfiture abyssale. La campagne de son successeur, Kim Campbell, aux élections du 25 octobre 1993, est sans doute erratique, mais pareille déconfiture — deux conservateurs élus! — était inimaginable. Ce jour-là, l'Ouest exprime le sentiment d'aliénation qu'il ressent depuis longtemps en élisant 52 candidats du *Reform Party* et le Québec prend une douce revanche pour toutes les rebuffades subies depuis l'échec de l'accord du lac Meech en faisant élire 54 candidats du Bloc québécois de Lucien Bouchard.

Dans plusieurs entrevues, je me déclare opposé à l'élection de candidats de ces partis : les uns et les autres vont à Ottawa pour défendre les intérêts particuliers de leurs régions et non ceux du Canada qui risque ainsi de « recevoir un coup fatal ». Dans sa chronique publiée dans *La Presse*[1], Lysiane Gagnon oppose ma prise de position avec ma fameuse menace de « couteau sur la gorge » : « N'est-ce pas exactement ce que veut faire le Bloc ? Un choc, voire un électrochoc, pour le Canada anglais. La volte-face de M. Dion, si belliqueux hier, si frissonnant aujourd'hui, ne manque pas de piquant. Mais elle n'a rien au fond d'étonnant. Voilà éloquemment illustrée, par l'un de ses plus célèbres inspirateurs, la psychologie à la base de la stratégie fanfaronne et velléitaire du couteau sur la gorge. »

J'accuse cette critique railleuse sans broncher. Mais j'estime qu'elle manque sa cible. Depuis trente ans, en effet, j'ai cherché à faire subir un choc au Canada anglais, pour le faire bouger, jamais pour l'assommer. Même un indépendantiste québécois ne peut sensément souhaiter l'éclatement du Canada. Cette fois, la montée du Bloc et l'arrivée en masse de ses élus au Parlement fédéral me paraissent devoir entraîner cet effet catastrophique du point de vue d'un Canadien. Heureusement, ma crainte n'était pas fondée. Le chef du Bloc, Lucien Bouchard, et les députés de ce parti se comportent de façon exemplaire à la Chambre des communes. Leurs interventions, bien planifiées, sont souvent remarquables. La présence d'un parti souverainiste à la Chambre des communes assure une démonstration de toute première importance : les intérêts du Québec et ceux du Canada, loin d'être toujours incompatibles, convergent souvent.

Il est requis de prendre connaissance des livres de Jean-François Lisée, *Le Tricheur* et *Le Naufrageur*, portant sur la période 1990-1992. Les titres me répugnent, mais je ne connais aucune demande de rectification d'un quelconque de ses énoncés très critiques à l'endroit des nombreux acteurs du drame.

Pour ne pas mésestimer Robert Bourassa, l'homme politique, il faut toujours avoir à l'esprit que des crises majeures ont miné ses deux passages au gouvernement : la triste aventure du Front de libération du Québec (1963-1970) qui se clôt par l'exécution de Pierre Laporte, l'un de ses rares ministres expérimentés alors que lui-même a trente-sept ans et est novice en politique ; en 1974, la faillite douloureuse au plan personnel et coûteuse au plan politique de la loi 22 sur la langue. Enfin, au cœur du débat décisif sur la question constitutionnelle, la crise amérindienne de Kanesatake (Oka) et de Kanhawake (Château-guay) a assombri tout l'été de 1990.

Mais tout cela n'est presque rien à vrai dire par comparaison à la terrible maladie qui le frappe au printemps de 1990. Elle requiert deux interventions chirurgicales très douloureuses qui auraient pu lui être fatales et dont il n'est pas complètement remis au moment où il prend une décision définitive au sujet des offres fédérales en juillet et août 1992. Il triomphe de cette pénible épreuve personnelle avec un rare courage et, tout au long de sa lutte pour la vie, ne cesse de veiller à la bonne marche des affaires du Québec. Qui oserait lui reprocher son manque de pugnacité au cours de ces années? Il devient néanmoins l'«un de *Ces malades qui nous gouvernent* (Pierre Accoce)». Aurait-il mieux valu pour lui, pour le Québec et pour le Canada qu'il s'efface devant l'une ou l'autre des quatre personnes que Jean-François Lisée présente comme des prétendants avides de lui succéder? Le cours des événements subséquents aurait-il changé?

Et puis, bien sûr, il y a l'homme lui-même, ses qualités et ses faiblesses. Tenace, magnanime, indulgent, timide, fidèle en amitié mais incapable d'extérioriser ses sentiments, confiant en ses moyens sans ostentation, vulnérable à maints égards, il se protège des atteintes de l'extérieur et de l'intérieur par une armure sans faille qui le fait paraître distant et froid. Avec sa prudence calculée à chaque instant, il hésite souvent sur le choix d'une direction, il tergiverse, donne des signes de pusillanimité, d'imprévisibilité et d'ambiguïté. Aux propos de grande fermeté apparente d'un jour succèdent des déclarations molles le jour suivant. Sincère dans les deux cas, il trahit ainsi sa grande faiblesse: l'irrésolution. Sa volonté de servir les meilleurs intérêts du Québec est incontestable, mais, ici et là, le doute l'envahit. Il ne sait pas très bien, même si c'est son expression favorite, ce que sont «les intérêts supé-rieurs du Québec». Le langage qu'il tient au Québec diverge assez souvent des messages qu'il adresse au Canada anglais. Ses apparentes ou réelles volte-face, les signaux contraires qu'il livre, confondent ses ministres, ses partisans et le public. Craint-il, même fort d'un consen-sus des partis et d'une grande majorité du public, de déclencher un référendum sur son concept de «superstructure», sur celui de «confédération» ou même sur la souveraineté-association? Craint-il le désaveu du gouvernement fédéral même muni des plus puissants atouts que le Québec a jamais donnés à son premier ministre?

Depuis ma première rencontre avec Robert Bourassa, au Château Bonne-Entente de Québec, au moment du déclenchement de la campagne électorale de 1970, j'éprouve de l'amitié pour lui. Il m'a toujours conservé la sienne en dépit des sévères critiques que je lui ai adressées depuis vingt-cinq ans. Il a tiré le maximum de profit de mes prises de position qui servaient ses intérêts politiques. C'était son droit, comme celui d'ignorer mes propos qui le desservaient.

Comme bien d'autres, le discours politique de Bourassa m'a confondu, à deux reprises cruciales notamment : au lendemain de l'échec de l'accord du lac Meech et le jour du dépôt du rapport Beaudoin-Dobbie. Le Québec l'aurait pourtant très majoritairement suivi s'il avait persisté dans la fermeté, dont il paraissait faire preuve, à l'égard du gouvernement fédéral et du Canada anglais. Comme bien d'autres, il m'a induit en erreur. J'ai alors fait des interventions qu'autrement j'aurais évitées. Je me suis quand même montré plus circonspect en maintes occasions, par exemple lorsque le député Jean-Pierre Blackburn, au cours de nos échanges au comité Beaudoin-Dobbie, m'a dit : «Monsieur Bourassa trouvait que nos propositions étaient un bon départ et qu'on était dans la bonne direction, vous semblez penser le contraire.» Je lui ai répondu : «Quant à monsieur Bourassa, ce n'est quand même pas mon maître. Je suis absolument libre de penser et de dire ce que je veux. Si j'avais à suivre les idées de monsieur Bourassa d'un jour à l'autre, j'aurais des problèmes.»

J'ai eu raison de ne pas prendre à la lettre tous les propos que le premier ministre Bourassa tenait à cette époque. Il se livrait en effet à des tours de passe-passe avec les autres premiers ministres qui bouleversèrent les règles du jeu[2]. Quand, comment, la décision de tenir un référendum canadien sur les offres fédérales se substitua-t-elle à la loi adoptée par l'Assemblée nationale de tenir un référendum sur la souveraineté du Québec ?

Il s'impose de rappeler que dans un post-scriptum au rapport de la Commission sur l'avenir politique et constitutionnel du Québec (commission Bélanger-Campeau), le premier ministre Bourassa et le ministre Rémillard s'étaient assuré une bonne marge de manœuvre au sujet de la question référendaire. La Commission, écrivaient-ils, propose «deux avenues qui doivent être considérées parallèlement : un réaménagement en profondeur du système fédéral ou la souveraineté du Québec». Le premier ministre Bourassa aurait préféré que l'article 1 de la loi 150, adoptée à la mi-mai 1981, ratifie les recommandations de la Commission et entérine les «deux avenues». Il y a renoncé afin de ne pas provoquer dès ce moment la dissidence du Parti québécois.

Le 4 juin 1992, le gouvernement fédéral adopte la loi concernant les référendums sur la Constitution du Canada (Loi C-81). L'article 1 stipule: «Le gouverneur général en conseil, s'il estime que l'intérêt public justifie la consultation du corps électoral canadien par voie référendaire sur une question relative à la Constitution du Canada, peut, par proclamation, la soumettre lors d'un référendum tenu dans l'ensemble du pays ou dans plusieurs provinces mentionnées dans la proclamation.»

De son côté, le 8 septembre, l'Assemblée nationale amende sur division — les députés du Parti québécois s'opposent — l'article 1 de la loi 150. Le référendum ne portera plus sur la souveraineté du Québec, mais «sur l'entente concernant un nouveau partenariat de nature constitutionnelle résultant des réunions [des premiers ministres] sur la Constitution tenues en août 1992».

Plus tôt, le 29 août, le premier ministre Bourassa avait accepté que ce référendum soit tenu dans toutes les provinces et non seulement au Québec. Si durant les semaines qui suivirent le dépôt du rapport Beaudoin-Dobbie j'avais pu prévoir le changement de cap radical des premiers ministres au sujet du référendum, mes interventions publiques auprès du premier ministre Bourassa auraient été bien différentes.

Comme bien d'autres, j'essaie de le dissuader d'aller rejoindre au lac Harrington, près d'Ottawa, ses homologues qui discutent de points de détail sur le document qu'ils ont déjà endossé: «Le rendez-vous de 1971 n'avait pas le caractère dramatique de la dernière chance. Personne n'avait dit [à Bourassa] qu'il ne fallait pas y aller. Bourassa n'y allait donc pas en catastrophe et pouvait revenir [sans sentiment] d'échec. En 1992, tout le monde met Bourassa en garde. C'est plus périlleux, plus délicat et plus dramatique. Quant à Bourassa, c'est le même homme avec le même tempérament[3].» Ce même jour, Bourassa se rend à Harrington.

Le rapport du consensus sur la Constitution est signé à Charlottetown le 28 août, par tous les premiers ministres, y compris le premier ministre Bourassa. Ce même soir, à Québec, le sous-ministre des Relations intergouvernementales canadiennes, Diane Wilhelmy, et le conseiller juridique du ministre Rémillard, André Tremblay, échangent au téléphone leurs impressions sur la conférence constitutionnelle d'Ottawa et de Charlottetown. La conversation, qui dure une heure, témoigne du début à la fin de la plus amère déception : «On était agressés, harcelés, fatigués, c'est lourd à supporter tant de monde contre toi», explique Tremblay. «On a écrit ça des centaines de fois qu'il fallait ne pas accepter ça [...] Comme humiliation, en arriver là», commente Wilhelmy. «En tout cas, on s'est écrasé, c'est tout», conclut Tremblay.

Par quel concours de circonstances, par qui et pour quelles raisons cette conversation fut-elle enregistrée, puis communiquée à une station de radio? Pour mettre un terme aux ragots, *La Presse* la première publie l'ensemble de la conversation (1er octobre).

Le premier ministre Bourassa ne commente pas ce catastrophique incident. Il affirme que le Québec a obtenu d'importantes concessions durant l'ultime ronde de négociations. À un journaliste qui l'interroge sur la façon dont il va mener la campagne référendaire, reprenant la formule célèbre d'un célèbre premier ministre, il répond : «*Just watch me!*» Mais ses interventions, dans l'ensemble, sont molles et témoignent de peu de conviction. Il accueille stoïquement le résultat du référendum, estimant sans doute que ce n'est pas «son» référendum mais celui du gouvernement fédéral.

Un problème sérieux l'occupe : l'avenir du Parti libéral du Québec. Au cours d'un congrès spécial tenu à la mi-juillet 1992, la Commission jeunesse du parti condamne l'entente multilatérale du 7 juillet et enjoint le premier ministre Bourassa de s'y opposer. Le 26 août, Jean Allaire, Mario Dumont et plusieurs membres de la Commission jeunesse quittent le parti. Le schisme est consommé. Le Parti libéral du Québec ne se réclamera plus de son programme constitutionnel. Le 14 septembre 1993, Robert Bourassa annonce qu'il ne sollicitera pas un nouveau mandat. Daniel Johnson exerce la fonction de premier ministre par intérim et devient chef du Parti libéral du Québec. À l'élection du 26 octobre 1994, il subit la défaite devant Jacques Parizeau.

La rébellion des jeunes libéraux provoque un mouvement d'intense remise en question dans l'ensemble de la jeunesse. Créé en janvier 1993, le Forum Option-Jeunesse tient une première réunion en février, puis une assemblée d'orientation (20-21 novembre 1993). En septembre, des jeunes et des adultes non liés aux deux principaux partis existants forment le groupe Réflexion-Québec. La revue *Agora* publie leur rapport dans son numéro de novembre 1993. Un nouveau parti, L'Action démocratique du Québec, est créé en août 1994, sous la direction de Jean Allaire et de Mario Dumont. Le premier se désiste peu après pour des raisons de santé.

De ces regroupements naissent plusieurs documents : le mémoire du Forum Option-Jeunesse (février 1993) ; l'Assemblée d'orientation du Forum Option-jeunesse (20-21 novembre 1993) ; le rapport du groupe Réflexion-Québec, le programme du Parti Action démocratique du Québec (août 1994) et enfin, le 11 janvier 1995, le document *Partenaires d'une nouvelle union Québec-Canada* de l'Action démocratique du Québec.

Les termes employés dans chacun de ces documents diffèrent sur des points de détail. Le message est identique. Il s'agit d'élaborer un nouveau partenariat :

« Le Parti libéral du Québec et le Parti québécois ne représentent pas adéquatement les idées de la jeunesse québécoise[4]. »

« Le Forum Option-Jeunesse demande au gouvernement du Québec de réaffirmer son engagement à travailler à corriger les nombreux problèmes du fédéralisme canadien qui ont une lourde incidence négative sur nos finances publiques[5]. »

« Dans son premier mandat, l'Action démocratique du Québec propose un plan d'action globale, rassembleur et porteur d'avenir, *un Plan national de redressement* [...] une démarche démocratique d'unification sera amorcée en vue d'aboutir sur une Constitution québécoise, garantie de la liberté des citoyens et de la liberté du peuple [...] pour reconquérir les pouvoirs essentiels au développement du Québec et obtenir le déblocage tant attendu à l'impasse constitutionnelle, un gouvernement de l'Action démocratique tiendra un référendum sur la souveraineté, en proposant une nouvelle union avec le reste du Canada, dans un esprit d'ouverture et de coopération[6]. »

En janvier 1995, le chef de ce parti, Mario Dumont, accepte de participer au processus « d'information et de participation » populaire mis sur pied par le gouvernement du Québec qui se déroulera en février dans toutes les régions. Le document de l'ADQ, *Partenaires d'un nouvelle union Québec-Canada*, adressé à chaque foyer québécois, se distingue peu du rapport Allaire. Il propose un Parlement élu commun au Québec et au Canada, responsable de certains champs de compétence dont : la libre circulation des biens, des services et des capitaux, les relations internationales et le commerce international, la politique douanière et tarifaire, le maintien d'une monnaie commune avec le Canada et d'une banque centrale, le partage de la dette, la citoyenneté, les services postaux, l'armée, une Charte des droits et libertés, l'immigration, etc.

Pour pallier le fait que, selon ce parti, le Québec n'est pas un partenaire à part entière du Canada, voici ce que le document propose : « L'Action démocratique du Québec présente une option constitution- nelle qui permet de concilier deux objectifs fondamentaux qui, dans notre histoire, ont toujours été à la base de notre société : celui d'être maîtres chez nous et celui d'être enfin des partenaires à part entière d'un ensemble que l'économie, l'histoire et la géographie ont tissé depuis des générations, c'est-à-dire l'ensemble canadien. [...] Parce que les Québécois ne peuvent plus croire en la possibilité d'une réforme de la Constitution canadienne, de façon sereine et responsable, ils doivent exercer par voie de référendum leur droit à la souveraineté tout en proposant du même coup de créer la nouvelle union écono- mique et politique [...] Avant la tenue d'un référendum sur notre avenir constitutionnel et politique, le Gouvernement du Québec doit mettre de l'avant un vigoureux plan de redressement de l'économie, des finances publiques et de la démocratie. Les Québécois savent qu'avec un taux de chômage alarmant, un déficit dépassant 5,7 milliards de dollars, une dette avoisinant les 70 milliards, on doit donner priorité à la solidité sociale et économique. Ils ont bien raison [...] Être maîtres chez nous, cela passe d'abord par l'emploi, par le développement économique, par un système d'éducation de qualité et par une gestion responsable des finances publiques et ce, en vivant selon nos propres moyens. »

Le problème est bien posé mais, en guise de solutions, l'ADQ n'offre que des vœux pieux, surtout dans la balise étroite d'un référendum dans les prochains mois. Mais aussi, que de coups de jarret prévisibles aux aspects les plus vulnérables de l'avant-projet de loi.

C'est toutefois une autre source, le groupe de Réflexion-Québec, qui énonce le projet le plus élaboré d'une troisième voie. Le groupe comprend trente et une personnes, des intellectuels pour la plupart, plus certains gens d'affaires et journalistes. Publiées dans le journal *L'Agora*, les idées s'étalent sur 35 pages. Les signataires du texte de présentation sont Jean Allaire et Mario Dumont. La réflexion porte sur sept thèmes: la santé démocratique; la confiance en nos institutions; la gestion administrative et comptable des biens publics, une économie d'avenir; l'éducation: le temps des solutions; la politique de santé et de bien-être personnel et social; l'identité québécoise en mutation; notre avenir collectif: nos liens avec nos partenaires géographiques, économiques et culturels[7]. Ce document est le plus complet. Du moins pour les sujets que j'analyse, il me semble représenter la meilleure et la principale version du partenariat cher à Mario Dumont.

LE CONSENSUS DE CHARLOTTETOWN:
UNE DYNAMIQUE CONTRAIRE À LA NATURE
ET AU VOULOIR-ÊTRE DES CANADIENS
ET DES QUÉBÉCOIS[1]

Il y a trente ans, André Laurendeau écrivait: «La confédération mérite de survivre à condition qu'elle soit refaite.» Oui, au terme du présent exercice, à la suite de négociations d'une durée imprévisible, il se pourrait qu'elle soit refaite. Mais au prix de combien de contorsions acrobatiques? Et à quel monstre risque-t-on d'aboutir?

Un fouillis inextricable

Le but visé est de doter le Canada d'une nouvelle Constitution et non pas de voter quelques amendements afin de permettre au Québec de réintégrer la Constitution comme on a voulu le faire par l'accord avorté du lac Meech. Un jugement vigilant sur la valeur de l'entreprise s'impose parce que demain il faudra vivre avec la loi fondamentale du pays que les politiciens esquissent aujourd'hui.

Le consensus auquel ils sont parvenus le 28 août rafistole quelques trous de la vieille Constitution de 1867 — qu'il vaudrait mieux enfermer dans le grenier des fausses antiquités —, amende quelques clauses de la révision de 1982, propose un «renouvellement» du reste qui n'est qu'une tentative précipitée de faire du neuf avec du vieux et renvoie aux calendes grecques et aux juristes la tâche de recoudre les trois bouts qui pendent. Le résultat, sans doute, devant être soumis derechef aux politiciens pour leur réapprobation et, pourquoi pas, à une seconde consultation populaire.

On ignore si les onze assemblées et gouvernements adopteront le consensus du 28 août avant le référendum. On ignore à quelle date sera complétée la transposition juridique et si, au cours de ces opérations, le contenu de l'entente subira des changements, lesquels et en quel sens. Nombre de clauses sont imprécises, embrouillées (telle la notion de «société distincte»), parfois contradictoires quand on les juxtapose les unes aux autres. Elles n'ont pas toujours, loin de là, la même signification pour les parties concernées. Refilées à une douzaine d'ententes bilatérales ou multilatérales ultérieures, temporaires, n'ayant aucune obligation d'aboutir à des résultats malgré la sanction possible des tribunaux dans les cas de litige, elles peuvent être écartées ou reportées à des négociations ultérieures.

Comme fouillis, on ne pouvait mieux réussir : décrypteurs et devins sont bien servis !

Un menu indigeste

Rebutés par le processus tortueux, tant à Ottawa qu'à Québec, qui a abouti au consensus de Charlottetown, déconcertés par la structure indigeste du rapport, plusieurs, le jour du référendum, pourraient faire leur choix pour des raisons étrangères à la question posée. Je les comprends ! Mais compte tenu de la portée unique de l'enjeu pour nous tous, ce serait dommage !

Concocté à toute vapeur dans un esprit partisan et provincialiste après une procrastination de deux ans à Ottawa et dans les provinces anglaises et un arrêt d'horloge au Québec, le document permet des lectures divergentes. Selon que l'on fixe le regard sur telle partie d'un paragraphe ou sur telle autre, les ententes à venir seront toutes en faveur du Québec ou toutes à son détriment ; les «objectifs nationaux» se conformeront tous à ceux du Québec ou les contrediront ; les vingt-cinq clauses sous astérisques laissées en suspens ou non abordées se préciseront à l'avantage du Québec ou lui seront nuisibles ; les révisions à venir favoriseront toutes le Québec ou lui seront préjudiciables, etc.

Scruter l'entente de la façon dont les comités du Oui et du Non convient la population à le faire obscurcirait la cible qu'il faut viser : quelles sont les conséquences que la structure générale du consensus de Charlottetown est susceptible d'entraîner pour le Canada et le Québec ?

À la fin, les deux parties conviendront peut-être que la substance de l'entente n'est ni blanche, ni noire, mais grise. Le choix de l'une ou l'autre option comporte une forte marge d'incertitude. Le brouillamini du consensus incite à résister à la double tentative d'encastrement de notre jugement, à ne goûter qu'avec circonspection à ce menu indigeste. Canadiens et Québécois méritaient mieux.

Un vide sociologique

Deux ans perdus en faux pas et en palabres. Les négociateurs de la « ronde Canada » ne disposaient d'aucune analyse sérieuse des conditions et des tendances démographiques, sociales, culturelles, économiques et politiques sur la base de laquelle ils auraient pu fonder leur programme de refonte de la Constitution. Pour quel Canada, pour quelles provinces, pour quel Québec, pour quelles minorités linguistiques «officielles», pour quels «peuples» autochtones devaient-ils élaborer la «superstructure» juridique du pays? Ils ne se posèrent même pas ces questions. Ils dandinèrent, œuvrèrent dans le vide sociologique. Les documents studieusement préparés au Québec qui les auraient éclairés sur la réalité de notre société n'existaient pas pour eux. En faire état à l'occasion d'un témoignage devant l'une des commissions extraparlementaires ou parlementaires fédérales était suffisant pour être considéré comme un Martien. De la surabondance des documents fédéraux à leur disposition, seul le rapport Beaudoin-Dobbie se révéla utile pour les participants à la «ronde Canada». Et il devint leur unique outil de travail. Mais ce document revêt un caractère strictement constitutionnel. Il met, je l'ai dit au comité, la charrue avant les bœufs.

Un rapport de force inversé

Ici plane un mystère qu'il faudra dissiper un jour. Le rapport Beaudoin-Dobbie, considéré ailleurs comme virtuellement inaltérable, était jugé inacceptable presque partout au Québec. Comment comprendre que le premier ministre Bourassa, lui-même fort réticent dans sa réaction initiale, consentit à s'engager sur cette base dans des négociations formelles à onze pour la première fois depuis deux ans, à Ottawa du 18 au 22 août et à Charlottetown les 27 et 28 août? Les Québécois avaient procuré à leur premier ministre un rapport de force à triple ressort en 1991 — la commission Bélanger-Campeau, la loi 150 et le programme du PLQ (rapport Allaire). Les Québécois avaient clairement manifesté leur volonté inébranlable à leur premier ministre. Et il avait paru la faire sienne. Cette force qui était entre ses mains, pourquoi l'a-t-il laissée s'échapper au vu et au su de ses partenaires? Pourquoi s'est-il laissé imposer par ces derniers leur propre vision des choses fébrilement forgée au cours des mois précédents? Le premier ministre Bourassa fut pris au piège. Comment n'a-t-il pas pressenti que le rapport de force à la table des négociations s'était inversé? S'interroger si, une fois contraint de se servir du collimateur que les autres premiers ministres avaient mis entre ses mains, il aurait pu obtenir plus pour le Québec, me paraît une question oiseuse. Quand tous les aléas seront connus, je doute que l'on puisse conclure qu'il se soit «écrasé». Il a arraché quelques bribes de changement, mais la structure du document est restée intacte.

À mon avis, seule la prise en considération de la dynamique qui structure le consensus de Charlottetown éclaire de façon adéquate ses conséquences pour le Canada et le Québec.

Un provincialisme mesquin

Le *Status Report* de la conférence multilatérale du 8 juillet est le fruit d'une session de travail des premiers ministres provinciaux sous la direction de Joe Clark fraîchement promu ministre de la Réforme parlementaire, en l'absence du premier ministre fédéral et de celui du Québec. Il respire le plus pur esprit provincialiste, un provincialisme si étanche que le Québec devient, pour la première fois dans la Constitution, une province parmi les autres, malgré le fait que c'est pourtant lui qui est la raison originelle de tout ce tralala.

Certes, il était de toute façon acquis qu'il fallait apaiser la conscience coupable des Canadiens à l'endroit des autochtones: le document leur octroie l'«autonomie gouvernementale». Quinze articles leur sont consacrés et la détermination de leurs droits et de leur rôle requiert des mentions dans la plupart des rubriques de l'entente. Il aurait été plus simple et plus clair de les doter d'une Constitution propre. Ce n'est que lorsque toutes les communautés autochtones auront pris position et à l'usage qu'on mesurera jusqu'à quel point les clauses du consensus les concernant aboutiront ou non à créer un pays dans le pays — un pays que les sept à huit cents bandes autochtones seraient bien impuissantes à gouverner.

Mais là où le consensus aboutit à la quadrature du cercle, c'est dans le traitement du Québec. Non pas que ce dernier accapare une place abusive: il n'est guère fait mention de lui outre les deux alinéas qui

le « définissent » comme une « société distincte », ceux qui lui octroient
les garanties d'obtenir dix-huit députés supplémentaires à la Chambre
des communes (tout comme l'Ontario) ainsi que 25 p. 100 des députés
à la Chambre des communes, vraisemblablement trois juges à la Cour
suprême, une double majorité au Sénat en matière de langue et de
culture, un veto indirect concernant la création de nouvelles provinces
et quelques vétilles en plus. Comme statut particulier, il n'y a pas à
pavoiser, d'autant plus que la portée réelle de ces acquis est problématique et sujette à des appréciations divergentes.

En ce qui concerne les autres clauses que le gouvernement fédéral
et les autres provinces savaient ou estimaient que le premier ministre
du Québec allait exiger pour endosser le consensus, l'asymétrie tant
de fois réclamée par le Québec se convertit en symétrie ou en asymétrie
partagée. Toutes les provinces qui le désirent peuvent, à leur choix,
réclamer toutes ou certaines de ces compétences accordées au Québec.
En outre, sous presque toutes les rubriques — l'union sociale et
économique, les institutions, les rôles et les responsabilités, le pouvoir
de dépenser, la formule de modification —, le gouvernement fédéral
restreint en faveur des provinces — d'une façon peu coûteuse pour
lui, il est vrai — l'ampleur de ses champs d'activité actuels.

Contrairement à l'opinion reçue au Québec, le Canada est une
fédération fortement décentralisée. L'immensité du pays, la diversité
de sa composition ethnique, son régionalisme, son provincialisme, la
fragilité de son système de communication d'est en ouest qui le protège
mal de son puissant voisin du sud rendent cette fédération difficile à
gouverner. Les demandes interminables du Québec pour obtenir un
statut particulier créent un problème supplémentaire, insoluble dans
l'ordre actuel des choses.

Il ne s'est pas forgé au Canada une véritable conscience nationale,
ni un sentiment patriotique, ni un consensus sur les valeurs communes
comme ce fut le cas aux États-Unis. Pierre Trudeau jette le blâme sur
le Québec qui n'a cessé, écrit-il, de faire du chantage depuis plus de
vingt ans. J'endosse en bonne partie ce jugement. Mais ce n'est pas
parce qu'il est plus pleurnicheur que les autres que le Québec
quémande de la sorte, c'est en raison de la logique constitutionnelle
de 1867 qui lui impose le statut d'une province comme les autres, un
statut qui contredit sa nature propre et sa volonté d'être. Ce n'est pas
depuis vingt-deux ans, comme le dit Trudeau, que le Québec

revendique un statut particulier «contre des espèces sonnantes», mais, sous des formes diverses, depuis Honoré Mercier à la fin du siècle dernier. C'est lui, Honoré Mercier, qui a forgé l'expression «autonomie provinciale», mais ce furent Duplessis et Saint-Laurent qui ouvrirent pour de bon le bal que Bourassa et Mulroney, assistés des neuf autres premiers ministres, conduisent aujourd'hui. Le Québec sera contraint de quémander aussi longtemps qu'il n'obtiendra pas le statut constitutionnel qui lui convient. En tentant de l'accommoder, en lui accordant des ajustements mis en même temps à la portée des autres provinces, le Canada, loin de voir s'aplanir les obstacles à son épanouissement, s'enlisera. Et s'il persiste dans cette logique, il finira par se suicider.

Ce consensus perpétue la dynamique traditionnelle que Trudeau a exploitée implacablement durant les années où il fut premier ministre du Canada: le Québec est une province comme les autres. Cette logique se retourne contre lui aujourd'hui; toutes les provinces voulant être comme le Québec.

Une société peu distinguée

Il faut rectifier le sens de l'expression «société distincte» ou l'éliminer du dossier constitutionnel. Trois alinéas sur dix de la «clause Canada» en traitent. Mais leur portée constitutionnelle n'est qu'interprétative. Et certaines clauses se contredisent.

Le Québec est une société globale, unique, composée de francophones, d'anglophones, d'allophones. Tous participent à la préservation et au développement du cadre institutionnel — culture, économie, politique — qui leur procure des conditions de vie parmi les plus élevées au monde. Les aléas de la conquête de 1760 ont certes modifié le cours de l'évolution de cette société. Néanmoins, depuis l'Acte du Québec de 1774 qui reconnaissait aux habitants de la colonie leur religion, leur langue et leurs lois civiles, cette société s'est reprise en main et s'est reconstruite grâce au travail et à la vigilance des générations qui se sont succédé.

À la faveur de la Seconde Guerre mondiale, le gouvernement fédéral, le premier, s'est restructuré afin que la politique réponde aux nouveaux besoins et aux nouvelles aspirations d'une population qui, avec une ampleur inouïe, vivait la grande mutation de l'urbanisation et de l'industrialisation. Les programmes fédéraux ont favorisé l'essor du

Québec dans tous les secteurs d'activité: économie, sécurité sociale, santé, arts, lettres, sciences et communications. Quoi qu'il arrive demain et quoi qu'on pense aujourd'hui, il ne faudrait pas oublier que les liens qui unissent le Québec au Canada lui ont été bénéfiques au cours de la décennie 1940 et de celles qui ont suivi.

Au tournant des années 1960, le gouvernement du Québec s'est à son tour mis en mouvement et a pris la relève. Depuis trente-deux ans, l'interaction entre le gouvernement du Québec et la société civile est devenue de plus en plus intime. Le Québec s'est doté d'instruments d'action qui font la fierté de ses citoyens et garantissent le progrès de la société: Mouvement Desjardins et caisses populaires, Société générale de financement, Caisse de dépôt et placement, régimes originaux de professions, de patronat et de syndicalisme, petites et moyennes entreprises dynamiques, sommets socio-économiques, Fonds de solidarité de la FTQ, universités, centres de recherche, médias, culture qui accompagne et nourrit ces institutions, affirmation internationale, etc. Voilà ce qu'est devenue la société québécoise aux abords du XXIe siècle: une société diversifiée et pourtant compacte, qui réclame beaucoup de ceux qui la composent parce que désormais elle n'entend plus seulement survivre, mais progresser selon sa nature et à son rythme.

Réduire la société distincte aux aspects langue, culture et droit civil (les deux derniers traités comme des éléments plutôt décoratifs), même en les affublant du terme «notamment», c'est faire injure à tous les Québécois. C'est les river à l'aspect ethnique de leur condition, c'est omettre qu'ils constituent un peuple.

La façon incongrue de désigner la «société distincte» sous son aspect linguistique place anglophones et francophones québécois en position de combat permanent, engendre des conflits insolubles, envenime les passions et détourne les Québécois de la recherche d'un *modus vivendi* durable.

Il y a bien d'autres clauses de l'entente de Charlottetown qui trahissent une vision ethnique du Québec et du Canada. Certes, en toute justice, le gouvernement fédéral doit se doter d'institutions qui permettent la poursuite d'un bilinguisme le plus intégral possible. Or, dans l'entente de Charlottetown, la possibilité concrète de se conformer à cette obligation est remise en question. Le Sénat, avec cinq, six ou sept membres francophones au plus, sera pratiquement une institution unilingue anglaise. La fameuse double majorité nécessaire pour adopter les projets ayant une incidence linguistique ou culturelle, eu égard aux dispositions constitutionnelles sur les langues, risque de susciter la tragique opposition entre les francophones du Québec et ceux des autres provinces. Puisque la ratification des nominations fédérales du président de la Banque du Canada, des dirigeants des institutions culturelles nationales et des conseils et organismes de réglementation fédéraux (clause 15 des *Accords politiques* qui accompagnent le consensus) relèvera de ce Sénat, il ne faut plus compter, si cette clause n'est pas modifiée, sur la règle informelle de l'alternance : les dirigeants de ces institutions, pour la plupart, risquent d'être anglophones et, il est loisible de le présumer, unilingues. C'est créer volontairement là une situation qui diminuera le sentiment d'appartenance de bien des Québécois au gouvernement fédéral de même que leur confiance en la protection de leurs droits et intérêts.

Compte tenu de tout le mal que les négociateurs se sont donné pour satisfaire les autochtones, il me semble que ce serait la moindre des choses que de maintenir pour les communautés francophones et acadienne du Canada les dispositions linguistiques de la clause Canada les concernant. Par contre, la paix linguistique au Québec exige que nous concevions ici un autre aménagement.

Les contraintes que la Constitution canadienne — en 1867, en 1982 et en 1992 — impose au Québec en matière linguistique braquent anglophones et francophones québécois les uns contre les autres et sont la cause directe de leur méfiance réciproque. Le jour où Québec aurait une pleine compétence en matière linguistique — comme le proposait la commission Pepin-Robarts en 1979 — tous les Québécois ne s'en porteraient que mieux.

Je vais plus loin : les Québécois devraient conclure entre eux un pacte social, incluant mais débordant la question linguistique, qui englobait l'ensemble de la société que, plus ou moins consciemment, plus ou moins harmonieusement, ils ont bâtie ensemble et à laquelle ils sont tous des participants à part entière. Bien sûr, des tensions linguistiques subsisteraient, des conflits surgiraient à propos du contrôle de leurs institutions communes et des relations entre leurs institutions parallèles. Mais c'est entre eux qu'ils en débattraient et chercheraient des accommodements à l'aide de dispositions juridiques qu'eux-mêmes se seraient données.

Pour le Québec, des miettes qui aiguiseront sa faim

Depuis Duplessis, surtout depuis Lesage, le Québec cherche à étendre son champ de compétence politique. Le consensus de Charlottetown le laisse sur sa faim. Les gains sont mineurs. Jamais le Québec n'a obtenu autant, dit-on. Mais à chaque tentative dans le passé, excepté durant les quatre premières années du gouvernement Lesage, les gains avaient été si insignifiants! On dénombre onze compétences que le Québec exercera en exclusivité ou à titre principal, mais après ententes susceptibles ou non d'être incorporées à la Constitution ou sous surveillance fédérale: l'immigration (ici un ajout apporté au consensus reproduit en substance les termes de l'accord du lac Meech), la formation et le perfectionnement de la main-d'œuvre, la culture (comme il sied à la politique: au strict sens des arts, lettres et sciences), les forêts, les mines, le tourisme, le logement, les loisirs, les affaires municipales et urbaines, le développement régional, les télécommunications. Six de ces domaines sont déjà de compétence provinciale exclusive et le fédéral ne se déleste pas des activités qu'il exerce présentement dans cinq autres domaines, celui de la culture notamment. De nombreux chevauchements de compétence subsistent dans ces onze domaines qui comportent les mêmes risques de conflits et de coûts additionnels que l'on déplore aujourd'hui.

Nous sommes loin des vingt-deux champs de «pleine souveraineté», des neuf pouvoirs à «partager entre le Québec et le Canada» et de l'élimination du pouvoir de dépenser du gouvernement fédéral dans les champs de compétence exclusive du Québec que le programme du PLQ (rapport Allaire) revendique. En outre, le Québec, dans aucun cas, n'est spécifiquement désigné. La structure du document de base et le processus de négociation expliquent le piètre succès du Québec en ce domaine jugé par lui majeur. La règle de conduite étant l'égalité des provinces, chacune d'entre elles peut réclamer toutes les compétences que le Québec se voit octroyer. Dans ces conditions, il est requis que celles-ci soient peu nombreuses et, surtout, que le fédéral conserve la maîtrise des principaux leviers de commande.

Même à supposer que le principe d'une asymétrie de fait s'ensuive en faveur du Québec seul, sa portée ne pourrait être quand même que limitée. Si la «souveraineté» du Québec s'étendait à de très nombreux champs, et surtout à des champs d'importance majeure, il deviendrait incongru de continuer de participer aux institutions fédérales, ses représentants élus ou désignés n'ayant plus de motifs de prendre part aux délibérations et aux votes dans ces domaines.

Ou encore, à supposer que le principe de l'asymétrie soit étendu à toutes les provinces ou qu'il soit décrété que toutes les provinces exerceront ces mêmes pouvoirs, il s'ensuivrait l'impotence du gouvernement fédéral et le Canada deviendrait non viable. C'est là, il me semble, la conséquence à laquelle aboutirait la mise en exercice du rapport Allaire. Ce document propose de maintenir un «Parlement commun élu au suffrage universel, dont les pouvoirs législatifs seront restreints aux champs de compétence décrits précédemment». Ces champs de compétence (cinq exercés par le fédéral et neuf partagés «selon les compétences respectives de chaque niveau de gouvernement») sont d'importance majeure, mais ils ne justifient pas la présence permanente de représentants du Québec. Les propositions du rapport Allaire ne sauraient être retenues et scrutées que s'il est admis que le Québec se retire de la fédération actuelle et se constitue en État confédéré au Canada. Les autres provinces et le gouvernement fédéral maintiendraient alors leur structure fédérative actuelle ou adopteraient à leur convenance une autre structure.

Sous d'autres aspects, notamment en ce qui concerne les objectifs de l'union sociale et économique, ce sont les provinces, donc le Québec, qui peuvent écoper dans l'entente de Charlottetown. L'un de ces objectifs engage le gouvernement fédéral à «fournir une éducation primaire et secondaire de haute qualité à tous les habitants du Canada» et «à assurer un accès raisonnable à l'enseignement post-secondaire». Il est en outre proposé qu'«un mécanisme de surveillance de l'union sociale et économique devrait être arrêté par une conférence des premiers ministres». Pareil mécanisme pourrait scruter les attributions et le fonctionnent d'institutions telles la Caisse de dépôt et placement, le Mouvement Desjardins et les caisses populaires.

Les relations du gouvernement fédéral avec les provinces en ce qui concerne les pouvoirs de compétence provinciale se feraient sous l'égide d'une structure compliquée: des compétences provinciales exclusives ou partagées seraient définies au moyen de — plus ou moins — douze ententes administratives ou politiques, pour une durée maximale de cinq ans, renouvelables, susceptibles ou non d'être incorporées à la Constitution, devant être soumises aux tribunaux en cas de mésentente et sans qu'il soit requis de les entériner.

La disposition concernant les nouveaux programmes cofinancés dans un champ de compétence provinciale exclusif oblige les provinces à s'assurer que leur initiative est «compatible avec les objectifs nationaux» si elles veulent obtenir une juste compensation financière. Cette disposition existe depuis 1960 sous la forme de «retrait facultatif» d'une province d'un programme fédéral. Les conflits qu'elle a engendrés sont de mauvais augure. Leur multiplication et leur insertion dans la Constitution les aggraveraient, surtout au Québec, en raison de sa structure institutionnelle et de sa culture particulières (au sens sociologique).

L'entente de Charlottetown prévoit que les conférences des premiers ministres recevront un statut constitutionnel. Ces conférences sont susceptibles de se transformer en une sorte de conseil de la fédération dont les prérogatives pourraient être étendues. Le Québec n'aura qu'une voix sur onze au sein de cette institution. Dans le cas où les représentants autochtones seraient présents et si deux nouvelles provinces étaient créées, il n'aurait qu'une voix sur dix-huit ou dix-neuf. L'importance accrue des conférences des premiers ministres affaiblirait également le gouvernement fédéral dans la mesure où son premier ministre, lui aussi, ne disposerait que d'une seule voix dans les délibérations et les décisions.

Le Québec se voit octroyer cinq ou six veto et garanties constitutionnels, mais à l'exception de la garantie d'avoir 25 p. 100 des députés à la Chambre des communes et de la double majorité au Sénat dans le domaine linguistique, toutes les provinces peuvent obtenir ces veto et garanties. Ces gains sont de nature strictement défensive. Ils permettent de bloquer un projet jugé préjudiciable mais non d'agir. Pour le gouvernement fédéral, également, ces veto et garanties seront source d'un sérieux freinage.

Le consensus de Charlottetown procure peu de gains au Québec — et aux provinces — en ce qui concerne les compétences. Le gouvernement fédéral s'en tire sans trop de mal. Mais, déjà, le premier ministre Bourassa avertit le gouvernement fédéral et les provinces que le Québec persistera à réclamer d'autres pouvoirs. La dynamique qui établit que le Québec est une province comme les autres continuera à restreindre le champ de manœuvre du Québec. De conflit en conflit, de négociation en négociation, il s'ensuivra pourtant d'autres légers gains qui laisseront le Québec toujours insatisfait, gains que les autres provinces s'attribueront sans les avoir requis et qui contribueront à affaiblir toujours un peu plus le gouvernement fédéral.

Un dilemme à trancher

Las de se battre pour ses droits, las de rester toujours dans l'incertitude, résolu à en finir une fois pour toutes avec les sempiternels atermoiements, le Québec, cette fois, a imposé un cran d'arrêt. Par la décision prise de tenir un référendum sur la souveraineté (qui s'est transformé en référendum canadien sur les «offres fédérales») au plus tard le 26 octobre 1992, il a contraint le gouvernement fédéral et les autres provinces, qui espèrent se le concilier en formulant des «offres» qui rencontrent son échéancier, à négocier ensemble dans la précipitation. Mais l'initiative du Québec se retourne contre lui par suite du manque de fermeté de ses dirigeants et probablement aussi de la majorité de la population : «son» référendum portera sur un enjeu que «les autres» ont choisi pour lui. Et «son» référendum sera aussi celui du Canada qui lui retourne l'ascenseur. Il est pris à son propre piège. Le risque pour le Canada et le Québec est, cette fois, considérable. Le consensus de Charlottetown inflige au pays une entorse qui lui fera mal.

Dans les circonstances, il n'y a pas lieu de se surprendre que le consensus de Charlottetown soit un gâchis. Dans sa forme comme dans son fond, je ne puis l'endosser. J'aimerais pouvoir demander aux négociateurs de retourner à leurs marques de départ, de recommencer le travail de refonte de la Constitution dans son ensemble et de prendre tout le temps voulu pour doter enfin le pays d'une loi fondamentale qui n'entraîne plus de débats et de crises récurrentes et coûteuses sur tous les plans.

Certains pensent que, enfin délivrés de la sempiternelle et ennuyeuse question constitutionnelle, les Canadiens pourront désormais s'occuper des «vrais» problèmes en toute quiétude. Ils versent dans l'illusion. Le consensus de Charlottetown reste ouvert à de nombreuses négociations. Il n'apaisera pas les conflits. Bien au contraire, il les envenimera. Si les Canadiens votent Oui, moins de six mois après le référendum des effets pervers se manifesteront, le Québec recommencera à revendiquer des changements et les autres provinces disputeront au Québec les miettes qui tomberont de la table fédérale.

Le simple fait que le premier ministre Bourassa, insatisfait, avoue :

«je n'ai pu obtenir davantage» démontre l'impossibilité d'aller beaucoup plus loin dans le cadre traditionnel de négociation. Il a beau dire que le Québec va continuer à réclamer des modifications, cet état d'esprit confirme la critique Trudeau. D'autres gains, s'il y en a, seront arrachés de haute lutte et ne pourront qu'être bien insuffisants eu égard au prisme de la dynamique qui continuera à les dévier dans le sens d'une conception uniforme du Canada.

Les provinces de l'Ouest, elles aussi, sont insatisfaites du consensus de Charlottetown. Il est peu probable qu'elles l'approuvent. Pour des raisons bien différentes, ce consensus déçoit bien des fédéralistes intransigeants ainsi que ceux qui souhaitent un renouvellement en profondeur du régime politique canadien. Plusieurs sans doute, parmi les premiers, voteront quand même Oui lors du référendum par crainte de voir le Canada se briser ou dans le faux espoir que la substance du consensus apaisera définitivement (ou du moins pour plusieurs années) la soif de réforme constitutionnelle des Québécois. Quant aux seconds, ils seront partagés entre deux craintes : celle de voir le consensus de Charlottetown figer le Québec dans un statut constitutionnel à leurs yeux inacceptable s'ils votent Oui et celle, s'ils votent Non, de contribuer à paver la voie à l'indépendance politique du Québec, une solution à laquelle ils ne veulent pas être partie prenante, du moins pas de cette façon, c'est-à-dire par défaut. Le dilemme de ceux qui, parmi les premiers et les seconds, voteront Non ne pourra être tranché qu'après le 26 octobre. Même si leurs raisons de voter Non sont divergentes, ils sont assez nombreux pour permettre la victoire du Non, ils seront en mesure d'influer sur les répercussions du référendum.

Du point de vue de celui qui poursuit l'objectif d'un fédéralisme renouvelé en profondeur pour le Québec, la valeur du régime constitutionnel canadien se vérifie à la lumière des objectifs suivants : il doit apaiser le besoin de sécurité, c'est-à-dire procurer au Québec un rapport de force qui, s'il n'élimine pas sa condition de minorité démographique, la réduit, sur le plan juridique, de façon sensible et durable ; il doit tendre à diminuer les conflits entre les ordres de gouvernement ; il doit répondre aux besoins et aux aspirations des Québécois en route vers le XXIe siècle ; enfin, il ne doit pas entraver mais faciliter la recherche par les autres provinces et le gouvernement fédéral du régime constitutionnel qui leur permettra de se développer et de s'épanouir dans des conditions qui leur conviennent.

Les prévisions sur l'incidence économique et financière du résultat du référendum vont revêtir une importance d'autant plus grande qu'elle est largement impondérable et que l'économie touche de plus près la population que les conséquences d'ordre politique ou symbolique : ventre que l'on dira devoir être affamé n'aura pas d'oreilles.

Le chevauchement des compétences entraîne des coûts et engendre des conflits : d'où le bien-fondé, aux yeux de plusieurs, de l'abandon par le gouvernement fédéral de nombre d'entre elles et de leur attribution au Québec (dans le cas présent, aux provinces). Se fondant sur l'expertise d'économistes, le *Projet de rapport de la Commission d'étude des questions afférentes à l'accession du Québec à la souveraineté*, récemment rendu public, établit que la rationalisation des services résultant de l'accession du Québec à la souveraineté permettrait de faire des économies. Mais elles seront bien insuffisantes pour compenser les dépenses qu'entraîneraient la séparation d'avec le Canada et la construction d'un État. Il serait sage d'ignorer ce projet de rapport durant la campagne référendaire : non seulement la souveraineté n'est pas l'enjeu de cette campagne, mais les données compilées sont, selon l'avertissement des auteurs du document, hautement hypothétiques et considérablement différentes selon les experts cités. Des arguments d'ordre économique seront, avec raison, invoqués dans le but d'influencer le choix de la population au référendum. Il faudra quand même ne pas ignorer tous les autres problèmes que soulève le consensus de Charlottetown.

D'ici le 26 octobre, des développement surviendront qui dénoueront peut-être l'impasse et permettront aux uns et aux autres de trancher le dilemme en pleine quiétude. Quant à moi, je m'efforce avec d'autres, depuis trente ans, de trouver une formule qui permette de renouveler le fédéralisme en profondeur, une formule qui conviendrait au Québec et maintiendrait des liens politiques et économiques avec le Canada. C'est pourquoi je dis Non au consensus de Charlottetown parce que j'estime qu'il se nourrit de la dynamique canadienne traditionnelle qui rend impossible ce renouvellement.

«NON» À UNE TROISIÈME VOIE[1]

Le rapport du groupe Réflexion Québec est un document de qualité qui mérite une lecture attentive. Il n'est pourtant pas sans lacunes qu'il importe de signaler dans le cas où, du moins je l'espère, des membres de ce groupe poursuivraient leur travail. Car, jusqu'ici, ils ont émis des idées intéressantes, mais n'ont guère déblayé de terrain nouveau. Je bornerai aujourd'hui mes observations aux textes présentés par deux comités. D'abord le premier, intitulé «Santé démocratique : la confiance en nos institutions», et le septième et dernier : «Notre avenir collectif : nos liens avec nos partenaires géographiques, économiques et culturels».

Le texte du premier comité fourmille d'heureuses propositions déjà mises de l'avant, d'ailleurs, depuis des années, ou même partiellement mises en œuvre : accroissement du rôle des commissions parlementaires, contrôle étanche de la réglementation, valorisation des parlementaires et de l'Assemblée nationale, réduction de la taille de l'appareil gouvernemental, réorganisation territoriale et une certaine décentralisation au profit des régions, adoption d'une nouvelle Constitution pour le Québec.

Des propositions requièrent un examen plus approfondi : réduction du rôle de l'État, limitation des députés à deux mandats, élections à dates fixes tous les cinq ans.

Par contre, d'autres propositions sont incompatibles avec notre régime parlementaire sous responsabilité ministérielle. La recommandation de recourir de façon généralisée à des vote libres à l'Assemblée, sauf à l'occasion des discours du trône, de ceux sur le budget ou encore de ceux sur les très grandes orientations élaborées dans les programmes politiques, me paraît fantaisiste. Des votes libres parfois, lorsque les enjeux moraux prédominent, oui, ce procédé devrait être plus fréquent et faire l'objet d'un examen approfondi concernant ses conséquences sur le régime parlementaire. Mais tenir des votes libres sur la centaine de projets de loi votés à chaque session aboutirait à l'anarchie parlementaire. Même aux États-Unis, où représentants et sénateurs disposent de plusieurs conseillers et recherchistes et où l'immense bibliothèque du Congrès est mise en priorité à leur disposition, plus de 80 p. 100 des élus, sauf en de très rares exceptions, adoptent l'orientation de leur parti. Les aménagements qui seraient nécessaires ici pour permettre à chaque député de se faire une opinion personnelle ferme sur la plupart des projets de loi excèdent les possibilités matérielles et intellectuelles du Québec et des députés eux-mêmes.

Le caucus est un rouage parlementaire essentiel. Il est partisan, certes, le poids de l'exécutif y est souvent écrasant, mais les députés ont la possibilité de s'exprimer, parfois avec virulence, selon leur conscience, leur connaissance du sujet à l'examen, leurs intérêts personnels ou ceux de leur circonscription ou de leur région. Les chefs de partis confient à leurs députés la responsabilité de dossiers particuliers qu'ils approfondissent de leur mieux. Ils en discutent avec leurs collègues. Durant les commissions parlementaires, ils expriment leur point de vue sans les entraves rigides des procédures qui régissent l'Assemblée. Dans nombre de cas, leurs avis sont pris en considération lors de la troisième lecture des projets de loi.

Les sociétés modernes sont d'une telle complexité que croire qu'il serait possible de «redonner la parole aux citoyens», c'est verser dans l'utopie. La proposition de tenir des «référendums à intervalles réguliers» est une formule intéressante en théorie, mais coûteuse, d'application complexe et surtout promettant des résultats aléatoires. Pour que les citoyens puissent se prononcer d'une façon valable sur les questions qui leur seraient posées, il faudrait recourir à de longues périodes d'examen de dossiers souvent ardus, d'informations non partisanes, d'examen de conjonctures, etc., qui sont inimaginables en temps normal. Le verdict des citoyens dans les pays qui recourent au référendum — la Suisse, certains États américains — est loin de toujours représenter une contribution au progrès de ces sociétés ou au bien commun. Il est vrai que le sondage d'opinion constitue une façon imparfaite de donner la parole aux citoyens. Nous savons tout de même que les gouvernements sont très attentifs aux résultats des sondages.

Les députés rencontrent régulièrement leurs électeurs dans leurs bureaux de circonscription et en de multiples circonstances (associations diverses, regroupements de toute nature); ils participent aussi à une foule d'événements les concernant. La formule à laquelle je fais le plus confiance est celle du contrôle des parlementaires et des gouvernements par une opinion publique éclairée et vigilante. Il me semble que c'est dans cette direction qu'il faudrait chercher de meilleurs aménagements.

Le groupe Réflexion Québec élève, en pratique, le premier ministre au rang à la fois de chef de gouvernement et de chef d'État. Or, ce dernier rôle, dans notre régime parlementaire, est tenu par les représentants de la reine du Canada (d'abord reine de Grande-Bretagne). Ce sont eux qui, officiellement, désignent et assermentent le premier ministre, qui est le chef du parti ayant le plus de chances de disposer d'une majorité à l'Assemblée nationale à la suite d'une élection générale.

Suggérer l'élection directe du premier ministre et du vice-premier ministre est un non-sens dans un régime parlementaire sous responsabilité ministérielle. En outre, notre système ne prévoit pas de vice-premier ministre officiel. S'il était élu, il deviendrait automatiquement premier ministre dans le cas où ce dernier décéderait ou deviendrait incapable d'exercer son mandat. Le choix d'un vice-premier ministre est une prérogative du premier ministre, et ce dernier le désigne en toute liberté.

À considérer l'ensemble des mesures que le groupe Réflexion Québec propose ou suggère, une constatation s'impose : le régime politique auquel il aboutit est bâtard. Il entremêle des éléments du régime parlementaire et des éléments du régime présidentiel. Comment, par exemple, comprendre autrement l'élection directe du premier ministre sans qu'on ait songé à lui attribuer des pouvoirs exclusifs et à prévoir qu'il les exercerait en dehors du Parlement devant lequel il ne serait plus responsable ?

Aux États-Unis, le président est à la fois chef de l'État et chef du gouvernement. Il dispose de compétences et d'un droit de «patronage» énormes. Il n'est pas élu par suffrage universel direct. Le candidat vainqueur est celui qui réunit le plus grand nombre de délégués dans les districts électoraux, désignés suivant le nombre d'électeurs dans chacun des cinquante États. Le président américain choisit ses ministres (secrétaires) qui relèvent exclusivement de lui. Il exerce des pressions sur les deux partis dans les deux chambres du Congrès afin d'obtenir la majorité requise sur les sujets qui relèvent de ses prérogatives mais qui requièrent l'approbation du Congrès.

En France, le président est le chef de l'État et exerce des compétences exclusives prévues par la Constitution. Il nomme et démet à volonté le premier ministre qui doit, obligatoirement, faire partie de la majorité parlementaire. Le gouvernement du premier ministre est donc responsable devant l'Assemblée, comme dans le régime britannique.

Les membres du septième comité du groupe Réflexion Québec se sont complu à répéter tout ce qui a été mille fois dit et écrit sur tous les événements qui ont abouti au référendum canadien du 26 octobre 1992.

Il y a problème concernant le consensus de la Commission sur l'avenir politique du Québec de mars 1991. Cette dernière ne concluait pas de façon non équivoque, comme le déclare le comité de réflexion, que «l'avenir collectif du Québec passe par son accession à la souveraineté et par son obtention de la plénitude des pouvoirs». La Commission recommandait l'adoption par l'Assemblée nationale d'une loi comprenant deux parties : la tenue d'un référendum sur la souveraineté du Québec et l'institution d'une commission parlementaire spéciale de l'Assemblée nationale ayant pour «mandat d'apprécier toute offre de nouveau partenariat liant formellement le gouvernement du Canada et les provinces». Or, le premier ministre Bourassa et le ministre délégué aux Relations intergouvernementales canadiennes, Gil Rémillard, écrivaient dans un *addenda* au rapport que deux avenues seraient considérées parallèlement : «un réaménagement en profondeur du système fédéral actuel *ou* la souveraineté du Québec». Le qualificatif «fédéralisme dominateur» dont le premier ministre Bourassa affuble le rapport du Comité mixte spécial sur le renouvellement du Canada le 29 février 1992, une déclaration à Bruxelles semblant privilégier une quelconque superstructure, d'autres déclarations plus ou moins ambiguës, incitèrent le Parti libéral à adopter une sorte de formule confédérale avec le Canada suivant la formule du rapport Allaire. Moi-même, j'avais déjà proposé pareille formule confédérale dans mon mémoire présenté à la Commission spéciale sur l'avenir du Québec, formule que j'avais explicitée dans un long article au journal *La Presse*

(11 janvier 1991). Nous fûmes tous floués par la prudence ou la pusillanimité du premier ministre. Il accepta de participer pour la première fois depuis l'échec du lac Meech en 1990 à la conférence fédérale provinciale convoquée pour étudier et approuver le *Status Report. The Multilateral Meetings on Canada* du 8 juillet 1992. L'entente qu'il signa à Charlottetown le 28 août et la campagne qu'il conduisit avec un empressement mitigé pour aboutir au référendum défait du 26 octobre laissent entendre que, dans son esprit, il avait échoué à relever le plus grand défi qui se soit posé à lui durant son deuxième mandat.

La proposition la plus aberrante du comité Réflexion Québec porte précisément sur le programme constitutionnel. Elle concerne la tenue d'un référendum sur la souveraineté assortie d'une longue liste d'«instances intergouvernementales» reliant le Canada et le Québec, ainsi que la création possible d'un «organe parlementaire». La question posée au référendum porterait sur l'institution d'un «partenariat» qui souderait ensemble la souveraineté du Québec et la création d'une sorte de régime confédéral avec le Canada.

Imposer aux Québécois pareille ineptie référendaire tient de l'inconscience, compte tenu de l'état lamentable que le résultat de l'élection du 25 octobre a créé à la Chambre des communes. Il est invraisemblable que le Bloc québécois soit devenu l'opposition officielle, néanmoins, c'est bien le cas. Les 52 députés du *Reform Party* vont peser très lourd dans les orientations politiques et constitutionnelles des provinces de l'Ouest. Pour l'instant du moins, le Canada que décrit le comité de Réflexion Québec n'existe pas.

Depuis un an, pour ma part, j'en suis arrivé à la conclusion que la troisième voie du fédéralisme renouvelé en profondeur ou du confédéralisme avait abouti à un cul-de-sac qu'il serait impossible de tenter de débloquer, du moins pour un temps indéterminé. Cette conclusion explique mon refus d'appuyer le Bloc québécois aux élections du 25 octobre. D'ailleurs, la présence du Bloc à Ottawa ne peut être que provisoire et peut même desservir la cause légitime de l'indépendance politique du Québec, comme le ferait l'éventuelle création d'un troisième parti politique à cheval entre l'indépendance et le partenariat avec le Canada.

Pour une période indéterminée, il n'existe que deux voies: le fédéralisme canadien plus ou moins sous sa forme actuelle ou l'indépendance du Québec. Tout référendum éventuel sur l'avenir du Québec ne serait valable que s'il offrait aux Québécois un choix clair entre ces deux options. Que des négociations en vue de rétablir des relations entre le Québec et le Canada suivent une éventuelle déclaration d'indépendance, cela serait prévisible comme le serait d'ailleurs l'établissement de relations de diverses natures avec les autres pays et les Nations unies. Mais il faudrait y mettre le temps. Définir à l'avance la nature de ces relations sans même que le gouvernement fédéral et les autres provinces aient été pressentis et les inclure telles qu'elles dans un référendum prétendument sur la souveraineté, pareil procédé friserait l'ineptie.

LE CANADA ANGLAIS FACE AU QUÉBEC[1]

Je suis dans une position analogue à celle des collaborateurs, la plupart d'entre eux professeurs à l'université Queen's, de l'ouvrage *Must Canada Fail*[2]? Ils écrivaient sous le choc de la victoire électorale du Parti québécois, le 15 novembre 1976, dont le premier article du programme préconisait la souveraineté-association. Les auteurs affirmaient leur allégeance au fédéralisme canadien. Malgré leur sympathie pour le Québec, tous concluaient que le projet de souveraineté-association était aussi inacceptable au Canada anglais que l'avait été précédemment le concept des deux nations. En conséquence, ils prévenaient les Québécois qu'advenant un «oui» à la suite d'un référendum sur la souveraineté-association, ceux-ci seraient acculés à l'indépendance parce que le Canada anglais refuserait de négocier dans les termes de la formule proposée. Par ailleurs, comme il convenait à des intellectuels sympathiques à la cause du Québec, les uns et les autres s'appliquaient à la recherche de voies d'accommodation susceptibles, selon eux, d'atténuer sinon de dissiper les griefs légitimes du Québec.

C'est le chapitre de John Meisel, «*J'ai le goût du Québec, but I like Canada*» qui reflète le mieux mon propre état d'esprit actuel sur le sujet du fédéralisme canadien. Tout comme lui, je déclare que le présent texte «*unabashedly contains the personal subjective views of an individual participant in Canada's national drama*[3]». Je n'ai toutefois pas la prétention d'atteindre le niveau d'empathie à l'endroit du Canada anglais que Meisel témoignait envers le Québec. Son analyse se révélait si sensible à la cause du Québec que Claude Ryan, alors directeur du *Devoir*, écrivit qu'elle portait à penser qu'elle émanait d'un Québécois.

Entre le texte de Meisel et le mien, il existe une similitude essentielle. Tout comme lui, j'écris sous l'influence d'un choc : celui de l'échec appréhendé de l'accord du lac Meech. Cette dernière condition amplifiera sans doute la différence d'optique qui nous sépare depuis toujours : alors que malgré sa sympathie marquée pour le Québec il aborde ce dernier dans une optique canadienne, c'est du point de vue québécois que je persiste à considérer le Canada. Le sous-titre de son article, « *Reflections of an Ambivalent man* », ne correspond pas à mon état d'esprit. Je suis non pas ambivalent envers le Québec et le Canada, mais bien plutôt en apparente contradiction avec moi-même : le Canada est mon pays, mais le Québec est ma patrie. Aux yeux de plusieurs, c'est là une position insoutenable, particulièrement dans les périodes de crise. Mais ils constatent qu'en cela j'épouse l'état d'âme de beaucoup de Québécois.

Dans la conjoncture aléatoire d'aujourd'hui, on dit que je suis de plus en plus isolé dans ma double allégeance. Naguère, au Québec même et parmi bien des intellectuels anglophones partout au Canada, il se trouvait nombre de personnes qui cherchaient une formule constitutionnelle propre à la réconcilier. Aujourd'hui, on dit de cette démarche qu'elle équivaut à la recherche de la quadrature du cercle. On doit, estime-t-on, opter carrément pour le fédéralisme, quelle qu'en soit la nature, ou choisir l'indépendance du Québec, sans égard aux conséquences.

Franchirai-je un jour le Rubicon ? En arriverai-je à conclure que, les appuis escomptés s'étant dérobés, toute harmonisation constitutionnelle des deux allégeances est devenue chimérique ? De la sorte, parvenu à l'ultime croisée des chemins, c'est sans hésitation aucune que je choisirais le Québec, déjà ma patrie, comme pays. Les citoyens des provinces anglaises ne seraient plus alors mes compatriotes. Mais les nombreux amis que je me suis faits parmi eux au cours des ans, John Meisel en tout premier lieu, ne cesseraient pas pour autant de m'être chers. Au contraire, nous aurions alors plus besoin que jamais les uns des autres.

Je l'affirme tout de suite en me réservant de revenir sur le sujet : l'accord du lac Meech n'a jamais contenu pour moi cette formule magique qui ferait du Québec un partenaire acquis pour toujours au Canada. Par contre, je suis d'avis que le refus du Canada anglais de le sanctionner entraînerait au Québec des répercussions imprévisibles auxquelles je serais très attentif. Deux conséquences de ce refus pourraient me persuader de cesser d'œuvrer pour une réforme en profondeur du fédéralisme : des remous d'une virulence telle que seule l'indépendance du Québec paraîtrait susceptible de les résorber, ou encore un refus qui prendrait la forme d'un rejet du Québec par le Canada anglais. Je tiens à éviter toute prise de position irréfléchie qui, le moment venu, me priverait de ma pleine faculté de jugement.

En 1962, j'ai dit publiquement que l'indépendance du Québec n'était pas pour moi un épouvantail et que je m'y rallierais volontiers quand, pour reprendre un argument de John Meisel, j'estimerais que les avantages escomptés excéderaient les coûts qu'elle serait susceptible d'entraîner, sachant bien par ailleurs que pareil calcul serait largement matière à appréciation subjective. Je n'étais donc nullement fermé aux sollicitations souverainistes d'où qu'elles viennent et c'est dans une entière ouverture d'esprit que je pris part à plusieurs congrès d'orientation du Parti québécois et que, parfois même, j'adressai la parole aux délégués.

Comment donc, étant donné la réceptivité de mon esprit, avais-je résisté à la force de persuasion de nos poètes, romanciers, essayistes et chansonniers qui, au cours des années 1960 et 1970, avaient charmé un grand nombre de Québécois ? C'est en scrutant récemment de façon systématique notre imaginaire national de cette époque[4] que j'ai pleinement compris pourquoi je n'avais pas succombé à son attrait, pourquoi la voie du salut par l'indépendance qu'il traçait n'avait pas été pour moi un chemin de Damas. Mes raisons étaient sérieuses.

En premier lieu, je déplorais la compromission de notre imaginaire national avec la politique. La confusion du poétique et du politique est toujours hasardeuse. Plus René Lévesque puisait dans cet imaginaire pour décupler le pouvoir de son leadership charismatique et plus la politique récupérait et compromettait l'imaginaire. À la fin, il était à la merci de la politique au lieu d'en être le héraut et le guide.

Par ailleurs, aussi primordial le fait français pouvait-il me paraître, je désapprouvais l'imaginaire de restreindre l'identité collective à ce seul fait. Selon moi, c'est moins dans la langue française prise isolément que réside la spécificité de la société québécoise que dans le fait que la survie et la promotion de cette langue sont intimement liées à la plupart des autres composantes sociales : la démographie, l'économie, la culture et la politique. Pour moi, il est évident que ces autres composantes, chacune isolément et toutes ensemble dans leurs interactions, constituent des facteurs *sui generis* de l'identité nationale. Je ne saurais pas non plus, comme notre imaginaire tendait à le faire, abstraire les « autres », anglophones et allophones, de l'identité nationale. Eux aussi sont des Québécois et influent, à titres divers, sur la conscience collective que nous avons de nous-mêmes.

Le peu de cas que faisait cet imaginaire de la jeunesse me troublait également. Pourtant, les principales créations artistiques et littéraires remontent en majeure partie aux années 1960 et au début de la décennie 1970, donc à une époque où la jeunesse québécoise, comme ailleurs en Occident et dans une grande partie du Tiers-Monde, était en effervescence. À de rares exceptions près, l'imaginaire ignora ces tribulations et cette omission peut être considérée en partie responsable du fait que, malgré la popularité croissante du Parti québécois au cours de la décennie 1970, les jeunes de 18 à 24 ans furent moins portés à favoriser la cause du Oui lors du référendum de 1980 que la catégorie d'âge de 24 à 35 ans.

Je regrettais aussi que l'optique « unanimiste » de notre imaginaire national — comme celle du Parti québécois d'ailleurs — lui voilât la montée d'une foule de mouvements sociaux et d'institutions qui présageait la pleine instauration du pluralisme au Québec.

Enfin, malgré l'impression créée par les grands rassemblements populaires à l'occasion d'enjeux où la question nationale était en cause ou par des super-fêtes sous l'égide de nos chansonniers indépendantistes, mes contacts avec de nombreux groupes et la population en général me suggéraient que le peuple, dans son ensemble, ne se reconnaissait pas vraiment dans cet imaginaire national. Il n'a jamais lu nos poètes. Plusieurs, qui avaient vibré une heure aux appels patriotiques de nos chansonniers, prêtaient le lendemain l'oreille aux propos des gens d'affaires et des politiciens qui leur prêchaient, chiffres alarmistes à l'appui, la nécessité vitale du fédéralisme pour le Québec. Un sondage rendu public quelques semaines avant le référendum confirmait que plus des deux tiers de la population estimaient avoir été plus influencés par ces derniers que par les premiers.

Le lourd silence de notre imaginaire national depuis le référendum me conduit à conclure que, puisque le peuple dans sa majorité, du moins pour l'instant, a refusé de donner au gouvernement le mandat de négocier la souveraineté-association — ce qui était loin de signifier la volonté de se vouloir indépendant — il est plus urgent que jamais d'arriver à un compromis constitutionnel dans le cadre du fédéralisme avec nos compatriotes des provinces anglaises.

Au moment où j'écris ce texte — octobre 1989 — les tours de passe-passe politiciens à propos de l'accord du lac Meech condamnent les Canadiens à la plus grande incertitude. Las de si pitoyables atermoiements, ces derniers décideront-ils de se prendre en main plutôt que de laisser les politiciens continuer leurs jeux dangereux ? Ou serait-ce eux qui, dans leurs divisions, persuaderont des premiers ministres et des assemblées législatives de ne pas sanctionner cet accord qui permettrait au Québec d'adhérer «dans l'honneur», selon l'expression du premier ministre Mulroney, à la Constitution de 1982 ? Et si l'accord échoue, sera-ce le signal du départ pour le Québec, lui-même écarté par une partie du Canada anglais ?

Je n'ai dit Oui au référendum que pour éveiller le Canada anglais à l'urgence de s'attaquer enfin sérieusement à une réforme véritable du fédéralisme. Avais-je raison ou avais-je tort ? Plusieurs regrettent amèrement aujourd'hui leur Non, mais leur remords n'est pas la preuve que mon choix était le bon.

J'en suis là aujourd'hui, toujours inquiet, hésitant sur la démarche à préconiser. Il me semble toutefois que si l'indépendance doit se réaliser dans un avenir plus ou moins prochain, ce ne sera pas selon les prémisses et les arguments mis de l'avant au cours des années 1960 et 1970. Les conditions ont bien évolué. Les gens d'affaires québécois sont plus dynamiques, leur conscience politique s'est affinée et les anglophones canadiens commencent à les envier et à les craindre. En partie en raison de la Charte canadienne des droits de 1982, de plus en plus nombreux sont les groupes que la Constitution préoccupe. À l'exception de certains politiciens, journalistes et intellectuels, les anglophones s'étaient jusqu'à récemment montrés peu enclins à s'engager ouvertement dans le débat constitutionnel. Ils semblaient prendre plaisir à regarder les francophones se quereller entre eux, au fédéral ou au provincial. Ils sont maintenant de jour en jour plus nombreux à intervenir et, à leur tour, ils se révèlent profondément divisés. L'accord de libre-échange avec les États-Unis pourrait modifier profondément les données du problème constitutionnel. Aux relations Est-Ouest maintenues artificiellement depuis le début de l'existence du Canada, et qui représentent la principale raison de sa persistance, cet accord va tendre à substituer des communications Nord-Sud qui rendront les Canadiens beaucoup plus vulnérables à l'attrait des États-Unis.

Les considérations qui précèdent m'incitent à tenter d'abord de fixer brièvement les états d'esprit actuels des Canadiens anglophones et des Québécois francophones. De la sorte, la problématique du fédéralisme canadien, telle que je la conçois, deviendra plus limpide.

Deux collectivités parallèles

On dit des Canadiens anglais et des Canadiens français qu'ils s'ignorent et parlent d'eux comme de «deux solitudes». À première vue, pareilles perceptions étonnent. Qu'il s'agisse d'économie ou de culture, les relations interpersonnelles entre francophones et anglophones de Montréal et entre Montréalais et Torontois sont de plus en plus nombreuses et, la plupart du temps, cordiales sinon harmonieuses. Dans la capitale nationale, malgré une forte baisse de la proportion de francophones depuis 1961, la part du français s'est accrue et on est beaucoup plus réceptif envers la langue française qu'il y a trente ans. Le reste du pays, à l'exception des régions limitrophes au Québec, demeure pour la majorité des Québécois une terre inconnue; et il en est de même du Québec pour une grande proportion des Canadiens anglais. Le coût prohibitif du transport aérien — le seul qui convienne pour un territoire aussi vaste — et l'ignorance de l'autre langue et de l'autre culture de la part de l'immense majorité des Canadiens sont probablement les principaux facteurs de cette indifférence réciproque.

Un simple regard sur nos manuels d'histoire révèle l'étendue des préjugés que les Canadiens français et les Canadiens anglais nourrissent les uns à l'endroit des autres. Les événements qui furent sources de division sont mis en évidence tandis que ceux qui tissèrent la concorde sont ignorés ou à peine mentionnés. Pourtant, francophones et anglophones ne peuvent pas avoir coexisté durant deux cent vingt-cinq ans sans qu'il ne se crée des convergences de situation, sinon des similitudes d'états d'esprit.

Un survol de l'imaginaire anglais m'a révélé nombre de ressemblances au moins matérielles avec l'imaginaire québécois au cours des deux décennies précédentes. Margaret Atwood et George Grant, entre autres, ont exprimé à l'endroit du Canada dans son ensemble bien des propos en tous points similaires à ceux des romanciers et des essayistes d'ici envers le Québec.

Si l'histoire nous a souvent divisés, nous portons tous la marque des mêmes espaces immenses et du même climat aux variations extrêmes. Nous avons œuvré des années de façon parallèle, mais nous avons fini par nous allier de manière plus ou moins étroite pour nous affranchir de la tutelle britannique et nous doter de gouvernements responsables. En dépit de tous les déboires que nous avons connus, nous n'avons pas pu subsister ensemble durant cent vingt ans dans le même régime fédératif sans nous influencer mutuellement. Notre commune proximité avec le géant américain est chez tous source de graves appréhensions pour la survivance. Certes, chez les francophones, à cette appréhension s'ajoute la crainte d'être engloutis par la majorité anglaise du Canada. De son côté, le Canada anglais hésite entre deux tendances opposées : d'une part, on entend l'argument que c'est avant tout le fait français et le Québec qui font que le Canada diffère des États-Unis, mais, d'autre part, objecte-t-on, ces entités « étrangères » constituent un obstacle à son plein épanouissement. En outre, les anglophones deviennent de plus en plus inquiets du sort de leurs compatriotes vivant au Québec, plusieurs estimant que la majorité francophone dans cette province est devenue intolérante à leur endroit.

On sait que la conscience sociale des Québécois francophones et des Canadiens français hors Québec est fortement marquée par le fait qu'ils constituent une minorité — et une minorité déclinante — au Canada. Or, une conscience de même nature commence à s'exprimer dans plusieurs provinces anglaises, notamment à l'ouest, où la population d'origine britannique a été dépassée en nombre par l'ensemble des autres groupes ethniques ou est sur le point de l'être. Dans ces provinces, la minorité française occupe le cinquième ou le sixième rang en importance numérique, ce qui explique en bonne partie la réticence des gouvernants à protéger de façon particulière ces petites minorités : les autres groupes, plus nombreux, acceptent mal d'être laissés pour compte. Bien des anglophones ignorent qu'un processus analogue est en cours au Québec. Le fait de constituer l'immense majorité au Québec a été depuis toujours un facteur sécurisant pour la collectivité francophone. Or, les démographes prévoient que si les tendances actuelles persistent, le Québec sera de plus en plus minoritaire au Canada. Les Français d'origine deviendraient eux-mêmes minoritaires au Québec dans les décennies à venir. Malgré bien des efforts, ces derniers ne sont pas encore parvenus à intégrer à leur groupe la majeure partie des allophones dont le nombre s'accroît rapidement.

À cette crainte commune au sujet de la survivance s'ajoute de part et d'autre le manque de consensus sur les grands objectifs. Les dissensions intestines sont, chez les francophones, imputables au phénomène de minorité et, chez les anglophones, aux divisions régionales (ou provinciales) et à la présence, dans certaines provinces, de nombreux allophones mal intégrés. Malgré ces nombreux facteurs de rapprochement, le consensus qui aurait permis au Québec et au Canada anglais de poursuivre sans difficulté des objectifs communs a fait défaut. Les modalités de structuration de ces traits sont fort différentes. En outre, ils sont vécus de façon parallèle par les deux collectivités de sorte que ces dernières restent largement dans l'ignorance de ce qui, objectivement, les unit ou rend difficile la poursuite de projets communs.

Par contre, sous d'autres aspects, les traits qui définissent les deux collectivités les différencient. Ainsi, les francophones sont massivement regroupés au Québec alors que les anglophones sont dispersés dans un territoire immense. Les premiers ont constitué jusqu'ici une entité homogène alors que les seconds reproduisent une «mosaïque» de peuples à prédominance anglaise. Le régime politique que les premiers sont parvenus à se donner au Québec, bien qu'il soit restreint au statut de province, revêt pour eux une importance qu'il n'a pas dans les provinces anglaises. L'intérêt immense que le Québec politique a suscité chez les intellectuels anglophones entre 1960 et 1980 fait contraste avec l'indifférence de l'intelligentsia francophone à l'endroit des provinces anglaises.

Des caractères encore bien plus essentiels séparent (ou opposent) les deux collectivités. George Grant écrivait: «*In Canada, outside of Québec, there is no deeply rooted culture*[5].» Il prêtait aux Québécois une profondeur historique qu'ils n'ont peut-être jamais eue dans le passé et que les jeunes générations ont perdue. Oui, bien sûr, le souvenir de la conquête anglaise de 1760 s'est transmis, mais, pour le reste, quelles seraient les grandes tranches de notre passé que ma génération, affairée à substituer ici la modernité à la tradition, aurait transmises à la jeunesse? Il est vrai que les anglophones n'ont pas beaucoup non plus misé sur l'histoire pour se donner une conscience commune. Avec bien d'autres, George Grant estime qu'au lieu de se soucier du temps, ils se sont répandus dans l'espace, au risque de se perdre de vue, en raison de l'immensité du continent qu'ils occupent. De toute façon, les bribes d'histoire retenues de part et d'autres constituent un grand diviseur plutôt qu'un facteur de rassemblement.

On sous-estime beaucoup aujourd'hui l'importance de la religion comme facteur de division. Il est vrai que l'Église catholique n'est plus au Québec le pouvoir dominant qu'elle fut jusqu'à il y a trente ans. La pratique religieuse a également beaucoup diminué. Par contre, comme en France et dans les pays de tradition catholique, cette dernière imprègne encore fortement la culture. La morale catholique du travail, si différente de l'éthique protestante, pénètre encore en profondeur les conceptions du monde et de la vie de même que les mœurs des Québécois francophones.

Le Code civil d'inspiration française qui régit les Québécois les différencie également des anglophones canadiens. Leur conception du droit est autre et les répercussions de ce fait pour les corporations, les associations libres et les individus sont innombrables.

Tous ces facteurs, et d'autres de même nature reliés à l'économie, à la démographie, à la stratification sociale, sont essentiels à la détermination du sens de l'identité collective. Mais que serait cette dernière si ces éléments n'étaient pas structurés par un facteur premier : l'immense majorité des Québécois ont le français comme langue maternelle ou comme langue d'usage commun. Certes, le français est la langue de bien d'autres peuples, mais ce qui est unique aux Québécois, c'est que cette langue est la principale source de leur cohésion sociale sur un continent où ils ne représentent que 2 p. 100 de la population. Il importe à ce sujet de noter que plus les Québécois deviennent Américains, plus ils consentent à le devenir, et plus, pour la plupart, ils veulent rester français. D'où cette conscience tragique chez nos écrivains et l'intelligentsia en général que le français est ici menacé et qu'il s'abâtardit parmi la population. La présence anglaise au Canada demeure pour eux une grave source d'inquiétude pour la survivance de leur langue et de leur culture. Mais aujourd'hui, c'est l'envahissement culturel américain qui les angoisse le plus et leur fait appréhender une fin tragique, car ce dernier les possède et les étrangle au plus profond d'eux-mêmes. Ils savent que leur survivance comme collectivité originale sur le continent les accule à une résistance de tous les instants.

Quel que soit donc le point de départ, l'examen de la condition des deux collectivités aboutit à une même conclusion : c'est la langue qui les différencie de la façon la plus marquée. Autant l'une sent le besoin de se recroqueviller sur elle-même pour protéger sa langue, autant l'autre peut se complaire dans une quiétude inébranlable, car sa langue est dominante en Amérique du Nord.

Mais cette quiétude, s'ajoutant au jeu des autres facteurs, entraîne sa contre-partie. En effet, la conscience d'une identité collective traditionnellement poussée au paroxysme chez les francophones est vacillante chez les anglophones. George Grant estime même que c'est le fait français qui est la pierre d'assise de la «nation» canadienne :

La clef de voûte de la nation canadienne est le fait français, une connaissance superficielle de l'histoire révèle la banalité de cette affirmation [...]. Les Canadiens français ont fait partie d'une Confédération non pas pour protéger des droits individuels mais pour les droits d'une nation[6] (Traduction de l'auteur).

Survival, de Margaret Atwood, fourmille de références à des propos pessimistes et désabusés de nombreux auteurs réputés[7]. Andrew H. Malcolm consacre de nombreuses pages à un livre sur les «Canadiens», c'est-à-dire les Canadiens anglais, pour déplorer leur complexe d'infériorité et leur tendance à se déprécier eux-mêmes : «Les Canadiens, eux, sont conditionnés à se considérer comme citoyens d'un pays à l'identité incertaine, au passé déroutant, et à l'avenir aléatoire[8].»

Selon plusieurs, les francophones ne sont pas les seuls à se considérer comme des coloniaux (dans leur cas dans un double sens). Les anglophones partageraient ce même sentiment déprimant. On connaît la boutade de Harold Innis qui corrigeait le titre du livre de A.R.M. Lower, *From Colony to Nation*, ainsi : *From Colony to Nation to Colony!*

Comme pour tourner le fer dans la plaie, Anthony Wilden écrit après neuf ans d'absence du Canada qu'à son départ il avait quitté une «nation» et qu'il trouve à son retour une «colonie[9]». La plupart des anglophones ne prendraient pas pleinement conscience de cette condition. Selon S. M. Crean :

Quand des porte-parole québécois ont tenté, ces dernières années, de discuter du statut de colonie du Québec à l'intérieur de la Confédération avec des Canadiens anglais, ils s'adressaient à d'autres colonisés qui n'étaient pas conscients de l'être[10]».

Cette dépréciation d'eux-mêmes chez les anglophones, notamment quand ils se comparent aux Américains, je l'ai souvent constatée au cours de mes nombreuses rencontres avec eux. C'est ainsi qu'il y a un an je prenais part à une rencontre en vue de la publication d'un article sur le Canada dans un numéro spécial de la revue *Daedalus*. À un certain moment, l'éditeur américain interrompit, parce qu'il le trouvait suicidaire, un échange de vues entre Canadiens. Après avoir décrit de façon détaillée la splendeur et la richesse matérielle et culturelle du Canada, il déclara qu'il serait fort déçu de devoir publier des textes qui présenteraient ce pays dans des termes si tristes. Cette intervention a dû fouetter la fierté nationale des personnes présentes puisque l'ouvrage qu'elles ont produit est fort stimulant[11].

Tout comme cet éditeur, les Américains qui se considèrent bien informés s'étonnent de découvrir tant de pessimisme parmi les Canadiens. Andrew H. Malcolm exprime bien ce sentiment :

> Ce qui, sans doute, surprend le plus leurs voisins américains est de découvrir qu'un pays si riche de bien des façons, si pur encore en tant d'endroits, doté d'un peuple si évidemment intelligent, robuste et chaleureux, s'interroge encore sur son identité nationale.

Et il fournit l'explication :

> C'est que, fondamentalement, les Américains ignorent la plupart des aspects du Canada. Du moins se le représentent-ils comme un seul et même pays. L'image qu'en ont généralement les Canadiens est au contraire celle d'un vaste assortiment de morceaux épars[12].

« Un vaste assortiment de morceaux épars ». Le constat est lancé comme une flèche bien tirée. Il fait référence à bien d'autres choses qu'à la « dualité » canadienne. C'est un rappel du « multiculturalisme », des « régionalismes » et des « provincialismes », bref, de toutes les forces centrifuges qui conduisaient Northrop Frye à s'interroger : « *But Canada, Where is it ?* » Leur nationalisme se cherche alors qu'ils se reconnaissent dans l'interpellation de Robert Kroetsch :

> « Nous sommes Canadiens. Nous savons que nous avons rêvé, mais nous ne pouvons retracer nos origines : pas de Déclaration d'indépendance, pas de Magma carta, pas de prise de la Bastille. Nous ressentons un malaise terrible de ne pas avoir de commencement. Le Canada est un poème. Nous avons rêvé un poème, maintenant nous devons essayer de l'écrire. Nous avons un don pour les langues, et maintenant nous devons faire un poème[13]. »

Ainsi donc, les francophones ne sont pas les seuls à se débattre dans les affres d'un complexe d'infériorité. Les anglophones vivent à leur façon une condition comparable. Voilà un état de fait qui n'est guère susceptible de les rapprocher. Comment peuvent-ils œuvrer sans réticence à leur rapprochement quand les uns et les autres se préoccupent avant tout de leur propre survivance? Au contraire, ne sont-ils pas plutôt portés à se suspecter mutuellement, à souhaiter secrètement la disparition de l'autre? Comment le Québec pourrait-il ressentir un attrait pour le Canada anglais quand ce dernier nourrit une si piètre perception de lui-même?

En un sens, les représentations que les Québécois se font d'eux-mêmes sont plus stimulantes. Au moins, ils ont des valeurs précises à expliciter et à revendiquer. Au cours des années 1960 et de 1976 à 1980, malgré leurs divisions, ils ont poursuivi d'audacieux projets de société avec une telle ferveur que les anglophones étaient séduits tout en éprouvant des inquiétudes quant à l'issue de ces «aventures».

À la suite de ces propos, l'interrogation attristée de George Grant me revient à la mémoire: comment comprendre, se demandait-il, que les Canadiens se soient dérobés au «*Shock of the cultures*»? Si, en effet, une grande collision des cultures avait pu se produire dans le respect mutuel intégral, le Canada ne serait pas, aux yeux de plusieurs, une «*grey country*». Il se serait élevé au rang des pays les plus attrayants du monde. La culture française et la culture anglaise, tout en ayant subi ici l'empreinte de l'Amérique, comptent parmi les plus beaux joyaux du patrimoine universel. Je suis certain qu'un «choc» qui aurait préservé leur originalité respective aurait suscité mille productions originales de grande valeur.

D'aucuns ont, naguère, suggéré timidement un «chevauchement des cultures». Rabroués par les francophones, ils ont été ignorés par les anglophones. À l'époque, je partageais la crainte de ceux qui affirmaient que pareil chevauchement, engagé de façon institutionnelle ou encore laissé à la merci de l'empirisme ou de la confiance dans les bonnes intentions des responsables au lieu de résulter d'un mouvement spontané de la population et des créateurs, aboutirait, non pas à une explosion d'œuvres enrichissantes, mais à un «mélange» insipide entraînant l'appauvrissement de la culture française.

Tous, particulièrement les anglophones, ont les yeux rivés sur le géant américain qu'ils ne parviendront jamais à concurrencer en se pliant à ses conditions. D'où le grand risque pour le Canada que représente l'accord du libre-échange. Certes, la puissance économique des États-Unis a subi un déclin prononcé depuis le choc pétrolier. L'époque des économies-monde ayant leur assise dans un seul pays est révolue. La Seconde Guerre mondiale a projeté les États-Unis à l'avant-scène. L'essor prodigieux de puissances économiques comme le Japon et l'Europe de l'Ouest-unie leur enlève beaucoup de lustre, mais ils dominent toujours la politique internationale et on s'en remet largement à eux pour la défense des peuples aux prises avec le sous-développement et les querelles intestines. Plus encore, c'est autour du symbole de la statue de la Liberté que se rallient les peuples qui cherchent à se libérer de l'emprise du totalitarisme. Malheureusement pour lui, le Canada subit les contrecoups du déclin des États-Unis comme puissance économique, sa propre économie et sa politique internationale étant fortement intégrées à celles du grand voisin.

Par ailleurs, les anglophones et les francophones du Canada se suspectent trop pour entretenir des contacts *institutionnels* francs et persistants hormis, bien entendu, au sein des organismes publics et parapublics que leur procure — ou leur impose! — leur adhésion à un régime fédéral commun. Cela affaiblit un pays dont le poids comme puissance moyenne diminue. Certes, il fait partie du Groupe des sept pays les plus industrialisés mais, là comme ailleurs, ne doit-il pas son siège au fait qu'il est la première succursale des États-Unis? Cette impression, fondée ou non, n'a pas pour effet de diminuer l'aigreur des sentiments des nationalistes anglophones.

Une politique périlleuse

Je n'ai pas l'intention de rappeler toutes les discussions auxquelles la question constitutionnelle a donné lieu au Canada. Je vais m'en tenir au débat consécutif à l'accord du lac Meech que les onze premiers ministres ont signé le 3 juin 1987. Et même à ce sujet, je me bornerai à un seul des cinq points de l'accord, celui qui reconnaît que «le Québec forme au sein du Canada une société distincte» (article 2b). Il serait oiseux de résumer les nombreux ouvrages écrits sur le sujet ou mes propres interventions en Commission parlementaire, dans *Le Devoir* et à travers les médias électroniques.

C'est la question du Québec comme «société distincte» qui fait problème, les provinces anglaises ayant souscrit pour elles-mêmes aux autres clauses. C'est d'ailleurs pour cette raison que plusieurs estiment que l'accord met le gouvernement fédéral à la merci des caprices des provinces. Pierre Trudeau n'a cessé de marteler ce point[14]. Pour ma part, j'estime que l'examen du fonctionnement du fédéralisme canadien dans le passé, bien qu'il incite à la réflexion, ne justifie pas cette crainte.

À l'instar d'un grand nombre de ceux qui intervinrent initialement, je désapprouvai nombre de points de l'accord, notamment l'absence d'un droit de veto intégral pour le Québec et surtout l'imprécision de la notion de «société distincte», d'autant plus qu'une clause mentionnait qu'elle n'avait pas «pour effet de déroger aux pouvoirs, droits ou privilèges du Parlement ou du gouvernement du Canada, ou des législatures ou des gouvernements des provinces, y compris à leurs pouvoirs, droits ou privilèges en matière de langue» (article 2.4).

La plupart des Québécois se rallièrent finalement à l'accord ou cessèrent de s'y opposer ouvertement. Certaines clauses, ainsi l'institution d'un droit de veto au Québec en ce qui concerne les institutions fédérales, notamment le Sénat, garantissent au moins la récupération des pouvoirs perdus dans la Constitution de 1982. L'accord lui incorpore par ailleurs des pratiques administratives en matière d'immigration ou de retrait facultatif de programmes fédéraux qui, à plusieurs reprises, ont été avantageuses au Québec. J'estime donc aujourd'hui, avec la grande majorité des Québécois, que si l'accord recevait la sanction de toutes les parties concernées d'ici le 23 juin 1990, ce serait «dans l'honneur», selon l'expression du premier ministre Mulroney, que le Québec réintégrerait la Constitution. Mais ce ne serait pas dans l'enthousiasme, car les gains réels seraient insuffisants.

Que le Québec constitue une nation, une société, un pays original au Canada et en Amérique du Nord, qui peut le nier à moins d'être de mauvaise foi ou d'ignorer ses traits constitutifs? Pierre Trudeau, lui-même, en convient:

> Finalement, j'en arrive au point peut-être le plus important, celui de la société distincte du Québec. Je m'empresse de dire au départ que c'est une réalité sociologique, je ne vois pas de mal à le penser ou à le dire ou à l'écrire, si on veut.

Tout en l'endossant comme un fait social qui va de soi, Trudeau se refuse à l'idée que la notion de «société distincte» puisse comporter une portée juridique. Nul ne peut préjuger de la signification que les tribunaux lui donneraient. Mais il se peut que Trudeau ait raison puisque l'accord ne confère à la reconnaissance de la société distincte que la portée d'une «règle d'interprétation». J'aurais souhaité que les signataires lui procurent une portée juridique en des termes qui ne portent pas à l'interprétation, car quelle valeur concrète représente le simple énoncé que le Québec constitue une «société distincte» si la dimension politique lui fait défaut?

Mais c'est de plus loin encore qu'il faut amorcer toute interrogation pertinente sur le statut du Québec dans la fédération canadienne. Ils sont nombreux ceux qui refusent d'admettre que le Québec constitue une société distincte, même sur le plan sociologique.

Et pourtant, la «différence» québécoise, bien que fondée avant tout dans l'originalité linguistique et culturelle, je l'ai indiqué auparavant, se révèle également d'autres façons. Je me bornerai à en signaler quelques manifestations concrètes. Le phénomène québécois des associations volontaires, parallèles ou indépendantes plutôt que communes avec le Canada anglais, que John Meisel et Vincent Lemieux révélaient il y a plus de vingt ans[15], s'est étendu, avec le renforcement de l'ensemble de la structure sociale, à la majorité des associations patronales, syndicales, professionnelles, scientifiques, littéraires, étudiantes, etc. Le caractère bicéphale de Radio-Canada et, à un degré moindre, de l'Office national du film montre bien la profondeur du phénomène puisque même des organismes fédéraux fonctionnent dans la dualité. Certes, les Canadiens des deux langues se côtoient régulièrement au sein du Conseil des arts et des Conseils de recherches en sciences physiques et humaines ainsi qu'au Conseil des sciences où le bilinguisme est officiel mais où la langue de travail dans les comités est surtout l'anglais. Le Québec, de son côté, s'est doté d'organismes similaires qui eux fonctionnent en français. À l'Ordre du Canada correspond l'Ordre du Québec. Et on pourrait multiplier les exemples.

L'importance réelle du gouvernement fédéral pour le Québec n'a cessé de diminuer depuis les débuts de la Révolution tranquille en 1960. De nombreux ministères, anciens ou nouveaux, ont étendu souvent au maximum leur marge d'autonomie administrative par rapport aux ministères fédéraux correspondants; le recours à la formule de retrait facultatif (*opting out*) à l'occasion de la mise en œuvre de programmes fédéraux dans les domaines de compétence provinciale est fréquent; les impôts des particuliers, des corporations et sur les services, entièrement sous la gouverne du Québec depuis Duplessis, ne cessent de s'accroître en importance par rapport aux impôts fédéraux, de sorte que les Québécois paient aujourd'hui plus d'impôts au gouvernement provincial qu'au gouvernement fédéral; la mise sur pied de nombreuses entreprises économiques publiques et d'un régime de santé et des services sociaux entièrement sous la responsabilité du Québec; la création d'un régime autonome des rentes qui a permis l'édification d'une Caisse de dépôt et placement dont les actifs qui dépassent aujourd'hui quarante milliards de dollars sont mis au service de la collectivité; et ainsi de suite.

Il apparaît dès lors contradictoire que durant cette période où il s'est considérablement affermi sur le plan politique interne, le Québec ait conservé le statut juridique d'«une province comme les autres». Cela a engendré une situation de conflits quasi permanents avec le gouvernement fédéral et bien des gestes de dépit du côté des provinces anglaises.

On comprend pourquoi le nationalisme québécois est indéracinable. C'est précisément le sentiment d'appartenance à une même nation qui permet l'intégration des différences et des divergences reliées à l'ethnicité, aux régionalismes, aux classes sociales et également à l'appartenance politique au Canada. Ce nationalisme a pu donner l'impression de s'étioler à la suite du référendum de 1980. Dix ans plus tard, il s'affirme de nouveau. Désormais, la classe d'affaires canadienne-française, qui estimait dans le passé s'en tirer à meilleur compte en s'identifiant à la collectivité anglaise, va se joindre aux adeptes traditionnels du nationalisme. Ainsi, grâce à une meilleure articulation de l'économie à la culture, la nation se trouve immensément renforcée. Mais la composante politique de cette nation est toujours objet de débat.

Seule l'attribution au Québec d'un statut juridique qui conférerait au caractère de «société distincte» la pleine dimension politique que la sociologie lui reconnaît serait susceptible d'atténuer, sinon de dissiper, les incompatibilités que la Constitution de 1867 et celle de 1982 engendrent. Je répète que les termes de l'accord du lac Meech représentent pour le Québec un strict minimum. Toute atténuation de ces termes — ajouts, altérations, engagements ou accords parallèles qui entraveraient l'avenir du Québec — serait inacceptable pour les Québécois et acculerait le gouvernement à l'abrogation de sa propre sanction.

Les premiers ministres Brian Mulroney et David Peterson en tête,

de nombreux anglophones de toutes les régions et de toutes les catégories endossent l'accord ou encore le critiquent en des termes modérés[16]. Par contre, pour d'autres, assez nombreux, les propositions du
Québec entérinées dans l'accord ne seraient qu'un piège et constitueraient une arme secrète en vue de parvenir à l'indépendance et au
démembrement du Canada.

Cette attitude belliqueuse est certes le fait d'une minorité, mais je
la considère fort significative d'un état d'esprit qui a toujours prévalu
au pays. En outre, malheureusement, par ses répercussions au sein de
la population, elle est susceptible d'entraîner l'annulation de l'accord
en persuadant des provinces et des partis politiques de ne pas le
sanctionner ou de lui retirer leur appui, reniant ainsi la parole donnée
de premiers ministres ou de chefs de partis et récusant les résolutions
votées par les assemblées législatives.

Pourquoi donc existe-t-il pareille incompatibilité de points de vue
entre les Québécois et plusieurs anglophones au sujet de l'accord du
lac Meech? Un bref rappel des facteurs sociaux qui influent sur la
condition des anglophones permettra de l'expliquer.

Je l'ai dit ci-dessus, le Canada anglais est aux prises avec un régionalisme, un provincialisme et un multiculturalisme qui l'amènent à se
percevoir comme un amalgame d'éléments hétéroclites et désaccordés.
Du point de vue qui m'intéresse en ce moment, pareille perception a
eu pour conséquence le fait que les Canadiens anglais ne sont pas
parvenus à se considérer comme une société au même titre que les
Québécois. D'où leur incapacité, même parmi les mieux disposés à
l'égard du Québec, d'admettre la notion des «deux sociétés», des «deux
peuples»; d'où aussi les échecs lamentables des partis politiques et des
mouvements sociaux qui incluaient cette idée dans leur programme.

Que le Canada anglais dans son ensemble constitue ou non une
«société» au sens sociologique du terme, il ne m'appartient pas de
trancher ici cette question. Par contre, la *conscience* parmi l'ensemble
des anglophones de constituer une nation particulière au même titre
que les francophones me paraît ne s'exprimer que sous la forme d'un
manque ou d'un objectif à poursuivre. C'est le plus souvent par
référence au Canada comme entité juridique qu'ils déduisent que ce
dernier constitue un pays; dans sa totalité, il constituerait une nation.
D'où leur conception unitaire du Canada et leur attribution du vocable
«national» à tout ce qui touche à l'ensemble du pays. Aux yeux des

Québécois, c'est là recourir à un terme abusif, la nation étant pour eux une réalité avant tout de l'ordre du sentiment et non de la raison. C'est pourquoi ils estiment que la «nation» canadienne n'est qu'un artifice.

Les tentatives pour faire du Canada une nation au sens où Renan la concevait, c'est-à-dire une communauté ayant la volonté de vivre en commun à tous les instants en raison des affinités profondes qui rassemblent ses membres, ont toutes échoué. Pierre Trudeau, au cours des années où il fut premier ministre du Canada, a multiplié les efforts en ce sens. Je pense que l'histoire jugera qu'il a désespérément voulu transférer au Canada la perception naturelle et spontanée qu'ont les Québécois du terme nation. On comprend dès lors les raisons de son virulent antinationalisme québécois et de sa suspicion à l'endroit des États-Unis. Mais il a échoué. Pour qu'émerge le sentiment national, il ne suffit pas de dénoncer les «autres» qui lui seraient nuisibles, il est nécessaire d'énoncer les éléments d'un vouloir-vivre en commun et, surtout, de démontrer qu'ils sont ancrés profondément dans la conscience collective.

L'espoir de parvenir à inculquer aux Québécois un nationalisme pan-canadien, ou si l'on veut de leur faire «aimer» spontanément le Canada comme ils aiment le Québec, ne pouvait être qu'une expression de la vision abstraite du Canada que nourrit Trudeau. Le premier ministre Mulroney poursuit le même rêve de façon moins cérébrale et moins agressive. Ce dernier propose des actions concrètes aux antipodes des moyens auxquels le premier a eu recours. C'est ainsi que, pour Trudeau, la pierre d'assise du nationalisme canadien était la propagation du bilinguisme le plus attrayant possible pour les francophones. Il aurait considéré comme absolument inacceptable la nomination d'anglophones unilingues aux plus hauts postes publics. En faisant le contraire, le premier ministre Mulroney se révèle peu sensible à l'endroit des susceptibilités québécoises. A-t-il seulement pensé un moment à la vigueur de l'indignation qu'aurait suscitée au Canada anglais la nomination de francophones unilingues à ces mêmes postes?

Dans leur obstination à propager un nationalisme pancanadien absolument artificiel, certains — des fanatiques — ont plutôt préconisé d'exclure du Canada les francophones ou le Québec et ils ont exprimé à voix bien haute leur haine à l'endroit des premiers et du second.

Le débat sur l'accord du lac Meech a fait ressurgir chez des porte-parole anglophones les impulsions à l'intolérance qui se sont toujours manifestées dans les moments de grande crise : à l'occasion de l'affaire Riel, au moment de la conscription de 1917 ou encore au cours des luttes pour les écoles françaises au Manitoba et en Ontario.

Après tous les efforts intenses de Lester B. Pearson, de Pierre Trudeau, de Brian Mulroney, d'un grand nombre de personnalités publiques et d'intellectuels pour amener les Canadiens à mieux s'apprécier, on pensait que des propos racistes à l'endroit des francophones comme ceux que tenait, par exemple, le député Dalton McCarthey au cours d'un débat sur les écoles françaises au Manitoba en 1889 étaient un phénomène du passé. Ce dernier crachait son venin en ces termes :

> Nous vivons dans un pays britannique et le plus tôt que nous nous occuperons de nos Canadiens français et en ferons des Britanniques de cœur et leur enseignerons la langue anglaise, moins nous aurons d'ennuis. C'est aujourd'hui que le scrutin va trancher la grande question, et s'il n'y apporte pas le remède en cette génération, la baïonnette y pourvoiera (sic) à la prochaine[17].

La véhémence de certaines accusations lancées au cours des derniers mois a rappelé aux Québécois le souvenir de pareils propos aberrants dont ils furent si souvent la cible par le passé et dont les minorités françaises, dans plusieurs provinces, ressentent toujours la blessure dans leur âme et dans leur chair.

Le racisme est apparemment indéracinable chez certains. Il transparaît encore aujourd'hui, par exemple, dans les propos de Stanley Waters que l'Alberta a «élu» en octobre 1989 au Sénat canadien. Jean Paré écrit que selon le pétulant sénateur, «le fait français» doit rester une aberration temporaire. Il veut abolir le bilinguisme : les Québécois n'étant restés francophones, à son avis, que par laxisme et manque de discipline — il a été général —, «ils n'ont pas vraiment de culture distincte et ne peuvent que disparaître dans le grand tout canadien[18].»

Bien des Québécois, de leur côté, ne portent pas les Anglais dans leur cœur. Ce n'est pas sans broncher qu'ils encaissent les coups bas. Certains prennent même l'initiative des hostilités. Mais, dans leur ensemble, leurs réactions aux propos désobligeants des anglophones confirment ce que l'examen de notre imaginaire m'avait révélé : ils ont plutôt tendance à s'exclure de l'«autre» qui les repousse, à se recroqueviller sur eux-mêmes. Plusieurs d'entre eux sont parvenus à la conclusion que puisque l'existence du Québec au sein du Canada est considérée par des anglophones comme un obstacle à l'émergence d'une nation canadienne, et qu'en conséquence le Québec devrait disparaître, il est préférable que le Québec se retire de lui-même. De nombreux Québécois appliquent le terme «étranger» pas seulement aux immigrants mais, de façon plus ou moins explicite, aussi aux Anglo-Québécois. Félix Leclerc exprime bien leurs sentiments intimes lorsqu'il écrit:

> Étranger, tu es ici chez toi
> si tu respectes mes usages
> mais si tu m'imposes ta loi
> plie bagage et déménage[19].

Et il s'en trouve bien d'autres qui, comme lui, ressentent une satisfaction à saveur ethniciste en constatant les progrès que les Québécois ont accompli ces dernières années dans tous les domaines, y compris l'économie:

> Je ne suis pas plus méchant qu'eux (i.e. les Canadiens anglais) mais le baume qu'ils réclament à grandes cuillerées, je le garde pour les miens qui n'en ont jamais eu! Je savoure un mets que je n'avais jamais goûté auparavant, vraiment royal: la victoire sans vengeance ni châtiment, simplement la victoire que mon père n'a jamais connue[20].

Abstraction faite des propos malveillants que l'on s'adresse de chaque côté du mur de l'ignorance, des préjugés ou, en certains cas, du mépris et de la haine, il me paraît évident que la cause première des incompréhensions réciproques découle de l'imprécision de la notion des «deux sociétés» et même, pour de nombreux anglophones, de l'incapacité de comprendre le sens de ce terme. L'expression «société distincte» appliquée au seul Québec engendre peut-être encore plus de suspicion chez eux. Nombreux sont ceux qui voient en elle un jugement de dépréciation à leur endroit: «Eh bien! nous, que sommes-nous alors?»

À mon avis, c'est l'Acte constitutionnel de 1982 qui a engendré tout l'imbroglio. L'accord du lac Meech n'en est à vrai dire que la conséquence propitiatoire.

George-Étienne Cartier, principal porte-parole du Bas-Canada, insistait pour que l'on crée un régime confédéral, alors que John A. Macdonald, chef de file du Haut-Canada et de deux provinces atlantiques, préconisait un régime à tendance unitaire. Le résultat final prit la forme d'un fédéralisme alambiqué, les compétences fédérales et provinciales se chevauchant. Faute d'un consensus sur une formule d'amendement, on laissa même à Londres le pouvoir d'amender la Constitution. Il s'ensuivit un long débat qui opposa ceux, surtout anglophones, qui considéraient cette Constitution comme une simple loi du Parlement britannique et ceux, surtout francophones, qui l'élevaient au niveau d'un pacte entre «deux peuples». Cette divergence profonde sur la portée juridique de la Constitution, nul débat, nulle commission d'enquête n'a jusqu'ici réussi à la faire disparaître. C'est ce même débat qui ressurgit aujourd'hui et les chances d'atténuer au moins le désaccord entre le Québec et le Canada anglais paraissent fort minces. Nous continuons à placer la charrue avant les bœufs. Avant de décider du régime politique qui convient au Canada, il faudrait que les Canadiens parviennent à s'entendre sur la nature sociologique du pays. Or, je l'ai indiqué, cette dernière est si complexe qu'elle rend illusoire tout rapprochement véritable et stable.

Les propos simplificateurs, contradictoires, erronés ou exagérément alarmistes de nombreux politiciens, journalistes et commentateurs à propos de l'accord du lac Meech sont en partie imputables à l'ignorance ou à la mauvaise foi. Mais, on l'a vu, les perceptions divergentes que les uns et les autres se font du pays doivent également être prises en considération dès lors qu'il s'agit de rendre compte des difficultés d'établir un consensus sur la question constitutionnelle.

Au Québec, l'insertion dans le projet d'accord soumis à une commission de l'Assemblée nationale de la notion de «société distincte», sans précision, a suscité des discussions interminables et a placé les responsables du dossier dans une situation inconfortable. Au lendemain de l'accord, afin de contrer l'opposition des indépendantistes et de bien des fédéralistes qui estimaient que la notion était vide de sens, le premier ministre Bourassa clama l'importance des gains obtenus. C'est ainsi que dans son discours de l'Assemblée nationale des 18 et 23 juin 1987, il claironnait:

> ... il n'y a pas de doute que le Québec sort gagnant de cette opération constitutionnelle de 1987. Les gains sont substantiels. La Constitution reconnaîtra, pour la première fois en cent vingt ans d'histoire, le Québec comme société distincte. La Constitution fera une place au Québec et c'est une place d'honneur [...] La Constitution lui assurera les moyens pour préserver le caractère distinct du Québec et donnera une assise constitutionnelle au fait français au Québec. La Constitution assurera

au Québec la sécurité qui lui est nécessaire pour son développement à l'intérieur de la fédération.

Les gains, précisait-il, ne se limitent pas «à la pure symbolique, car toute la Constitution du pays devra dorénavant être interprétée conformément à cette reconnaissance».

Mais le premier ministre Bourassa et le ministre des Relations intergouvernementales canadiennes, Gil Rémillard, constatèrent bientôt que les plus dangereux adversaires de l'accord n'étaient pas les opposants québécois nationalistes qui le trouvaient insuffisant. Ceux-là d'ailleurs, je l'ai dit, cessèrent leur opposition systématique ou encore acceptèrent l'accord comme un pis-aller. Une opposition bien plus vive et bien plus tenace surgit de trois milieux différents.

Les anglophones et les allophones québécois intégrés aux premiers dénoncèrent en bon nombre l'accord qui, estimaient-ils, les considérait comme des citoyens de deuxième classe puisqu'il n'obligeait l'Assemblée nationale qu'à «protéger» l'existence au Québec de Canadiens de langue anglaise considérés comme une «caractéristique fondamentale du Canada» (articles 2(1) et 2b(2)). Pourtant, eux aussi sont des Québécois et en tant que tels, ils font partie de cette société distincte dont l'accord du lac Meech reconnaît l'existence au Québec en tant qu'entité politique. Nombre de porte-parole anglophones ou allophones québécois — des intellectuels, des professionnels, des gens d'affaires — ont peu à peu pris conscience du fait que l'accord les «protège» à double titre.

Les porte-parole des minorités françaises estimaient eux aussi au départ qu'elles étaient perdantes pour les mêmes raisons. Ce ne fut qu'à l'automne de 1989, en raison surtout de déboires dans certaines provinces, que l'accord leur est apparu sous un angle plus favorable.

En décembre 1989, six mois avant la date ultime du 23 juin 1990, à laquelle l'accord doit en principe acquérir un statut constitutionnel, les assemblées législatives du Manitoba et du Nouveau-Brunswick ne l'ont toujours pas sanctionné et il semble bien qu'elles vont rester sur leurs positions. D'autres provinces, qui ont pourtant donné leur appui, menacent de le retirer sous des prétextes divers, étrangers le plus souvent aux termes de l'accord. On sait que le refus d'une seule province entraînerait la résiliation de l'accord, à moins que toutes les parties lui concèdent un dernier sursis.

Il s'en trouve encore au Canada anglais, on l'a vu, qui disent que les Canadiens français constituent une nation minable et que, pour leur bien, les anglophones devraient les assimiler. Pour ceux-là, bien entendu, la notion de «société distincte» est insoutenable. Mais un tout autre son de cloche s'est aussi fait entendre : le Québec serait déjà trop puissant et il serait intolérant envers sa minorité anglophone. Ici et là on dénonce le «nationalisme économique» du premier ministre Bourassa. La relative puissance économique de la Caisse de dépôt et de placement et du Mouvement Desjardins ainsi que l'agressivité des gens d'affaires sont également sources d'inquiétude.

Par ailleurs, le débat sur la langue d'affichage au Québec qui s'est déroulé durant la même période a brouillé l'enjeu de l'accord du lac Meech. Malheureusement, seules les conclusions juridiques et législatives de cette question ont été retenues. Cette dernière ne se serait jamais posée si ce n'avait été d'une résolution malencontreuse promettant l'affichage bilingue présentée et adoptée à la dernière minute au Congrès du Parti libéral précédant l'élection de décembre 1985. Bien peu, en dehors du Québec, ont compris le dilemme dans lequel le gouvernement du Québec se trouvait placé à la suite du jugement de la Cour suprême du Canada qui permettait l'affichage bilingue pourvu que le français ait «prépondérance». Ce jugement était prévisible, mais il plaçait le gouvernement du Québec devant une fâcheuse alternative : ou il se pliait au jugement, et alors il s'aliénerait de façon durable les francophones et provoquerait, dans l'immédiat, leur colère, ou il se dérobait au jugement, et alors les anglophones, voyant dans ce geste un bris de la parole donnée, retireraient leur appui traditionnel au Parti libéral. Le gouvernement chercha une solution moyenne qui empêcherait ces réactions extrêmes. Ce fut le recours à la clause dérogatoire prévue dans la Constitution de 1982 et la loi 178 sur l'affichage qui permit l'affichage bilingue à l'intérieur de certains établissements pourvu que le français prédomine.

La loi 178 sur l'affichage et surtout le recours à la clause dérogatoire fournirent aux opposants à l'accord du lac Meech des munitions supplémentaires dont ils ne se firent pas faute de faire usage. À leurs yeux, le Québec révélait par là jusqu'à quel point il pouvait pousser la discrimination contre sa minorité, pourtant la mieux traitée au Canada après comme avant le projet de loi 178. Tant au Québec qu'à l'extérieur, on alla jusqu'à accuser le gouvernement québécois de fascisme. La création du parti *Equality* dans le *West Island* de Montréal et l'élection de quatre de ses candidats aux élections d'octobre 1989 accréditent, du moins à l'extérieur du Québec, l'ampleur du mécontentement parmi les anglophones.

Le premier ministre Bourassa fut le premier à faire sanctionner l'accord du lac Meech par l'Assemblée nationale du Québec. Il ne s'attendait pas à devoir affronter pareil chassé-croisé d'arguments sur une foule de questions se rapportant parfois plus ou moins aux termes de l'accord. En définitive, l'accord lui-même est devenu un symbole. Il incarne tout ce qu'est le Québec, tout ce qu'il veut devenir ou tout ce qu'on croit qu'il veuille devenir. L'imprécision de la notion de «société distincte» aidant, chacun voit dans l'accord le sens que lui dicte ses intérêts et ses préjugés. Même ceux qui favorisent l'adoption de l'accord ne le perçoivent pas de la même façon: les anglophones voient en lui l'aboutissement final d'un processus alors que, pour les francophones, il n'en marque que le début. Ramsay Cook a écrit à ce sujet un article bien documenté qui révèle bien le caractère absurde de cette imprécision[21].

Après la signature de l'accord, le premier ministre Bourassa aurait dû, dans ce dossier délicat, s'imposer la loi du silence. Au contraire, lui et ses collaborateurs ont été très loquaces. Mal leur en prit d'avoir initialement dit aux Québécois que l'accord signifiait pour eux des gains appréciables. Les provinces anglaises se mirent à voir dans cet accord des clauses qui les piégeaient ou qui piégeaient le gouvernement fédéral. Les négociateurs québécois furent contraints de tenter de persuader les opposants que l'accord ne procurerait aucun pouvoir nouveau au Québec, qu'il ne ferait que consolider les acquis. Ils durent alors affronter les railleries des francophones québécois que les vantardises prématurées du premier ministre Bourassa n'avaient d'ailleurs guère persuadés.

Plus récemment, à la suite d'élections générales qui ont démontré la bonne vigueur du Parti québécois, le premier ministre Bourassa s'est révélé rusé. L'élection, déclare-t-il, témoigne de la confiance que les Québécois conservent dans le fédéralisme, mais elle indique que cette confiance n'est pas «illimitée». En outre, lui-même et le ministre Rémillard ont laissé courir le bruit qu'advenant l'échec de l'accord, l'indépendance pourrait devenir une possibilité pour beaucoup de Québécois. Des ministres fédéraux, Lucien Bouchard, Benoît Bouchard, Marcel Masse, sont allés encore plus loin disant ou laissant entendre

que, dans cette éventualité, ils pourraient eux-mêmes devenir indépendantistes. Certaines personnalités québécoises, dont le père Georges-
Henri Lévesque et l'ancien ministre de l'Éducation Paul Gérin-Lajoie,
ont fait des déclarations similaires. Mon objection à de tels propos
n'est pas qu'ils me paraissent outranciers, mais simplement prématurés.
Le premier ministre Mulroney, tout en proclamant la nécessité de
concrétiser l'accord pour le bien du Canada, a raison de rabrouer ceux
qui brandissent des menaces de cette nature. Bien plus efficaces, à
mon avis, sont l'appui du Conseil du patronat et les pétitions de trois
cents personnalités d'affaires québécoises, tant anglophones que
francophones, et de douze professeurs anglophones de l'université
McGill dans lesquelles ils affirment que les propositions de l'accord
sont tout à fait acceptables et qu'elles doivent être entérinées pour la
sauvegarde de l'ordre et de la paix au Canada. Je ne crois pas qu'on
soit témoin d'interventions semblables de la part de groupes d'intellectuels francophones, toujours tièdes envers l'accord.

Advenant l'échec de l'accord du Lac Meech, il faudra qu'au sein
de la population canadienne, il se trouve un assez grand nombre d'individus qui sauront garder la tête froide, car il sera difficile d'éviter
une crise majeure du fédéralisme au pays.

Qu'une seule province anglaise appose son veto à l'accord du lac
Meech ou qu'elles soient plusieurs — grandes ou petites —, le résultat
sera le même sur le plan juridique : l'accord serait rescindé et, en
conséquence, le Canada aurait dit «non» à la réintégration constitutionnelle du Québec au sein de la Confédération. C'est tout le Québec
qui se sentirait rejeté. On oublierait que la majorité des provinces
auraient sanctionné l'accord, on oublierait les propos favorables à la
cause du Québec tenus par de nombreux anglophones de toutes les
régions du pays, notamment ceux des premiers ministres Mulroney et
Peterson. Resteraient en mémoire des déclarations vexatoires, comme
celle du premier ministre Filmon, du Manitoba : «*Meech Lake is a dull
knife that is slowly butchering the Country*», parce que ce serait des
objections de cette nature qui, en fin de compte, auraient réussi à
empêcher le dénouement de l'impasse créée par le refus du Québec
d'adhérer à la Constitution de 1982. Le problème qu'André Laurendeau formulait en 1962 et à la solution duquel il a travaillé pendant
huit ans demeurerait entier :

Mon hypothèse est la suivante: la confédération vaut mieux que la séparation pourvu qu'elle soit refaite[22].

S'il se sentait rejeté, le Québec pourrait bien demander à ses législateurs de voter la résolution présentée en 1917, au lendemain de la loi fédérale imposant la conscription, à la suite d'un débat qui avait donné lieu à de nombreuses expressions de mépris et de haine envers le Québec à travers tout le pays. La résolution, présentée par Joseph-Napoléon Francœur, qui ne fit pas l'objet d'un vote, se lisait comme suit:

> Que cette Chambre est d'avis que la province de Québec serait disposée à accepter la rupture du pacte confédératif de 1867 si, dans les autres provinces, on croit qu'elle est un obstacle à l'union, au progrès et au développement du Canada.

Le Québec se sentirait plus que jamais mal à l'aise au sein du Canada. Je suis de ceux qui estiment qu'il n'a pas vraiment besoin de l'accord du lac Meech pour progresser en tant que province. Au cours de la Révolution tranquille, il a démontré qu'il disposait de suffisamment de liberté d'action pour se développer conformément à ses caractéristiques originales. Il a pu continuer à le faire par la suite à un rythme plus modéré. Il pourrait vivre relativement à l'aise dans l'avenir en usant au maximum de ses droits et de ses pouvoirs. Mais de plus en plus nombreux sont ceux qui sont las des conflits de compétences et des luttes contre les «empiétements» du fédéral que suscite le statut juridique actuel du Québec. L'accord de libre-échange avec les États-Unis crée une situation nouvelle qui pourrait amplifier la demande d'une plus grande autonomie ou rendre moins hasardeuse une démarche vers l'indépendance. D'une façon ou d'une autre, le Québec s'étant vu refuser sa demande de réintégration dans la Constitution, il reviendrait désormais au Canada anglais de formuler des propositions propres à dénouer une impasse qui ne peut être éternelle.

Un pays formé de deux collectivités linguistiques et culturelles qui se respectent, cela est possible. Mais un pays dans lequel chaque collectivité nourrirait le secret désir de voir l'autre disparaître poursuivrait une politique périlleuse.

Conclusion

Certes, c'est à juste titre que l'enjeu du fédéralisme comme celui de l'indépendance du Québec ont autant retenu l'attention des Canadiens depuis trente-cinq ans et que, tout particulièrement, l'accord du lac Meech est l'objet d'une investigation minutieuse. Il importe toutefois de ne pas perdre de vue que tout régime politique, si important soit-il en lui-même, a pour objectif principal de procurer aux citoyens les conditions leur permettant de vivre selon leurs valeurs matérielles, intellectuelles et spirituelles.

Le projet de la souveraineté du Québec à travers le prisme de la dynamique des sociétés

Il est dans l'ordre des choses que, conformément à ses engagements électoraux, le gouvernement du Parti québécois procède dès la première année de son mandat à un référendum sur la souveraineté du Québec.

Je ne concours pas au projet du gouvernement.

Quel que soit toutefois le verdict des électeurs, qu'ils acceptent la souveraineté ou qu'ils la récusent, il s'ensuivra des frustrations imprévisibles. Je déploierai toute mon énergie afin que leur décision serve les intérêts supérieurs du Québec tels que les Québécois les auront perçus.

Le projet du gouvernement soulève de nombreuses questions. J'en traiterai sous les rubriques suivantes : la vision souverainiste du premier ministre Parizeau ; les interrogations que l'avant-projet de loi sur la souveraineté soulève ; les enjeux des commissions sur l'avenir du Québec ; la réaction du Canada anglais face à cette initiative du gouvernement du Québec ; la tâche de bâtir un Québec souverain ; enfin, la suggestion d'une autre façon de concevoir la question constitutionnelle.

La vision souverainiste du premier ministre Parizeau

Traiter de la politique en omettant de tenir compte des personnes qui la font, c'est mésestimer les origines des courants qui l'agitent en profondeur.

La mise en train de l'actuelle démarche référendaire résulte de la concertation de la pensée de deux leaders politiques : Lucien Bouchard et Jacques Parizeau. Un cruel accident de santé que tous déplorent contraint le premier au silence pour une période indéterminée. Je le regrette. À son retour, nul doute que sa parole et son action raviveront, sinon relèveront, le débat référendaire.

J'ai rencontré longuement Lucien Bouchard, chez moi, en juillet 1988, à propos du projet de loi C-72 concernant le statut et l'usage des langues officielles du Canada qu'il pilotait à titre de secrétaire d'État, un ministère «poudrière» selon l'expression mentionnée dans son livre *À visage découvert*[1]. L'homme m'a plu. Soucieux de bien comprendre toutes les conséquences du projet de loi dont un article (l'article 42) était partout contesté au Québec parce qu'il semblait favoriser davantage l'anglais que le français, il se confia à moi en toute franchise et fut attentif à mes observations. Il parvint à le faire amender sérieusement avant qu'il soit sanctionné le 15 septembre 1988. Je perçus chez lui une vive sensibilité et une capacité d'empathie exceptionnelle à l'égard des émotions d'autrui. D'où, sans doute, les traits populistes qui ressortent depuis qu'il est chef du Bloc québécois, que je n'apprécie guère mais qui n'altèrent pas le fond de son attachante personnalité. Il est plus populaire que Jacques Parizeau et son influence est grande au sein du Parti québécois.

Une seule rencontre, et pourtant j'ai l'impression de le mieux comprendre que Jacques Parizeau. Je connais ce dernier depuis la fin des années 1950, peu après son retour de fructueuses études à Paris et au London School of Economics. Il reste un mystère pour plusieurs. Il a peu écrit à titre personnel. Les nombreux rapports préparés pour les gouvernements dans lesquels il a œuvré comme fonctionnaire et pour le Parti québécois dont il fut le redoutable et respecté ministre des Finances font état de son action, mais restent avares de commentaires sur sa personne. Le *Jacques Parizeau, un bâtisseur*[2] de Laurence Richard est une hagiographie et non une véritable biographie.

Jacques Parizeau a souvent dit que par comparaison à cette «bête» politique que fut René Lévesque, il n'était, lui, qu'un «technocrate». Ce n'est plus le cas. Il est maintenant devenu un politicien dans tout le sens du terme. Mais il n'incarne pas le Québec — du moins un certain Québec — comme l'ont fait, chacun à sa façon, Duplessis, Lesage, Lévesque et Trudeau. Il n'est pas perçu comme le «sauveur» ou le «mauvais génie» de la nation. Son personnage politique est de style britannique et non latin. Dès le premier abord, il décourage les plus fervents nostalgiques du «culte du chef». Ses collaborateurs le surnomment «Monsieur», désignation qui exprime à la fois l'admiration qu'ils lui vouent et le sentiment de lui être inférieurs, ou tout au moins de n'entretenir aucun lien d'intimité avec lui. Pour d'autres, il est impénétrable. Il domine avec une maîtrise constante ses émotions intimes. Je connais peu de personnes qui se disent parfaitement à l'aise avec lui mais beaucoup qui le trouvent intimidant. Il est d'une politesse exquise, un parfait gentleman. Il aime épater mais sans abuser de sa culture.

Dans ses gestes et ses actions, particulièrement dans les moments les plus troublants, Jacques Parizeau fait montre d'une belle assurance. Est-elle aussi absolue, aussi tranquille qu'elle le paraît ou masque-t-elle un vague à l'âme, une inquiétude sur son aptitude à maîtriser ses réactions dans les situations tendues? En toute circonstance, son premier réflexe est de dire ce qu'il pense. Son jugement n'est pas toujours à la hauteur de son intelligence. Il se tire d'embarras par une boutade qui ne suffit pas toujours à sortir ses collaborateurs des situations précaires où il les a placés. Naguère, il se livrait souvent à des colères réelles ou feintes à propos de tout et de rien. Aujourd'hui, il se prive de ces débordements soudains qui le rendaient plus humain. C'est dommage. Il est passé maître dans l'art d'échafauder des constructions abstraites, de les confondre avec la réalité et d'agir en toute quiétude en fonction d'elles. En quelques traits, dans *Attendez que je me rappelle*, René Lévesque fixe mieux que quiconque la personnalité complexe de ce loyal dissident de la formule étapiste:

> Superbe ministre, Parizeau était aussi un désarmant personnage. D'une incroyable vivacité d'esprit et le sachant peut-être trop, cet ancien élève de François Perroux et d'autres illustres maîtres, marqué de plus par la London School of Economics d'où il avait rapporté jusqu'aux manies le style de la «City», il pouvait aussi bien amuser ses interlocuteurs que les mettre hors de leurs gonds. Ambitieux, certes, trouvant le loisir d'organiser un réseau de ses fidèles, il s'est toujours targué d'être pourtant le «bon soldat» dont la loyauté demeurait indéfectible. C'est ainsi, en tout cas, que je l'ai connu pendant toutes ces années, jusqu'au jour où, sobrement, brutalement, son indépendantisme tout d'une pièce déjà meurtri par le référendum, lui fit claquer la porte[3].

Jacques Parizeau est fidèle à ses convictions. Il révèle publiquement sa loyale dissidence chaque fois que le Parti québécois, ou le gouvernement de ce parti, déroge de sa propre vision indépendantiste: en 1974, il s'objecte à l'«étapisme»; en 1980, la question posée au référendum lui déplaît mais il se rallie; au congrès biennal de décembre 1981, il lorgne vers les partisans de l'indépendance mais se tait devant le micro. Chaque fois il se ressaisit et se range du côté de Lévesque. Mais il ne peut encaisser le «beau risque» de Lévesque de 1985 et démissionne sans fracas.

Parizeau est indépendantiste depuis la fin des années 1960: de son stage de fonctionnaire à Ottawa, il conclut que le gouvernement fédéral ne peut être que centralisateur. Le Québec, où il poursuit sa carrière, sera également centralisateur quand il sera souverain: c'est là, pour lui, une loi de la politique contemporaine[4]. En 1987, Pierre-Marc Johnson devenu chef après Lévesque, quitte un parti profondément divisé, réduit à 50 000 membres et criblé de dettes. Parizeau hésite à assumer une relève aussi peu attrayante. Mais c'est en trombe qu'il entreprend une pseudo-campagne au leadership sans la moindre opposition. Il s'agite comme si le parti, au lieu d'être au bord de la faillite, était sur la voie royale d'une victoire prochaine. Finies l'ambiguïté, la mollesse constitutionnelle. L'accession à la souveraineté redevient inéluctable. Point n'est besoin même de requérir une association avec le Canada.

Je dénonce pareil comportement triomphaliste dans une conjoncture aussi peu favorable. Jacques Samson résume ma pensée que je lui ai livrée en entrevue: «Léon Dion croit Parizeau débranché[5].» Samson titre son éditorial du 13 août: «Parizeau court vers le ravin» et «il propose de lui [le parti] faire faire un pas en avant» s'exclame-t-il. À l'occasion du congrès extraordinaire du parti, en novembre 1988, Parizeau réaffirme sa ferme intention de remettre le parti sur la voie de la souveraineté.

Contre toute attente, le retour à l'orthodoxie souverainiste de Jacques Parizeau fait passer la proportion des Québécois favorables à l'indépendance de 16 p. 100 en 1982-1984 à 28 p. 100 à la fin de 1988. Mais c'est l'échec de l'accord du lac Meech le 22 juin 1990 qui propulse l'appui à l'indépendance vers le sommet de 50 p. 100 en 1990 et celui de la souveraineté à 58 p. 100. Le déclin du soutien de l'une et de l'autre option s'amorce au cours de 1991 et s'amplifie jusqu'en 1993.

De quelle façon le Parti québécois, sous le leadership actuel de Jacques Parizeau, conçoit-il la souveraineté? *La Nouvelle Entente Québec-Canada* publiée en 1979 dit de la souveraineté qu'elle «résidera en entier dans l'État du Québec, de sorte que les Québécois et les Québécoises ne seront plus régis que par un seul gouvernement et ne paieront plus l'impôt qu'au Québec». Les programmes du parti de 1989 et de 1991 sont plus précis:

«La souveraineté signifie donc que:

• tous les impôts perçus au Québec le seront par l'État québécois ou les administrations qui en dépendent;

• toutes les lois qui s'appliquent aux citoyennes et citoyens québécois et sur le territoire québécois émaneront de l'Assemblée nationale du Québec;

• tous les traités, conventions ou accords internationaux seront négociés par les représentants de l'État québécois et entérinés par l'Assemblée nationale du Québec.»

La Commission sur l'avenir politique et constitutionnel du Québec (Bélanger-Campeau) reprend textuellement cette définition. Voilà une marque indubitable de l'influence qu'exercèrent les souverainistes sur les recommandations de cette commission.

Durant la campagne électorale de 1994, Jacques Parizeau souscrit intégralement au programme constitutionnel du Parti québécois. Outre l'engagement formel, une fois élu, de promouvoir la souveraineté du Québec, il retient les propositions du programme de 1989 et lui emprunte la fameuse idée d'«enclenchement»: «Dès qu'il sera élu, un gouvernement issu du Parti québécois aura la responsabilité d'enclencher le processus pouvant mener à la souveraineté.» Il est aussi question de procéder à des «consultations populaires» mais «portant sur des pouvoirs spécifiques». Du programme de 1991, Parizeau reprend l'engagement (dès que le Parti québécois sera élu) «de faire adopter par l'Assemblée nationale une déclaration solennelle affirmant la volonté du Québec d'accéder à sa pleine souveraineté» et de tenir un référendum qui «sera l'acte de naissance du Québec souverain».

Tous ces engagements électoraux reçoivent l'aval des lieutenants de Parizeau et de tous les candidats de Parti québécois. Dans un discours à Joliette, à la mi-août, Lucien Bouchard émet toutefois des réserves sur la formule d'«enclenchement» dans la mesure où elle impliquerait d'aller requérir du gouvernement fédéral des «pouvoirs spécifiques» avant le référendum. L'«enclenchement» se fera plutôt sous la forme de l'avant-projet de loi sur la souveraineté de décembre 1994.

Le 12 septembre 1994 est jour d'élection. Le Parti québécois compte soixante-dix-sept députés élus, le Parti libéral du Québec, quarante-sept. La performance à cet égard est bonne. Mais le partage des voix (45 p. 100 contre 44 p. 100) est décevant pour le Parti québécois. Personne n'ignore que c'est la répartition des votes qui décide du résultat d'un référendum. Parizeau annonce néanmoins le début de la «troisième période» qui va se terminer par «la création du pays du Québec». Le discours inaugural du premier ministre Jacques Parizeau a lieu le 26 septembre. Il présente les vingt membres de son gouvernement et — fait sans précédent — les quatorze députés régionaux. Tel un maître d'école fort de son ascendant sur ses élèves, il assigne à chacun le devoir dont il aura la responsabilité et précise la façon dont il devra s'en acquitter et la diligence dont il devra faire preuve. La politique gouvernementale devra sans délai et sans relâche concourir à promouvoir la souveraineté. Le calendrier référendaire, «dans l'horizon 1995», va mobiliser la plus grande partie de l'énergie des ministres et délégués, sinon dicter leur conduite.

Qu'adviendra-t-il si la course contre la montre menant au référendum rend insipide ou même lamentable «la nouvelle façon de gouverner»? N'en serait-il pas déjà ainsi dans nombre de secteurs? Cinq mois ont passé. Déjà deux ministres ont été destitués. Le premier ministre imposera-t-il le bâillon au brouillon Jean Garon, au pourtant taciturne Jean Campeau? Richard Le Hir se fera-t-il pardonner d'avoir parlé une première fois sans avoir pris connaissance de ses dossiers? Et comment cela augurerait-il pour les chances d'une victoire du Oui au référendum? D'autant plus que la conjoncture économique et sociale, extrêmement défavorable à maints égards, rend fort difficile la mise en œuvre de mesures politiques susceptibles d'enthousiasmer les citoyens et entrave, chez les individus et les groupes, la convergence de solidarités susceptibles de renforcer la cohésion sociale au moment du référendum. En outre, pour mener à bien démocratiquement les étapes vers la création de l'État du Québec si le Oui l'emporte, le gouvernement du Parti québécois aura sans doute besoin de plus d'un mandat.

L'avant-projet de loi sur la souveraineté : ses caractéristiques et ses aboutissements

Le texte de l'avant-projet de loi sur la souveraineté du Québec est-il limpide ou confus? Le *Guide de participation aux commissions sur l'avenir du Québec* clarifie-t-il les points qui seraient obscurs? Les citoyens qui participeront aux commissions régionales, ceux qui voteront au référendum seront-ils suffisamment informés de la nature et des implications du projet qui leur est soumis? Chaque foyer a reçu les documents requis. Il serait superflu ici de les présenter d'une façon détaillée. Je me bornerai à soulever les questions que l'avant-projet pose à mon esprit et à me prononcer sur la portée de la première étape du processus prévu : les commissions régionales d'information et de participation.

Le Québec est un pays souverain (article 1)

Aux XVIe et XVIIe siècles, le terme souveraineté avait un sens précis. Hugo Grotius (1583-1645) et Jean Bodin (1529-1596) le définissent comme « le pouvoir (*potestas*) suprême sur les citoyens et les sujets, non tempéré par les lois ». Cette définition légitimait l'absolutisme royal. Depuis l'avènement de l'État de droit, pareille conception est anachronique. Même pour la France et les États-Unis, la définition que le Parti québécois (programmes de 1989 et de 1991), la commission Bélanger-Campeau et le premier ministre Parizeau dans son discours inaugural du 26 septembre ont accréditée est hypertrophiée. Quels pays, serait-ce la France ou les États-Unis, possèdent la pleine capacité de fixer leurs impôts, de voter leurs lois et de négocier leurs traités sans être obligés de se soumettre à une foule de contraintes (accords politiques ou commerciaux, marché commun avec d'autres pays, traités et, dans le cas de l'Europe des quinze, un Parlement dont les lois et règlements encadrant des domaines majeurs s'imposent aux Parlements nationaux). Les pays consentent librement à ces contraintes qui les lient au même titre que si elles émanaient de leurs propres Parlements.

La plus grande confusion règne dans l'esprit des Québécois quant au sens de toutes ces expressions : souveraineté, indépendance, sécession. L'excellent spécialiste des sondages Maurice Pinard écrit à ce sujet :

> En 1980, à la veille du référendum québécois, seulement environ la moitié des électeurs de cette province savait que souveraineté politique et indépendance politique signifiait la même chose, qu'il y avait une différence réelle entre souveraineté-association et fédéralisme renouvelé, et que, sous un régime de souveraineté-association, le Québec ne serait plus une province du Canada. Ce niveau étonnamment élevé d'ignorance et de confusion, qui semblait avoir favorisé le camp souverainiste, persiste aujourd'hui, ce qui n'est pas moins étonnant[6].

Dans *Le virage : L'évolution de l'opinion publique du Québec depuis 1960. Ou comment le Québec est devenu souverainiste*[7], Édouard Cloutier, Jean H. Guay et Daniel Latouche citent de nombreux sondages qui confirment cet état de confusion. (Je déplore que de sérieuses entreprises de sondage se soient prêtées à la propagande de partis politiques en rendant publics les résultats de leurs sondages en présence du porte-parole principal de ces partis sur la question constitutionnelle, Michel Bélanger [*La Presse*, 26 janvier].) Les sondages indiquent que le terme que les Québécois favorisent le moins est celui de séparation, pourtant identique dans ses conséquences à celui d'indépendance. Nombre de Québécois croient que le Québec continuerait à élire des députés au Parlement fédéral même une fois devenu un pays souverain. «En devenant un pays souverain, le Québec cessera de faire partie du Canada», lit-on dans le *Guide de participation aux commissions sur l'avenir du Québec*. Cette précision éliminera-t-elle la confusion dans les esprits au sujet des implications politiques de la souveraineté? Quels effets aura-t-elle sur le choix des électeurs au prochain référendum?

L'avant-projet de loi affirme le maintien de l'intégrité territoriale (article 4). Le *Guide de participation* ne fait aucun cas des revendications territoriales des autochtones, ni de leur volonté de continuer de relever du gouvernement fédéral plutôt que d'un Québec souverain, ni des menaces proférées par un certain nombre de citoyens de l'Outaouais de réclamer l'annexion de leur région à l'Ontario si le Québec devient un pays souverain.

L'article 2 de l'avant-projet de loi stipule que «le gouvernement est autorisé à conclure avec le gouvernement du Canada un accord consacrant le maintien d'une association économique entre le Québec et le Canada». Il se pourrait que le fait que le Québec devienne souverain affecte peu ses relations économiques de toute nature avec le Canada. Mais s'ensuivrait-il un accord qui préciserait les modalités du maintien de l'espace économique entre les deux pays, ainsi que les conditions de ce maintien? Quelle serait la part du contrôle du Québec dans les organismes intergouvernementaux qui seraient créés pour concrétiser cet accord? 50 p. 100, 30 p. 100, 20 p. 100?

Le choix du dollar canadien comme monnaie légale (article 6) soulève une interrogation majeure. Certes, rien n'empêche un Québec souverain de se procurer sur le marché les dollars dont il aura besoin. Mais sa dépendance à l'endroit de la Banque centrale du Canada serait absolue: valeur du dollar sur les marchés internationaux, fixation du taux d'escompte, des taux d'intérêt, de la capacité d'emprunt. Un autre pays déterminerait tout cela à sa place. La part de contrôle que les Québécois détiennent actuellement sur les décisions de la Banque centrale du Canada par les députés qu'ils élisent à la Chambre des communes, les ministres qui les représentent au gouvernement fédéral, les fonctionnaires venant du Québec qui préparent les dossiers et conseillent les ministres, s'envolerait en fumée. Ils se retrouveraient pieds et mains liés devant le Canada, devenu un pays étranger.

Je ne puis croire que le gouvernement du Québec ne prenne pas conscience que la situation dans laquelle il se placerait serait insoutenable. Aussi devrait-il amender l'avant-projet de loi et réclamer une part du contrôle de la Banque centrale du Canada, sinon la création d'une Banque centrale Canada-Québec tel que le prévoyait la *Nouvelle entente Québec-Canada* de 1979. Le Canada entérinerait-il pareille demande? Il lésinerait à coup sûr. Et si, au bout du compte, il donnait son aval, quelle part de contrôle de l'un ou de l'autre organisme consentirait-il au Québec alors que ce dernier ne possède que le quart de la monnaie canadienne? Certainement pas 50 p. 100. Les palabres que pareil aménagement entraînerait, les conflits qu'il susciterait seraient-ils moins onéreux que ceux qu'entraîne le fédéralisme actuel? J'estime qu'il s'ensuivrait une situation invivable pour les deux pays et que le Québec serait généralement perdant.

Sur quels critères les parties s'entendraient-elles pour le partage de la dette canadienne? Au prorata des populations ou par d'autres procédés de calculs? Quelles seraient les conséquences des engagements budgétaires du gouvernement fédéral dans les prochaines années sur le partage des coûts entre le Canada et le Québec?

Autre problème. Des spécialistes estiment que toute mise en place d'institutions de gestion économique et financière intergouvernementales entraînerait obligatoirement, à plus ou moins long terme, l'émergence d'un Conseil *politique* intergouvernemental dont les modalités de l'association économique et les dispositions des deux pays l'un à l'endroit de l'autre détermineraient la nature. De quelle nature serait ce Conseil? Comment les deux pays s'entendraient-ils pour l'aménager et le faire fonctionner?

La mise en place des institutions d'un Québec souverain créerait au Canada anglais, du moins dans les premiers temps, une incertitude au sujet de son propre cadre juridique et politique. Cette incertitude serait d'autant plus grande que les demandes d'association du Québec seraient plus imprécises et plus exigeantes. Le comportement du Canada envers le Québec dépendrait de la stabilisation plus ou moins harmonieuse des relations des deux pays.

Le départ du Québec réduirait la stature internationale du Canada, sur le plan politique aussi bien que sur le plan économique. Par exemple, son appartenance au groupe des sept pays les plus indus- trialisés serait remise en question. Chercherait-il à se venger de son affaiblissement sur un Québec souverain ou, au contraire, comme l'estime le premier ministre Parizeau, dans son propre intérêt, serait- il tout disposé à conclure rapidement avec le Québec des accords institutionnels sur toutes les questions qu'entraînerait son départ?

L'avant-projet de loi spécifie également que les citoyens d'un Québec souverain pourront conserver la citoyenneté canadienne. Ici encore le demandeur serait le Québec. Je vois mal le gouvernement canadien rejeter une citoyenneté conjointe. De tels accords existent entre le Canada et la France, le Royaume-Uni, les États-Unis, la Suisse et d'autres pays. Toutefois, ne pourraient se réclamer de la citoyenneté canadienne que ceux qui seraient Canadiens au moment où le Québec deviendrait un pays souverain ainsi que leurs descendants directs. Seuls, par exemple, ceux qui sont citoyens français au moment de leur venue au Canada et leurs descendants directs — ceux-ci à condition qu'on présente une déclaration à cet effet au Consulat français — peuvent se réclamer de la double nationalité une fois devenus citoyens canadiens. Ces mêmes conditions prévaudraient pour un citoyen canadien ou un citoyen québécois. Ce ne serait pas sans un certain embarras que le Canada verrait ainsi peut-être cinq ou six millions de Québécois conserver leur passeport canadien, participer aux élections canadiennes, etc.

L'avant-projet de loi tient plutôt de la souveraineté-association que de l'indépendance. Mais il est rédigé de telle façon qu'il pourrait aisément se transformer en programme indépendantiste. Il ne crée pour le gouvernement fédéral aucune obligation à l'égard des aspects de l'association économique, du partage de la monnaie, etc. Il exprime seulement la préférence du Québec. Si le gouvernement fédéral rejetait les propositions de partage ou s'il temporisait, le gouvernement du Québec pourrait procéder à l'exécution de son projet en tant que pays indépendant *sans se sentir obligé de tenir un nouveau référendum.*

L'avant-projet de loi sur la souveraineté soulève nombre de questions que ses adversaires ne se priveront pas de marteler. Le premier ministre Parizeau se fait rassurant, comme toujours. Les critiques, selon lui, sont et seront malveillantes et de peu de poids. Il a tort. Les problèmes qu'elles soulèvent aideront la population à se prononcer au meilleur de sa connaissance au moment du référendum.

La légalité

Dans une entrevue que relate Rod Macdonnell dans *The Gazette*, le professeur Stephen Scott formule l'objection principale portant sur la légalité de l'avant-projet de loi. Il affirme que le Québec n'a pas le droit de se séparer du Canada sans que soit amendée la Constitution canadienne de 1982. Semblable déclaration unilatérale «*would constitute a radical revolutionary act*» conclut Scott[8].

Que voilà un propos incendiaire! C'est le caractère décisionnel plutôt que consultatif de l'avant-projet de loi qui soulève la question de sa légalité. Le référendum québécois de 1980 et le référendum canadien de Charlottetown de 1992 étaient consultatifs. Le cas échéant, leurs sanctions auraient été soumises aux procédures accréditées par la Constitution. Le référendum de 1995 sera décisionnel du point de vue du Québec. Mais rien ne s'oppose à ce que le gouvernement fédéral ne se prononce sur les propositions d'association du Québec qu'après avoir requis l'avis des provinces. Aucun article de la Constitution canadienne ne prévoit la sécession d'une province. La création de provinces, par contre, relève de l'article 38 de la Constitution de 1982 et requiert «des résolutions du Sénat et de la Chambre des communes» et l'approbation des «deux tiers des provinces représentant au moins cinquante pour cent de la population». Le gouvernement fédéral, soumis d'ailleurs aux fortes pressions prévisibles de plusieurs provinces, pourrait fort bien se prévaloir de ce même article dans le cas où le Oui l'emporterait au référendum québécois. En d'autres termes, décisionnelle du point de vue du Québec, même confirmée par un référendum, la loi sur la souveraineté du Québec pourrait n'être que consultative du point de vue du gouvernement fédéral et des provinces anglaises, du moins jusqu'à ce qu'elle «entre en vigueur un an après son approbation par référendum, à moins que l'Assemblée nationale ne fixe une date antérieure» (article 16).

Du point de vue de la légalité, la «continuité des lois» est un autre aspect à considérer. «Les lois adoptées par le Parlement du Canada qui s'appliquent au Québec au moment de l'entrée en vigueur de l'article 1, de même que les règlements qui en découlent, restent en vigueur jusqu'à ce qu'elles soient modifiées ou abrogées par l'Assemblée nationale» (article 10). Il s'ensuivra de nombreux transferts d'organisations et de services du gouvernement fédéral à l'État du Québec, certains consignés dans l'article 3, d'autres dans les articles 11 à 13, qui pourraient survenir après l'entrée en vigueur de l'article 1. Un exemple suffit à juger des imbroglios que ces transferts seront susceptibles de susciter au Québec: le budget du gouvernement fédéral de 1995-1996 s'appliquera intégralement au Québec. Mais celui de 1996-1997, en supposant que le Québec devienne un État souverain qu'après son dépôt, qu'en adviendra-t-il? La «continuité des lois» restreindra la souveraineté du Québec dans d'autres cas également. Ainsi, les juges de la Cour suprême du Canada peuvent délibérer durant des années sur les causes qui leur sont soumises. Le Québec devenu État souverain, comment disposera-t-on des litiges impliquant des Québécois et des citoyens du Canada qui seraient en instance de jugement? La transition de l'État de droit canadien à l'État de droit québécois soulèvera nombre de problèmes, parfois épineux: le partage des biens et des services, le partage de la dette publique canadienne, la réintégration des fonctionnaires fédéraux venant du Québec, le transfert des pensions, etc. Mais la longue tradition démocratique du Canada et du Québec devrait empêcher la création d'un vide juridique.

En cas de conflit, quel organisme déciderait du bon droit de l'un ou l'autre protagoniste? Le droit à l'autodétermination? Ce droit ne procure pas un passeport qui garantit l'accession d'un peuple à la souveraineté. Il prend plutôt la forme d'une revendication. La volonté de l'exercer et la capacité de l'appliquer accréditent ou non son bien-fondé dans chaque cas. Le droit international? En cas de litige entre le Québec et le Canada, le droit international serait placé entre l'arbre et l'écorce. Il adopte sur la question d'indépendance une position pragmatique, à moins qu'il ne s'agisse de cas manifestes de populations qui cherchent à se libérer d'un État répressif et dictatorial.

Un Québec souverain pourrait obtenir la reconnaissance internationale, mais seulement après l'entrée en vigueur de la loi sur la souveraineté, «un an après son approbation par référendum, à moins que l'Assemblée nationale ne fixe une date antérieure». Qu'est-ce à dire? Une semaine, un mois, six mois après le référendum? Cette date peut être aussi postérieure et déborder même «l'horizon 1995», un amendement sur cette clause pouvant toujours être adopté. En d'autres termes, avant de se prononcer, le droit international attendra la fin des négociations du gouvernement du Québec avec le gouvernement fédéral (et les gouvernements des provinces anglaises). Quant à la France, elle s'est engagée depuis tant d'années à être la première à reconnaître un Québec souverain que la confirmation à répétition de cet engagement est redondant. Il y a vingt ans que du côté de l'ancienne mère-patrie on nous promet ce haut fait. Elle aussi devra attendre l'entrée en vigueur de la loi.

Quant à la reconnaissance qu'un Québec souverain obtiendrait des organismes internationaux — Nations unies, OTAN, NORAD, GATT, ALÉNA, etc., voilà un ample sujet de spéculation! Obtiendrait-il un statut équivalent à celui qu'il détient aujourd'hui comme membre du Canada, ou ce statut serait-il moindre? Cela dépendrait du rapport de force qu'il établirait au plan international, aidé ou entravé en cela par le Canada et par les États-Unis. Sur ces questions, le projet souverainiste serait soumis aux lois du Canada et à ses engagements internationaux jusqu'à la mise en vigueur de l'article 1. Par la suite, encore ici, la continuité du droit requerrait sans doute une période de transition tant que les transferts juridiques au nouvel État ne seraient pas terminés. L'assurance tranquille du premier ministre Parizeau pourrait être mise à rude épreuve.

Les conséquences d'une sécession

À supposer que le gouvernement du Québec échoue à négocier les articles de l'avant-projet de loi qui requièrent l'acquiescement du Canada, il se trouverait acculé à retirer ce projet ou à procéder à la sécession. La décision dépendrait de l'interprétation donnée à la loi, de la volonté du gouvernement, mais aussi des réactions au sein du Parti québécois et de la population. Que faut-il penser d'une possible sécession? La mise au point de cette procédure se ferait-elle sans anicroche pour le Canada et pour le Québec?

La Commission sur l'avenir politique et constitutionnel du Québec définit la sécession d'une façon restrictive comme «le détachement et l'accession à l'indépendance d'un État membre d'une fédération» et la distingue de la séparation qui serait l'accession à l'indépendance d'une région dans un pays unitaire[9]. Dans son acception courante, la sécession se définit comme l'accession à l'indépendance d'une région de l'État dont elle est membre. La sécession est un phénomène extraordinairement rare dans les pays démocratiques. La Norvège et la Suède en 1905, l'Islande et le Danemark en 1918, l'Irlande et le Royaume-Uni en 1922 devinrent des pays distincts. Dans aucun cas, dans un pays fortement uni et sous régime démocratique depuis dix ans et plus, il n'y eut de sécession par voie de référendum ou d'élections.

Stéphane Dion écrit que les mouvements sécessionnistes résultent de deux types de perception: la peur qu'inspire l'Union et la confiance dans les effets bénéfiques de la séparation. Se fondant sur les sondages, il admet que le couple peur-confiance est fort au Québec, mais conclut que, dans la réalité, la sécession est improbable parce qu'elle n'obtiendra vraisemblablement jamais le soutien de la majorité des électeurs[10].

De son côté, Robert A. Young examine les effets sur le Canada et le Québec de la période de transition consécutive à la sécession du Québec. Si, écrit-il, la question posée au référendum est claire, si les engagements économiques et sociaux réclamés du Canada ne sont pas pour lui «offensifs», si les Canadiens anglais ne voient pas dans le départ du Québec une menace à leur bien-être collectif, dans ces conditions, la sécession serait susceptible de se produire sans difficultés insurmontables. Le Canada se remettrait assez vite du départ du Québec. Ce dernier accuserait le coup, plus difficilement, mais il finirait lui aussi par s'en tirer. Le Québec possède d'abondantes ressources, un savoir-faire de premier ordre dans nombre de secteurs clés de l'économie, un niveau d'éducation élevé, plusieurs dirigeants d'associations qui puisent à la limite dans leurs énergies aux moments critiques. La sécession, encore plus qu'un régime de souveraineté qui maintiendrait des liens d'association avec le Canada, aggraverait le déficit fiscal du Québec. Sur ce point, les propos de Young convergent avec ceux de Pierre Fortin dans son mémoire à la commission Bélanger-Campeau[11].

La majorité requise

Selon la stricte procédure de la démocratie, une seule voix de majorité décide du camp victorieux. Le soir du référendum, un vote de plus en effet suffirait pour perpétuer le statut du Québec comme province du Canada. Mais qu'adviendrait-il si la victoire des souverainistes n'était acquise que par une majorité insignifiante? Sur le plan technique, le Québec deviendrait un pays souverain un an après le référendum ou à une date antérieure. Son statut serait bien précaire. Le Canada anglais pourrait profiter de cet intervalle pour tergiverser sur les clauses de la loi sur la souveraineté du Québec qui proposent des négociations. Il pourrait exiger des modifications à ces clauses ou même refuser de les approuver, surtout si des sondages indiquaient que la loi québécoise ne recevait plus l'appui d'une majorité de Québécois. Dans ces conditions, des Québécois pourraient réclamer la tenue d'un second référendum portant cette fois sur la sécession du Québec.

Dans l'éventualité d'une approbation au référendum de la loi sur la souveraineté du Québec, il serait bien préférable que la majorité obtenue soit considérable, par exemple aux environs de 60 p. 100. Rien ne peut empêcher que le décompte partage les voix suivant tous les facteurs imaginables, y compris la répartition ethnique et linguistique. Mais toutes ces décompositions n'affectent nullement le résultat global dans la mesure où il se conforme aux procédures de la démocratie.

À la suite de l'échec de l'accord du lac Meech et des recommandations de la commission Bélanger-Campeau que la loi 150 entérinait, il semblait qu'il s'ensuivrait un certain consensus durable sur le statut constitutionnel et politique du Québec. Pourtant, l'unanimité en période de crise constitutionnelle, que bien des Québécois réclament la larme au cœur depuis tant d'années, n'est en réalité qu'un symptôme de la maladie infantile d'une société minoritaire et dépendante. Chaque fois que nous l'avons prônée, cette unanimité, elle a glissé des mains de ceux-là mêmes qui l'appelaient avec le plus de vigueur. Dans une société pluraliste, peu de questions, s'il en est une, quelle que soit leur importance pour le présent et l'avenir, sauraient recevoir une réponse «unanime» qui ne soit ambiguë et provisoire. Après tant d'années d'investigations et de tentatives de réformes constitutionnelles, les Québécois en sont toujours à se répartir en quatre groupes dont la proportion varie selon les circonstances et la présence ou non d'un leader charismatique: partisans d'un fédéralisme à tout crin, d'un fédéralisme autonomiste, de la souveraineté-association (à propos de laquelle René Lévesque a dépensé le meilleur de ses énergies) et de l'indépendance pure et dure à la façon d'une fraction des membres du Parti québécois et du premier ministre Parizeau en certaines occasions. Le refus de tout fanatisme constitutionnel démontre la sagesse foncière d'une population qui éprouve en profondeur la complexité de l'enjeu, qui sait d'expérience que le Québec n'est pas la seule partie prenante dans la question constitutionnelle et que cette dernière se pose également dans l'ensemble d'un Canada dont il est minoritaire. De son côté, le Canada anglais a perçu depuis longtemps ces divisions irréductibles chez les Québécois et il a su en tirer profit.

La tenue du référendum et les conséquences qui en découleront vont provoquer des divisions plus ou moins profondes chez les Québécois.

Les fédéralistes ardents éprouveraient de douloureuses frustrations d'avoir à devenir citoyens d'un Québec souverain. Ils se sentiraient en deuil du Canada s'ils ne devaient plus en faire partie. Mais qu'adviendrait-il d'une défaite du Oui au référendum ou si le gouvernement du Québec, après le refus du Canada de négocier les clauses d'association proposées dans l'avant-projet de loi, renonçait à l'indépendance du Québec? Pareille capitulation semble improbable mais en politique tout est possible. Les souverainistes, certes, seraient déçus. Il est vraisemblable de prévoir de virulentes réactions de la part des indépendantistes inconditionnels qui estimeraient voir s'évanouir leur «dernière chance» de voir naître enfin l'État du Québec. Dans un camp comme dans l'autre, la défaite serait amère pour les gens convaincus. Si le Oui obtenait une majorité confortable (environ 60 p. 100), pareille éventualité risquerait mois de se produire. Si, par contre, la majorité était mince, les opposants québécois à la souveraineté pourraient recourir à des moyens draconiens, par exemple, recourir aux tribunaux, requérir du gouvernement fédéral de tenir un référendum canadien dans le but de faire vérifier les dispositions du Canada anglais et, de nouveau, la volonté de l'électorat québécois de choisir la souveraineté du Québec. Le gouvernement fédéral accéderait-il à pareille demande? Serait-il fondé en droit de le faire? Si la décision du gouvernement du Québec de procéder à la souveraineté suscitait des remous, même de faible amplitude, au Québec, le gouvernement fédéral pourrait se croire autorisé à procéder à un référendum canadien s'il estimait que «l'intérêt public justifie la consultation du corps électoral» (loi C-81, article 3). Il pourrait également invoquer l'alinéa f/ de l'article 42(1) de la Constitution de 1982 portant sur la création des provinces et conclure que par *inférence* cet alinéa s'applique également sinon *a fortiori* à la sécession d'une province, même si cette éventualité n'est pas prévue. Par ce référendum, il demanderait aux Canadiens de toutes les provinces de se prononcer sur le geste *unilatéral* de sécession du Québec. Le gouvernement du Québec contesterait sans aucun doute la légalité de cette «intrusion» fédérale devant un tribunal international. S'il y avait quand même un référendum canadien, un résultat négatif dans les deux tiers des provinces représentant au moins 50 p. 100 de la population (la règle 7/50) rescinderait le référendum québécois. Le gouvernement du Québec refuserait de se soumettre à ce verdict si la majorité des électeurs de cette province confirmait son propre référendum et réclamerait alors l'arbitrage du droit international. L'ordre public serait soumis à rude épreuve.

Le caractère pragmatique du droit international sur la question de la sécession d'un pays ne permet pas de préjuger en faveur de qui — du Canada ou du Québec — il trancherait. Laquelle des deux majorités des deux pays aurait sa préférence? Il se pourrait qu'il demande aux deux protagonistes de faire un autre effort pour régler leurs différents, tout dépendrait de son appréciation des circonstances du moment, de la position qu'adopteraient les pays clés, en particulier les États-Unis, à l'égard de la sécession du Québec. J'espère vivement que les gouvernements n'exposeront pas les Canadiens et surtout les Québécois aux risques inhérents à des procédés aussi explosifs.

Dans un camp comme dans l'autre, la défaite sera amère pour les plus convaincus. Mais, après une période de désillusions et de colère chez les uns et chez les autres — souhaitons-la courte — leur longue tradition démocratique prévaudra.

Les enjeux des commissions sur l'avenir du Québec

L'avant-projet de loi sur la souveraineté du Québec stipule: «La présente loi est soumise à la consultation populaire» (article 17). Cette expression: «*avant*-projet de loi» est le premier aspect de «l'astuce» qu'évoquait le premier ministre Parizeau à propos de sa stratégie. Depuis 1969, une trentaine d'avant-projets de loi ont été déposés à l'Assemblée nationale, soit environ 1 p. 100 de l'ensemble des projets de loi déposés. Sous les gouvernements libéraux de Robert Bourassa et de Daniel Johnson (1985-1994), il y eut quinze avant-projets de loi, soit 2 p. 100 de l'ensemble. Un avant-projet relève donc d'une procédure rare mais non unique. Les motifs qui l'inspirent sont des plus divers, et le plus souvent ne sont pas précisés. Jusqu'ici, tous les avant-projets de loi, à l'instar des projets de loi réguliers, furent directement soumis à une commission parlementaire de l'Assemblée nationale, puis discutés en deuxième lecture à l'Assemblée nationale, adoptés et sanctionnés. Le recours à des consultations populaires plutôt qu'à une commission parlementaire régulière est donc un précédent. Ce n'est pas illégal. Aucune disposition des règlements de l'Assemblée ne l'autorise ni ne le prohibe. Mais il est naturel de s'interroger sur les motifs qui ont amené le gouvernement à procéder de cette façon insolite.

Les propos élogieux à l'endroit du geste du gouvernement foisonnent. Je n'en ferai pas état. Au moment où je termine la révision de cette partie — le 12 février — les arguments favorables à l'avant-projet de loi sur la souveraineté de Québec que j'ai lus ou que j'ai entendus ne m'impressionnent guère, même ceux auxquels je souscris. Ils sont très vagues ou très émotifs. Ce sont plutôt les aléas de ces seize commissions régionales et des deux commissions sectorielles (celles des jeunes et des aînés) qui retiennent mon attention.

J'estime que, loin d'être un parangon de démocratie, le procédé relève d'une démocratie entravée. C'est là pousser trop loin «l'astuce». Mais où est donc passée la transparence dont le Parti québécois s'est tant de fois targué? Justifier ce procédé en invoquant la façon cavalière avec laquelle le premier ministre Trudeau a agi pour imposer une révision constitutionnelle radicale en 1980-1982 est une piètre excuse. Le jour même du dépôt de l'avant-projet de loi, le 6 décembre, j'ai déclaré que le procédé ne respectait pas la démocratie en ce qu'il contredisait le principe de l'égalité des chances pour toutes les parties concernées[12]. Charles Taylor y voit une «supercherie[13]». Stéphane Dion s'interroge également sur le caractère démocratique de la consultation. Il écrit: «Alors que la campagne référendaire sera fondée sur le principe de l'égalité des deux camps, la consultation préréférendaire, elle, reposera sur l'inégalité.» Il souhaite un amendement qui permette «qu'à la veille du référendum, les Québécois viennent nombreux, discuter, d'égal à égal, des avantages et des inconvénients de la souveraineté du Québec. Faisons cette discussion préréférendaire côte à côte avant que les «parapluies» du Oui et du Non ne nous séparent[14].» «La démarche est-elle antidémocratique?», s'interroge Lysiane Gagnon. «Il serait plus exact de dire qu'elle est comme un gant retourné, exactement le contraire de la démocratie, dans la mesure où l'expression de la volonté populaire suit, plutôt qu'elle ne précède, l'acte du législateur. Je parle ici, bien sûr, sur le plan théorique. Dans les faits, à cause de la forte tradition démocratique du Québec, la démarche *sera* démocratique[15].»

Si la suite des événements se déroule comme le prévoit Lysiane Gagnon, je me range volontiers à son avis. Tout de même, je me méfie. Aristote nous a appris que la démocratie se pervertit facilement en démagogie. Quand un gouvernement demande au peuple de l'éclairer sur un aspect particulier de sa mission, c'est bien. C'est démocratique. Mais quand il lui demande de confirmer une décision déjà virtuellement prise, une déviation démagogique est à craindre.

Si le gouvernement souhaitait la tenue d'un véritable débat public sur les avantages et les inconvénients de la souveraineté, la prudence la plus élémentaire commandait de procéder, à une consultation populaire *avant* le dépôt de l'avant-projet de loi qui balise étroitement les échanges et qu'il faudra sans aucun doute chambarder. Dans les circonstances actuelles, on peut soupçonner qu'il ne recourt à cette consultation que pour des fins de propagande.

«Nous voulons avoir un dialogue avec tous les Québécois sur le contenu», déclare le premier ministre Parizeau dans le discours inaugural du 29 novembre. «Un Québec souverain, pour en faire quoi au juste? Pour qu'il soit porteur de quelles valeurs, de quels principes, de quels objectifs?» Dans le *Guide de participation*, on lit: «Chaque commissaire a pour mandat de vous [la population] entendre sur l'avant-projet de loi sur la souveraineté du Québec, sur l'opportunité de réaliser la souveraineté ou sur toute autre façon de concevoir l'avenir du Québec.» Cette belle ouverture ne se retrouve pas dans l'allocution du premier ministre lors de la cérémonie d'ouverture des dix-huit commissions, le 5 février, au Salon rouge de l'Assemblée nationale. Il déclare que la raison d'être des commissions est de produire «un projet de souveraineté ou une variante [...]. Le but de l'exercice n'est pas de renverser la situation et de dire: «Nous ne sommes plus souverainistes [...].» La cause principale de ces commissions est d'étudier un projet souverainiste ou des variantes de ce projet [...]. On ne refusera pas toutefois d'écouter quelqu'un qui n'est pas d'accord avec ce projet souverainiste.»

Pour le premier ministre Parizeau, la création de commissions

régionales inaugure «un nouveau chapitre de l'histoire du Québec [...].
Un mariage entre le parlementarisme et la participation populaire [...]».
Les citoyens deviendront «leurs propres députés et pourront proposer
des amendements à un avant-projet de loi [...]. Vous allez explorer
l'avenir du Québec[16]». «Pour faire quoi au juste?» s'interroge le
premier ministre. Que voilà une interrogation insipide! La question à
laquelle les Québécois devraient répondre est: «Pour quoi faire de
mieux au juste?»

Pourtant, des souverainistes disent espérer que les commissions
régionales aboutiront au grand rassemblement des Québécois tant de
fois souhaité depuis Honoré Mercier à la fin du siècle dernier. Ainsi
s'exprime Paul Piché: «Il s'agira peut-être aussi, et c'est là ce qu'il y
a de plus menaçant pour Daniel Johnson, de créer un consensus. Parce
que s'il y a un consensus possible au Québec, il se situe certainement
plus du côté des souverainistes de toutes tendances plutôt que du côté
du *statu quo*[17].» Mais à quel consensus pourrait donc aboutir une
commission d'information et de participation qui exclut d'emblée une
fraction considérable de la population? Ce que Piché veut évoquer,
c'est plutôt, par le procédé des commissions, le raffermissement de la
cohésion au sein du Parti québécois, dont le court passé démontre
qu'il risque de succomber à de graves divisions intestines chaque fois
qu'il doit affronter un enjeu majeur. Il faudra voir au fur et à mesure
du déroulement des commissions. C'est pour moi se leurrer que de
viser à travers elles un «consensus» de l'ensemble de la population.
Elles risquent plutôt de creuser les divisions que les débats constitutionnels des dernières quinze années ont créées.

L'avant-projet de loi place les fédéralistes et surtout le Parti libéral
du Québec devant un épineux dilemme. Les premiers peuvent sans se
compromettre participer aux commissions. Le Parti libéral du Québec
n'a pas d'autre choix que de boycotter les commissions, mais il court
le risque de passer pour un faiblard. Parizeau sait fort bien que la main
qu'il tend à Daniel Johnson dans son discours inaugural, celui-ci ne
pourra pas la saisir. La stratégie douteuse du premier ministre peut se
retourner contre lui. L'embarras du Parti libéral du Québec aussi bien
que du gouvernement fédéral est d'autant plus grand qu'ils ne
disposent pas de la moindre prémisse d'un renouveau constitutionnel,
qu'ils ne peuvent se réclamer que d'un aléatoire «fédéralisme flexible».
Ils peuvent, par contre, imaginer bien des stratagèmes pour contrer la

manœuvre du Parti québécois, et ils n'ont pas tardé à commencer à le faire avec un certain succès. La création du comité sur l'évolution du fédéralisme canadien présidé par le député Maurice Richard et la nomination de l'ancien coprésident de la Commission sur l'avenir politique du Québec, Michel Bélanger, à titre de président de la stratégie du Non, en sont des exemples. À la réunion du Conseil général du Parti libéral du Québec, les 29 et 30 janvier, diverses propositions d'action furent suggérées en vue d'entraver la démarche référendaire du Parti québécois. Et ce n'est qu'un début.

Les commissions régionales poursuivent un triple but. Tout d'abord, elles constituent une entreprise de propagande souverainiste de première importance : elles regroupent cent cinquante «commissaires», qui tendront des centaines de rencontres dans cent quarante villes et villages. Elles visent quatorze régions outre Montréal et Québec et deux catégories sociales particulièrement vulnérables — les jeunes et les personnes âgées. Elles seront animées par des personnes choisies en raison de leur prestige dans les différents milieux. Elles familiariseront des milliers de participants avec les divers aspects de l'avant-projet de loi et leur permettront d'en mieux comprendre les tenants et les aboutissants. Il n'y a dans ce procédé rien de répréhensible, au contraire, à la condition que les commissaires soient impartiaux, même s'ils sont loin de se répartir également entre ceux qui croient à la souveraineté du Québec et ceux qui n'y croient pas. Leur impartialité ne peut être qu'illusoire s'ils se laissent guider par la formule de l'avant-projet de loi : «une période d'information et de participation permettant d'améliorer le projet et de rédiger une Déclaration de souveraineté qui en améliorera le préambule» et surtout s'ils obtempèrent aux directives rigides que le premier ministre leur a données à l'occasion de la cérémonie d'ouverture des commissions.

Les commissions visent un second objectif : susciter parmi la population un mouvement de grande ferveur pour le projet du gouvernement comparable à la flambée souverainiste qu'ont provoquée le rejet de l'accord du lac Meech en 1990 ainsi que la Commission Bélanger-Campeau et la loi 150 qui en a entériné les recommandations en 1991.

Les commissions cherchent enfin à dissiper les peurs que le projet de souveraineté a toujours éveillées parmi les catégories les plus vulnérables de la population : les moins instruits, les peu politisés, les chômeurs, les assistés sociaux, les personnes âgées, les femmes, ces nationalistes «mous» que l'idée de souveraineté a toujours effrayés et qui pourraient faire échouer le projet du gouvernement. Ce sont ces peurs profondément ancrées chez plusieurs que renforcent les adversaires de la souveraineté; par des propos de nature économique surtout, mais aussi par un discours sur les dangers que représenterait pour la démocratie le nationalisme ethnique et raciste que véhiculeraient des souverainistes. Les commissaires ont là beaucoup de pain sur la planche, des variétés de pain qui se fabriquent chaque jour et qui surviennent de partout. Ils ont pour mission de rassurer ceux que ces propos ébranlent, de leur faire valoir les bienfaits de la souveraineté, de leur décrire l'état de délabrement du gouvernement fédéral, de les assurer du maintien des programmes de sécurité sociale, et de l'intégrité des frontières, de leur faire miroiter un rachat avantageux de la dette publique du Canada et la suppression du dédoublement des compétences, etc.

Ces trois objectifs convergent: ils visent à rassembler la plus grande majorité possible en faveur de la souveraineté au moment où le projet de loi sera déposé en bonne et due forme, sans doute au mois d'avril, et à consolider cette majorité jusqu'au jour du référendum et, bien entendu, dans l'année qui suivra. Le gouvernement a besoin du plus grand soutien possible de la population pour faire triompher un projet aussi critique pour la société québécoise et pour son propre avenir et, aussi, pour convaincre le Canada anglais du sérieux de sa visée de souveraineté. Il lui faut galvaniser les convictions des souverainistes, gagner à sa cause les indécis et même convertir des fédéralistes autonomistes.

Cette stratégie est susceptible de produire les résultats escomptés. Elle peut également se retourner contre le gouvernement. Tous ces militants du Parti québécois qui vont participer aux commissions sur l'avenir du Québec sont, aujourd'hui comme dans le passé, de diverses tendances. Les uns sont associationnistes, les autres sont indépendantistes. La courte histoire du Parti québécois fourmille d'affrontements entre les «mous» et les «durs». À diverses reprises, René Lévesque a dû recourir à son charisme exceptionnel pour maintenir ou restaurer l'unité dans son parti et, à la fin, il a échoué. Le premier ministre Parizeau ne contrôle vraiment le parti que depuis le congrès de 1991. Si des divisions intestines éclataient à l'occasion des audiences des commissions régionales ou par la suite, je doute qu'il parviendrait à colmater les brèches.

Les participants aux commissions régionales feront des milliers de suggestions de toute nature, dont un grand nombre d'ordre économique. Plusieurs, jugées les plus importantes par ceux qui les formuleront, pourraient être étrangères à la substance du projet de souveraineté : suggestions strictement locales ou régionales, émanant de groupes corporatistes ou marginaux. Leur caractère hétéroclite, voire contradictoire, contiendrait en germe d'autres sources de division au lieu d'aboutir au grand rassemblement recherché. D'où le risque, en fin de compte, que de nombreuses personnes puissent revenir bredouilles et s'en prendre au gouvernement qui, estimeraient-elles, les aurait trompées. Il serait désastreux pour le gouvernement que ces commissions se transforment en un groupe Spicer (le Forum des citoyens sur l'avenir du Canada) et qu'elles s'attirent le mépris des médias et de l'opinion. Ceux qui se seraient déplacés pour participer aux séances d'information et de consultation seraient profondément déçus d'avoir été victimes d'un autre gaspillage de participation. Les interventions et mémoires étrangers au but poursuivi pourraient être écourtés, voire exclus : un autre accroc de plus à un procédé proclamé démocratique. La déception, réaction classique des citoyens lorsque des mesures politiques ont raté leurs objectifs, réduirait à néant les chances des souverainistes.

Les fédéralistes sont invités à participer aux commissions et un certain nombre s'y rendront. S'ils prennent la parole, s'ils insistent et si leurs propos sont caustiques, ils ne seront pas les bienvenus. Surtout si les sondages indiquent que l'option souverainiste est minoritaire. Ils risquent de se faire couper la parole, huer même. Les commissaires auraient fort à faire pour restaurer le bon ordre dans les échanges. Je crains que n'éclatent ici et là des scènes disgracieuses qui feront la manchette dans les médias. J'ai l'expérience de ces assemblées qui portent sur des enjeux jugés critiques par la grande majorité des participants.

Les principales propositions d'amendement à l'avant-projet de loi émaneront de quatre sources différentes :

1. Des participants de l'Action démocratique de Mario Dumont, ces schismatiques du Parti libéral du Québec, feront valoir les mérites d'«une nouvelle union Québec-Canada». Ce parti reprend les recom-

mandations du fameux rapport Allaire que le Parti libéral du Québec adopta comme programme constitutionnel en 1991 pour le rejeter rapidement ensuite. Le premier ministre s'est tiré dans les jambes en offrant à l'ADQ de participer aux commissions pour promouvoir ses propres propositions et l'intérêt partisan de son chef et non pas les artistes de l'avant-projet de loi, dont Mario Dumont n'a cure.

2. Des partisans de la ligne dure au sein du Parti québécois pourraient proposer la suppression des clauses d'association avec le Canada dans l'avant-projet de loi. Ils rappelleraient les prises de position indépendantistes du premier ministre Parizeau lui-même. Céder à leurs demandes dans les circonstances présentes, ce serait signer l'arrêt de mort du référendum sur la souveraineté du Québec. De leur côté, les «associationistes» pourraient réclamer le retour à la souveraineté-association au moins sur le plan économique.

3. La «décentralisation de pouvoirs spécifiques aux instances locales et régionales ainsi que des ressources fiscales et financières adéquates pour leur exercice» (article 3, alinéa 3) va persuader bien des intervenants de proposer des amendements auxquels le gouvernement ne pourrait donner suite et de réclamer des précisions auxquelles il pourrait difficilement répondre, d'autant plus que la conception politique du premier ministre l'oriente vers la centralisation.

4. Un projet de Constitution «doit garantir à la communauté anglophone la préservation de son identité [... et] doit également reconnaître aux nations autochtones le droit de se gouverner sur des terres leur appartenant en propre. Cette garantie et cette reconnaissance s'exercent dans le respect de l'intégrité du territoire québécois» (article 3, alinéa 2). Aucune commission n'a été créée spécifiquement pour les anglophones ni pour les autochtones. Néanmoins, des participants de ces collectivités pourraient faire connaître leurs exigences et il est vraisemblable qu'ils réclameront des amendements à l'avant-projet de loi. Jusqu'à quel point le gouvernement et l'Assemblée nationale pourraient-ils satisfaire leurs exigences? S'ils n'interviennent pas au cours des commissions régionales, ils le feront sur d'autres tribunes.

Que de propositions d'ajouts sont susceptibles d'être faites! De quelle façon le gouvernement pourrait-il repousser une révision des clauses de l'avant-projet de loi sans courir le risque de décevoir des gens qui pourraient favoriser la souveraineté du Québec surtout si, même dans un préambule, on ne tient pas compte de leurs propositions? Le premier ministre sera incité à reformuler la question proposée dans l'avant-projet de loi dans la mesure où des propositions énoncées au cours des commissions régionales seraient susceptibles d'accroître les chances du Oui au référendum. Des bribes de ces propositions seront sans doute reprises dans la rédaction de la «Déclaration de souveraineté qui en deviendra le préambule» (alinéa 2 de *La démarche*). Ce serait bien peu retenir de si louables efforts! Les incitations à modifier l'avant-projet de loi émaneront plutôt de Lucien Bouchard, des fluctuations de l'opinion publique, auxquelles le premier ministre est très sensible, ainsi que des réactions du Canada anglais. En toute naïveté, il se dit convaincu que le Canada anglais accueillera le projet de souveraineté, sinon avec bienveillance, du moins dans la résignation. En prenant connaissance d'un sondage qui indique que la grande majorité des Canadiens anglais rejetteraient bien des clauses de l'avant-projet de loi, le premier ministre Parizeau s'est déjà dit enclin à poser une tout autre question: «Êtes-vous en faveur de l'indépendance du Québec ou pour le *statu quo*?» Bien d'autres cogitations sont à prévoir chez lui d'ici le jour où il sera fixé sur la question.

Dans quel sens la question pourrait-elle être changée? Vers plus d'indépendance ou vers plus d'interdépendance à l'endroit du Canada? Dans le premier cas, les chances d'un gain au référendum sont virtuellement nulles. Dans le second cas, les chances d'une victoire référendaire sont meilleures, mais les conséquences sont aléatoires: plus les clauses d'association s'accroissent et plus la probabilité d'en arriver à une entente avec le Canada s'amenuisent. Le Canada se refusant toujours à accorder un statut particulier au Québec, on aboutirait alors à un cul-de-sac.

Jusqu'où peut aller le gouvernement du Québec? Pousser «l'astuce» jusqu'à choisir une question-matraque — du genre: «Favorisez-vous le *statu quo* ou l'indépendance?» ou encore: «Favorisez-vous la Constitution de 1982 ou l'indépendance?» — pourrait être suicidaire pour le Québec. Une question à choix multiples? Il faut l'exclure. Ce serait courir le risque soit d'aboutir à une faible majorité, source de frictions au Québec et sans poids auprès du Canada, soit à une pluralité exigeant la tenue d'un second référendum. Il serait indécent de réduire l'enjeu de la souveraineté du Québec à la recherche d'une question sournoise dans l'espoir de «rassembler» une majorité d'électeurs en sa faveur. Ce serait, au surplus, commettre là une grossière erreur. Plus que la question, la qualité du débat et les circonstances dans lesquelles il se déroule seront décisives au cours de la *véritable* campagne référendaire.

Il est impossible de prévoir quel pourrait être le calendrier des opérations. Le processus suivi à l'occasion du référendum de 1980 ne permet pas la moindre spéculation sur l'échéancier prévisible. Le projet de loi 92 sur la consultation populaire est sanctionné le 23 juin 1978. Le premier ministre Lévesque a déposé la question référendaire à l'Assemblée nationale le 20 décembre 1979. Le débat sur la question s'est tenu du 4 au 20 mars 1980. Le décret inaugurant la campagne référendaire fut émis le 15 avril et le référendum tenu le 20 mai.

Le 6 décembre 1994, le premier ministre Parizeau dépose l'avant-projet de loi sur la souveraineté du Québec. La période d'information et de participation débute dans la semaine du 6 février, sauf à Montréal et à Québec, où elle commence le 13 février. Cette période durera une vingtaine de jours, ce qui reporte sa fin au début de mars. Un secrétariat devrait alors entreprendre l'analyse du contenu des délibérations et devrait déposer un rapport final en avril, mais cette étape pourrait être escamotée. Par la suite, l'avant-projet de loi, amendé ou non, reviendra à l'Assemblée pour une deuxième lecture, la tenue d'une commission parlementaire et, enfin, un débat d'une durée indéterminée. Cette étape pourrait durer plus ou moins longtemps, jusqu'à la mi-mai peut-être, selon la volonté du gouvernement et la vigueur de l'opposition. Il faudra ensuite déposer la question : la loi tiendra-t-elle lieu de question référendaire ou le gouvernement, comme c'est son droit, déposera-t-il un décret spécifique sur cette question, ce qui entraînerait un second débat à l'Assemblée ? Le premier ministre aura une entière liberté d'adopter l'un ou l'autre procédé, accélérant ou retardant ainsi la démarche vers le référendum. Par la suite débutera la campagne référendaire proprement dite. La Loi sur la consultation populaire détermine que cette campagne doit durer vingt-huit ou trente-cinq jours et ne jamais excéder soixante jours (projet de loi 92, sanctionné le 23 juin 1978, article 14). Je conclus de l'ensemble de ces étapes que le référendum ne pourrait être tenu au plus tôt que dans la seconde moitié de juin. Le premier ministre décidera selon la conjoncture ou d'autres considérations s'il doit être tenu après cette date. «L'horizon 1995» dont il a si souvent fait état ne l'oblige en aucune façon. Tout retard serait à ses risques et périls.

Et puis, si le gouvernement triomphe au référendum, il faudra décider de la Constitution d'un Québec souverain. Le gouvernement dit attendre des commissions régionales qu'elles l'inspirent dans la rédaction «d'une déclaration solennelle qui précise les valeurs fondamentales et les grands objectifs sociaux qui serviront de base à la nouvelle nation». Un nouveau pays, fort bien, mais quelle *nouvelle* nation? Ceux qui s'attendent à connaître les principes directeurs, sinon la substance, de la Constitution d'un Québec souverain afin d'éclairer leur vote le jour du référendum pourraient bien être déçus. L'Irlande, quinze ans après l'obtention de son indépendance, avait tenu un référendum en 1937 sur une nouvelle constitution. Il n'est pas fait mention que le Québec, le cas échéant, adopte cette procédure pourtant très démocratique.

La réaction du Canada anglais

Bon nombre de Québécois perçoivent le Canada anglais comme un bloc solide. Ils sont dans l'erreur. Dans cet ouvrage, j'emploie l'expression «Canada anglais» dans un sens syncrétique, la réalité à laquelle elle renvoie est en effet plurielle. Le premier ministre Parizeau, lui, le connaît très bien. Il le sait hétéroclite et dépourvu de cohésion sociale. Le texte «Le Canada anglais face au Québec[18]» expose ses profondes divisions, ses provincialismes, son multiculturalisme, son complexe inhibant d'infériorité face aux États-Unis, sa faible conscience d'une identité commune, son ambivalence à l'endroit du Québec qu'il admire pour la cohésion et la vigueur qu'il lui prête et qu'il craint pour son intransigeance, particulièrement dans le domaine constitutionnel. Si le Oui l'emportait au prochain référendum, il serait désemparé. Ses réactions, du moins ses réactions initiales, seraient empreintes d'émotion, chargées d'exaspération.

L'assurance tranquille du premier ministre Parizeau en ce qui concerne les bonnes dispositions du Canada anglais advenant la victoire du Oui au référendum fait illusion. Pour la troisième fois en quinze ans, il risque d'entraîner plutôt le Québec vers le mur de son incompréhension congénitale ou systémique des revendications constitutionnelles du Québec. Et la collision, cette fois, serait bien plus violente qu'en 1980. Le premier ministre, sans le dire, sait qu'il pourrait frapper ce mur. Il tente de réduire l'impact: il espère pouvoir le franchir ou, tout au moins, le contourner.

Que trouve-t-on dans l'avant-projet de loi? Des vœux d'association timides, une seule demande impérative, puisqu'elle prend la forme d'une décision : à la suite de la victoire du Oui au référendum, «le Québec cessera de faire partie du Canada. Il deviendra un pays indépendant comme la France ou les États-Unis d'Amérique[19].»

Les vœux d'association, qui sont pourtant d'une grande importance pour le Québec, il reviendra clairement au Canada anglais d'en disposer : le Québec proposerait, le Canada anglais disposerait. Il lui reviendrait de se soumettre ou de résister aux pressions que le Québec exercerait le moment venu. Cette fois, las des «jérémiades» du Québec, le Canada anglais pourrait être tenté de le laisser partir : *Good bye and farewell*. Ce geste de rupture ne serait pas dans ses intérêts même s'il correspond aux sentiments profonds de nombreux Canadiens anglophones. Cette phase du nouveau duel, il est probable que le Québec la perde ou, que, à la suite d'un long échange, il fasse moins de gains qu'il ne subisse d'échecs. Le gouvernement fédéral doit de plus en plus tenir compte des revendications croissantes et de plus en plus pressantes des provinces de l'Ouest et le rapport des forces entre le Canada anglais et le Québec joue en faveur du premier plus que naguère.

La décision «le Québec est un pays souverain» serait considérée par la majorité des Canadiens anglophones comme une *demande* et ils exigeraient que leurs gouvernements l'examinent et, très probablement, s'y opposent. Plusieurs craindraient que le départ du Québec n'entraîne la rupture du Canada lui-même et exigeraient de leurs gouvernements de tout mettre en œuvre pour l'empêcher de partir.

Une question se poserait alors pour les Québécois : jugeraient-ils que leur Oui au référendum était lié à l'adoption par le Canada des clauses jugées avantageuses pour le Québec et que le rejet de ces clauses exige la tenue d'un second référendum portant, cette fois, sur la sécession pure et simple du Québec ? Le risque de se retrouver seuls face au défi que poserait leur nouvelle condition interne et externe entraînerait-il une majorité d'entre eux à obliger le premier ministre du Québec à reconsidérer la situation, à procéder à ce second référendum ou à faire marche arrière ?

Si, d'ici la fin du printemps, tous les sondages indiquaient que la tenue d'un référendum sur la souveraineté du Québec était une cause indubitablement perdue pour le Oui, le gouvernement, dans l'intérêt du Québec et du Canada, serait bien avisé de le reporter au-delà de son présent mandat. Les conséquences d'un report pour le prestige du premier ministre, la stabilité du gouvernement et l'unité du Parti québécois pourraient être graves, mais foncer vers une défaite certaine au référendum serait désastreux pour le Québec.

La tâche de bâtir un Québec souverain

La présente démarche constitutionnelle du gouvernement du Parti québécois aura des répercussions imprévisibles mais sans aucun doute profondes sur le Canada anglais. Cependant, au premier chef, elle met en cause l'avenir du Québec. Le projet de faire du Québec un pays est un rêve que de nombreux Québécois ont entretenu depuis des générations. Ce rêve nourrit les fibres les plus sensibles de ceux chez qui la conscience d'être membres d'une nation est d'autant plus vive qu'ils se la représentent petite et vulnérable. Je comprends la profondeur des sentiments que ce rêve éveille chez eux et admire l'énergie qu'ils déploient pour le réaliser. Ce rêve, je le vis moi-même depuis plus de trente ans sans pourtant avoir jamais pu conclure que les effets de sa réalisation seraient bénéfiques.

Je pose à mon tour la question : la souveraineté, l'indépendance du Québec, pour quoi faire? Je l'ai déjà dit, il ne peut y avoir qu'une réponse à cette question : pour *faire mieux*. Les indépendantistes eux-mêmes proclament que la souveraineté est un moyen, non un but. Ce ne peut tout de même pas être pour le simple plaisir de se donner un pays bien à soi que l'on quitterait celui qu'on a? Quand une population réclame de quitter un pays pour se libérer de l'assujettissement d'un régime autocratique, sa cause est noble et juste et il faut l'appuyer. Heureusement, les Québécois ne sont victimes d'aucun traitement répressif de cette nature. Au contraire, comme citoyens du Canada, ils vivent dans un pays démocratique qui leur garantit la jouissance de la liberté individuelle et collective, leur procure les moyens d'être heureux et relativement prospères dans des conditions devenues, malheureusement, très difficiles. Pour bien des Québécois, dont je suis, le Canada, c'est plus qu'un simple attachement pittoresque pour les Rocheuses ou les chutes du Niagara! Ces deux peuples ne peuvent pas avoir coexisté depuis cent soixante-quinze ans sans que se soient développés des liens de solidarité, des affinités de tempérament, eux qui occupent les mêmes larges espaces, subissent le même climat aux variations extrêmes, disposent de ressources matérielles et humaines innombrables et partagent de nombreuses institutions communes.

Et pourtant, c'est par référence à cette histoire commune que plusieurs se convainquent de la nécessité de rompre avec le Canada et de créer l'État du Québec. Et point n'est besoin d'une longue recherche pour retracer les périodes malheureuses, les événements pénibles du passé. J'ai à l'esprit ces Québécois francophones, ceux surtout qui sont d'origine française, et les autres que leur histoire émeut. Minoritaires, pauvres, laissés à eux-mêmes, leur nationalisme fut longtemps une réaction naturelle contre leur dépendance politique, économique et sociale devant la Grande-Bretagne impériale et, depuis la Confédération de 1867, devant une majorité de Canadiens de langue anglaise. Le caractère longtemps ethnique de ce nationalisme ne peut scandaliser que ceux qui sont dénués de la plus élémentaire empathie à leur endroit. Après la Conquête et depuis les années 1830, chaque page de l'histoire des Canadiens français relate les déceptions, les déboires, les défaites qu'ils ont subis, les difficultés qu'ils ont sur-montées pour faire reconnaître leur langue et leurs droits et la ténacité qu'ils démontrèrent pour se perpétuer comme nation. Ceux qui les contraignaient à se soumettre furent souvent les porte-parole laïcs ou religieux de la majorité anglaise. Parfois, ce furent leurs propres dirigeants. Bien sûr, la perception de leur condition de minoritaires déforme l'histoire qu'ils ont réellement vécue. Ce sont pourtant ces représentations sélectives de leur passé qui conditionnent le jugement de plusieurs sur le présent. On peut déplorer cette fixation sur les phases peu glorieuses de l'histoire. Il serait erroné de la nier. Le grand souffle qui sous-tend chez un grand nombre la recherche de la sécurité, la volonté d'émancipation de l'État canadien, c'est la volonté d'écrire eux-mêmes leur histoire, d'être pleinement « maîtres de leur destin », pour reprendre le terme imagé de Maurice Duplessis, de recouvrer tout leur « butin ».

Je récuse la théorie de l'État-nation. Cette théorie s'est révélée d'application décevante dans nombre des cas où des peuples pluri-ethniques s'en sont réclamé et souvent désastreuse là où les puissances coloniales s'en sont prévalu pour délimiter les territoires de leurs colonies au moment où elles accédaient à l'indépendance politique. Les Canadiens français forment une nation. Mais les Québécois ne forment pas une nation. Les uns et les autres sont membres de la communauté politique canadienne, fondement du système politique canadien. Je n'exclus pas l'émergence, un jour, d'une communauté politique québécoise qui serait le principe du système politique québécois.

C'est une fois l'indépendance acquise que les populations réalisent que, avoir à bâtir un pays, c'est s'engager dans une entreprise colossale. Fixer les premières grandes balises juridiques d'une Constitution peut paraître, au début, une tâche facile quand les délégués procèdent, comme c'est le plus souvent le cas, dans l'abstrait et l'ignorance de la société particulière qu'elle va encadrer. C'est à compter du moment du démarrage du nouveau pays, quand il faut arrimer la Constitution à la réalité sociale, que les difficultés surviennent. Et elles peuvent être insurmontables : ici, des minorités ethniques oubliées, des régions périphériques dissidentes, là, l'incapacité des composantes sociales de satisfaire aux exigences de la Constitution ou, à l'inverse, les insuffisances de la Constitution pour répondre aux besoins de la société civile.

Bâtir un pays, c'est bien plus que les réjouissances légitimes du grand soir de la déclaration d'indépendance. Au premier réveil, l'énormité de la tâche à accomplir refroidit bien des ferveurs tout en fouettant les énergies au maximum. Une première exigence : se concilier les opposants. Puis élaborer un régime politique que l'on a voulu démocratique, mettre de l'ordre dans les factions et les transmuer en partis politiques fonctionnels, adopter une procédure équitable d'élections, se doter d'un Parlement, d'une fonction publique, d'une police, d'une armée, adopter un premier budget, obtenir la reconnaissance internationale et désigner des ambassadeurs, s'intégrer dans les nombreux organismes internationaux ; ces étapes se résolvent souvent dans des bains de sang.

La tâche de bâtir l'État du Québec serait bien plus aisée. Le Québec, province du Canada, dispose depuis des années de la plupart des éléments requis. Il est partie d'un régime politique qui transcende sans les abolir les appartenances culturelles de ses membres. Il y aurait toutefois des interstices à combler s'il venait à assumer à lui seul le fonctionnement entier d'un État. On connaît déjà la nature de certains, d'autres, imprévisibles, se révéleraient au fur et à mesure que le Québec acquerrait la pleine stature d'un État. Ainsi, l'État du Québec conserverait-il un système parlementaire de style britannique ou encore adopterait-il un système présidentiel selon le modèle américain ou un amalgame des deux ? Le Parti québécois a longtemps tergiversé à ce sujet. Le programme du parti de 1991 se borne à mentionner: «nos institutions parlementaires nous ont bien servis jusqu'ici». Le maintien du régime parlementaire requerrait sans doute l'institution d'une présidence *pro forma* dont le titulaire exercerait le rôle du lieutenant-gouverneur actuel. Le travail de replâtrage et de remise à neuf occasionnerait des coûts financiers et humains. À combien s'élève-raient-ils? Seule l'épreuve de l'expérience l'établirait et il est impossible, avant coup, de prévoir son ampleur.

L'essentiel du problème de bâtir un Québec souverain serait ailleurs: le gouvernement devrait établir un arrimage plus productif du système politique et de la société civile qu'il n'est possible d'y parvenir au sein de l'État canadien. Il lui faudrait galvaniser les composantes dynamiques de la société tout en les obligeant à répondre aux besoins et aux aspirations de toutes les catégories sociales, particulièrement des jeunes et de ceux que le système actuel laisse pour compte: les chômeurs, les marginaux, les immigrés mal intégrés, les autochtones. Il lui faudrait définir le statut et le rôle des anglophones, c'est-à-dire s'entendre avec eux sur une forme d'association par un pacte social qui leur garantisse une pleine sécurité au sein d'une éventuelle communauté politique québécoise, fondement d'un État soucieux de la liberté et de l'égalité de tous ses citoyens. Il lui faudrait stimuler le savoir-faire acquis dans une foule de domaines et lui ouvrir les marchés internationaux plus que ce n'est le cas pour le Québec dans le système politique actuel. Il lui faudrait approfondir la recherche de solutions aux problèmes de la vie de tous les jours, surtout chez le grand nombre de ceux qui ne disposent pas des ressources pour s'aider à les résoudre ou à les résorber convenablement. Il lui faudrait raviver, chez les individus et les collectivités, les valeurs enracinées et vécues afin d'en accroître la portée morale et humaine tout en procurant aux valeurs émergentes les conditions requises pour qu'elles soient au service du bien commun.

Bâtir un pays, c'est s'attacher à agencer les structures politiques de telle façon que les tensions et les conflits qui surgissent au sein de la société civile synchronisent les passions et la raison.

C'est dès maintenant que les souverainistes doivent fixer la majeure partie de leurs réflexions: ou ils se consacrent à fortifier la confiance de la population dans un Québec souverain sans verser dans la chimère, ou, chaque fois que les fédéralistes s'attaquent aux risques réels de la sécession, il s'échinent en railleries sur l'«insignifiance» et le «terrorisme» de leurs propos. Dans le premier cas, une victoire du Oui au référendum serait susceptible de galvaniser les meilleures énergies d'une population avertie pour la construction de l'État du Québec; dans le second cas, une victoire du Oui s'engloutirait dans d'amères déceptions.

Vers une réforme constitutionnelle du Canada : Comment? Quand?

Une représentation valable du problème que pose l'avant-projet de loi sur la souveraineté du Québec exige la distinction de trois ordres de réalité : le Canada comme pays, le régime fédéral et la Constitution.

Le pays

Bien sûr que le Québec est ma patrie. Mon attachement à la terre de mes ancêtres, venus ici de Mortagne en Perche parmi les premiers colons en 1635, est profond et comble mes besoins affectifs. Mais le Canada est mon pays. Ma volonté d'appartenance à ce pays a vacillé à quelques reprises, plus particulièrement au cours des années troubles de 1990 à 1992 que le rejet stupide de l'accord du lac Meech par les têtes creuses du Canada anglais a provoquées. L'accord tactique des partis politiques pour modifier le statut constitutionnel du Québec, un certain consensus populaire à l'endroit des recommandations de la commission Bélanger-Campeau et de la loi 150, mes propres déceptions devant la surdité des membres des commissions parlementaires fédérales et l'incompréhension des provinces anglaises, tout cela a, certes, remis en question le bien-fondé de mon appartenance à un pays qui semblait me rejeter.

Je ne ressens aujourd'hui aucune hésitation à me proclamer Canadien. De la façon dont l'actuel projet de souveraineté du Québec se présente, compte tenu des circonstances socio-économiques défavorables actuelles, je conclus qu'il ne sert pas les meilleurs intérêts du Québec. Plutôt que d'être une source de cohésion sociale, il oppose les partis politiques et divise la population. Il ne contient aucun germe d'un humanisme enrichissant.

Le fédéralisme

Il est de bon ton de vitupérer contre ceux qui proclament la flexibilité du fédéralisme. Si, par fédéralisme flexible, on entend un régime qui se plie sans peine et en toutes circonstances aux demandes d'un État membre, par exemple le Québec, non, il ne possède pas ce genre de souplesse. Il ne fige pas non plus les ententes entre les ordres de gouvernements d'une façon aussi tranchée et aussi permanente qu'une Constitution parce qu'elles sont d'une nature administrative. C'est là, pour les États-membres, parfois un avantage, parfois un inconvénient, suivant la nature des questions en cause. Par contre, c'est l'évidence même que le fédéralisme canadien s'est révélé fonctionnellement « flexible » depuis la Constitution de 1867, notamment par des recours à des centralisations ou à des décentralisations administratives, des programmes de bien-être et de sécurité sociale, le régime de péréquation aux provinces, le retrait facultatif de programmes fédéraux en certaines circonstances, les paiements de transfert, etc. Les fluctuations favorisent parfois les provinces, notamment le Québec; parfois, elles les entravent. La Seconde Guerre mondiale entraîna une centralisation des pouvoirs au sein du gouvernement fédéral durant toute la période où elle sévit, mais peut-on dire aujourd'hui que les motifs invoqués étaient injustifiés? Combien parmi ceux qui ont vécu sous l'ère duplessiste et cléricale de la décennie 1950 estimaient à l'époque que les mesures fédérales de bien-être et de sécurité sociale, bien que centralisatrices, ne répondaient pas aux besoins des Québécois dans ces domaines?

De 1960 à 1966, les relations fédérales-provinciales furent plutôt harmonieuses et procurèrent au Québec des gains substantiels qui ont renforcé ses bases financières et accéléré un développement économique dont les effets se sont prolongés jusqu'à aujourd'hui. De 1973 à 1976, par contre, les relations entre les deux ordres de gouvernement furent acrimonieuses, et favorisèrent la victoire du Parti québécois. De 1976 à 1980, sous le gouvernement de ce parti, les relations entre le gouvernement fédéral et le Québec furent pacifiques, au point où des stratèges du Parti québécois estiment que cette accalmie a pu nuire aux chances de l'option souveraineté-association au référendum de 1980. L'élection du premier ministre Mulroney en 1984 et celle du premier ministre Bourassa en 1985 firent espérer des réformes réparatrices de l'affront du premier ministre Trudeau à l'endroit du Québec en 1981-1982. Leurs louables efforts échouèrent et voici les Canadiens plongés à nouveau dans une crise constitutionnelle due à l'ineptie de leurs politiciens et non à l'intransigeance initiale du

Québec, au contraire très conciliant, dans ses demandes endossées par tous les premiers ministres en 1987, mais malheureusement récusées en 1990. Des injustices à l'endroit du Québec, le gouvernement fédéral en a commis à maintes reprises, certes. La fermeture du Collège militaire royal de Saint-Jean est une autre grave faute politique que la réaction émotive du ministre québécois des Affaires gouvernementales, Louise Beaudoin, a envenimée plutôt qu'atténuée. Mais combien de fois le Québec n'a-t-il pas tiré profit de son appartenance au Canada même au cours des trente dernières années? Ainsi, la politique énergétique du Canada, à la suite du choc pétrolier de 1974, a grandement favorisé l'est du pays, y compris le Québec, au détriment des provinces de l'Ouest, surtout l'Alberta, productrices de ressources pétrolières.

À l'origine de la Confédération, c'est sans doute en raison des pressions des délégués du Québec, résolus à garantir la survie de la langue française, le maintien du code civil et les caractéristiques culturelles propres au Bas-Canada, que le Canada a adopté un régime fédéral. Mais affirmer que, si ce n'était de la présence du Québec, le Canada se doterait aujourd'hui d'un régime unitaire, c'est méconnaître les profondes tendances centrifuges qui agitent les provinces anglaises.

Il est impossible de prévoir ce que sera le fédéralisme canadien de demain. Les prochains budgets du gouvernement fédéral et des provinces, y compris ceux du Québec, sont susceptibles de bouleverser au cours des années à venir les relations fédérales-provinciales. Mais la persistance du Canada requiert le maintien d'un régime fédéral.

Le fédéralisme est le régime politique qu'adoptent les peuples au sein desquels s'expriment des différences profondes et irréductibles. L'Union européenne ne peut survivre que fédérale. Il en est ainsi du Canada. Les divergences parfois profondes et permanentes, comme dans le cas du Québec, sont sources de tensions et même, en certaines circonstances, de graves conflits. La persistance du Canada dépend de sa capacité de reconnaître ces divergences et d'agir en fonction de celles-ci. Dans les années à venir, elles émergeront de partout et non plus seulement du Québec. La capacité du gouvernement fédéral de les résorber stabiliserait le Canada; son inaptitude à le faire le contraindrait à végéter dans l'insignifiance ou le ferait éclater.

La Constitution

Que les Québécois et les Canadiens l'apprécient ou non, ils devront se colleter une fois de plus au problème constitutionnel. C'est le résultat de l'élection générale du 12 septembre 1994 qui est à l'origine de la reprise des hostilités. Dans les prochains mois, ces dernières s'engageront entre Québécois. Une victoire du Oui au référendum inaugurerait la reprise du duel Québec-Canada. Une défaite maintiendrait le *statu quo* pour une période indéterminée.

Les Canadiens, les Québécois eux-mêmes sont las du duel constitutionnel qui s'éternise. Tant de questions pressantes et difficiles les sollicitent: le chômage, un système d'éducation devenu monstrueux et mal adapté aux besoins, l'énorme dette publique qu'il faut contenir et résorber, le recours obligé à des mesures de sécurité sociale pour de nombreuses catégories de citoyens alors que leurs coûts deviennent prohibitifs, les problèmes engendrés par le vieillissement de la population, la difficile intégration de diverses catégories d'immigrants, etc. Or, c'est le projet souverainiste qui est en tête des préoccupations du gouvernement du Québec et qui, le cas échéant, le deviendra aussi dans l'ensemble du pays. Dès maintenant et dans les mois qui viennent, il monopolisera les principales manchettes des médias et s'imposera à l'opinion jour après jour.

Les positions constitutionnelles que j'ai consignées dans cet ouvrage restent inchangées. J'ai été un observateur très attentif des événements depuis le référendum de 1980. Les réactions que chaque épisode clé a suscitées en moi ont affermi les raisons de mes oppositions. La Constitution de 1867 est une relique d'un autre temps qu'il faudra bien un jour jeter au rebut. Dans l'euphorie du moment, le premier ministre Trudeau a déclaré que la révision constitutionnelle de 1982 durerait «mille ans». Ce fut là une affirmation bien téméraire. Des clauses majeures de cette révision sont ou risquent d'être préjudiciables au Québec: la formule d'amendement, la protection de la langue française, l'éducation, le caractère imprécis de certaines clauses que les tribunaux tranchent par référence à la Charte d'autres pays, notamment les États-Unis. Les fédéralistes qui font miroiter des changements constitutionnels — ou du moins une reprise des négociations constitutionnelles sur certains aspects — advenant la victoire du Non au référendum trompent la population. La formule d'amendement constitutionnel fixée par la Constitution de 1982 est d'une si grande rigidité que toute possibilité d'amendement suivant cette voie doit être exclue.

Je comprends la volonté de nombreux Québécois de se libérer de ce qu'ils nomment le «carcan» constitutionnel; je suis toujours convaincu que, un jour, les Canadiens s'attaqueront à reformuler la Constitution dans sa forme et à l'ajuster dans son fond aux conditions sociales particulières à chaque province ou région. Par contre, l'avant-projet de loi sur la souveraineté du Québec et la procédure suivie pour son adoption ne me conviennent pas. Ils pourraient également ne pas convenir à une majorité de Québécois. Si la cause du Oui l'emportait par une faible marge, les difficultés pour le gouvernement du Québec d'obtenir gain de cause auprès du gouvernement fédéral et de ceux des provinces anglaises s'accumuleraient dès le lendemain de cette courte victoire. Le processus obligé de négociations retomberait dans la même ornière que celle qui a entraîné l'échec des deux tentatives précédentes.

Il faudra tout reprendre à neuf. Le succès, du moins la possibilité réelle d'un succès, est à ce prix. Il faut savoir tirer profit des erreurs passées dans lesquelles je reconnais ma part de responsabilité. Traiter de la question constitutionnelle comme on l'a fait en 1980, en 1987, en 1991 et en 1992, c'était faire preuve de peu de sagacité. Les conditions ont bien changé depuis 1960.

Une première règle d'or: examiner l'évolution de chacune des provinces depuis trente-cinq ans. Voir comment et pourquoi elles ont évolué. Puis saisir la dynamique sociale spécifique à chacune. Définir les principes directeurs propres à encadrer une refonte constitutionnelle. En d'autres termes, en paraphrasant Karl Marx, de la tête sur laquelle on a placé la Constitution canadienne, la reposer sur ses pieds. Une Constitution existe, ai-je souvent écrit, pour servir une société, et non une société pour servir une Constitution. La superstructure doit s'ajuster à l'infrastructure et non l'inverse.

Quelles sont les infrastructures sociales des dix provinces du Canada, quelles sont les institutions de leur société civile, quelles sont les valeurs que privilégient les personnes et les collectivités, quels problèmes doivent-elles affronter aujourd'hui, quels projets d'avenir élaborent-elles?

Les principes directeurs d'une Constitution canadienne qui leur agréerait, les Québécois de langue française les ont puisés dans l'introduction générale du livre 1 publié en 1967 — *Les langues officielles* — du rapport de la Commission royale d'enquête sur le bilinguisme et le biculturalisme (1963-1971), communément appelées les «pages bleues». Elles ont été écrites au cours de l'été 1965, principalement par une des personnalités les plus raffinées que le Québec ait connues, André Laurendeau. Les «pages bleues» énoncent trois principes: le Québec français est une nation; le Québec français et le Canada anglais forment deux nations; un degré d'égalité juridique et des conditions propices à une véritable égalité des chances doivent être établies entre ces deux nations ou ces deux sociétés.

Que les Français du Bas-Canada formaient un «peuple distinct», une «nation», ce fut une proposition émise par Tocqueville en 1835, et certainement avant lui par des Canadiens eux-mêmes. Les Québécois francophones ont adopté cette formule jusqu'à aujourd'hui. C'est à son rapport préliminaire, publié en 1965, que la Commission d'enquête emprunte sa définition du terme société ou nation:

> «Écrasante majorité», «société distincte», «nation»: qu'est-ce à dire? on désigne ainsi les formes d'organisation et les institutions qu'une population assez nombreuse, animée par la même culture, s'est données et a reçues, dont elle dispose librement sur un territoire assez vaste et où elle vit de façon homogène, selon des normes et des règles de conduite qui lui sont communes. Cette population a des aspirations qui lui sont propres, et ses institutions lui permettent de les réaliser dans une mesure plus ou moins grande. Quoi qu'il en soit, telle nous est apparue la population française du Québec. Ceux qui formulaient devant nous des plaintes ou des revendications n'ont pas tenté de définir la société qui les enserre, mais ils paraissaient s'appuyer très consciemment sur cette réalité à la fois historique et culturelle, sociale et politique.

Que le Québec français et le Canada anglais forment deux sociétés distinctes, c'est là une autre proposition fort ancienne. Dans son célèbre rapport de 1839, Lord Durham s'exprime avec clarté sur ce point: «Je m'attendais à trouver un conflit entre le gouvernement et le peuple. Je trouvai deux nations en guerre au sein du même État.» Les «pages bleues» ne s'expriment pas avec la même précision. «La population française du Québec», fort bien. Elle constitue sans l'ombre d'un doute pour elle une société. Mais «l'écrasante majorité anglophone du Canada», que représente-t-elle? Sur ce sujet pourtant essentiel, c'est par *référence* à la première que la Commission établit qu'elle, aussi, constitue une société. La Commission se borne à énoncer que «les mêmes éléments d'une société distincte s'appliquent aux provinces anglaises et à un certain degré au Québec», où existe une minorité anglophone dont «l'appartenance à la société canadienne-anglaise et son statut socio-économique favorable compensent les inconvénients d'être une minorité». C'est donc avec moins d'assurance et moins de précision que la Commission formule le deuxième principe directeur.

Le troisième principe énoncé dans les «pages bleues» concerne «le degré d'égalité juridique» qu'il faut réaliser et les conditions propices à «une véritable égalité des chances» qu'il faut établir pour que se réalise «l'égalité des partenaires» (*Equal partnership*). Ce sont là des questions cruciales que la Commission aborde avec prudence: la «loi des nombres», les inégalités d'ordre économique, la «dimension politique», le «respect des minorités», autant de questions que la Commission soulève sans parvenir à établir — sans vraiment le tenter — de quelle façon elles pourraient être aménagées pour permettre l'égalité des chances entre les deux sociétés.

Dans les «pages bleues», comme d'ailleurs dans le rapport préliminaire de la Commission, on affirme que c'est le Québec qui constitue le «centre» de la crise canadienne. «Ignorer cela dans ce Rapport, ne constituerait pas seulement une erreur.» Il s'ensuivrait que le «Canada anglophone serait tenu dans l'ignorance d'un aspect particulièrement grave de la situation présente».

Ces trois principes furent à la base des réformes constitutionnelles qui ont été entreprises depuis. L'avant-projet de loi sur la souveraineté en découle également en ce sens qu'il entend consacrer l'échec pratique de ces principes mais sans se réclamer d'autres prémisses. Trente ans ont passé. Que valent ces principes aujourd'hui? Seule, la description que la Commission fait d'une société peut être encore considérée comme valable, même si nous disposons aujourd'hui de définitions plus rigoureuses et plus conformes aux réalités contemporaines.

Les concepts dont les gouvernements se sont servi pour transposer en termes constitutionnels le principe des «deux sociétés»: les «deux nations», les «États associés», la «souveraineté-association», «l'égalité ou l'indépendance» et, finalement, «la société distincte» ont tous explosé. Pourquoi?

J'ai cherché durant des années ce que pouvait être l'*autre* société, la société canadienne-anglaise qui formerait un couple avec la société canadienne-française. Je ne l'ai pas trouvée, ou seulement chez quelques rares personnes, des intellectuels progressistes du Canada anglais, des collaborateurs de la revue *The Canadian Forum*, des universitaires. J'étais présent à l'hôtel Mount Royal, à Montréal, au début des années 1960, quand Michael Oliver exposa la thèse des «deux nations» aux délégués du Nouveau Parti démocratique dont il était le président. Sa proposition fut adoptée. Le chef du parti, Tommy Douglas, s'en fit un fervent propagandiste. Vers le même temps, le chef conservateur, Robert Stanfield, fit de cette formule la base de son programme électoral. Peu nombreux, au sein de ces partis, furent ceux qui prêtèrent le moindre intérêt à la thèse des «deux nations». Puis survint Pierre Trudeau qui la démolit en un tour de main. Il y parvint d'autant plus facilement que les Québécois francophones et les Canadiens anglophones n'entendent pas le concept des «deux nations» de la même façon. Cette incompatibilité, je l'ai démontrée à plusieurs reprises. Je regrette de ne pas avoir perçu plus tôt les conséquences que cette incompatibilité entraînait dans ses prolongements constitutionnels. Je fus, moi aussi, pris dans l'engrenage de la fausse dualité — nation canadienne-française, nation canadienne-anglaise —, irréelle sur le plan culturel et impropre à une transposition politique.

Les Canadiens anglophones enferment les «deux nations» dans l'ensemble du système politique canadien: ils se représentent la nation canadienne-française comme une réalité sociologique à l'intérieur du système politique canadien (Trudeau a clairement exposé ce mode de perception). Pour les Canadiens français, la nation est le fait d'une société globale, autonome, qui cherche à s'articuler au système politique canadien par l'intermédiaire d'un certain nombre de liens communs plus ou moins fermes et plus ou moins nombreux selon les options. Les Canadiens anglophones se représentent les «deux nations» sous la forme d'un cercle unique, de nature politique, la nation canadienne-française formant une enclave culturelle au sein de ce cercle. Pour les Québécois francophones, les «deux nations» forment deux cercles de nature socio-économique reliés l'un à l'autre par un nombre plus ou moins considérable d'institutions politiques communes. En d'autres termes, le Canada anglais comme réalité sociologique homogène est un postulat logique du nationalisme canadien-français. D'où l'impossibilité pour les uns et les autres de s'entendre sur une formule constitutionnelle qui permettrait un «degré d'égalité juridique» et une «véritable égalité des chances» pour les deux nations selon le vœu de la Commission d'enquête sur le bilinguisme et le biculturalisme. Pour bien des Canadiens anglophones, le Québec est «une province comme les autres». Pour la majorité des Québécois francophones, elle est unique, différente des autres provinces. Dans ces conditions, par exemple, le recours du Québec en 1987 à la notion de «société distincte» ne pouvait qu'être incompris de la grande majorité des Canadiens anglophones et qu'en indisposer un grand nombre.

Est-ce dire que la condition de minorité des Canadiens français au sein du Canada suffit à justifier leur revendication à l'indépendance politique? Un passage des *pages bleues* décrit le raisonnement qui légitime cette revendication:

> La minorité [des Canadiens français du Québec], du moment que sa vie collective lui apparaît comme un tout, peut fort bien en vouloir la maîtrise et regarder au-delà des libertés culturelles. Elle sent que son avenir et le progrès de sa culture ont quelque chose de précaire et, peut-être, de limité dans un cadre politique dominé par une majorité constituée par l'autre groupe: par contre, elle tend vers une autonomie constitutionnelle plus grande. Cette autonomie, elle la désire idéalement pour l'ensemble de la communauté mais faute de pouvoir réaliser cet objectif la minorité peut vouloir concentrer son effort sur un cadre politique plus restreint, dans lequel elle est majoritaire.

Majoritaire, pour quoi faire? Pour dominer à son tour la minorité anglophone du Québec? C'est précisément cette crainte d'un infériorisation de la part de la majorité francophone qui convainc la plupart des anglophones et des allophones de se dissocier du projet de souveraineté.

Ce passage des *pages bleues* n'était qu'un constat de la voie dans laquelle plusieurs Canadiens français s'engageaient depuis 1960 surtout. Cette voie s'est transformée en une ornière qui n'a cessé de se creuser depuis. Elle a conduit tous ceux qui s'y sont plongés à d'amères déceptions. Lorsque les circonstances s'y prêteront, c'est de concert avec l'ensemble des Québécois et non plus par rapport aux seuls Canadiens français qu'il faudra reconsidérer le statut constitutionnel du Québec. Peut-être, à la suite d'un examen approfondi de leur situation, concluront-ils qu'il serait souhaitable que le Québec devienne un État *sui generis*. Peut-être décideront-ils qu'il est préférable de demeurer au sein du Canada, mais dans un Canada transformé en profondeur à la suite de leurs propres pressions et de celles des autres régions. L'impasse constitutionnelle ne sera levée que par un bond hors de l'ornière dans laquelle les Québécois et les Canadiens se sont malencontreusement enfoncés.

En conclusion de cet exposé, je vais esquisser le tracé d'un cheminement qui n'aboutit pas à un autre duel Québec-Canada mais qui, au contraire, me paraît offrir la possibilité d'accommodements valables pour toutes les parties concernées.

Première proposition : se libérer l'esprit des fausses certitudes sur l'état de la société québécoise, certitudes acquises souvent depuis des générations, mais ébranlées par les changements de fond survenus dans cette société depuis 1945, et surtout depuis 1960.

L'assurance tranquille concernant l'identité canadienne-française a fait place à une incertitude tourmentée. L'un des deux sédiments de base — la langue et la religion — sur lesquels s'est fondée l'identité canadienne-française s'est dissipé. L'Église, jusqu'à la fin des années 1950, fut un *référent* essentiel de l'identité des Québécois francophones. Son éclipse comme *pouvoir* au profit du nouvel État tutélaire a laissé un vague à l'âme qui n'a pas été comblé. L'État tutélaire lui-même, indépendant ou non, va s'éclipser, incapable de remplir ses promesses. Qui se souvient de l'époque, pourtant pas si lointaine, où le ministre René Lévesque proclamait : «L'État, c'est l'un d'entre nous, le meilleur d'entre nous» ? C'était en 1962. Des vieux rêves, catholiques et français, il ne reste plus que la langue française qui puisse être vécue comme un projet pour lequel la collectivité entière se rassemble. La voracité avec laquelle les Québécois francophones ont absorbé tous les acquis de la modernité, la plupart du temps empruntés de l'extérieur, a bouleversé leur société et les représentations qu'ils s'en faisaient depuis des temps immémoriaux. De nature instrumentale, la rationalité moderne a pénétré tous les pores de la société. Celle-ci s'est renforcée sur le plan matériel. Les cadres sociaux se sont renforcés, les groupes se sont multipliés et diversifiés. Sur le plan des valeurs, la modernité a remis en question, plus que tout le reste, l'identité que les Québécois francophones avaient reçue ou qu'ils s'étaient donnée. Le pluralisme des valeurs et des ordres sociaux que la démocratisation a sanctionné est une composante majeure de la rationalité instrumentale. Il envahit toutes les facettes de la vie et s'étend à la collectivité entière. Il est un fait indéniable. La priorité donnée à l'économie en représente une composante primordiale. Le phénomène de l'immigration en est une autre composante. L'arrivée massive de personnes venues de régions surpeuplées et les plus pauvres du monde et l'intégation de ces personnes dans la société vont représenter pour les Québécois un problème vital au cours du XXIe siècle. Les sociologues et les économistes analysent ces transformations de fonds ; les politologues scrutent leurs effets politiques. Mais personne ne s'est encore interrogé d'une façon systématique sur leurs implications juridiques et constitutionnelles, ni dans le contexte du Québec ni dans celui du Canada. C'est à cette tâche qu'il est aujourd'hui urgent de s'attaquer.

Deuxième proposition : viser à bien apprécier le Canada anglais tel qu'il est, dans sa réalité sociale et culturelle complexe, et non plus tel qu'il ressort de l'imaginaire canadien-français.

De récents ouvrages fort instructifs découvrent les Canadiens anglais sous leur vrai visage. Bien des traits les rapprochent des Québécois : les mêmes vastes espaces, le même climat, la fonction convergente de la technologie et du régime politique. Mais deux conditions, gravées depuis les origines dans leur complexion, affectent le sens d'une identité commune qu'ils cherchent ardemment à approfondir, sinon à acquérir. La première est la proximité des États-Unis qui exerce sur eux une attraction irrésistible, la frontière géographique qui sépare les deux pays n'étant qu'un mince filet contre l'envahissement culturel que favorise l'usage de la même langue. La seconde est l'immensité du territoire qui s'étend *a mari usque ad mare,* dont la majeure partie est pour eux *terra incognita,* qui constitue un facteur de dispersion plutôt que de cohésion sociale. C'est ainsi que Northrop Frye perçoit le Canada : « Sur les plans politique, économique et technologique, l'univers s'unit : le Canada est enclos dans l'orbite américaine et restera ainsi dans l'avenir prévisible [...] la culture canadienne contemporaine, étant une culture, n'est pas le produit d'un développement national, mais une série de cultures régionales : ce qui se passe en Colombie-Britannique est bien différent de ce qui se passe au Nouveau-Brunswick ou en Ontario. Même là existe une décentralisation croissante [...]. » Mais Northrop Frye conclut sur une note d'espoir : « [...] ce qui s'est passé depuis vingt ans partout au Canada va convertir ce qui fut un espace inarticulé sur la carte géographique et va maintenant parler au monde avec les langues et les yeux d'une imagination mûrie et disciplinée[20] ».

Bien des Canadiens anglophones considèrent à tort que la frontière entre le Canada et les États-Unis n'est qu'une réalité exclusivement politique et estiment que le Canada ne forme pas une nation au sens culturel. Ils préfèrent s'enfermer dans le provincialisme et le régionalisme : le Reform Party dans les provinces de l'Ouest, un certain refroidissement des convictions canadiennes chez nombre d'Ontariens et d'autres mouvements de nature centrifuge. La noble vision d'un Canada uniforme et cohésif de Trudeau était une chimère. Il faut prendre acte de cette condition, en évaluer la direction et la signification. Le Québec ne sera plus seul à revendiquer une réforme en profondeur de la Constitution. Et ce sera très bien ainsi !

Troisième proposition : enlever aux politiciens *l'initiative* de toute réforme constitutionnelle quand les circonstances permettront la reprise de négociations. Il serait bien préférable que le premier ministre du Canada soit un anglophone d'une autre province que le Québec et que le Québec ait un premier ministre et un gouvernement forts. C'est sous Pearson et Lesage que le Québec tira le plus de profit du fédéralisme. C'est sous Hatfield et non sous Robichaud que le Nouveau-Brunswick rendit enfin justice aux Acadiens en adoptant le bilinguisme officiel.

Quatrième proposition : créer une grande commission d'enquête dont les membres seraient proposés par les gouvernements et choisis par les assemblées nationales et qui auraient pour mandat de procéder à une analyse exhaustive des conditions sociales, économiques et culturelles dans toutes les régions du Canada et de recommander des changements constitutionnels de façon à accommoder chacune de ces régions conformément à leurs caractères propres. Les examens de situation pourront conduire à conclure qu'il serait possible que le Québec s'insère au sein de la nouvelle fédération proposée ou, au contraire, qu'il vaudrait mieux pour lui devenir un État indépendant.

Dans des articles publiés dans *Le Devoir* les 5 février et 5 mars 1977, j'avais proposé une démarche semblable. Claude Ryan, alors directeur du journal, avait fortement appuyé ma proposition. Le 7 mars, à sa demande, je rencontrai le premier ministre Trudeau pour lui expliquer les raisons de ma proposition. Notre entretien fut long, amical et fructueux. Nous convînmes de nos divergences : la révision de la Constitution qu'il envisageait était fonctionnelle, la mienne était structurelle : il acceptait de changer la place des meubles ; je proposais de remplacer les meubles! Quelques semaines plus tard, il créa la Commission de l'unité canadienne (Pepin-Robarts). Je fus pressenti comme commissaire. Je refusai, sachant d'avance que mon orientation constitutionnelle divergeait fondamentalement de celle du premier ministre. Avec John Meisel et Edward McWhinney, j'acceptai toutefois le rôle moins contraignant de conseiller. Disposant de faibles moyens financiers, d'une équipe fort restreinte de chercheurs, la Commission accomplit un excellent travail. Son rapport, déposé en janvier 1979, reçut un chaleureux accueil du public et des gouvernements provinciaux — étant même perçu comme une source d'embarras par le gouvernement du Québec qui s'affairait à la préparation d'un référendum sur la souveraineté-association. Le premier ministre Trudeau rejeta le rapport sans sourciller.

Si le projet souverainiste du Québec échoue, il sera impératif, quand les circonstances s'y prêteront, de mettre sur pied une commission d'enquête. Ses recommandations, de nature politique et constitutionnelle, se bascraient sur la meilleure analyse sociologique, économique et culturelle qu'il soit possible de mener en puisant dans les connaissances extrêmement poussées dont le Canada et le Québec disposent aujourd'hui. Cette fois, le Québec ne serait plus l'unique point de mire. Cela vaudrait mieux pour lui. Le principe qui présiderait à l'élaboration de ces recommandations ne serait plus celui de la trompeuse dualité Québec-français/Canada-anglais, mais celui de la dualité société québécoise dans son ensemble et du Canada considéré dans sa diversité provinciale et régionale. La Constitution serait profondément changée dans sa forme et rendue conforme aux conditions d'aujourd'hui dans son fond. Il pourrait s'ensuivre une asymétrie politique à dimensions variables selon les besoins et les aspirations propres à chaque province dans le cadre d'un régime fédéral transformé. Il pourrait être possible d'accommoder le Québec dans le nouveau cadre constitutionnel. Il se pourrait que l'on en vienne plutôt à la conclusion qu'il devrait se constituer en État indépendant.

Cinquième proposition: créer une assemblée constituante choisie à la suite d'une entente entre les gouvernements et composée des personnalités les mieux considérées au pays. Leur tâche sera d'élaborer dans le dialogue et non dans le conflit la nouvelle Constitution du Canada en se basant sur les recommandations de la commission d'enquête. Les citoyens se prononceront par référendum sur cette

Constitution. S'il se révélait qu'il soit impossible d'accommoder le Québec d'une façon qui lui agrée, il reviendrait à ce dernier de proclamer son indépendance et au Canada de le reconnaître comme une communauté politique indépendante.

Les gouvernements et les assemblées législatives adopteraient et sanctionneraient la Constitution.

CONCLUSION

Nous préférerions que la société s'épanouisse dans l'harmonie, que le consensus soit la règle. En réalité, la majorité des différends qui surgissent entre groupes ou organisations se résolvent par la conciliation des divergences et se soldent par des compromis négociés. La plupart de ces aboutissements font rarement l'histoire et les manchettes des journaux. Comme le dit l'adage : « un chien qui mord un homme n'est pas une nouvelle ; mais un homme qui mord un chien en est une. » Le conflit constitutionnel endémique qui sévit depuis les années 1960 s'est réveillé à la suite de l'échec de l'accord du lac Meech. Que le Oui ou le Non l'emporte au référendum québécois prévu pour 1995, il ne me paraît pas être engagé sur la voie d'une solution.

Le Québec serait-il plus revendicateur et plus violent que les autres sociétés ? Je ne le crois pas : un examen minutieux révélerait peut-être le contraire. Serait-il par contre plus impuissant face aux revendications que d'autres sociétés ? Cela est possible mais reste à démontrer. L'explosion de terrorisme que Paris a connue il y a quelques années a suscité des réactions populaires qui frisaient la panique. Et New York n'a-t-elle pas pratiquement capitulé face aux assauts de violence de toute nature qui la secouent chaque jour ? Avant donc de nous accuser les uns les autres d'inertie, d'impuissance ou de provocation dans notre façon de traiter les cas de crise chez nous — telle la crise constitution-nelle —, il serait utile de nous poser un certain nombre de questions fondamentales : quelles sont les causes des échecs ? De quels mécanismes et procédures nos sociétés sont-elles pourvues pour les éviter, les aborder et les dissiper? Quelles réformes, quels choix d'objectifs seraient susceptibles, sinon de les éliminer, du moins de les réduire?

Les conditions de la modernité exigent que structures et mentalités soient constamment sous examen et s'ajustent au changement incessant sans que le sens de la durée soit rompu. La condition première pour assurer une évolution sans rupture est d'intégrer dans nos institutions et nos mœurs des transformations qui nous bousculent: nous croyons les avoir assimilées alors que nous sommes déjà en retard, tant l'évolution est rapide. L'époque des certitudes, de la «possession tranquille de la vérité», est révolue. Elle n'aurait, d'ailleurs, jamais dû exister. Le doute quant au présent et à l'avenir est notre lot. Il n'y a pas de solutions toutes faites pour les problèmes qui s'amoncellent, les conflits et les crises qui éclatent et nourrissent les aspirations.

L'espoir, malgré la seule certitude que nous puissions avoir que l'accession à la modernité a fait de nous des mutants, reste notre ultime bouée de sauvetage. «Le désespoir», écrit Leszek Kolakowski dans «Où sont les barbares[1]?», «c'est la chute fréquente de ceux qui avaient cru un jour dans une solution parfaite et qui ont perdu leur certitude.» La plus grave faute serait d'acculer au désespoir des êtres humains qui auraient vu dans une solution quelconque une panacée à tous leurs maux. Les zones d'incertitude sont toujours trop grandes pour que nos choix puissent les dissiper entièrement.

Dans nos sociétés pluralistes, le conflit, la crise et parfois la violence sont requis pour que nous prenions conscience de ce que deviennent les structures, de ce que nous-mêmes devenons. Ils nous informent sur certains aspects restés obscurs de notre condition, sur la manière dont nous réagissons au stress, sur la façon dont nous savons tirer profit de nos succès et de nos erreurs. Les manifestations de déception et de désespoir sont souvent le fait de collectivités minoritaires et faibles ou de mouvements marginaux qui auraient normalement fait progresser la société s'ils avaient été assez organisés pour se faire entendre des responsables. Dans un monde cruel, la compassion est plus que jamais une valeur requise au même titre que la liberté et la justice.

La démocratie n'est pas un point d'arrivée pour les sociétés modernes, mais une aspiration dont le terme se situe bien au-delà des horizons qui bornent nos réflexions. Concevoir la démocratie comme une réalité acquise, fixe, que les institutions parlementaires telles qu'elles fonctionnent aujourd'hui, les charismes et la capacité de gestion des dirigeants concrétiseraient, ce serait fermer les yeux sur les réformes requises pour ajuster des sociétés qui se transforment sans fin. Penser que les conceptions sur la liberté d'expression, le pluralisme, l'opinion publique, l'intérêt général, l'esprit civique, le sens de l'obligation politique, la règle de droit, le rapport entre l'éthique et le politique ont été fixées pour toujours dans les traités des philosophes anciens et des penseurs des XVIIIe et XIXe siècles, ce serait stériliser les valeurs démocratiques et les rendre étrangères aux attitudes et aux comportements des êtres humains tels qu'ils sont devenus et sont en passe de devenir. Au contraire, il nous faut créer et conserver un esprit de recherche propre à nous affranchir des servitudes qui appesantissent le présent et risquent d'enchaîner notre destin. Non, ne nous proclamons pas en démocratie; disons plutôt que nous tendons vers elle comme vers une œuvre inachevée, un point oméga heureusement inaccessible parce qu'il est le ressort de l'histoire humaine.

Quand nous cherchons les voies de redressement, c'est d'abord les institutions parlementaires, ces pierres d'assise de la démocratie, que nous avons à l'esprit. Mais nulle part, particulièrement là où elles sont soumises à la responsabilité ministérielle et à la règle de la majorité partisane comme en régime britannique, est-on parvenu à les réformer pour les transformer en véritables forums de réflexion et de décision. Exécutifs, premiers ministres ou présidents accaparent la gouverne à un degré qui rend de plus en plus fictive l'idée de démocratie fondée sur les débats parlementaires, une démocratie émiettée en une multitude de sondages qui ne captent qu'une opinion volatile.

Les réformes requises sur les plans des structures et des mentalités sont si nombreuses et si complexes que les sociétés modernes iront à leur perte si les gouvernants se perçoivent comme de simples gestionnaires et persistent à négliger de procéder à de véritables expérimentations qui, seules, assureraient le succès des mesures politiques. On réclame la formulation d'un «projet de société». Au sens fort, ce terme renvoie à un ensemble d'objectifs, cohérents et articulés les uns aux autres, définis à l'avance, visant à un réaménagement des structures et des mentalités — et non seulement à des ajustements fonctionnels — qu'une société entend poursuivre en prenant soin de se donner les moyens requis pour les réaliser dans un laps de temps fixé avec une précision acceptable. Les sociétés dirigistes, strictement planifiées, poursuivent toutes des «projets de société», endossés par les citoyens ou imposés, avec le bonheur inégal que l'on connaît bien. Les «projets de société» sont attrayants au moment où on les conçoit, mais souvent décevants au fur et à mesure que l'on s'efforce de les réaliser. Il vaudrait mieux définir des objectifs limités à certains ordres de problèmes considérés dans le contexte général qu'ils mettent en cause, les soumettre à des structures administratives modulaires et en éprouver la pertinence auprès de cibles restreintes, comme en laboratoire, avant de poursuivre des «projets de société» et de les étendre à toute une population sans être en mesure d'en connaître tous les effets et de pouvoir les réajuster. Que de dépenses d'énergie inutiles, que de déceptions et de crises n'éviterait-on pas si les responsables politiques procédaient par expérimentations requérant la participation active et éclairée des citoyens concernés!

En relisant cet ouvrage, j'ai été étonné de constater combien les textes écrits depuis 1981 étaient encore pertinents dans la conjoncture actuelle. La société québécoise est en ébullition; cependant, les représentations qu'on s'en fait sur les plans politique et constitutionnel n'ont guère changé. Le débat référendaire en cours en est une démonstration éclatante. On continue de tourner en rond. Faut-il se décourager devant un tel constat? Non. La nécessaire réforme constitutionnelle, si elle était bien conçue et bien menée, dans la mesure où elle concernerait en priorité l'économie, la culture et la politique du Québec et du Canada, soulèverait les questions qui entravent notre présent et vont décider de notre avenir.

NOTES

Avant-propos

1. J'exclus les mémoires présentés devant les commissions parlementaires ou les commissions royales d'enquête qui n'ont pas affecté de façon tangible le débat constitutionnel. J'exclus également les textes ou mémoires redondants. Les médias modifient souvent les titres des textes que je leur expédie. Ici, j'adopte parfois leurs titres, parfois je choisis les miens. Les textes publiés dans cet ouvrage comporte des révisions grammaticales ou de style mineures mais, dans tous les cas, leur substance originelle est préservée.

Quelques textes, non des moindres, sont inédits, y compris, bien entendu, celui qui traite de l'avant-projet de loi sur la souveraineté du Québec.

Première partie • La reprise du débat constitutionnel 1980-1982

L'ultime rendez-vous constitutionnel du premier ministre Trudeau

1. Réflexions à propos de la démarche constitutionnelle du premier ministre Trudeau au cours de l'été 1980, *Le Devoir*, 27, 28, 30 juin 1980.

2. William H. RIKER et Jonathan LEMCO, «The Relation Between Structure and Stability in Federal Governments », inédit.

3. *Rapport du comité parlementaire conjoint au Sénat et de la Chambre des communes sur la Constitution*, Ottawa, 1971, p. 20.

Il est encore temps de revenir à l'essentiel

1. *Le Devoir*, 9, 10 novembre 1981.

La Constitution canadienne de 1982 : une œuvre perfectible et inachevée

1. *La Presse*, 17 avril 1982.

La réponse de Trudeau à Lévesque : des propositions raisonnables

1. *Le Devoir*, 5 janvier 1983.
2. *La Presse*, 17 avril 1982.

Le Québec et la révision constitutionnelle de 1982

1. Extraits de la conférence prononcée à l'université de Kwansei Gakuin devant The Japanese Association for Canadian Studies, le 15 septembre 1984, traduction de l'auteur.

2. Cité par Gil RÉMILLARD, «Legality, Legitimacy and The Supreme Court» dans BANTING, Keith, et Richard SIMEON, *And no One Cheered: Federalism, Democracy and the Constitution Act,* Toronto, Methuen, 1983, p. 189-209.

3. The legal environment produces a special kind of justice. It leads officials to exaggerate the law's capacity to produce social change while underestimating the cost of establishing rules that can be enforced effectively throughout society. Since laws seem omnipotent and cheap they multiply quickly. Though most of them may be possible in isolation they are often confusing and burdensome in the aggregate at least to those who have to take them seriously.

4. DUVERGER, Maurice *Le Monde,* 31 mars 1982. Texte reproduit dans *Le Devoir,* 6 avril 1982.

Deuxième partie • Les partis politiques au lendemain du référendum 1980-1985

Introduction

1. *Le Devoir,* 25 novembre 1980.
2. LÉVESQUE, René, *Attendez que je me rappelle,* Montréal, Québec/Amérique, 1986, p. 451-452.
3. *Ibidem,* p. 461.
4. «La nostalgie des rêves évanouis», *Le Devoir,* 22 juin 1985.

Les conditions de la réhabilitation du Parti libéral du Québec à propos de la question linguistique et constitutionnelle

1. *Le Devoir,* 16 février 1981.

Le projet de manifeste du Parti libéral du Québec : un bon point de départ

1. Allocution présentée à l'occasion de la réunion du Conseil général du Parti libéral du Québec, le 13 juin 1982.

Commentaires sur le document d'orientation et de consultation en vue de l'élaboration d'un programme du Parti québécois

1. Allocution présentée à l'occasion du Congrès régional du Parti québécois de la région de Montréal-Ville-Marie, le 23 octobre 1981.

Le congrès biennal ou le Parti québécois face à l'impasse

1. *Le Devoir,* 8 au 13 février 1982.
2. *La Presse,* 9 janvier 1982.
3. *Le Devoir,* 13 janvier 1982.
4. *Le Devoir,* 8 décembre 1981.
5. *Le Soleil,* 8 janvier 1982.
6. *Le Devoir,* 30 décembre 1981.
7. *Le Devoir,* 5 décembre 1981.
8. *Le Devoir,* 18 décembre 1981.
9. *Le Devoir,* 21 décembre 1981.

Le projet d'accord constitutionnel du gouvernement du Parti québécois: est-ce là un bon outil de négociation ?

1. *Le Devoir,* 20, 21, 25 juin 1985.
2. *La Presse,* 15 juin 1985.
3. *Le Devoir,* 21 et 22 mai 1985.
4. Entrevue de J.-Jacques Samson, *Le Soleil,* 25 mai 1985.

Robert Bourassa face au Québec d'aujourd'hui

1. *La Presse*, 21, 22 septembre 1983.

Troisième partie • L'accord du lac Meech et son rejet 1986-1990

Introduction

1. Sur l'«effet Dion» et sa neutralisation dans la dernière phase des négociations fédérale-provinciales, voir LISÉE, Jean-François, *Les Prétendants*, Montréal, Boréal, 1993, p. 166-168.

L'entente du lac Meech : quatre acquis et quatre facteurs d'incertitude

1. *Le Devoir*, 7, 8 mai 1987.

Québec doit préciser le sens de l'expression «société distincte» dans le communiqué du lac Meech

1. *Le Devoir*, 21 mai 1987.

Défense du français, défense d'une société

1. *Le Devoir*, 26, 27 mai 1988.
2. DION, Léon, *Québec 1945-2000*, tome 1: *À la recherche du Québec*, Presses de l'Université Laval, 1987, p. 159.

Loi 178 : acceptable mais d'application aléatoire

1. *Le Devoir*, 6 janvier 1989 (extraits).

La longue marche des Québécois

1. *La Presse*, 27 juin 1990.

Quatrième partie • La commission sur l'avenir politique et constitutionnel du Québec (Bélanger-Campeau) 1990-1991

Introduction

1. *Le Devoir*, 15 décembre 1990.
2. *La Presse*, 11 janvier 1991.

Pour sortir de l'impasse constitutionnelle

1. Mémoire présenté à la Commission sur l'avenir politique et constitutionnel du Québec, le 12 décembre 1990.
2. «Conflit, crise, violence», *Le Devoir*, 30 octobre, 2, 3 novembre 1990.
3. «La longue marche des Québécois», *La Presse*, 27 juin 1990.

Vers un régime confédéral ?

1. *La Presse*, 11 janvier 1991.

Cinquième partie • Les offres du Canada 1991-1992

Introduction

1. Le Forum des citoyens sur l'avenir du Canada, *Rapport à la population et au gouvernment du Canada*, Ottawa, 1991, p. 154.

La dernière chance du Canada

1. Mémoire présenté au Comité mixte spécial du Sénat et de la Chambre des communes sur le renouvellement du Canada, 11 décembre 1991.

2. DION, Stéphane, «Explaining Québec Nationalism» dans R. Kent WEAVER, *The Colapse of Canada*, Washington, The Brookings Institution, 1992, p. 77-122.

3. MINC, Alain, *La Vengeance des nations*, Paris, Grasset, 1990.

4. DION, Stéphane, «Le Nationalisme dans la convergence culturelle: le Québec contemporain et le paradoxe de Tocqueville», dans *L'Engagement intellectuel. Mélanges en l'honneur de Léon Dion*, sous la direction de HUDON, Raymond et de PELLETIER, Réjean, Québec, Les Presses de l'Université Laval, 1991, p. 291-311.

5. DION, Stéphane, *op. cit.*, p. 304.

Un changement de cap s'impose

1. Collaboration exclusive à *La Presse*, 17 décembre 1991.

Sixième partie • Le référendum de Charlottetown et le projet d'une troisième voie 1992-1995

Introduction

1. *La Presse*, 19 octobre 1993.

2. À ce sujet, voir LISÉE, Jean-François, *Le Naufrageur*, Montréal, Boréal, 1994, p. 395-467.

3. Entrevue à *La Presse*, 4 août 1992.

4. Le Forum Option-Jeunesse, 20-21 novembre 1993.

5. Le Forum Option-Jeunesse, février 1993.

6. *Programme de l'Action démocratique du Québec*, août 1994.

7. *L'Agora*, novembre 1993.

Le concensus de Charlottetown : une dynamique contraire à la nature et au vouloir-être des Canadiens et des Québécois

1. Exclusif à *La Presse*, 1er, 2 octobre 1992.

«Non» à une troisième voie

1. Collaboration spéciale à *La Presse*, 4 décembre 1993.

Le Canada anglais face au Québec

1. Pour les *Mélanges en l'honneur de John Meisel*. Texte écrit en octobre 1989 sous le titre: «Propos désabusés d'un fédéraliste fatigué.» Reproduit avec l'autorisation du professeur FRANKS C. E. S. Franks, directeur de la publication Mc Gill/Queen's Press. À paraître au printemps de 1995.

2. SIMEON, Richard, dir. *Must Canada Fail?*, Montréal et London, McGill-Queen's University Press, 1977. Traduction française: *Le Canada face à son destin*, Québec, Presses de l'Université Laval, 1978. (Préface de Léon Dion.)

3. MEISEL, John, «*J'ai le goût du Québec, But I like Canada: Reflections of an Ambivalent Man*», Ibid, p. 291-307 (traduction française p. 339-356). Voir aussi: «*The Fear of Conflict and Other Failings*», *Government and Opposition, A Generation of Political Thought*, numéro spécial, vol. 15, nos 3 et 4, p. 435-446. Dans ce texte, Meisel attribue à André Laurendeau, alors que ce dernier coprésidait la Commission royale d'enquête sur le bilinguisme et le biculturalisme, sa conception ouverte du Québec du fédéralisme canadien.

4. DION, Léon, *Québec 1945-2000*, tome I: *À la recherche du Québec*, Québec, Presses de l'université Laval, 1987.

5. GRANT, Georges, *Lament for a Nation, The Defeat of Canadian Nationalism*, Toronto, McClelland and Stewart, 1965, p. 43.

6. *The keystone of a Canadian nation is the French fact; the slightest knowledge of history makes this platitudinous [...] The French Canadians have been part of a Confederation not to protect the rights of individuals but the rights of a nation.* KROETSCH, Robert, dans GEDDES, J., éditeur, *Divided We Stand*, p. 13. Traduction de l'auteur. GRANT, Georges, p. 43. Les Canadiens se distinguent pourtant des Américains sous bien d'autres aspects: un système d'éducation et un régime de santé, de bien-être et de sécurité sociale particuliers, une société moins violente, etc. Malheureusement, les Canadiens anglais sont trop enclins à sous-estimer la portée de ces caractéristiques qui les différencient des Américains. Sur ce point, voir, entre autres: *Portrait of two nations*, sondage effectué auprès de 1000 Canadiens et de 1000 Américains par une firme de Toronto, Decima Research. Les résultats ont été reproduits et commentés dans nº 27, 2 juillet, 1989; LIPSET, Seymour Martin, *Continental Divide. The Values and Institutions of the United States and Canada*, New York, Routledge, 1990.

7. ATWOOD, Margaret, *Survival*, Toronto, Anansi, 1972.

8. MALCOLM, Andrew H., *Les Canadiens*, Montréal, les Presses de la Cité, 1987, p. 65. Traduction de *The Canadians*, New York, Random House, 1985.

9. WILDEN, Anthony, *Le Canada imaginaire*, Québec, Presses Comeditex, 1979, p. 6.

10. CREAN, S. M., D'une colonie à l'autre, *Sociologie et sociétés*, vol. XI, nº 1, avril 1979, p. 105. La question du nationalisme canadien, d'un point de vue anglophone, a fait l'objet de nombreux ouvrages. Entre autres: COOK, Ramsay, *The Maple Leaf for ever. Essay on Nationalism and Politics in Canada*, Toronto, MacMillan, 1971; LUMSDEN, Ian, dir., *Close the 49th Parallel. The Americanization of Canada*, Toronto, The University of Toronto Press, 1970; ROTSTEIN, Abraham, et LAX, Gary, *Independence. The Canadian Challenge*, Toronto, The Committee for an Independant Canada, McClelland and Steward, 1972; RUSSEL, Peter, dir. *Nationalism in Canada*, Toronto, McGraw-Hill, 1966; HUDON, Raymond, *Les Nationalismes canadiens: l'action politique n'est pas qu'imaginaire*, Québec, Université Laval, Laboratoire d'études politiques et administratives, cahier 86-05, 1986.

11. DION, Léon, *In Search of Canada, Daedalus. Journal of the American Academy of Arts and Sciences*, vol. 117, nº 4, automne 1988, p. 283-319. Reproduit dans GRAUBARD, Stephen R., dir. *In Search of Canada*, New Jersey, 1989, p. 283-319.

12. MALCOLM, Andrew, H. , *op. cit.*, p. 63-64.

13. *We are Canadians. We know we dreamt, but we cannot find our beginning. There is no Declaration of Independance, no Magna Carta, no Bastille Day. We live with a terrible unease at not having a beginning. Canada is a poem. We dreamt a poem, now we must try to write it down. We have a gift of languages, and now we must make a poem.*

14. TRUDEAU, Pierre, *Il doit y avoir un sens d'appartenance*, présentation devant les membres du Comité mixte du Sénat et de la Chambre des communes, 27 août 1987. Reproduit dans JOHNSTON, Donald, *Lac Meech. Trudeau parle*, Montréal, Hurtubise HMH, 1989. Pour un point de vue similaire, voir: «Yes, Québec is Different», *The Financial Post*, 24 juillet 1989, p. 22.

15. MEISEL, John, LEMIEUX, Vincent, *Ethnic Relations in Voluntary Associations, Research Report*, Ottawa, Commission d'enquête sur le bilinguisme et le biculturalisme, 1968.

16. Voir, par exemple, plusieurs textes exprimant l'optique des provinces de l'Ouest dans: GIBBINS, Roger, dir., *Meech Lake and Canada. Perspectives from the West*, Academic Printing and Publishing, 1988; aussi THOMSON, Clive, dir., *Navigating the Meech Lake. The 1987 Constitutional Accord*, Institute of Intergovernmental Relations, Queen's University, 1988.

17. Cité par LAURENDEAU, André, *Ces choses qui nous arrivent*, Montréal, HMH, 1970, p. 311.

18. PARÉ, Jean, «Le monstre du Lac Meech. Le Canada nationaliste des Carstairs, Filmon, Waters et Cie? Won't Fly», *L'actualité*, décembre 1989, p. 11.

376   LE DUEL CONSTITUTIONNEL QUÉBEC-CANADA

19. LECLERC, Félix, *Rêves à vendre*, Montréal, Nouvelles éditions de l'Arc, 1984, p. 249.

20. *Ibid.*, p. 177.

21. COOK, Ramsay, «Alice in Meechland or the Concept of Québec As a Distinct Society», *Queen's Quarterly*, vol. 94, n° 4, 1987, p. 817-828; aussi HUDON, Raymond, «Ambiguities and Contradictions in Being A Distinct Society», 1989, (texte inédit); SIMEON, Richard, «Meech Lake and Shifting Conceptions if Canadian Federalism», *Canadian Public Policy*, numéro spécial: *The Meech Lake Accord,* XIV Supplement, septembre 1988.

22. LAURENDEAU, André, *Ces choses qui nous arrivent, op. cit.,* p. 60.

Septième partie • Le projet de la souveraineté du Québec à travers le prisme de la dynamique des sociétés

1. BOUCHARD, Lucien, *À visage découvert,* Montréal, Boréal, 1992, p. 176.

2. RICHARD, Laurence, *Jacques Parizeau, un bâtisseur,* Montréal, les Éditions de l'Homme, 1992.

3. LÉVESQUE, René, *Attendez que je me rappelle,* Montréal, Québec/Amérique, 1986, p. 398.

4. PARIZEAU, Jacques, «Avenir économique d'un Québec souverain», *Maintenant,* n° 43, février 1970.

5. *Le Soleil,* 25 janvier 1988.

6. *La Presse,* 27 mai 1994.

7. Montréal, Québec/Amérique 1992.

8. *The Gazette,* 13 décembre 1994.

9. *Éléments d'analyse institutionnelle, juridique et démolinguistique pertinents à la révision du statut politique et constitutionnel du Québec,* 1991, p. 83.

10. DION, Stéphane, «Why is Secession Difficult in Well-Established Democracies? Lessons from Québec» (à paraître dans *The British Journal of Political Science*).

11. YOUNG, Robert A., *The Secession of Quebec and the future of Canada,* Queen's McGill University Press, 1995. À paraître.

12. DION, Léon, entrevue, *The Gazette,* 7 décembre 1994.

13. *Le Devoir,* 20 janvier 1995.

14. «Les failles de la consultation préréférendaire de Jacques Parizeau», *La Presse,* 16 décembre 1994.

15. «Le législateur avant l'élection», *La Presse,* 20 décembre 1994.

16. *Le Devoir,* 5 février 1995.

17. «Démarche référendaire: où est le piège? Ce que les fédéralistes n'aiment pas, au fond, c'est qu'il va se situer sur le terrain de la souveraineté», *La Presse,* 16 décembre 1994.

18. *Infra,* p. 293.

19. *Guide de participation,* p. 7.

20. Dans MANDEL, Eli, et TARAS, David, dir., *A Passion for Identity. An Introduction to Canadian Studies,* Scarborough, Nelson Canada, 1988, p. 215-216.

Conclusion

1. KOLAKOWSKI, Leszek, «Où sont les barbares?» dans *Commentaire,* n° 1, 1980.

TABLE